# 高级财务会计

## （第五版）

徐文丽　章毓育／编著

立信会计出版社

LIXIN ACCOUNTING PUBLISHING HOUSE

**图书在版编目(CIP)数据**

高级财务会计 / 徐文丽,章毓育编著. —5 版. —
上海：立信会计出版社,2019.1(2025.1 重印)
ISBN 978 - 7 - 5429 - 6047 - 4

Ⅰ.①高…　Ⅱ.①徐…②章…　Ⅲ.①财务会计—高
等学校—教材　Ⅳ.①F234.4

中国版本图书馆 CIP 数据核字(2019)第 011539 号


责任编辑　　赵志梅


**高级财务会计(第五版)**

**Gaoji Caiwu Kuaiji**

| | |
|---|---|
| 出版发行 | 立信会计出版社 |
| 地　　址 | 上海市中山西路 2230 号　　邮政编码　　200235 |
| 电　　话 | (021)64411389　　传　　真　(021)64411325 |
| 网　　址 | www.lixinaph.com　　电子邮箱　lixinaph2019@126.com |
| 网上书店 | http://lixin.jd.com　　http://lxkjcbs.tmall.com |
| 经　　销 | 各地新华书店 |

| | |
|---|---|
| 印　　刷 | 苏州市古得堡数码印刷有限公司 |
| 开　　本 | 710 毫米×960 毫米　　1/16 |
| 印　　张 | 30.5 |
| 字　　数 | 530 千字 |
| 版　　次 | 2019 年 1 月第 5 版 |
| 印　　次 | 2025 年 1 月第 2 次 |
| 书　　号 | ISBN 978 - 7 - 5429 - 6047 - 4/F |
| 定　　价 | 55.00 元 |

如有印订差错,请与本社联系调换

# 第五版前言

为适应我国市场经济条件下对会计信息需求多元化的需要，以及适应经济全球化下会计准则国际趋同的世界潮流，我国财政部在原发布的企业会计准则体系的基础上，作了修订与完善。这一举措是对我国会计规范体系的一次重大改革，它对于完善我国市场经济体制，加强会计信息在国际范围内的交流、使用具有十分重要的意义。

根据近年来财政部修订后的企业会计准则和财政部、国家税务总局关于简并、调整增值税税率等税收新政的规定，本书在第四版的基础上对相关内容作了相应的修改。本书分十五章，对上市公司及其他企业经营活动中涉及的特定业务事项的会计处理作了较为全面的阐述，其主要内容有：独资与合伙会计，公司股东权益会计，总分店经营会计，企业合并，合并财务报表，外币交易会计，外币报表折算，物价变动会计，租赁会计，所得税会计，公司整顿与破产清算，非货币性资产交换，借款费用，变更、调整和或有事项，关联方及其交易等。本书部分标有"＊"号的章节内容可由教师根据课程需要取舍。

为了强化各章学习要点,方便教学和使用,本书每章内容后都配有多种题型的复习思考题,并附有大多数题型的参考答案。本书还配有教学课件,如您需要,请按书后"教学课件索取单"上的途径向立信会计出版社索取。

由于时间和水平有限,书中如有疏漏和不当之处,敬请读者指正。

作　　者

# 目　　录

# 第一章　独资与合伙会计

## 第 一 节　独 资 会 计

### 一、独资企业及其特点

（一）什么是独资企业

独资企业是由一个业主单独投资经营的企业。业主对企业的盈亏负完全责任。在企业的财产不足清偿对外债务时，也由业主负完全责任。因此，独资企业是一种无限责任性质的企业组织形式。但值得指出的是，在我国，独资企业有三种类型，即私营独资企业、外商独资企业和国有独资公司。其中，外商独资企业是指外商在中国境内投资设立的外资企业，它的组织形式应根据其在中国注册情况或其母公司的性质而定；而国有独资公司则是指国家授权投资的机构或部门单独投资设立的公司，或者原来的国有企业依照我国《公司法》改建的国有独资公司，其组织形式为有限责任公司。因此，本书所述的独资企业仅指私营独资企业。

（二）独资企业的特点

与其他组织形式的企业相比，独资企业具有以下特点。

1. 规模小、资本少，组织设立容易

独资企业的资本全部由业主个人投入，有限的资本抑制了企业的规模，而且，业主的无限责任也减少了法律对独资企业设立的制约。因此，独资企业向有关机构申请登记开业比较容易，不需具备较多的条件和办理复杂的手续。

2. 经营独立、管理灵活，责权利高度集中

独资企业由业主一人独立经营，自负盈亏，由于无他人参与、制约，管理比较灵活。只要在法律允许的前提下，其管理方式、经营范围、经营手段，以及经营时间均由个人决定。盈利自得，亏损自负，无须他人共享或分担。

3. 经营责任无限，企业与个人的财产、债务不易划分

由于独资企业的业主对企业经营盈亏承担无限责任，因此，独资企业不是

一个法律主体,不具有法人资格。独资企业所拥有的财产和对外所负债务,在法律上仍是业主个人的财产和债务。企业在业务上所做的种种行为,在法律上仍视为业主个人的行为,由此产生的结果是,独资企业在经营中所获的收益或发生的损失,直接体现为业主个人的收益或损失。因此,独资企业的财产和债务往往容易与业主个人的财产和债务混淆在一起。

在国外,由于独资企业不是法律主体,因而不是纳税主体,不需缴纳企业所得税,仅根据业主从事经营活动所取得的利润作为业主个人收入,缴纳个人所得税。但是,在我国,根据《私营企业暂行条例》规定,雇工 8 人以上的私营企业必须缴纳企业所得税。同时,私营企业业主和雇员从企业中分得的收入,包括资本所得和劳务所得,按照《中华人民共和国个人所得税法》规定,还需要缴纳个人所得税。雇工人数不足 8 人的独资企业,虽然不需要缴纳企业所得税,但业主和雇员从企业中所获利润和其他收入,应缴纳个人所得税。

**二、独资企业的会计处理**

作为无限责任组织形式的独资企业,虽然不是一个法律主体,不具有法人资格,但是,就会计所反映的经济业务来说,它仍是一个独立的会计主体。独资企业作为一个会计主体,应该遵循我国《会计法》的有关规定,必须建立和健全会计账册。尤其在一些经营规模稍大、雇工人数较多的独资企业,必须配备专职会计人员,严格按照《企业会计准则》要求处理企业发生的一切经济业务,做好会计记录,定期编制会计报表,真实反映企业的财务状况和经营成果。

独资企业与其他企业相比,其资产、负债,以及收入和费用的会计处理基本相同。所不同的,主要是所有者权益。独资企业所有者权益反映的内容主要包括三个方面:一是,在开办企业时业主的最初投资额,以及在以后经营过程中业主追加的投资额;二是,企业经营盈亏对所有者权益的影响;三是,在经营过程中业主与企业之间的往来事项对所有者权益的影响。以下就这些内容,对如何设置账户和进行账务处理进行说明。

(一)有关所有者权益账户

由于在独资企业形式下,法律对业主投入或撤出资本没有限制,对企业的利润分配也没有过多的约束,而且,业主对企业的债务负有无限清偿责任,除债权人外再没有其他优先求偿权,即使在企业破产清算时,债权人完全可以要求业主用个人财产来清偿债务。因而,在会计上,独资企业不需要像其他企业那样,对所有者权益区分为投入资本和留存收益,全部所有者权益只需用一个总数反映即可。由于独资企业的业主对企业经营负有无限责任,企业的财产和债务容易与业主的个人财产和债务相混淆,因而需要对业主个人与企业之间的往来事项在会计上加以反映。另外,独资企业与其他企业一样,也需要定期反映企业的经营成果、反映损益形成及分配或亏损弥补情况,以此作为向税务机关申报纳税的依据。因此,独资企业可以设置"业主资本""业主往来"和"收益汇总"三个反映所有者权益的账户。

"业主资本"是用来登记业主对企业投资增减变动情况的账户,其贷方登记业主的最初投资额和在经营过程中追加的投资额。借方登记业主的减资额。该账户期末余额在贷方,表示业主实际投入企业的资本额。

"业主往来"是用来登记业主个人与企业之间的往来业务,反映业主资本暂时性增减变动情况的账户。其借方登记的内容包括:业主从企业提取作为自用的现金或商品、企业为业主个人用途而支付的款项、由业主代收而未交给企业的应收款项,以及业主个人本期应承担的企业亏损额。贷方主要登记业主暂存在企业的款项,包括业主个人的应得工资、应得利润,以及企业代业主个人收取的款项。"业主往来"账户的余额如在贷方,表示企业应付业主的款项;如在借方,则说明企业应向业主收取的款项。

"收益汇总"是用来登记独资企业本期损益形成及分配情况的账户。其贷方登记本期全部收入的转入数。借方登记本期全部费用的转入数。全部收入与全部费用的差额即为本期利润(或亏损)。本期利润或本期税后利润(如需缴纳企业所得税,本期利润还需减去所得税)应全部归业主所有,从"收益汇总"账户的借方转入"业主往来"账户的贷方;反之,本期亏损应全部由业主承担,从"收益汇总"账户的贷方转入"业主往来"账户的借方。本期利润或本期税后利润,业主可用作个人消费,也可作为对企业的追加投资,扩大生产经营规模。如业主与职工订有协议,本期利润或本期税后利润中有一部分应作为职工红利的,那么应付职工的红利应作为企业的一项负债,从"收益汇总"账户的借方转入"应付职工红利"账户的贷方。结转后,"收益汇总"账户期末应无余额。

(二)有关所有者权益的账务处理

独资企业的所有者权益账务处理,主要通过"业主资本""业主往来"和"收益汇总"等账户进行核算。现举例说明如下:

【例1-1】 20×5年1月10日,王某经批准,开办了一家私营的小餐馆,以现金投资50 000元。

该独资企业开业时,业主投入资本的会计分录应为:

借：库存现金                                                50 000

   贷：业主资本                                          50 000

**【例 1-2】** 2 月 20 日,王某因个人急需用款,从企业提取现金 3 000 元。

业主从企业提款用于个人消费是企业财产向业主个人的转移,而不是企业发生的费用。因此,应作会计分录为:

借：业主往来                                               3 000

   贷：库存现金                                          3 000

**【例 1-3】** 3 月 15 日,王某因日常生活所需取用企业经营商品供个人消费,该商品进价金额 480 元,售价金额 600 元。

业主取用企业商品作个人消费,应视同从企业提款,不能作为企业的经营成本。另外,业主取用企业商品供自用,不能算作企业的销货,只能算作购货的减少,所以,业主取用商品的价格,不应按售价计算,而宜按进价计算。业主取用商品的行为,应作会计分录为:

借：业务往来                                               480

   贷：库存商品                                          480

**【例 1-4】** 5 月 22 日,企业代业主收取款项 1 000 元。

这笔款项应属业主个人财产,现在由企业代为收取,可视同业主将款项暂存在企业,故应作会计分录为:

借：库存现金                                              1 000

   贷：业主往来                                          1 000

**【例 1-5】** 6 月 8 日,业主王某将企业营业款 1 200 元,支付个人所欠债务。

业主的这一行为也应视同向企业提款,应作会计分录为:

借：业主往来                                             1 200

   贷：库存现金                                          1 200

**【例 1-6】** 12 月 15 日,经计算本期应付业主工资 15 000 元(该企业雇工 8 人以上,属纳税主体),其中 12 000 元以现金支付,其余 3 000 元未提取。

纳税主体由企业支付业主的工资开支应记入"营业费用"账户的借方,工资支付部分记入"库存现金"账户的贷方,未支付部分暂时存放在企业里,应作会计分录为:

```
借：营业费用                                      15 000
    贷：库存现金                                   12 000
        业主往来                                    3 000
```

如果该独资企业为非纳税主体,其业主所得的工资应作为利润分配,而不能作为一项营业费用处理。

【例1-7】 12月31日,经查本年度王某经营的独资企业营业收入为250 000元,营业成本为180 000元,营业费用为40 000元。按私营企业所得税率30%计算,该企业应缴纳所得税为9 000元。

年终应将上述营业收入、营业成本、营业费用和所得税分别结转入"收益汇总"账户,应作会计分录为:

```
借：营业收入                                     250 000
    贷：收益汇总                                  250 000

借：收益汇总                                     229 000
    贷：营业成本                                  180 000
        营业费用                                   40 000
        所得税费用                                  9 000
```

【例1-8】 12月31日,根据劳资协议,税后利润21 000元中职工可分20%红利,其余80%全部归业主王某所得。

独资企业利润分配的会计分录应为:

```
借：收益汇总                                      21 000
    贷：应付职工红利                                4 200
        业主往来                                   16 800
```

如果企业发生亏损,应将亏损额从"收益汇总"账户的贷方,结转入"业主往来"账户的借方。结转后,"收益汇总"账户应无余额。

【例1-9】 12月31日,业主王某决定从本期经营所得的工资、利润中划转15 000元作为对企业的追加投资。

这笔追加投资额应从"业主往来"账户的借方转入"业主资本"账户的贷方,应作会计分录为:

```
借：业主往来                                      15 000
    贷：业主资本                                   15 000
```

将上述会计分录登记"业主资本""业主往来"和"收益汇总"总分类账户如

图表 1-1 至图表 1-3 所示。

(图表 1-1)

### 业 主 资 本

单位：元

| 20×5年 | | 凭证号 | 摘　　要 | 借方金额 | 贷方金额 | 余　　额 | |
|---|---|---|---|---|---|---|---|
| 月 | 日 | | | | | 借　方 | 贷　方 |
| 1 | 10 | | 开业投资 | | 50 000 | | 50 000 |
| 12 | 31 | | 业主经营所得转入投资 | | 15 000 | | 65 000 |
| 12 | 31 | | 本期发生额及余额 | | 65 000 | | 65 000 |

(图表 1-2)

### 业 主 往 来

单位：元

| 20×5年 | | 凭证号 | 摘　　要 | 借方金额 | 贷方金额 | 余　　额 | |
|---|---|---|---|---|---|---|---|
| 月 | 日 | | | | | 借　方 | 贷　方 |
| 2 | 20 | | 业主提款 | 3 000 | | 3 000 | |
| 3 | 15 | | 业主取用商品 | 480 | | 3 480 | |
| 5 | 22 | | 企业代业主收款 | | 1 000 | 2 480 | |
| 6 | 8 | | 企业代业主付款 | 1 200 | | 3 680 | |
| 12 | 15 | | 应付业主工资 | | 3 000 | 680 | |
| | 31 | | 应付业主利润 | | 16 800 | | 16 120 |
| | 31 | | 业主经营所得转入投资 | 15 000 | | | 1 120 |
| 12 | 31 | | 本期发生额及余额 | 19 680 | 20 800 | | 1 120 |

(图表 1-3)

### 收 益 汇 总

单位：元

| 20×5年 | | 凭证号 | 摘　　要 | 借方金额 | 贷方金额 | 余　　额 | |
|---|---|---|---|---|---|---|---|
| 月 | 日 | | | | | 借　方 | 贷　方 |
| 12 | 31 | | 营业收入转入 | | 250 000 | | 250 000 |
| | | | 营业成本转入 | 180 000 | | | 70 000 |
| | | | 营业费用转入 | 40 000 | | | 30 000 |
| | | | 所得税转入 | 9 000 | | | 21 000 |
| | | | 应付职工红利 | 4 200 | | | 16 800 |
| | | | 应付业主利润 | 16 800 | | | 0 |
| 12 | 31 | | 本期发生额及余额 | 250 000 | 250 000 | | |

**从上述账户记录中可以计算期末该独资企业所有者权益总计为 66 120**

元,即"业主资本"账户贷方余额 65 000 元加上"业主往来"账户贷方余额 1 120 元的合计数。如果"业主往来"账户期末余额为借方,那么所有者权益总计则为"业主资本"账户贷方余额减去"业主往来"账户借方余额的差额。

### 三、独资企业的财务报表

(一)独资企业财务报表的编制种类

独资企业应定期编制财务报表,以综合反映企业的财务状况和经营成果。独资企业编制财务报表的种类主要包括:资产负债表、利润表和利润分配表。如果业主非常关心其资本及资本增减变动情况,也可编制资本变动表,用以反映业主资本增减变动的原因及结果。如独资企业规模较大、业务比较复杂,还需编制财务状况变动表或现金流量表,用以反映企业营运资金或现金增减变动的全貌。在一般情况下,独资企业的财务报表,可于每年年终编制一次。但如果企业的经营规模较大、业务较繁复,也可每月编制资产负债表和利润表,并在年终编制年度财务报表。

(二)独资企业财务报表的编制方法

独资企业的财务报表可根据各账户的期末余额和本期发生额直接进行编制;也可以在编制财务报表前先编一张工作底稿,然后根据工作底稿编制财务报表,以避免发生差错,保证财务报表数据的准确性。下面就根据工作底稿编制财务报表的程序和方法作简单介绍。

在一般情况下,工作底稿的结构是:在账户名称栏后设六个栏目,即"调整后试算表""利润表""利润分配表""业主往来""资本变动表"和"资产负债表"。在每个栏目下面再分借方和贷方两个小栏,分别登记有关数据。现举例说明工作底稿的编制如下:

假如,王某独资企业调整试算后有关账户的余额如图表 1-4 所示。

下述工作底稿需要说明的有:

(1)"调整后试算表"栏中的"业主资本"账户的贷方余额50 000元,为资本变动前的期初余额。

(2)"调整后试算表"栏中的"业主往来"账户的借方余额 680 元,为利润分配前的余额。

(3)"资产负债表"栏中的"应付职工红利"账户的贷方余额4 200元,为利润分配时所产生的负债转入数。

(4)"资产负债表"栏中的"业主往来"账户贷方余额 1 120 元,系利润分配前该账户借方余额 680 元(用负号)加上利润分配时"应付业主利润"账户 16 800 元,再减去"业主经营所得转入投资"15 000 元计算所得。

（图表1-4）

## 王某独资餐馆
### 工作底稿
#### 20×5年度

单位：元

| 账户名称 | 调整后试算表 借方 | 调整后试算表 贷方 | 利润表 借方 | 利润表 贷方 | 利润分配表 借方 | 利润分配表 贷方 | 业主往来 借方 | 业主往来 贷方 | 资本变动表 借方 | 资本变动表 贷方 | 资产负债表 借方 | 资产负债表 贷方 |
|---|---|---|---|---|---|---|---|---|---|---|---|---|
| 库存现金 | 8 500 | | | | | | | | | | 8 500 | |
| 应收账款 | 7 800 | | | | | | | | | | 7 800 | |
| 库存商品 | 12 800 | | | | | | | | | | 12 800 | |
| 待摊费用 | 8 000 | | | | | | | | | | 8 000 | |
| 固定资产 | 45 900 | | | | | | | | | | 45 900 | |
| 累计折旧 | | 2 000 | | | | | | | | | | 2 000 |
| 应付账款 | | 1 680 | | | | | | | | | | 1 680 |
| 应付所得税 | | 9 000 | | | | | | | | | | 9 000 |
| 业主资本（初） | | 50 000 | | | | | | | | 50 000 | | |
| 业主往来 | 680 | | | | | | 680 | | | | | |
| 营业收入 | | 250 000 | | 250 000 | | | | | | | | |
| 营业成本 | 180 000 | | 180 000 | | | | | | | | | |
| 营业费用 | 40 000 | | 40 000 | | | | | | | | | |
| 所得税费用 | 9 000 | | 9 000 | | | | | | | | | |
| 收益汇总 | | | 21 000 | | | 21 000 | | | | | | |
| 应付职工红利 | | | | | 4 200 | | | | | | | 4 200 |
| 应付业主利润 | | | | | | | 1 120 | | | | | 1 120 |
| 业主经营所得转入投资 | | | | | 16 800 | | | 16 800 | | | | |
| 业主往来余额（末） | | | | | | | 15 000 | | | 15 000 | | |
| 业主资本（末） | | | | | | | | | 65 000 | | | 65 000 |
| 合　计 | 312 680 | 312 680 | 250 000 | 250 000 | 21 000 | 21 000 | 16 800 | 16 800 | 65 000 | 65 000 | 83 000 | 83 000 |

(5)"资产负债表"栏中的"业主资本"账户65 000元,为"业主资本"账户期初贷方余额50 000元加上"业主经营所得转入投资"15 000元的合计数。

(6)"调整后试算表"栏中各项目的数额,除"业主资本"和"业主往来"账户外,都可直接转入"利润表"和"资产负债表"栏的相应账户。

根据上述工作底稿,可编制资产负债表、利润表、利润分配表,以及资本变动表如图表1-5至图表1-8所示。

(图表1-5)

**王某独资餐馆**
**资 产 负 债 表**

20×5年12月31日                                           单位:元

| 资　　　产 | | 负债和所有者权益 | |
|---|---|---|---|
| 流动资产: | | 负债: | |
| 　库存现金 | 8 500 | 　应付账款 | 1 680 |
| 　应收账款 | 7 800 | 　所得税费用 | 9 000 |
| 　库存商品 | 12 800 | 　应付职工红利 | 4 200 |
| 　待摊费用 | 8 000 | 　负债合计 | 14 880 |
| 　　流动资产合计 | 37 100 | 所有者权益: | |
| 固定资产 | | 　业主往来 | 1 120 |
| 　固定资产原价 | 45 900 | 　业主资本 | 65 000 |
| 　减:累计折旧 | 2 000 | 　　所有者权益合计 | 66 120 |
| 　固定资产净值 | 43 900 | | |
| 　　资产总计 | 81 000 | 负债和所有者权益总计 | 81 000 |

(图表1-6)

**王某独资餐馆**
**利 润 表**

20×5年12月                                           单位:元

| 项　　　目 | 本月数 | 本年累计数 | 上年累计数 |
|---|---|---|---|
| 营业收入 | | 250 000 | |
| 减:营业成本 | | 180 000 | |
| 　　营业费用 | (略) | 40 000 | (略) |
| 营业利润 | | 30 000 | |
| 减:所得税费用 | | 9 000 | |
| 净利润 | | 21 000 | |

(图表1-7)

**王某独资餐馆**
**利 润 分 配 表**

20×5年度

单位：元

| 项　　目 | 本年实际 | 上年实际 |
|---|---|---|
| 净利润 | 21 000 | |
| 减：应付职工红利 | 4 200 | （略） |
| 应付业主利润 | 16 800 | |
| 未分配利润 | 0 | |

(图表1-8)

**王某独资餐馆**
**资 本 变 动 表**

20×5年度

单位：元

| 项　　目 | 业余经营所得转入投资 | 资本变动金额 |
|---|---|---|
| 业主原始投入资本 | | 50 000 |
| 年初业主资本余额 | | 50 000 |
| 本年增加投入资本 | | |
| 　现金投入资本 | | |
| 　业主经营所得转入资本 | 15 000 | 15 000 |
| | | 65 000 |
| 本年减少资本 | | |
| 年末业主资本余额 | | 65 000 |

　　为了简化起见,上述的"利润表"和"利润分配表"可合并编制一张"利润及利润分配表";如果业主资本变动不大,也可以不编制"资本变动表",而在"资产负债表"的所有者权益内的"业主资本"项目里加以说明,如上例王某独资餐馆：

业主资本

期初资本余额 50 000

　加：本期增加资本 15 000

　减：本期减少资本 ——

期末资本余额 65 000

# 第二节　合 伙 会 计*

## 一、合伙企业及其特点

（一）什么是合伙企业

合伙企业是指由两人或两人以上共同投资经营、共负盈亏、共担风险的企业。合伙企业与独资企业一样不是法律主体,不具有法人资格,合伙人必须以个人的法律名义从事经营活动。在国外,合伙企业大多是以个人服务为主的行业,如律师事务所、医师诊所、执业会计师事务所等等。在我国,合伙企业仅限于私营企业。根据我国注册会计师法规定,会计师事务所也可采用合伙企业组织形式。

组织设立合伙企业,合伙人应首先签订合伙协议。合伙协议通常采用书面形式,其内容一般包括:① 合伙企业的名称和营业地点;② 合伙企业的设立日期、存续期限和经营范围;③ 合伙人姓名,投资数额、形式及计价方法;④ 合伙人工资待遇,损益分配原则和比例;⑤ 合伙人入伙和退伙的规定;⑥ 需通过全体合伙人同意的事项;⑦ 有关争议仲裁和合伙解散的事项规定。

(二) 合伙企业的特点

相对而言,合伙企业一般具有三个特点。

1. 存续期限有限,经营责任无限

由于合伙企业是以合伙协议为基础的,原合伙人的退出或新合伙人的进入,都会引起原合伙企业的解散和新合伙企业的成立。另外,由于合伙企业不是法律主体,不具有法人资格,因此,合伙企业的债务就成了所有合伙人的共同债务。当合伙企业破产时,如剩余资产不足清偿企业负债,每个合伙人都有提供个人财产清偿企业债务的责任。并且当某一合伙人没有足够个人财产偿债时,其他合伙人还必须负连带偿债责任。

2. 财产共有,相互享有代理权

合伙企业的财产为所有合伙人共同享有,不经全体合伙人同意,任何一个合伙人均无权处置企业财产。然而,合伙企业中的每一个合伙人均可以作为企业代理人,在正常经营范围内,代表合伙企业对外承担法律责任。因此,在选择合伙人时必须慎重。

3. 利益共享,风险共担

合伙企业经营取得的净收益,归全体合伙人共享,并按合伙协议规定的损益分配方法和比例进行分配。如果协议没有具体规定分配比例,可按合伙人数平均分配;反之,合伙企业发生亏损,亦需所有合伙人共同承担。

**二、合伙企业的开业**

(一) 合伙企业所有者权益账户

合伙企业的组织形式为无限责任企业,法律对合伙企业的资本投入或抽回、利润分配的方法或比例均无限制。因此,合伙企业所有者权益账户的设置基本与独资企业相同。其所有者权益类账户主要设"合伙人资本"和

"合伙人往来"两个总分类账户。但由于合伙企业的合伙人有两个或两个以上,所以在这两个总分类账户下,还需按各合伙人设置明细分类账户,以分别反映每个合伙人投入资本及与合伙企业的往来情况。另外,有的合伙人可能在投入资本外,还会借款给合伙企业,以资助企业经营;反之,合伙人也可能暂时现金短缺,向企业借款。由此,合伙企业就会发生应付合伙人的借款及利息,或应收合伙人的欠款及利息。在实际工作中,为简化核算,对于短期的相互借贷事项,通过"合伙人往来"账户进行核算。但对长期的资金借贷,则应另行设置"应付合伙人借款"和"应收合伙人借款"账户核算,并在编制资产负债表时,分别列入负债和资产项目下,以区别于企业对外部的债务和债权。

"合伙人资本"账户是反映合伙人对企业永久性投资的账户。合伙人在开业时的原始投资,以及在经营过程中的追加投资记在贷方;合伙人对企业投资的抽回或减资记在借方;该账户的期末贷方余额反映合伙人在企业的实际投资额。

"合伙人往来"账户是反映在日常经营过程中合伙人权益暂时性增减变动情况的账户。合伙企业暂借合伙人的款项,合伙人应得利息、工资和奖金,以及合伙人应得利润等事项记在贷方;合伙人暂欠企业款项或取用企业商品,应由合伙人分摊的亏损,以及合伙人将经营所得转入投资等事项记在借方;该账户的余额如在借方,表示合伙人权益的减少额,如在贷方表示合伙人权益的增加额。

(二)合伙企业开业的会计处理

合伙企业的合伙人在开业时投入资本的形式,应该在合伙协议中明确,可以是现金、实物,也可以是无形资产。在特殊情况下,还可以劳务抵作资本。合伙人投入资本的计价原则是:

(1)用实物资产投资的,一般应以评估价作为投资额,其价值必须取得其他合伙人的认可,也可经合伙人协商确定。

(2)用无形资产投资的,如专利权、商誉等,应聘请专家对无形资产的创利能力进行评估,也可通过合伙人协商作价。

(3)以劳务投资的,需经全体合伙人协商,视劳务的数量、质量,以及对企业的贡献情况酌情估价入账。

下面,将合伙企业开业的会计处理举例说明如下:

【例 1-10】 假定 A、B 两人经协商,将各自所经营的杂货店合并成立 AB 合伙商店,在合并前 A、B 杂货店的资产、权益的账面记录分别为:

| A 杂 货 店 | | B 杂 货 店 | |
|---|---|---|---|
| 库存现金 | 2 000 | 库存现金 | 5 000 |
| 库存商品 | 10 000 | 应收账款 | 2 000 |
| 固定资产 | 30 000 | 库存商品 | 15 000 |
| 累计折旧 | 5 000 | 固定资产 | 35 000 |
| 应付账款 | 3 000 | 累计折旧 | 11 000 |
| 业主资本 | 34 000 | 业主资本 | 46 000 |

A、B 双方经协商,同意将 A 杂货店的固定资产作价 32 000 元,B 杂货店的库存商品作价 12 000 元,其余的资产、负债均按账面价值入账。

AB 合伙商店投入资本的会计分录应为:

借:库存现金      2 000
  库存商品      10 000
  固定资产      32 000
  贷:应付账款      3 000
    合伙人资本——A      41 000

借:库存现金      5 000
  应收账款      2 000
  库存商品      12 000
  固定资产      35 000
  贷:累计折旧      11 000
    合伙人资本——B      43 000

【例 1-11】 A 合伙人在 AB 合伙商店筹办过程中曾多方联系,花费了一定的人力和物力,经与 B 合伙人协商,同意将其劳务作价 3 000 元,作为对合伙企业的投资额。

合伙人以劳务作价投资的会计分录应为:

借:管理费用——开办费      3 000
  贷:合伙人资本——A      3 000

【例 1-12】 AB 合伙商店的营业地点为原 B 杂货店的所在地,该地市口较好,且 B 合伙人服务精良,在周围消费者中享有一定声誉,经双方协商同意作价 9 000 元,作为商誉投入企业。

合伙人以商誉作价投资的会计分录应为:

借：商誉  9 000

  贷：合伙人资本——B  9 000

### 三、合伙企业的损益分配

在有些国家,合伙企业由于不是法律主体,因而不是纳税主体。它像独资企业一样,不需缴纳企业所得税,只需根据合伙人的个人收入缴纳个人所得税。按照我国法律规定,雇工在 8 人以上的私营合伙企业必须缴纳企业所得税,合伙人的个人收入还需缴纳个人所得税。另外,税务机关对合伙人及雇工的工资费用也有一定的数量限制。因此,合伙企业应配备专职会计人员,对合伙企业的收入、成本、费用和税金按会计制度规定建立账册,做好会计记录,正确计算企业的经营损益,并按合伙协议规定的方法和比例进行损益分配。

合伙企业的损益核算与独资企业一样,通过"收益汇总"账户进行处理。该账户的贷方反映各收入账户的转入数,及合伙人对亏损的弥补数;借方反映各成本、费用和税金账户的转入数,以及各合伙人按一定方法和比例分得的工资、奖金和利润数;分配后该账户应无期末余额。

合伙企业的损益分配方法,一般应根据各合伙人的能力大小和投资额多少确定分配比例,并在合伙协议中加以明确。通常,合伙企业使用的损益分配方法有下列几种:固定比例分配法;资本比例分配法;工资或利息补贴后余额比例分配法;平均比例分配法。

现举例说明各种损益分配方法的运用。

（一）固定比例分配法

固定比例分配法是指各合伙人的损益分配比例,按一个约定的固定比例在合伙协议中加以规定的一种损益分配方法。

**【例 1-13】** 假定 ABC 合伙企业的合伙协议规定,其损益的分配比例为 4：3：3,当年该合伙企业可分配的净收益为 50 000 元。A、B、C 合伙人的收益分配额计算如下：

$$A\ 合伙人应得收益=50\,000\times\frac{4}{4+3+3}=20\,000(元)$$

$$B\ 合伙人应得收益=50\,000\times\frac{3}{4+3+3}=15\,000(元)$$

$$C\ 合伙人应得收益=50\,000\times\frac{3}{4+3+3}=15\,000(元)$$

根据计算结果,应作会计分录为：

```
借: 收益汇总                                          50 000
  贷: 合伙人往来——A                                    20 000
          ——B                                        15 000
          ——C                                        15 000
```

（二）资本比例分配法

资本比例分配法是指各合伙人的损益分配比例,是以其投资额的大小为依据计算的一种损益分配方法。资本比例分配又可分为按期初资本比例分配、按期末资本比例分配和按平均资本比例分配三种。但是,在计算分配比例时,各合伙人的资本额不仅包括"合伙人资本"账户的贷方余额,还需考虑"合伙人往来"账户的余额。如果"合伙人往来"账户余额在贷方,各合伙人的资本额应是这两个账户余额的合计数;反之,如果"合伙人往来"账户余额在借方,则各合伙人的资本额应是这两个账户余额的差额。

1. 按期初资本比例分配

这种方法是以各合伙人每年年初的资本余额比例作为当年损益分配的依据,而不是合伙企业成立时的原始投资比例。

【例 1-14】 A、B 两合伙人本年初资本余额分别为 48 000 元和 52 000元,本年度可分配的净收益为 50 000 元,合伙协议约定损益分配按年初资本比例计算。则

$$A 合伙人应得收益 = 50\,000 \times \frac{48\,000}{48\,000 + 52\,000} = 24\,000（元）$$

$$B 合伙人应得收益 = 50\,000 \times \frac{52\,000}{48\,000 + 52\,000} = 26\,000（元）$$

损益分配的会计分录应为:

```
借: 收益汇总                                          50 000
  贷: 合伙人往来——A                                    24 000
          ——B                                        26 000
```

采用按期初资本比例分配损益,计算比较简便。但是,因未考虑合伙人在年度内资本增减变动情况,因而影响了损益分配结果的合理性。

2. 按期末资本比例分配

这种损益分配方法是以各合伙人每年年末的资本余额比例作为依据计算当年损益分配,而不考虑各合伙人原始投资比例和年初资本余额比例。

【例 1-15】 假如 A、B 两合伙人本年末"合伙人资本"账户贷方余额分别为 50 000 元和 55 000 元,"合伙人往来——A"明细分类账户为贷方余额 2 000

元,"合伙人往来——B"明细分类账户为借方余额1 000元。本年度可分配的净收益仍为 50 000 元,合伙协议约定损益分配按期末资本比例计算。

（1）计算 A、B 合伙人本年末资本余额:

$$A 合伙人本年末资本余额 = 50 000 + 2 000 = 52 000(元)$$
$$B 合伙人本年末资本余额 = 55 000 - 1 000 = 54 000(元)$$

（2）计算 A、B 合伙人应得收益:

$$A 合伙人应得收益 = 50 000 \times \frac{52 000}{52 000 + 54 000} = 24 528.30(元)$$

$$B 合伙人应得收益 = 50 000 \times \frac{54 000}{52 000 + 54 000} = 25 471.70(元)$$

（3）应作会计分录为:

借:收益汇总                                50 000.00

   贷:合伙人往来——A                     24 528.30

               ——B                     25 471.70

此种分配方法考虑了合伙人永久性资本账户与暂时性资本账户在年度内的增减变动情况。但是,它是以资本增减变动结果作为损益分配的依据,而未考虑资本增减的期限会对企业实际使用资本所产生的影响,因而其分配结果仍不够合理。

3. 按平均资本比例分配

采用按平均资本比例分配损益实质是以时间为权数,经加权平均后计算各合伙人的平均资本额,然后按平均资本比例分配损益。

【例 1-16】 假如 AB 合伙企业本年度可分配的净收益仍为 50 000 元,"合伙人资本"账户期初与期末余额无变动,其中 A 合伙人为51 000元,B 合伙人为 50 000 元,"合伙人往来"账户的明细记录如图表 1-9 和图表 1-10 所示。

(图表 1-9)

合伙人往来——A            单位:元

| 日 期 | 凭证号 | 摘　　要 | 借方金额 | 贷方金额 | 余　　额 | |
|---|---|---|---|---|---|---|
| | | | | | 借　方 | 贷　方 |
| 1月1日 | | 期初余额 | | | 3 000 | |
| 6月1日 | (略) | 应得工资 | | 2 000 | 1 000 | |
| 9月1日 | | 提款 | 2 000 | | 3 000 | |

（图表1-10）

合伙人往来——B　　　　　　　　　　　　　　　　　单位：元

| 日期 | 凭证号 | 摘　　要 | 借方金额 | 贷方金额 | 余　　　额 | |
| --- | --- | --- | --- | --- | --- | --- |
| | | | | | 借　方 | 贷　方 |
| 1月1日 | | 期初余额 | | | | 2 000 |
| 3月1日 | （略） | 取用商品 | 2 500 | | 500 | |
| 6月1日 | | 应得工资 | | 3 000 | | 2 500 |
| 11月1日 | | 提款 | 1 000 | | | 1 500 |

根据上述资料计算如下：

（1）计算 A、B 合伙人往来账户加权平均余额：

$$\text{A 合伙人往来账户加权平均余额} = (-3\,000 \times 5 - 1\,000 \times 3 - 3\,000 \times 4) \div 12$$
$$= -2\,500（元）$$

$$\text{B 合伙人往来账户加权平均余额} = (2\,000 \times 2 - 500 \times 3 + 2\,500 \times 5 + 1\,500 \times 2) \div 12$$
$$= 1\,500（元）$$

（2）计算 A、B 合伙人平均资本余额：

$$\text{A 合伙人平均资本余额} = 51\,000 - 2\,500 = 48\,500（元）$$
$$\text{B 合伙人平均资本余额} = 50\,000 + 1\,500 = 51\,500（元）$$

（3）计算 A、B 合伙人应得收益：

$$\text{A 合伙人应得收益} = 50\,000 \times \frac{48\,500}{48\,500 + 51\,500} = 24\,250（元）$$

$$\text{B 合伙人应得收益} = 50\,000 \times \frac{51\,500}{48\,500 + 51\,500} = 25\,750（元）$$

（4）应作会计分录为：

```
借：收益汇总                          50 000
    贷：合伙人往来——A                      24 250
          ——B                      25 750
```

需要说明的是，在上述计算中，平均资本额是按月加权平均计算求得的。但在实际工作中，资本额的变动不可能都在各月的第一天发生，因此，如果要使计算结果较为精确，也可按天加权平均计算。无论是按月加权平均计算，还是按天加权平均计算，均需在合伙协议里明确规定。

如果上例合伙企业本年度发生亏损 50 000 元,其亏损额的分摊与收益的分配方法相同。所不同的是,根据亏损分摊的结果作相反会计分录为:

借:合伙人往来——A                                                    24 250
　　　　　　　——B                                                    25 750
　　贷:收益汇总                                                              50 000

### (三)工资或利息补贴后余额比例分配法

工资或利息补贴后余额比例分配法,实质是将合伙人的劳动报酬、投资报酬和风险报酬结合起来的一种损益分配方法。其具体做法是:首先,根据各合伙人的能力和对企业的贡献大小,为每个合伙人核定一个名义工资;然后,根据各合伙人投入资本的数额,参照市场利率计算各合伙人应得资本利息;最后,将可分配的净收益扣除各合伙人应得的名义工资和资本利息后的余额,再按合伙协议约定的比例进行分配。

但是,采用这种损益分配方法,应注意以下三个问题:

一是,合伙人的工资补贴和资本利息补贴是损益分配的一部分,不可以将其与企业账簿记录上的工资费用和利息费用相混淆(雇工 8 人以上的合伙企业,合伙人取得的税法规定的工资收入应记入企业的营业费用)。

二是,计算资本利息所依据的资本额应由各合伙人商定,并在合伙协议中明确,既可以采用期初资本余额或期末资本余额,也可以采用平均资本余额。同样,剩余收益的分配比例也应由各合伙人协商确定。

三是,可以部分地采用这种方法,即或者先只计算工资补贴,或者先只计算资本利息补贴,然后再将余额按约定的比例在各合伙人中进行分配。

【例 1-17】 假定 AB 合伙企业本年度可分配的净收益为50 000元,按照合伙协议约定,期末净收益先分配 A 合伙人工资补贴 12 000 元,B 合伙人工资补贴 15 000 元;然后,按期初资本余额 A 合伙人48 000元,B 合伙人 52 000 元的 7%分配资本利息补贴;最后,将剩余收益按 4∶6 的比例在 A、B 两合伙人之间分配。

根据上述资料可编制 AB 合伙企业剩余收益分配表如图表1-11所示。

其中,资本利息补贴的计算如下:

A 合伙人应得资本利息补贴＝48 000×7%＝3 360(元)

B 合伙人应得资本利息补贴＝52 000×7%＝3 640(元)

（图表 1-11）

**剩余收益分配表**                                     单位：元

| 项　　　目 | A 合伙人 | B 合伙人 | 合　　计 |
|---|---|---|---|
| 可分配净收益 | | | 50 000 |
| 　工资补贴 | 12 000 | 15 000 | 27 000 |
| 　资本利息补贴 | 3 360 | 3 640 | 7 000 |
| 　剩余收益 | 6 400 | 9 600 | 16 000 |
| 合伙人应得总收益 | 21 760 | 28 240 | |

剩余收益分配的计算如下：

$$A 合伙人剩余收益分配额 = 16\,000 \times \frac{4}{4+6} = 6\,400（元）$$

$$B 合伙人剩余收益分配额 = 16\,000 \times \frac{6}{4+6} = 9\,600（元）$$

根据各合伙人应得总收益，编制会计分录为：

借：收益汇总　　　　　　　　　　　　　　　　　50 000
　　贷：合伙人往来——A　　　　　　　　　　　　　21 760
　　　　　　　　——B　　　　　　　　　　　　　28 240

**【例 1-18】** 假定 AB 合伙企业本年度可分配净收益只有 30 000 元，在扣除工资补贴、资本利息补贴后，剩余收益即为负数。这一负数也应按合伙协议规定的 4∶6 的比例在 A、B 合伙人之间分配。那么，AB 合伙企业剩余收益分配表的编制则如图表 1-12 所示。

（图表 1-12）

**剩余收益分配表**                                     单位：元

| 项　　　目 | A 合伙人 | B 合伙人 | 合　　计 |
|---|---|---|---|
| 可分配净收益 | | | 30 000 |
| 　工资补贴 | 12 000 | 15 000 | 27 000 |
| 　资本利息补贴 | 3 360 | 3 640 | 7 000 |
| 　剩余收益 | −1 600 | −2 400 | −4 000 |
| 合伙人应得总收益 | 13 760 | 16 240 | |

根据上述计算结果，应作会计分录为：

借：汇总收益　　　　　　　　　　　　　　　　　30 000
　　贷：合伙人往来——A　　　　　　　　　　　　　13 760
　　　　　　　　——B　　　　　　　　　　　　　16 240

（四）平均比例分配法

平均比例分配法是将每年实现的净收益或净亏损平均分配给各合伙人的一种损益分配方法。这种分配方法计算最为简便。但分配结果因未考虑各合伙人对企业的贡献大小，很不合理。因而，在一般情况下很少采用。

### 四、合伙企业的权益变动

合伙企业在经营过程中，由于种种原因，可能有新的合伙人加入，或原合伙人退出。这种变动往往都会导致合伙企业的权益发生相应变动，因而在会计上都要作出必要的处理。

（一）新合伙人入伙

合伙企业成立后，为了筹集资金、扩大规模，或者需要具有特定技能的人才改善企业经营，因此需要吸收新的合伙人入伙。新的合伙人入伙时，必须取得原合伙人同意，并需要修订原合伙协议或重订新合伙协议。通常，新合伙人入伙可以采用新合伙人购买原合伙人全部或部分权益和新合伙人投入资本取得权益两种方式。

1. 新合伙人购买原合伙人全部或部分权益

新合伙人从原合伙人那里取得全部或部分权益，这不会影响原合伙企业的资产和负债，所有者权益总额也不会发生增减变动。改变的仅仅是各合伙人在权益总额中的份额，即原合伙人的全部或部分权益转让给了新合伙人。至于双方的买卖价格如何，可由他们自己协商，在会计处理上只需将原合伙人的资本明细账全部或部分金额转到新合伙人的资本明细账即可。

【例 1-19】 某 A、B 合伙企业拥有资本 80 000 元，其中 A 合伙人出资 50 000 元，B 合伙人出资 30 000 元。现经 A、B 合伙人同意，将各自资本的 20％转让给新合伙人 C，成立 ABC 合伙企业。

C 合伙人入伙的权益变动会计分录应为：

借：合伙人资本——A            10 000
     ——B            6 000
 贷：合伙人资本——C           16 000

作了上述会计处理后，现 ABC 合伙企业的资本总额仍为80 000元，但其中 A 合伙人拥有 40 000 元（50 000－10 000），B 合伙人拥有24 000 元（30 000－6 000）、C 合伙人拥有 16 000 元。

2. 新合伙人投入资本，取得权益

采用这种入伙方式，并不减少原合伙人的资本，而是由新合伙人投入资本取得权益。

随着新合伙人的资本投入,合伙企业的资产总额和资本总额都会增加。它标志着原合伙关系的解除和新的合伙关系的建立。但是,在具体确定新合伙人投资额时,往往需要全体合伙人进行协商,根据新合伙人的能力和原合伙企业的获利情况,重新确认全部合伙人的资本额。当原合伙企业的获利能力前景乐观,对新合伙人有着极大吸引力时,原合伙人就可能要求新合伙人投入高于新合伙人在合伙企业资本份额的投资额,表明原合伙企业存在着商誉。而当原合伙企业的获利能力不佳,新合伙人又具有特殊才干时,原合伙人就可能允许新合伙人投入低于其在合伙企业资本份额的投资额,说明新合伙人具有商誉,或原合伙企业存在着负商誉。

对于上述情况,在会计上有两种处理方法:一是将商誉价值确认入账;二是将存在的商誉分配给原合伙人。

(1) 将商誉价值确认入账。将商誉价值确认入账,是指在新合伙人入伙时为原合伙企业确认商誉,并按损益分配比例将商誉价值分配给原合伙人。现举例说明如下:

【例 1-20】 某 AB 合伙企业在新合伙人入伙前资本总额为120 000元,其中 A 合伙人资本额为 50 000 元,B 合伙人资本额为70 000元;其损益分配比例分别为 40% 和 60%。现新合伙人 C 要求入伙,经 A、B、C 共同协商,C 合伙人以 65 000 元现金取得新合伙企业1/3的权益,并按 30% 的比例分享损益。

根据 C 合伙人以 65 000 元取得新合伙企业 1/3 的权益,可以推算出新合伙企业的资本总额为 195 000 元 $\left(65\,000 \div \dfrac{1}{3}\right)$。它与新合伙企业的净资产 185 000 元(50 000＋70 000＋65 000)相比差额为 10 000 元,这 10 000 元就为原合伙企业的商誉,归 A、B 两合伙人所有,应按 40% 和 60% 的损益分配比例在 A、B 两合伙人之间进行分配,分别记入其资本明细账。应作会计分录为:

```
借:商誉                                    10 000
    贷:合伙人资本——A                            4 000
              ——B                            6 000

借:库存现金                                 65 000
    贷:合伙人资本——C                           65 000
```

这时 A、B、C 合伙人的资本额分别为 54 000 元、76 000 元和 65 000 元,合计为 195 000 元。

【例 1-21】 假定[例 1-20]的原 AB 合伙企业的获利能力较低,而 C 合伙人又具有特殊技能,经协商,允许 C 合伙人以现金 54 000 元取得新合伙企业 1/3 的权益。

按原 A、B 两合伙人资本总额 120 000 元,占有新合伙企业 2/3 的权益,可以推算出新合伙企业的资本总额为 180 000 元 $\left(120\,000 \div \dfrac{2}{3}\right)$,与 ABC 合伙企业的净资产 174 000 元(50 000＋70 000＋54 000)相比,差额为 6 000 元,这表明 C 合伙人拥有商誉 6 000 元。

那么,C 合伙人投入资本及商誉确认的会计分录为:

| | |
|---|---|
| 借:库存现金 | 54 000 |
| 商誉 | 6 000 |
| 贷:合伙人资本——C | 60 000 |

现在,新的 ABC 合伙企业资本总额为 180 000 元,其中 A、B、C 各合伙人的资本额分别为 50 000 元、70 000 元和 60 000 元。

(2) 将存在的商誉分配给原合伙人。这种方法是指在新合伙人入伙时,按原合伙企业的资本额和新合伙人的实际投资额计算、确定新合伙企业的资本总额,将原合伙企业存在的商誉按损益分配比例分配给原合伙人,而不在账面上予以确认。现举例说明如下:

【例 1-22】 假设原 AB 合伙企业两合伙人的资本额及权益比例分别是:A 合伙人 40 000 元,占 40%;B 合伙人 60 000 元,占 60%。现新合伙人 C 以 60 000 元现金投入,取得新合伙企业 1/3 的权益。

这时,新的 ABC 合伙企业的资本总额为 160 000 元(40 000＋60 000＋60 000),新合伙人 C 的 1/3 权益应为 50 000 元,实际多付了 10 000 元,说明原合伙企业存在着商誉。这笔商誉不在账面上确认,而应按损益分配比例转作为原合伙企业 A、B 合伙人的资本增加额(假定 A、B 合伙人损益分配比例为 4:6)。

新合伙人 C 投资的会计分录应为:

| | |
|---|---|
| 借:库存现金 | 60 000 |
| 贷:合伙人资本——A | 4 000 |
| ——B | 6 000 |
| ——C | 50 000 |

【例 1-23】 假设[例 1-22]中的新合伙人 C 以 47 000 元的现金取得新合伙企业 1/3 的权益。这时,新合伙企业的资本总额为 147 000 元(40 000＋

60 000＋47 000)，新合伙人 C 的 1/3 权益应为 49 000 元，实际少付了 2 000 元。这意味着新合伙人 C 存在着商誉 2 000 元，应将其按损益分配比例转作原合伙企业 A、B 合伙人的资本减少额。

新合伙人 C 投资的会计分录应为：

借：库存现金　　　　　　　　　　　　　　　　　　47 000
　　合伙人资本——A　　　　　　　　　　　　　　　　800
　　　　　　　——B　　　　　　　　　　　　　　　1 200
　贷：合伙人资本——C　　　　　　　　　　　　　　49 000

（二）原合伙人退伙

合伙企业在经营过程中，当某合伙人由于年老准备退休或发生意外事件要求退伙时，须征得其他合伙人的同意。合伙人在退伙时，可以将自己的全部权益出售给其他合伙人（包括新合伙人），也可以从合伙企业抽回资本。前者仅仅改变合伙企业的合伙关系，而后者则会缩小合伙企业的经营规模。

当退伙人将自己的全部权益出售给其他合伙人时，由于它只是改变了合伙企业的合伙关系，并不影响合伙企业资产和资本的增减变化。所以，在进行会计处理时，仅需在资本明细账中反映合伙人的变更情况，不需要作其他账务处理。

但是，如果退伙人从合伙企业抽回资本，它不仅会引起合伙企业的资产和资本发生相应地减少，而且，实际抽回的资本额可能会高于或低于其账面资本额。这说明原合伙企业存在着未登记的商誉，或者因为退伙人急于退伙而愿意承担损失。对前一种情况，仍可采用按损益分配比例将商誉价值确认入账，也可采用直接按损益分配比例分配给原合伙人，不予在账面上确认商誉两种方法。而对后一种情况，则可将退伙人愿意承担的损失额按损益分配比例分配给其他合伙人。现分别举例说明如下：

【例 1-24】　假设［例 1-23］中新合伙人 C 以 47 000 元的现金入伙，并取得 1/3 权益后不久，A 合伙人要求退伙。经协商，合伙企业同意付给 A 合伙人现金 48 000 元，比其账面资本额 40 000 元高出 8 000 元。

1. 采用将商誉价值确认入账方法

（1）将超额支付的 8 000 元，按 A 合伙人占有企业 2/3 权益的 40% 比例推算，该合伙企业的商誉额为 30 000 元 $\left(8\,000\div40\%\div\dfrac{2}{3}\right)$。

（2）按损益分配比例分配确认商誉入账。

① 计算 A、B、C 合伙人损益分配比例如下：

$$A:B:C=\frac{2}{3}\times40\%:\frac{2}{3}\times60\%:\frac{1}{3}=\frac{4}{15}:\frac{6}{15}:\frac{5}{15}$$

② 计算 A、B、C 合伙人应分配的商誉额：

$$A\text{ 合伙人应分配商誉额}=30\,000\times\frac{4}{15}=8\,000(\text{元})$$

$$B\text{ 合伙人应分配商誉额}=30\,000\times\frac{6}{15}=12\,000(\text{元})$$

$$C\text{ 合伙人应分配商誉额}=30\,000\times\frac{5}{15}=10\,000(\text{元})$$

③ 作商誉入账的会计分录为：

| | |
|---|---|
| 借：商誉 | 30 000 |
| 　贷：合伙人资本——A | 8 000 |
| 　　　　　　——B | 12 000 |
| 　　　　　　——C | 10 000 |

(3) 作 A 合伙人退伙的会计分录为：

| | |
|---|---|
| 借：合伙人资本——A | 48 000 |
| 　贷：库存现金 | 48 000 |

## 2. 采用不确认商誉,直接按损益分配比例分配给其他合伙人方法

(1) 计算 B、C 合伙人损益分配比例如下：

$$B\text{ 合伙人的损益分配比例}=\frac{6}{6+5}=\frac{6}{11}$$

$$C\text{ 合伙人的损益分配比例}=\frac{5}{6+5}=\frac{5}{11}$$

(2) 计算 B、C 合伙人应分配的金额：

$$B\text{ 合伙人应分配金额}=8\,000\times\frac{6}{11}=4\,363.64(\text{元})$$

$$C\text{ 合伙人应分配金额}=8\,000\times\frac{5}{11}=3\,636.36(\text{元})$$

(3) 作 A 合伙人退伙的会计分录为：

| | |
|---|---|
| 借：合伙人资本——A | 40 000.00 |
| 　　　　　　——B | 4 363.64 |
| 　　　　　　——C | 3 636.36 |
| 　贷：库存现金 | 48 000.00 |

【例 1-25】 假定[例 1-24]中,经协商合伙企业仅同意支付给 A 合伙人现金 36 000 元,其低于账面资本额 4 000 元,作为 A 合伙人自愿承担的损失额。这笔金额应按损益分配比例分配给 B、C 合伙人:

$$B 合伙人应分配金额 = 4\,000 \times \frac{6}{11} = 2\,181.82(元)$$

$$C 合伙人应分配金额 = 4\,000 \times \frac{5}{11} = 1\,818.18(元)$$

作 A 合伙人退伙的会计分录为:

| | | |
|---|---|---|
| 借:合伙人资本——A | | 40 000.00 |
| 贷:库存现金 | | 36 000.00 |
| 合伙人资本——B | | 2 181.82 |
| ——C | | 1 818.18 |

### 五、合伙企业的清算

(一)合伙企业的清算步骤

当合伙企业的合伙经营期满,或没有达到原合伙经营的目的,或因其他原因合伙人无意继续经营下去,经全体合伙人协商同意,可停止经营、办理清算。

合伙企业出售所有资产,收回全部债权,偿付全部债务,并把剩余现金在合伙人之间分配的这一过程,就是合伙企业的清算。具体来说,合伙企业的清算一般包括以下几个步骤:出售企业非现金资产;收回债权、清偿债务;计算并分配清算损益;分配剩余现金。需要说明的是:合伙企业在清偿企业债务时,通常应首先偿付欠合伙人以外的债务,然后,再偿付欠合伙人的债务;合伙企业的清算损益应按损益分配比例,在各合伙人之间进行分配。

如果合伙企业的资产不足以抵偿企业债务,应由合伙人用个人财产抵偿。如果某个合伙人的个人财产不足抵偿债务,应按损益分配比例由其他合伙人负责抵偿。

(二)合伙企业的清算方法及账务处理

合伙企业的清算,根据其清算时间的长短可采用一次分配清算法和分次分配清算法两种。不论合伙企业采用哪一种清算方法,在清算账务处理时都需要设置"清算损益"账户,用来反映清算过程中发生的清算费用和资产变现及债权债务清理损益。该账户余额,应按损益分配比例分配转入"合伙人资本"账户。

1. 一次分配清算法

一次分配清算法是指合伙企业在较短时间内将全部非现金资产出售变

现,并收回全部债权,清偿全部债务后,将剩余现金一次分配给各合伙人的一种清算方法。现将一次分配清算法的清算程序予以举例说明如下:

【例 1-26】 假设 ABC 合伙企业在 20×5 年 3 月 1 日决定停业经营。首先需要编制当日的资产负债表如图表 1-13 所示。

(图表 1-13)

### ABC 合伙企业资产负债表

20×5 年 3 月 1 日 单位:元

| 资 产 | | 负债和所有者权益 | |
|---|---|---|---|
| 库存现金 | 12 000 | 应付账款 | 25 000 |
| 应收账款 | 10 000 | 应付职工薪酬 | 3 000 |
| 存货 | 45 000 | 合伙人资本——A | 32 000 |
| 固定资产原价 | 70 000 | ——B | 40 000 |
| 减:累计折旧 | 17 000 | ——C | 20 000 |
| 资产总计 | 120 000 | 负债和所有者权益总计 | 120 000 |

(1) 在清算过程中发生有关的清算业务资料如下:

① 3 月 2 日,支付职工工资 3 000 元。

② 3 月 15 日,将存货一次作价 40 000 元售给他人。

③ 4 月 3 日,以现金收回应收账款 9 800 元。

④ 4 月 20 日,以现金 25 000 元归还所欠应付账款。

⑤ 4 月 21 日,出售固定资产收到现金 53 500 元。

⑥ 4 月 23 日,以现金支付清算费用 2 500 元。

⑦ 各合伙人的损益分配比例为 30%、50%、20%。

(2) 根据上述资料,进行账务处理如下:

① 3 月 2 日,支付职工工资:

借:应付职工薪酬 3 000
　　贷:库存现金 3 000

② 3 月 15 日,出售存货:

借:库存现金 40 000
　　清算损益 5 000
　　贷:存货 45 000

③ 4 月 3 日,收回应收账款:

借：库存现金 9 800

　清算损益 200

　贷：应收账款 10 000

④ 4 月 20 日，支付应付账款：

借：应付账款 25 000

　贷：库存现金 25 000

⑤ 4 月 21 日，出售固定资产：

借：库存现金 53 500

　累计折旧 17 000

　贷：固定资产 70 000

　　清算损益 500

⑥ 4 月 23 日，支付清算费用：

借：清算损益 2 500

　贷：库存现金 2 500

⑦ 将上述清算业务登记有关账户后，除"库存现金"和"清算损益"账户外，其余账户均已结平，无余额。"库存现金"和"清算损益"账户的有关记录如图表 1-14 和图表 1-15 所示。

（图表 1-14）

### 库 存 现 金

单位：元

| | | | |
|---|---|---|---|
| 3/1　期初余额 | 12 000 | 3/2　支付职工工资 | 3 000 |
| 3/15 出售存货 | 40 000 | 4/20 支付应付账款 | 25 000 |
| 4/3　收回应收账款 | 9 800 | 4/23 支付清算费用 | 2 500 |
| 4/21 出售固定资产 | 53 500 | | |
| 余额 | 84 800 | | |

（图表 1-15）

### 清 算 损 益

单位：元

| | | | |
|---|---|---|---|
| 3/15 存货变现损失 | 5 000 | 4/21 出售固定资产收益 | 500 |
| 4/3　清理债权损失 | 200 | | |
| 4/23 支付清算费用 | 2 500 | | |
| 余额 | 7 200 | | |

⑧ 根据损益分配比例分配清算损益：

A 合伙人应分配清算损益＝7 200×30％＝2 160(元)
B 合伙人应分配清算损益＝7 200×50％＝3 600(元)
C 合伙人应分配清算损益＝7 200×20％＝1 440(元)

作清算损益分配的会计分录为：

借：合伙人资本——A                                          2 160
　　　　　　——B                                          3 600
　　　　　　——C                                          1 440
　　贷：清算损益                                                    7 200

⑨ 随着清算损益的分配结转，"合伙人资本"账户余额为84 800元，其中：A 合伙人资本额为 29 840 元(32 000－2 160)、B 合伙人资本额为 36 400 元(40 000－3 600)、C 合伙人资本额为18 560元(20 000－1 440)。现在"合伙人资本"账户余额与"库存现金"账户余额完全相等，将其一次全部分给各合伙人。应作会计分录为：

借：合伙人资本——A                                         29 840
　　　　　　——B                                         36 400
　　　　　　——C                                         18 560
　　贷：库存现金                                                   84 800

这时，ABC 合伙企业的全部账户均已结平，清算到此结束。

采用一次分配清算法，剩余现金在最后一次分配给合伙人，这样可以防止过早分配产生不足偿付债务的可能性。但是，采用此法会造成现金的闲置，不利于合伙人对现金的有效使用。这种方法一般适用于在清算期较短的情况下采用。

2. 分次分配清算法

所谓分次分配清算法是指在清算期较长的情况下，合伙人随资产变现陆续分次分配现金的一种清算方法。

采用分次分配清算法，从稳健角度出发，需编制分次现金分配计划，以确定每次可分配现金的数额。在编制分次现金分配计划时，每次可分配的现金数额应根据"库存现金"账户余额扣除以下项目后才能按损益分配比例在各合伙人之间分配。这些项目有：目前合伙企业存在的负债总额；预计非现金资产变现损失额；可能发生的清算费用；"合伙人资本"明细账借方余额。

**【例1-27】** 仍以〔例1-26〕资料，ABC合伙企业在清算前负债总额为
28 000元，假定估计非现金资产变现损失比例为10％，在清算过程中可能发生
的清算费用为2 500元，"合伙人资本"明细账无借方余额。结合前例数据，
ABC合伙企业分次分配清算情况如下：

（1）3月1日，ABC合伙企业在宣告清算时，"库存现金"账户余额只
有12 000元，而企业负债总额却达28 000元。因而，不能向合伙人分配
现金。

（2）3月15日，出售存货后"库存现金"账户余额是49 000元（12 000－
3 000＋40 000），扣除企业负债25 000元、估计尚存的非现金资产变现损失为
6 300元（应收账款10 000×10％＋固定资产53 000×10％）、可能发生的清算
费用2 500元后，库存现金余额为15 200元，按损益分配比例30％、50％、20％
作为第一次分配，应分配现金给A合伙人为4 560元、B合伙人为7 600元、C
合伙人为3 040元。应作会计分录为：

```
借：合伙人资本——A                                    4 560
        ——B                                    7 600
        ——C                                    3 040
    贷：库存现金                                     15 200
```

（3）4月3日，收回应收账款后，可分配的现金数为10 800元（49 000－
15 200＋9 800－25 000－53 000×10％－2 500）。第二次分配给A、B、C合伙
人的现金分别为3 240元、5 400元和2 160元。应作会计分录为：

```
借：合伙人资本——A                                    3 240
        ——B                                    5 400
        ——C                                    2 160
    贷：库存现金                                     10 800
```

这时，合伙企业"库存现金"账户余额为32 800元。

（4）4月21日，出售固定资产后，合伙企业收到最后一笔清算收入53 500
元。但为了稳健起见，应等到4月23日支付最后一笔清算费用2 500元后，将
清算损益分配转入各"合伙人资本"明细账。然后，再根据"库存现金"账户余
额和"合伙人资本"明细账余额进行第三次清算分配。

在第三次清算分配前，"库存现金"账户和"合伙人资本"账户的记录情况
如图表1-16和图表1-17所示。

(图表 1-16)

库 存 现 金                                                                    单位：元

| | | | |
|---|---|---|---|
| 3/1　期初余额 | 12 000 | 3/2　支付职工工资 | 3 000 |
| 3/15 出售存货 | 40 000 | 3/15 第一次分配 | 15 200 |
| 4/3　收回应收账款 | 9 800 | 4/3　第二次分配 | 10 800 |
| 4/21 出售固定资产 | 53 500 | 4/20 支付应付账款 | 25 000 |
| | | 4/23 支付清算费用 | 2 500 |
| 余额 | 58 800 | | |

(图表 1-17)

合 伙 人 资 本                                                              单位：元

| 日　　期 | 摘　　　要 | A 合伙人 | B 合伙人 | C 合伙人 | 合　　计 |
|---|---|---|---|---|---|
| 3 月 1 日 | 期初余额 | 32 000 | 40 000 | 20 000 | 92 000 |
| 3 月 15 日 | 第一次分配 | (4 560) | (7 600) | (3 040) | (15 200) |
| 4 月 3 日 | 第二次分配 | (3 240) | (5 400) | (2 160) | (10 800) |
| 4 月 23 日 | 分配清算损益 | (2 160) | (3 600) | (1 440) | (7 200) |
| | 第三次分配 | 22 040 | 23 400 | 13 360 | 58 800 |
| | 三次分配合计 | 29 840 | 36 400 | 18 560 | 84 800 |

**根据上述两账户记录作第三次分配会计分录为：**

　　　　借：合伙人资本——A　　　　　　　　　　　　　　　　　　22 040
　　　　　　　　　　——B　　　　　　　　　　　　　　　　　　23 400
　　　　　　　　　　——C　　　　　　　　　　　　　　　　　　13 360
　　　　　　贷：库存现金　　　　　　　　　　　　　　　　　　　58 800

　　在采用分次分配清算法下，ABC 合伙企业非现金资产变现、清偿债务、支付清算费用，以及清算损益分配的会计分录与一次分配清算法相同；另外，A、B、C 各合伙人三次分配实际分得的现金分别为 29 840 元、36 400 元和 18 560 元，也与一次分配清算法分配结果相同。

　　采用分次分配清算法，既可以克服一次分配清算法的缺点，避免现金的闲置，有利于合伙人对现金的有效使用；又能够保持一次分配清算法的优点，防止过早分配产生不足偿付债务的优点。但是，采用分次分配清算法，其每次分配的计算较为复杂，这种方法一般适合于在清算期较长的情况下采用。

# 复习思考题

## 一、简答题

1. 试述独资企业的组织形式。它与其他组织形式的企业相比有何特点？

2. 独资企业的所有者权益主要反映哪几方面的内容？对这些内容应设置哪些账户进行核算？

3. 独资企业作为纳税主体和非纳税主体其业主工资收入的会计处理有何不同？为什么？

4. 独资企业应编制哪些财务报表？其作用各是什么？

5. 合伙企业的合伙协议应包括哪些内容？

6. 合伙企业具有哪些特点？与独资企业相比有何异同？

7. 在合伙企业开业时，合伙人作为资本投入的方式有哪几种？其作价依据是什么？

8. 合伙企业损益分配方法有哪几种？各种方法是如何计算分配的？

9. 合伙企业按工资或利息补贴后余额比例分配损益的方法的实质是什么？具体做法如何？

10. 当合伙企业权益变动时，对存在的商誉价值如何进行处理？

11. 试述合伙企业的清算步骤。其剩余现金是按什么顺序分配的？

12. 一次清算分配法和分次清算分配法有何区别？分别适用哪种情况？

## 二、解释重要名词和术语

独资企业　业主资本　业主往来　固定比例分配法　资本比例分配法
一次清算分配法　分次清算分配法

## 三、单项选择题

1. 如独资企业为非纳税主体，其业主所得的工资应作为（　　）。
   A. 销售费用　　　　　　　　　B. 利润分配
   C. 管理费用　　　　　　　　　D. 应付职工薪酬

2. 独资企业就其组织形式来说，应该是一个（　　）。
   A. 法律主体　　　　　　　　　B. 会计主体

    C. 纳税主体　　　　　　　　　　D. 非纳税主体

　　3. 合伙企业在清算账务处理时,需要设置(　　)账户,用来反映清算过程发生的清算费用和资产变现及债权债务清算损益。

    A. "清算费用"　　　　　　　　　B. "清算损益"

    C. "库存现金"　　　　　　　　　D. "剩余收益"

　　4. 用以反映独资企业业主资本增减变动情况的报表是(　　)。

    A. 资产负债表　　　　　　　　　B. 利润表

    C. 资本变动表　　　　　　　　　D. 利润分配表

　　5. 当新合伙人投入资本取得权益时,原合伙人要求新合伙人投入高于其在合伙企业资本份额的投资额,表明(　　)。

    A. 原合伙企业存在商誉　　　　　B. 原合伙企业存在负商誉

    C. 新合伙人具有商誉　　　　　　D. 新合伙人具有负商誉

　　6. 随着新合伙人的资本投入,合伙企业的资产总额和资本总额都会增加,它标志着(　　)。

    A. 原合伙关系的解除

    B. 原合伙关系的延续

    C. 新合伙企业的建立

    D. 原合伙关系的解除和新合伙关系的建立

　　7. 独资企业的业主将本期经营所得的工资、利润全部作为对企业的追加投资,应作会计分录为(　　)。

    A. 借：应付职工薪酬
        贷：业主资本

    B. 借：收益汇总
        贷：业主资本

    C. 借：应付职工薪酬
         收益汇总
        贷：业主资本

    D. 借：业主往来
        贷：业主资本

　　8. 合伙企业在清偿债务时,其正确的清偿顺序是(　　)。

    A. 先偿付欠合伙人以外的债务,再偿付欠合伙人的债务

    B. 先偿付欠合伙人的债务,再偿付欠合伙人以外的债务

    C. 按平均比例偿付给欠合伙人以外的债务和欠合伙人的债务

D. 先偿付欠合伙人以外的债务,再偿付欠合伙人的债务,最后将剩余现金分配给合伙人

## 四、多项选择题

1. 独资企业与其他组织形式的企业相比,具有(　　)等特点。
   A. 规模小、资本少　　　　　　　B. 存续期有限
   C. 责权利高度集中　　　　　　　D. 经营责任无限
   E. 企业与个人的财产、债务不易划分

2. 独资企业对所有者权益的核算,应设置(　　)账户。
   A. "业主资本"　　　　　　　　　B. "收益汇总"
   C. "业主往来"　　　　　　　　　D. "应付职工红利"
   E. "应付业主利润"

3. 独资企业的财务报表主要包括(　　)。
   A. 资产负债表　　　　　　　　　B. 利润表
   C. 利润分配表　　　　　　　　　D. 资本变动表
   E. 现金流量表

4. 合伙企业的损益分配方法,可以采用(　　)。
   A. 资本比例分配法　　　　　　　B. 固定比例分配法
   C. 平均比例分配法　　　　　　　D. 浮动比例分配法
   E. 工资或利息补贴比例分配法

5. 合伙企业采用分次分配清算法进行清算,在编制分次现金分配计划时,每次可分配的现金数额应根据"库存现金"账户余额,扣除(　　)后才能按损益分配比例在各合伙人之间分配。
   A. 目前合伙企业存在的资产总额
   B. 目前合伙企业存在的负债总额
   C. 预计非现金资产变现损失额
   D. 可能发生的清算费用
   E. 可能发生的清算收益

6. 合伙企业的合伙人投入资本的形式,应该在合伙协议中明确,可以是(　　)。
   A. 库存现金　　　　　　　　　　B. 实物
   C. 无形资产　　　　　　　　　　D. 劳务
   E. 有价证券

7. "合伙人往来"账户是反映在日常经营过程中,合伙人权益暂时性增减变动情况的账户,其贷方应记录( )。

    A. 合伙人暂欠企业的款项　　　　B. 合伙人取用企业的商品

    C. 应由合伙人分摊的亏损　　　　D. 合伙人应得的利息、工资

    E. 合伙企业暂借合伙人的款项

8. 组织设立合伙企业,合伙人应首先签订合伙协议,其主要内容一般包括( )。

    A. 合伙企业的名称、营业地　　　B. 合伙企业的经营范围

    C. 合伙人投资额与形式　　　　　D. 合伙人的职责和义务

    E. 合伙人工资待遇、损益分配原则

## 五、判断题

1. 独资企业与合伙企业都是属于有限责任性质的企业组织形式。

                                                       ( )

2. 在我国,私营企业可以不缴企业所得税。         ( )

3. 合伙企业必须以个人的法律名义从事经营活动。    ( )

4. 合伙企业采用按工资或利息补贴后余额比例分配法分配损益,合伙人的工资补贴和资本利息补贴,可以与企业账簿记录上的工资费用和利息费用放在一起核算。            ( )

5. 合伙企业的资产不足以抵偿企业债务,应由合伙人用个人财产抵偿。如果某个合伙人的个人财产不足抵偿债务,应按损益分配比例由其他合伙人负责抵偿。        ( )

6. 新合伙人从原合伙人那里取得全部或部分权益,会影响原合伙企业的资产和负债,而且所有者权益也会发生增减变动。   ( )

7. 合伙企业采用一次分配清算法,可以防止过早分配产生不足偿付债务的可能性;又能避免现金的闲置,有利于合伙人对现金的有效使用。  ( )

8. 合伙人按期末资本比例分配损益,考虑了合伙人永久性资本账户与暂时性资本账户在年度内的增减变动情况,而按平均资本比例分配损益,则不考虑这两个账户在年度内的增减变动情况。    ( )

9. 合伙人以劳务投资的,需经全体合伙人协商,视劳务的数量、质量,以及对企业的贡献情况,酌情估价作为"长期投资"入账。  ( )

10. 合伙企业经营取得的净收益归全体合伙人共享;反之,合伙企业发生亏损,亦需由所有合伙人共同承担。      ( )

## 六、练习题

1. **目的** 练习独资企业所有者权益的会计处理。

**资料** 张江经批准开办一家私营杂货店,雇工两人进行经营。20××年度发生的部分经济业务如下:

(1) 1 月 1 日,张江投入现金 20 000 元。

(2) 2 月 10 日,张江取用杂货店商品供家庭消费。该商品进价金额为 210 元,售价金额为 250 元。

(3) 3 月 15 日,张江因欠债务到期,用杂货店销货款 1 000 元归还。

(4) 5 月 8 日,张江因家庭急需用款从杂货店支用现金 2 500 元。

(5) 6 月 1 日,张江以现金支付两雇工半年工资共 4 000 元。

(6) 7 月 20 日,张江收到某人归还现金 6 000 元,随手放入杂货店的收款箱内。

(7) 8 月 25 日,张江将经营所得款 1 500 元购置一只货架。

(8) 12 月 31 日,经计算本年度杂货店的营业收入为 150 000 元,营业成本为 115 000 元,营业费用为 12 000 元。

(9) 张江将经营所得支付雇工奖金 2 000 元,本人提款 5 000 元后,其余部分均作为对杂货店的追加投资。

**要求**

(1) 根据上述业务编制会计分录。

(2) 开设并登记"业主资本""业主往来"和"收益汇总"账户,结出期末余额。

2. **目的** 练习合伙企业开业的会计处理。

**资料**

(1) 王某、李某两人经协商决定设立一家饭店,王某将原小餐馆作价投入,其资产、权益的账面记录如图表 1-18 所示。

(图表 1-18)

**资产、权益的账面记录**                                  单位: 元

| 资产: | | 权益: | |
|---|---|---|---|
| 库存商品 | 1 800 | 应付账款 | 6 000 |
| 固定资产 | 50 000 | 业主资本 | 33 800 |
| 累计折旧 | 12 000 | | |
| | 39 800 | | 39 800 |

双方协商后,同意将王某小餐馆的库存商品作价 1 500 元,固定资产按账面价作价。王某另外还投入现金 50 000 元作为投资。

(2) 李某投资现金 100 000 元。另外,在饭店筹建过程中李某因负责选址、装潢、办理开业登记等事务,王某同意将其劳务作价 5 000 元作为投资。

**要求** 根据所给资料,编制饭店开业有关投入资本的会计分录。

3. **目的** 练习合伙企业损益分配的计算。

**资料** 某合伙企业有 A、B 两合伙人,本年度可分配净利润为 80 000 元,A、B 各合伙人资本账户的期初期末余额无变动,分别为 50 000 元和 20 000元,"合伙人往来"账户变动情况的明细记录如图表 1-19 和图表 1-20 所示。

(图表 1-19)

**合伙人往来—— A** 单位:元

| 1 月 1 日 | 期初余额 | 1 000 | 7 月 5 日 | 应得工资 | 5 000 |
| 3 月 2 日 | 取用商品 | 2 500 | | | |
| | | | 12 月 31 日 | 期末余额 | 1 500 |

(图表 1-20)

**合伙人往来—— B** 单位:元

| 5 月 5 日 | 提款 | 4 000 | 1 月 1 日 | 期初余额 | 2 500 |
| 10 月 8 日 | 取用商品 | 3 000 | 7 月 5 日 | 应得工资 | 2 000 |
| 12 月 31 日 | 期末余额 | 2 500 | | | |

**要求**

(1) 按期初资本比例分配法计算 A、B 合伙人本年的利润分配数。

(2) 按平均资本比例分配法计算 A、B 合伙人本年的利润分配数。

(3) 如果 A、B 合伙人在本年 7 月 1 日分别追加资本投入 10 000 元和15 000元,按平均资本比例分配法应如何分配净利润。

4. **目的** 练习合伙企业损益分配的计算。

**资料** 许林和黄光合伙创办林光服装商店,某年初的资本余额许林为50 000元、黄光为 60 000 元,当年可分配净利润为 120 000 元。按照合伙协议规定,实现的净利润应首先分配合伙人的工资补贴,许林为 20 000 元,黄光为25 000元;然后,按期初资本余额的 6% 分配资本利息补贴;剩余利润再按4.5:5.5的比例在两合伙人之间分配。

**要求**

(1) 根据上述资料按工资或利息补贴后余额比例分配法计算合伙人许林和黄光的利润分配数。

(2) 编制林光服装商店损益分配表及会计分录。

5. **目的**　　练习新合伙人入伙的会计处理。

**资料**　隆盛杂货店由王林和杨云两人合伙经营,资本总额为 150 000 元,其中:王林的投入资本为 65 000 元、杨云的投入资本为 85 000 元。合伙协议确定两合伙人的损益分配比例为 45%、55%。现有一新合伙人朱华要求入伙取得 1/3 的股权,并按 35% 的比例分配损益。

**要求**

(1) 如果新合伙人朱华投入 90 000 元现金作为投资,试作确认商誉及新合伙人入伙的会计分录。

(2) 如果新合伙人朱华投入 60 000 元现金作为投资,试作确认商誉及新合伙人入伙的会计分录。

(3) 如果新合伙人朱华投入 90 000 元现金作为投资,试作新合伙人入伙不确认商誉,将差额分配给原合伙人的会计分录。

(4) 如果朱华投入现金 60 000 元,试编制新合伙人入伙不确认商誉的会计分录。

6. **目的**　　练习原合伙人退伙的会计处理。

**资料**　凌云服装店由江德、乔敏和吴光三人合伙经营,其投入资本分别为 50 000 元、80 000 元和 60 000 元,损益分配比例分别为 25%、40% 和 35%。现乔敏要求退伙,三合伙人经协商同意退还给乔敏 85 000 元。

**要求**

(1) 采用将商誉价值确认入账的方法计算各合伙人应分配的商誉额并作有关的会计分录。

(2) 采用不确认商誉价值,按损益分配比例将差额分摊给其他合伙人的方法计算合伙人江德和吴光应分配的金额并作乔敏退伙的会计分录。

(3) 如果三合伙人经协商同意退还给乔敏 78 000 元,其损失额由乔敏承担,则江德和吴光应分配的金额各有多少? 并编制有关的会计分录。

7. **目的**　　练习合伙企业清算的会计处理。

**资料**　华阳饭店由关雷、胡华和杨树三人合伙经营,合伙协议确定按资本余额比例分配损益。后因经营效益不佳,经协商决定于 20×× 年 7 月 1 日停止经营。该饭店 6 月 30 日的资产负债表有关资料如图表 1-21 所示。

(图表1-21)

### 华阳饭店资产负债表(简化)

20××年6月30日　　　　　　　　　　　　单位:元

| 资产: | | |
|---|---|---|
| 库存现金 | | 3 000 |
| 应收账款 | | 15 000 |
| 存货 | | 7 000 |
| 固定资产原价 | 65 000 | |
| 减:累计折旧 | 12 000 | |
| 固定资产净值 | | 53 000 |
| 资产总计 | | 78 000 |
| 权益: | | |
| 应付账款 | 10 000 | |
| 应付职工薪酬 | 8 000 | 18 000 |
| 合伙人资本——关雷 | 30 000 | |
| ——胡华 | 10 000 | |
| ——杨树 | 20 000 | 60 000 |
| 权益总计 | | 78 000 |

在停业清算过程中发生如下业务:

(1) 7月5日,出售固定资产收取库存现金55 000元。

(2) 7月20日,收回应收账款12 500元,其余部分收不回来。

(3) 7月31日,支付所欠职工工资8 000元。

(4) 8月18日,折价出售存货,实际收到库存现金5 600元。

(5) 8月25日,支付清算费用4 000元。

(6) 8月30日,支付所欠应付账款10 000元。

**要求**

(1) 采用一次清算分配法为停业清算业务编制会计分录,并登记"库存现金"和"清算损益"账户。

(2) 按资本余额比例分配清算损益。

(3) 将多余库存现金分给各合伙人并结平所有账户。

8. **目的**　　练习合伙企业清算的会计处理。

**资料**　　华阳饭店决定于20××年7月1日停业清算,在清算前估计非库存现金变现损失为20%,可能发生的清算费用为5 000元,其余的有关资料见练习题7。

**要求**

(1) 采用分次清算分配法编制清算分配的会计分录。

(2) 将分配业务登记"库存现金"账户及"合伙人资本"明细账。

# 第二章 公司股东权益会计

## 第一节 公司的种类、特点和股东权益分类

### 一、公司的种类和特点

公司是经政府批准而创建,并以法人资格进行经营的一种经济组织。按公司股东的债务责任和筹资方式,可以将公司分为无限责任公司、有限责任公司、股份有限公司、两合公司和股份两合公司五种。

1. 无限责任公司

无限责任公司是指由两个以上无限责任的股东出资组成,股东对公司债务负连带无限清偿责任的公司。无限责任公司的股东必须是自然人,一般直接参与公司事务的管理。其责任、风险比较大,而且,公司的信用主要是以个人信用为基础的。所以,无限责任公司的股东人数较少,以便于股东之间的相互协调。相应地,公司的筹资规模很有限,不适于从事大规模的经营活动。

2. 有限责任公司

有限责任公司是由两个以上、一定人数以下的股东出资组成,股东对公司债务负有限责任的企业法人。有限责任公司的每个股东,仅以其出资额对公司负有限责任,公司则以其全部资产对其债务负有限责任。公司的全部资本不表现为等额的股份,而是由公司向股东签发出资证明书。有限责任公司的股东责任有限,风险较小,筹资较为容易。但由于有限责任公司不能发行股票,其股权转让较为困难,比起股份有限公司,筹资的范围和规模要小得多。

3. 股份有限公司

股份有限公司是由法定最低人数以上的股东出资组成,将全部资本分为等额的股份,股东以其所认股份对公司债务负有限责任,公司以全部资产对债权人负有限责任的企业法人。经过批准,公司的股票可以向社会发行,并上市自由交易或转让。在国际上,股份有限公司是一种最典型、最为大量的公司组织形式。比起其他组织形式的公司,它的筹资来源广泛,可以很快集中起巨额的资本,便于从事巨大事业的经营。

### 4. 两合公司

两合公司是指由一个以上无限责任股东和一个以上的有限责任股东所组成的公司。它是一种介于无限责任公司和有限责任公司之间的公司组织形式,但两合公司中的有限责任部分的资本不分为等额的股份。在两合公司中,由于有限责任股东对公司债务只就其出资额负责,因此,对外无权代表公司,也无权对外执行公司业务。而无限责任股东对公司债务负无限连带清偿责任,所以,他们在公司中占主要地位,享有管理公司业务的权利。两合公司的有限责任股东死亡,其股份可以由继承人继承;而无限责任股东死亡,则往往会导致退股或公司的结束。

### 5. 股份两合公司

股份两合公司是指由一人以上无限责任股东和法定最低人数以上的有限责任股东出资组成的公司。它与两合公司的主要区别,在于其有限责任部分的资本要划分为若干等额的股份,公开发行股票筹集资本。在股份两合公司中,公司的股东会由无限责任股东组成,股东会选举监察人,对公司事务实施监督,其决定对有限责任股东具有约束力,无限责任股东不能担任监察人。如果有限责任股东想把自己的全部或一部分股份转让给他人,必须得到超过半数的无限责任股东的同意。

根据我国《公司法》的规定,在上述五种公司组织形式中,我国采用的是有限责任公司和股份有限公司两种形式。本章以股份有限公司为对象,对公司股东权益的有关问题进行阐述。

## 二、股份有限公司的特点

与独资企业、合伙企业,以及其他组织形式的公司相比,股份有限公司具有以下几个特点。

### 1. 独立的法律主体

股份有限公司一经依法成立,在法律上就具有独立的法人地位,具有与自然人同样享受权利、承担义务的能力,公司可以本身的名义拥有财产、对外举债、签订合约,并对企业的资产、负债和有关经济活动负有法律上的责任。因此,它不仅是一个会计实体,而且也是一个法律实体。

### 2. 经营责任有限

股份有限公司的股东对公司债务的责任只限于所投资的数额,而不承担个人责任。与独资企业和合伙企业的业主相比投资风险较小,而且股票可以自由转让,便于投资者投资,使公司易于向社会广大投资者筹集大量资本,可以大大提高公司的经营实力。

### 3. 股份易于转让

股份有限公司的股东转让股份,只需在证券交易市场办理过户手续,即可收回自己的投资。但股份的自由转让,并不影响公司的资本总额和法人地位,在会计上也不须作任何处理,公司仍继续存在,照常经营。而不像合伙企业的入伙、退伙须经过其他合伙人的同意,有时还可能导致原合伙企业的结束。

### 4. 所有权与经营权分离

股份有限公司一般通过股东大会行使财产所有权,并经股东大会选举董事会作为公司的最高经营决策机构。董事会通常聘请具有管理才能、熟悉业务的人才担任总经理,负责公司的日常经营管理工作。这样,使得公司的所有权和经营权适当分离。

**三、公司股东权益的分类**

公司组织形式的股东权益结构,比起独资企业或合伙企业的业主权益结构要复杂得多。特别在股份有限公司,其股东权益的内容具有特定的含义。根据我国实际情况,股份有限公司的股东权益可以按投资主体和形成来源作如下分类。

（一）按投资主体分类

股东权益按投资主体分类可以分为国家股、法人股、个人股和外资股四种。

国家股是指国家授权投资的机构或部门,以国有资产投入公司形成的股份。法人股是指具有法人资格的企业,以其依法可支配的资产投入公司形成的股份,以及具有法人资格的事业单位和社会团体,以其国家允许用于经营的资产对公司投资而形成的股份。个人股是指社会个人或本公司职工以个人合法财产对公司投资所形成的股份。外资股则指我国香港、澳门、台湾等地区的投资者,以及外国投资者以外资购买人民币特种股票的形式,对公司进行投资所形成的股份。在我国的股票交易中,上述四种投资主体中的国家股、法人股和个人股是国内投资主体所拥有的股份,简称为 A 股。而外资股拥有的股份,则简称为 B 股。另外,目前我国的一些公司在香港、境外地区或国家证券交易所公开上市流通的股份,简称为 H 股。

不同投资主体拥有公司的股份,对公司的股东权益应按其所持股份数享有同等的权利。各投资主体的资本构成情况应在资产负债表的股本项目下或附注中加以说明。

（二）按形成来源分类

股东权益按形成来源分类,可分为投入资本和留存利润两大类。

投入资本是指各投资主体投入公司的原始投资和追加投资。投入资本可进一步划分为股本和资本公积。股本是股东认缴公司发行股票的面值部分。按股东责任和享有的权利,股本又可分为普通股股本和优先股股本两种。普通股股东缴入公司的股票面值部分,称为普通股股本,它是股份有限公司的基本股份。优先股股东缴入公司的股票面值部分,称为优先股股本。普通股股本和优先股股本的合计数,称为股本总额。它构成了公司的注册资本,非经申请核准,办妥减资手续,不得减少。股份有限公司资本公积的主要来源是股东认缴的公司股票的超面值部分。另外,公司发行与债券分离的认股权证、赠予本公司职工的未行使的购股权证、发行可转换债券的转换、库藏股票业务和发行以市价记账的股票股利,以及公司法定资产重估和接受捐赠资产等业务都会产生资本公积。

留存利润是公司在经营过程中实现的税后利润的留存部分。留存利润可以分为已拨定留存利润和未拨定留存利润两部分。已拨定留存利润,也称为盈余公积。根据我国《公司法》规定,按公司的税后利润 10% 提取的法定公积金为已拨定留存利润中的依法拨定部分;公司按股东大会决议,在税后利润中提取的任意盈余公积为已拨定留存利润中的任意拨定部分。公司留存的未规定专门用途的利润,称为未拨定留存利润,也称为未分配利润。它可以用作公司以后年度亏损的弥补,也可以用作以后年度对投资者的股利分配。

在资产负债表中,股东权益应当根据其形成来源,按股本、资本公积、盈余公积和未分配利润分项列示。

# 第二节　股票的性质和分类

## 一、股票的性质

股票是股份有限公司发给股东作为已投资入股的证书和索取股息的凭证,也是股东拥有公司股份的书面凭证。股票又是可在资金市场上流通的一种有价证券,其持有人可以随时将股票转让给其他投资者,而另选其他投资对象,或作为获取资金的抵押品。股票可转让、赠予,或继承,但不能退股。

股票和债券同样都是企业筹集资金而发行的有价证券,但两者却有许多本质上的区别。首先,从经济关系出发,股票反映的是股东与股份公司之间的投资与被投资关系;而债券反映的是持券人与企业之间的债权与债务关系。其次,从享有的权利出发,持有股票的股东除享有分配股息和红利外,普通股股东还有参与公司管理的权利;而债券持有人只有按约定的条件取得固定的利息,而不能参与企业管理。再次,从投资本金的期限出发,股票持有者一般在公司经营期间不能退回本金;而债券持有者在到期时能收回本金。另外,从承担的风险程度出发,持有股票的股东要承担企业风险,并以其出资额负有限责任;而债券持有者不需承担企业的风险和亏损。

**二、股票的分类**

**(一) 按股票是否记名,可分为记名股票和不记名股票**

1. 记名股票

记名股票是指在股票以及发行公司的股东名册上要载明股东姓名或名称的股票。这种股票除了股票上所记载的股东外,其他人不得行使其股权。而且,股份的转让有严格的法律程序与手续,须办理过户。我国《公司法》规定,向发起人、法人、国家授权投资的机构和部门发行的股票,应为记名股票。

2. 不记名股票

不记名股票是指在股票上不载明股东姓名或名称的股票。这种股票的持有人即股份的所有人,具有股东资格。股票的转让比较自由、方便,不需办理过户手续。

**(二) 按股票有无面值,可分为有面值股票和无面值股票**

1. 有面值股票

有面值股票是指在股票的票面上标明股数及每股金额的股票。持这种股票的股东,对公司享有的权利和承担的义务大小,是以其所持有的股票票面金额与公司发行在外股票总面值的比例确定的。

2. 无面值股票

无面值股票是指在股票票面上无面值金额记载,只标明所占公司股本总额的比例或股份数的股票。无面值股票的价值随公司财产的增减而变动,而股东对公司享有的权利和承担义务的大小,直接依股票标明的比例而定。目前,我国《公司法》规定不发行无面值股票,发行股票应记载面值,并且其发行价格不得低于票面金额。

**(三) 按股东所享受的权利,可分为普通股票和优先股票**

1. 普通股票

普通股票是指股票持有人不享有特别优先权利的股票。它是股份有限公司最基本、最标准的股份,在公司只发行一种股票时,所有的股票均为普通股票。普通股股东主要享有以下四种权利:

(1) 参与公司经营管理权。普通股股东有权出席或委托代理人出席股东大会,并依公司章程规定对公司经营管理的重大决策事项行使投票权,利用选举权和表决权参与公司的经营管理。

（2）分享公司盈余权。当公司实现的税后利润经董事会宣布发放股利时，普通股股东有权按所持股份获得股利。

（3）有优先认股权。在公司决定增发普通股股票时，普通股股东有权按持股比例优先认购新股。

（4）剩余财产分配权。当公司清理解散时，普通股股东有权按持股比例分配剩余财产。

普通股票是一种既享有较大收益机会，又承担较大风险的股票，其风险主要体现在：在公司经营过程中，公司必须在支付债权人的本金和利息，以及优先股的股息后，普通股股东才能享受留下的收益；在公司破产时，普通股股东只有在公司对其他所有要求权都得到满足之后，才能分配公司的剩余财产。因此，普通股的收益完全要视公司的经营情况而定，具有极大的不确定性，有着较大的风险。

2. 优先股票

优先股票是指股票持有人享有某些优先权利的股票，优先股的优先权是相对于普通股而言的。与普通股相比，优先股的特征主要有：

（1）股利优先。在分配普通股股利之前，优先股可按约定的股利率或金额优先分得股利。

（2）剩余财产分配优先。在公司清理解散时，其剩余财产的分配优于普通股。

（3）无股票表决权。通常优先股股东在股东大会上无投票表决权，不能参与公司的经营管理。

（4）不享受公司公积的权益。优先股一般仅以优先股份的面值分享公司的净资产，而无权享有公司的资本公积和盈余公积。

根据优先股可享受权利的优先程度，优先股可以作以下三种分类：

一是，按公司对过去欠发的优先股股利是否累积，可分为累积优先股和非累积优先股。

累积优先股是指公司对过去欠发的优先股股利，有责任在后期优先补付，在未付清前，不得分配普通股股利。而非累积优先股，则不能享受补配积欠股利的权利，只享受本期股利分配的优先权利。

【例 2-1】 假设某公司发行在外的普通股 100 000 股，每股面值为 10 元；优先股 5 000 股，每股面值 100 元，优先股股利率为 10%，则每年应付的优先股股利为50 000元（5 000×100 ×10%）。

又假如,该公司连续 3 年宣布发放的股利分别为 30 000 元、60 000 元和80 000元,累积优先股和非累积优先股的股利分配情况如图表2-1所示。

(图表 2-1)

### 股 利 分 配 表

单位:元

| 期　　限 | 摘　　　要 | 累积优先股 | 非累积优先股 |
|---|---|---|---|
| 第1年 | 分配优先股股利<br>分配普通股股利 | 30 000<br>0 | 30 000<br>0 |
| 第2年 | 分配优先股股利<br>分配普通股股利 | 60 000 ①<br>0 | 50 000<br>10 000 |
| 第3年 | 分配优先股股利<br>分配普通股股利 | 60 000 ②<br>20 000 | 50 000<br>30 000 |
| 3年合计 | 分配优先股股利<br>分配普通股股利 | 150 000<br>20 000 | 130 000<br>40 000 |

① 其中补付第1年欠付股利 20 000 元。
② 其中补付第2年欠付股利 10 000 元。

二是,按是否参加公司剩余股利的分配,可分为参加优先股和非参加优先股。

参加优先股,是指优先股股东除了按规定的股利率优先分得股利外,还有权与普通股股东一起分享剩余股利分配的权利。参加优先股按优先股的参与程度,还可分为全部参加优先股和部分参加优先股两种。全部参加优先股,是指优先股股东在普通股股东取得了与优先股股利率相等的股利后,与普通股股东共同等额地分享剩余股利的分配。部分参加优先股,是指优先股股东有权以一定的限度,与普通股股东一起共同分享剩余股利的分配。而非参加优先股,则指优先股股东只能按规定的股利率取得股利,其余部分的股利均由普通股股东享有,不论公司分配多大股利,优先股股东不再参加分配。

【例 2-2】　假设某公司发行在外的普通股 20 000 股,每股面值 10 元;优先股 3 000 股,每股面值 100 元,优先股股利率为 8%。本年度该公司宣布分配股利 58 000 元。如果优先股分别为全部参加优先股、部分参加优先股(其分配股利的最高限度为 10%)、非参加优先股,则该公司股利分配的计算如图表2-2至图表2-4所示。

(图表 2-2)

**全部参加优先股的股利分配** 单位：元

| 分配顺序 | 摘要 | 全部参加优先股 | 普通股 | 合计 |
|---|---|---|---|---|
| ① | 按8%分配优先股股利 | 24 000<br>（3 000×100×8%） | | 24 000 |
| ② | 按8%分配普通股股利 | | 16 000<br>（20 000×10×8%） | 16 000 |
| ③ | 剩余股利等额分配 | 10 800<br>$\left(18\,000\times\dfrac{300\,000}{300\,000+200\,000}\right)$ | 7 200<br>$\left(18\,000\times\dfrac{200\,000}{300\,000+200\,000}\right)$ | 18 000 |
| | 合　计 | 34 800 | 232 000 | 58 000 |

(图表 2-3)

**部分参加优先股的股利分配** 单位：元

| 分配顺序 | 摘要 | 部分参加优先股 | 普通股 | 合计 |
|---|---|---|---|---|
| ① | 按8%分配优先股股利 | 24 000<br>（3 000×100×8%） | | 24 000 |
| ② | 按8%分配普通股股利 | | 16 000<br>（20 000×10×8%） | 16 000 |
| ③ | 按2%（10%－8%）再分配优先股股利 | 6 000<br>（3 000×100×2%） | | 6 000 |
| ④ | 剩余股利全部分配给普通股 | | 12 000<br>（58 000－24 000－16 000－6 000） | 12 000 |
| | 合　计 | 30 000 | 28 000 | 58 000 |

(图表 2-4)

**非参加优先股的股利分配** 单位：元

| 分配顺序 | 摘要 | 非参加优先股 | 普通股 | 合计 |
|---|---|---|---|---|
| ① | 按8%分配优先股股利 | 24 000（3 000×100×8%） | | 24 000 |
| ② | 其余部分股利全部分配给普通股 | | 34 000<br>（58 000－24 000） | 34 000 |
| | 合　计 | 24 000 | 34 000 | 58 000 |

三是,按股票是否可转换,分为可转换优先股和不可转换优先股。

可转换优先股,是指优先股股东可按发行时的规定,在一定期限内,将所持的优先股转换为一定数量的普通股。而不能转换为普通股的优先股,则称为不可转换优先股。

股份有限公司发行可转换优先股,目的是为了吸引投资。因为,这对优先股股东来说,可以获得较多的利益。即在公司经营利润不多的情况下,持有可转换优先股的股东能分配比普通股较多的股利;而在公司盈利较多的情况下,通过将优先股转换成普通股,使其既能获取较高的股利,又能参与企业的经营管理,这对投资者极为有利。

# 第三节　股票的发行

## 一、股票的发行方式

股票的发行方式是指股份有限公司通过何种途径发行股票。一般来讲,股票的发行方式可分为公开间接发行和不公开直接发行两种。

1. 公开间接发行

公开间接发行是指公司通过中介机构,公开向社会公众发行股票。我国股份有限公司采用募集设立方式和向社会公开发行新股时,经由证券经营机构承销的做法,就属于股票的公开间接发行方式。

这种发行方式的优点是发行范围广,发行对象多,容易募足资本,而且股票的公开发行还有助于提高公司的知名度和扩大影响,但这种发行方式手续比较繁杂,发行成本比较高。

采用公开间接发行方式,由于发行的股票数量大,其印刷费和委托证券经营机构承销手续费比较大,这些筹资费用应根据具体发行情况分别进行处理。如果采用溢价发行,可以从溢价收入中支付;如果采用面值发行,则应列作开办费或递延资产处理。

2. 不公开直接发行

不公开直接发行是指公司不公开对外发行股票,只向少数特定对象的直接发行,因而不需要中介机构承销。我国股份有限公司采用发起设立方式和以不向社会公开募集的方式发行新股就属于股票的不公开直接发行方式。

这种发行方式的优点是,发行成本低,弹性大。但不足的是,发行范围小,股票的变现性差。采用不公开直接发行方式,其筹资费用主要包括股权证明的印刷费用,一般很小,可直接计入开办费或管理费用。

## 二、股票按面值发行和溢价发行

公司在发行股票时,由于受市场供求关系的影响,其发行价格可能出现三种情况。即以面值作为发行价格的,称为按面值发行;以大于面值的价格作为发行价格的,称为按溢价发行;以小于面值的价格作为发行价格的,称为按折价发行。我国《公司法》规定,我国股票的发行价格只能采取按面值发行或按溢价发行,而不允许采用折价发行。但不管股票发行价格是否等于面值,记入公司"股本"账户的金额必须是股票的面值。

(一)股票按面值发行

1. 直接收款方式

采用直接收款方式,股票的发行可以一次完成。其账务处理比较简单,只需设置"股本"总分类账户,以反映股款的收缴情况。"股本"明细分类账户,可按普通股和优先股设置,或按股东姓名或名称设置。另外,还应设置股本备查簿,详细记录每股面值、股数和股本总额等情况。

【例 2-3】 假设某公司按面值发行普通股50 000股,每股面值 10 元;优先股1 000股,每股面值 100 元,股利率为 8%。当即收到股款600 000元,存入银行,并发给股东股票。应作会计分录为:

| | | |
|---|---|---|
| 借:银行存款 | | 600 000 |
| 贷:股本——普通股 | | 500 000 |
| ——优先股 | | 100 000 |

2. 先认购后交款方式

假如,上述发行的股票采用先认购后交款方式,那么,从股东认购股票到实收股款,发行股票,往往要间隔一段时间。因此,需另设"应收认股款"和"已认股本"两个账户,以反映股款的认购和收缴情况。即在股东认购股票时借记"应收认股款"账户,贷记"已认股本"账户;待股东正式缴款时,再冲转该两个账户。现以上述例子予以说明如下:

(1)股东认购股票时,应作会计分录为:

| | | |
|---|---|---|
| 借:应收认股款 | | 600 000 |
| 贷:已认股本——普通股 | | 500 000 |
| ——优先股 | | 100 000 |

(2)公司收到股款时,应作会计分录为:

| | | |
|---|---|---|
| 借:银行存款 | | 600 000 |
| 贷:应收认股款 | | 600 000 |

```
借：已认股本——普通股                              500 000
         ——优先股                              100 000
   贷：股本——普通股                                   500 000
         ——优先股                                   100 000
```

（二）股票按溢价发行

股票按溢价发行时，其票面价值应记入"股本"账户，超过面值的溢价部分应作为超面值缴入资本，记入"资本公积"总分类账户下的"股本溢价"明细账户，以反映股票发行的溢价收入。由于优先股股东只拥有其股份面值部分的权益，所以"股本溢价"权益的归属应由普通股股东所拥有。

【例 2-4】　如果［例 2-3］中的普通股每股发行价为 11 元，优先股每股发行价为 105 元，直接收到股款 655 000 元，应作会计分录为：

```
借：银行存款                                      655 000
   贷：股本——普通股                                   500 000
         ——优先股                                   100 000
       资本公积——股本溢价                                 55 000
```

### 三、发行股票换取非现金资产或劳务

公司通常发行股票以换取现金，但有时也可以发行股票换取房屋、设备等非现金资产或劳务，这时就会产生资产或劳务如何计价，股票金额如何确定的问题。

为换取非现金资产而发行的股票，其价格及资产价值可按下列原则处理：

（1）股票在市场上有市价的，应以股票的现行市价作为取得资产计价的标准。

（2）换取的资产有交易市价的，则以资产的市价作为缴入股本的金额。

（3）股票和资产均有市价的，股票入账金额应由董事会裁定。

（4）股票和资产均无市价的，应以估计的公允市价作为入账价值。

【例 2-5】　某公司以每股面值 10 元的普通股 1 000 股换取设备一台，该设备无市价，普通股最近在证券交易所的市价为每股 12 元。由此，设备的价值应确定为 12 000 元。作会计分录为：

```
借：固定资产                                      12 000
   贷：股本——普通股                                   10 000
       资本公积——股本溢价                                 2 000
```

在发行股票给本公司职工以抵作劳务报酬时，应以劳务的市价作为标准，

也可以根据股票的市价推算劳务的价值,就像先将股票出售取得现金,然后,再将现金支付劳务报酬那样。如果股票或劳务的公允市价超过股票的面值,其超出部分应记入"资本公积——股本溢价"账户。

**四、几种股票、债券合并发行**

公司有时将不同种类的股票和债券采用一揽子出售的方法,这时,收到的股款和债款是一个合并的总数,需要按公允合理的比例,分配为各种股票和债券。具体来说,应视不同情况,采用以下三种处理方法。

第一,各类证券均有公允市价时,应按公允市价比例分配。

【例2-6】 某公司将每股面值为1元的普通股20 000股与每张面值为100元的公司债券100张合并发行,共收得款项32 200元。发行时,普通股每股市价1.05元,每张债券的市价108元。则可按下列方法分配计算:

| | |
|---|---|
| 普通股市价(20 000×1.05) | 21 000(元) |
| 公司债券市价(100×108) | 10 800(元) |
| 合计 | 31 800(元) |

$$按市价分配的普通股股款=\frac{21\,000}{31\,800}\times 32\,200=21\,264.15(元)$$

$$按市价分配的公司债券款=\frac{10\,800}{31\,800}\times 32\,200=10\,935.85(元)$$

根据分配结果,应编制会计分录为:

| | |
|---|---|
| 借:银行存款 | 32 200.00 |
| 贷:股本——普通股 | 20 000.00 |
| 资本公积——股本溢价 | 1 264.15 |
| 应付债券——债券面值 | 10 000.00 |
| ——债券溢价 | 935.85 |

第二,在合并发行的证券中,只有一种市价时,可以按市价先确定该证券的记账价值,从收入总额中扣除后的其余额为另一种证券的记账价值。

【例2-7】 假如[例2-6]中发行时只有普通股有市价,每股1.05元,而公司债券不能上市流通,无市价。则可以按下列方法分配计算:

| | |
|---|---|
| 合并发行的收入总额 | 32 200(元) |
| 普通股股款按市价计算(20 000×1.05) | 21 000(元) |
| 公司债券 | 11 200(元) |

根据分配结果,应编制会计分录为:

```
借：银行存款                                              32 200
    贷：股本——普通股                                       20 000
        资本公积——股本溢价                                  1 000
        应付债券——债券面值                                 10 000
               ——债券溢价                                  1 200
```

第三，合并发行的证券均无市价，可以将收入总额按面值比例进行分配。

【例 2-8】　假如[例 2-7]中普通股和公司债券均无市价，可以按面值分配计算如下：

$$普通股应分配股款=\frac{20\ 000}{30\ 000}\times 32\ 200=21\ 466.67(元)$$

$$公司债券应分配债款=\frac{10\ 000}{30\ 000}\times 32\ 200=10\ 733.33(元)$$

根据分配结果，应编制会计分录为：

```
借：银行存款                                              32 200.00
    贷：股本——普通股                                       20 000.00
        资本公积——股本溢价                                  1 466.67
        应付债券——债券面值                                 10 000.00
               ——债券溢价                                    733.33
```

按上述分配方法，可能会出现分配的股款低于股票面值。在这种情况下，由于我国规定不允许折价发行股票，股票应按面值入账。因此，可以将股款低于面值的差额冲减债券溢价或列作债券折价。

**五、认股人违约**

有时候，由于种种原因认股人在认股后，未能缴清所认股款。按照有关规定，认股人如果到期不能缴纳股款，其所认股份应视为自动放弃。如果使公司蒙受损失的，认股人还需负赔偿责任。在一般情况下，公司对认股人违约事件的处理主要有三种方法。

（一）第一种方法

将认股人在违约前已缴股款扣除违约费用后，折合股票发给原认股人，未被购得的股票可继续对外发行。

【例 2-9】　A 认股人认购公司普通股 2 000 股，每股面值 1 元，应收认股款 2 000 元。该认股人仅缴入股款 1 000 元，余款在限期内违约未缴，公司按规定将 A 认股人认购的，但未缴纳股款的股票转让给其他股东，这一违约事件的处理费用为 40 元。对这一违约事件应作如下会计处理：

（1）A 认股人认购时：

借：应收认股款——A 认股人 2 000
　　贷：已认股本——普通股 2 000

（2）收到 A 认股人股款时：

借：库存现金 1 000
　　贷：应收认股款——A 认股人 1 000

（3）A 认股人违约时：

借：已认股本——普通股 2 000
　　贷：应收认股款——A 认股人 1 000
　　　　其他应付款——A 认股人 1 000

（4）处理违约费用时：

借：其他应付款——A 认股人 40
　　贷：库存现金 40

（5）将股票发给 A 认股人时：

借：其他应付款——A 认股人 960
　　贷：股本——普通股 960

（6）将其余股票原价转给其他股东时：

借：库存现金 1 040
　　贷：股本——普通股 1 040

（二）第二种方法

将已缴股款扣除违约费用后的余额退还给原认股人，原认股票全部转给其他股东。

【例 2-10】　假如［例 2-9］中公司决定以 1 950 元将 A 认股人认购的全部股票转给 B 股东。

在这种处理方法下，公司作了［例 2-9］中（1）（2）（3）（4）的会计处理后，再作如下处理：

（5）将股票转给 B 股东时：

借：库存现金 1 950
　　其他应付款——A 认股人 50
　　贷：股本——普通股 2 000

（6）将余款退还给 A 认股人时：

借：其他应付款——A 认股人　　　　　　　　　　910

　　贷：库存现金　　　　　　　　　　　　　　　　910

（三）第三种方法

认股人违约前已缴的部分股款予以没收，违约费用冲抵没收款，原认股票继续对外发行。

【例 2-11】　假如公司按第三种方法处理［例 2-9］中公司作了前述（1）（2）的会计处理后，再作如下处理：

（3）A 认股人违约时：

借：已认股本——普通股　　　　　　　　　　　2 000

　　贷：应收认股款——A 认股人　　　　　　　　1 000

　　　　资本公积　　　　　　　　　　　　　　1 000

（4）处理违约费用时：

借：资本公积　　　　　　　　　　　　　　　　　40

　　贷：库存现金　　　　　　　　　　　　　　　　40

（5）将股票转给 B 股东时：

借：库存现金　　　　　　　　　　　　　　　　1 950

　　资本公积　　　　　　　　　　　　　　　　　50

　　贷：股本——普通股　　　　　　　　　　　　2 000

### 六、企业改组为公司

原有的独资企业、合伙企业或国有企业，由于规模的扩大、业务的增加及其他原因，可以依法改组为公司的组织形式。目前，我国企业改组为公司的一般有以下形式：单一投资主体的国有企业可依法改组为国有独资公司；多个投资主体的可依法改组为有限责任公司或股份有限公司。

企业改组为公司，一般须对原企业的实物资产和无形资产进行评估，并按评估确认的价值调整其账面价值，然后按调整后的净资产折合成一定数额的股份。改组后的公司既可继续使用原企业账册，也可以结束旧账册，另立新账册。下面以国有企业改组为股份有限公司予以举例说明。

【例 2-12】　假设国有华光企业因扩展业务，筹集资本的需要，经批准改组为华光股份有限公司，对外发行股票。在改组前，其资产负债表有关资料如图表 2-5 所示。

(图表 2-5)

### 国有华光企业资产负债表有关资料

20×6 年 5 月 31 日          单位：元

| 资产： | | 权益： | |
|---|---|---|---|
| 货币资金 | 1 200 | 短期借款 | 2 000 |
| 应收账款 | 9 400 | 应付账款 | 5 300 |
| 存货 | 15 400 | 长期借款 | 11 000 |
| 固定资产 | 75 000 | 实收资本 | 68 000 |
| 减：累计折旧 | 9 500 | 资本公积 | 15 200 |
| 无形资产 | 20 000 | 盈余公积 | 10 000 |
| 合　　计 | 111 500 | 合　　计 | 111 500 |

【例 2-13】 假设经专家评估，国有华光企业存货减值 800 元，固定资产增值 8 000 元，无形资产增值 10 000 元。另外，经批准组建的华光股份有限公司核定的股本总额为 150 000 元，分为普通股 15 万股，每股面值 1 元，原企业资产和负债全部转归新公司所有，按账面净资产换取股票，其余股票对外发行，每股发行价格 1.20 元。

在改组前，应先调整资产的账面价值，然后，将新股本价值入账。现按继续使用旧账册和另立新账册的处理方法分述如下。

第一，继续使用原企业的旧账册。

(1) 调整各项资产的账面价值。

借：固定资产                                    8 000

      无形资产                                10 000

   贷：存货                                     800

      资本公积——法定资产重估增值               17 200

(2) 按账面净资产换发新公司股票给原企业所有者。

发给原企业所有者股票数＝(68 000＋15 200＋10 000＋17 200)÷1.20

                      ＝92 000(股)

借：实收资本                                  68 000

      资本公积                                32 400

      盈余公积                                10 000

   贷：股本——普通股                        92 000

      资本公积——股本溢价                   18 400

（3）对外发行新公司股票。

$$对外发行股票数＝150\,000－92\,000＝58\,000（股）$$

| | |
|---|---|
| 借：银行存款 | 69 600 |
| 　贷：股本——普通股 | 58 000 |
| 　　　资本公积——股本溢价 | 11 600 |

第二,结束旧账册,另立新账册。

（1）原企业账册的会计处理同上述（1）。

（2）收到新公司股票,结束旧账项。

| | |
|---|---|
| 借：短期借款 | 2 000 |
| 　　应付账款 | 5 300 |
| 　　长期借款 | 11 000 |
| 　　累计折旧 | 9 500 |
| 　　实收资本 | 68 000 |
| 　　资本公积 | 32 400 |
| 　　盈余公积 | 10 000 |
| 　贷：货币资金 | 1 200 |
| 　　　应收账款 | 9 400 |
| 　　　存货 | 14 600 |
| 　　　固定资产 | 83 000 |
| 　　　无形资产 | 30 000 |

（3）发给原企业所有者股票,建立新公司账项。

| | |
|---|---|
| 借：货币资金 | 1 200 |
| 　　应收账款 | 9 400 |
| 　　存货 | 14 600 |
| 　　固定资产 | 83 000 |
| 　　无形资产 | 30 000 |
| 　贷：短期借款 | 2 000 |
| 　　　应付账款 | 5 300 |
| 　　　长期借款 | 11 000 |
| 　　　累计折旧 | 9 500 |
| 　　　股本——普通股 | 92 000 |
| 　　　资本公积——股本溢价 | 18 400 |

（4）对外发行新公司股票。

```
借：银行存款                                        69 600
   贷：股本——普通股                               58 000
      资本公积——股本溢价                          11 600
```

# 第四节 认股权证和购股权证

股份有限公司有时为了某种原因,常常会赋予股东和本公司职工享有一些权利,如给予老股东优惠购买股票的权利、向社会公众出售认股权证,或赠予职工购股权证等。这些事项的发生均会对股东权益产生影响。

**一、认股权**

认股权是指公司以低于市价的价格给老股东增认新股票的一种权利,其目的在于保障老股东能够按原有比例保持对公司的控制权。在我国,认股权主要表现为公司的增资配股。从公司角度说,通过配发股票,公司即可在短期内筹集经营所需资本。而对股东来说,以低于市价取得认购公司股票的权利,相当于从公司收到了一笔股利。

公司增配的新股票,可以是普通股,也可以是优先股,但股东行使认股权是有一定期限的,超过规定期限就不得行使认股权。因此,逾期的认股权并无价值。

公司决定给老股东认股权时,由于这对公司的财务状况和经营成果并不产生影响,所以,不需作任何会计处理,仅须在备查簿中以备忘记录的形式,说明可以认股的价格和股数。

**二、认股权证**

认股权证是指授予其持有人按规定价格购买股票权利的一种证券。认股权证一般是在发行其他证券,如发行优先股或公司债券时发出,但也可单独发行,使取得认股权证的人享有购买普通股票的权利。认股权证是否有价值,一般可以根据股票当时的市价与认股权证规定的价格来确定。如果发行优先股或公司债券时附发的认股权证规定的认购价格低于市价,其差价就是认股权证的价值;反之,如果认股权证规定的认购价格高于市价,这时的认股权证本身无价值,因为这时已无行使认股权证权利的必要。

在发行优先股或公司债券时附发认股权证的,往往其优先股股利率或公司债券利息率要比同期发行的不附发认股权证的优先股股利率或公司债券利息率要低。因此,认股权证的价值实质是对认购的优先股或公司债券的一种补偿。另外,附发的认股权证又分为两种:一种是可以与优先股或公司债券分离的,称为可分离认股权证;另一种是不可以与优先股或公司债券分离的,称为不可分离认股权证。可分离认股权证与优先股或公司债券是相互独立的证券,可以在市场上单独交易。而不可分离的认股权证,如要行使认股权利,就必须交出已认购的优先股或公司债券,因此,其实质与可调换证券相同(这一内容在本章第五节具体阐述)。现在就可分离认股权证的处理举例说明如下。

1. 发行优先股时附发可分离认股权证

【例 2-14】　假设某公司以 14 元发行面值为 10 元的优先股10 000股,发行时附发了认股权证,凭证可以每股 1.50 元的价格购买面值为 1 元的普通股股票。

(1)假如发行优先股时,普通股每股市价为 2.40 元,这时认股权证的价值每股为 0.9 元。应作会计分录为:

| | | |
|---|---|---|
| 借: 银行存款 | | 140 000 |
| 　贷: 股本——优先股 | | 100 000 |
| 　　　资本公积——股本溢价 | | 31 000 |
| 　　　已发认股权证 | | 9 000 |

待证券持有人在限期内全部行使认股权,公司收到 10 000 股普通股股款 15 000 元时,应作会计分录为:

| | | |
|---|---|---|
| 借: 银行存款 | | 15 000 |
| 　　已发认股权证 | | 9 000 |
| 　贷: 股本——普通股 | | 10 000 |
| 　　　资本公积——股本溢价 | | 14 000 |

(2)假如发行优先股时,普通股每股市价为 1.45 元,这时认股权证本身无价值,就如同没有附发认股权证,应作会计分录为:

| | | |
|---|---|---|
| 借: 银行存款 | | 140 000 |
| 　贷: 股本——优先股 | | 100 000 |
| 　　　资本公积——股本溢价 | | 40 000 |

(3)假如发行优先股时,普通股每股市价为 2.40 元,公司作了上述(1)发行优先股时的会计处理,但在认股权证的有效期内普通股股票市价持续下跌,并跌到每股 1.50 元以下,这时认股权证持有人决不会用认股权证来认购普通股股票。因此,到认股权证有效期满时,应作如下冲销分录:

| | | |
|---|---|---|
| 借: 已发认股权证 | | 9 000 |
| 　贷: 资本公积 | | 9 000 |

## 2. 发行公司债券时附发可分离认股权证

**【例 2-15】** 假设某公司以 105 元发行 8％、三年期的公司债券 5 000 张，每张面值 100 元，并附发认股权证。每张认股权证可以每股 1.20 元认购面值为 1 元的普通股 1 股。目前普通股每股市价 1.80 元，无认股权证的债券每张市价 106 元，认股权证每张市价为 0.50 元。由此，可以按照公司债券和认股权证的市价比例分配发行债券所得款项如下：

公司债券发行收入总额＝5 000×105＝525 000(元)

公司债券市价(5 000×106)                     530 000(元)

认股权证市价(5 000×0.5)                      2 500(元)

  合      计                         532 500(元)

$$按市价分配的公司债券款＝525\,000×\frac{530\,000}{532\,500}＝522\,535.21(元)$$

$$按市价分配的认股权证款＝525\,000×\frac{2\,500}{532\,500}＝2\,464.79(元)$$

公司发行债券时的会计分录为：

借：银行存款                         525 000.00

  贷：应付债券——债券面值             500 000.00

         ——债券溢价             522 535.21

    已发认股权证                  2 464.79

又假设，以后当普通股市价每股上升到 2.50 元时，认股权证持有人全部行使了认股权，公司发行普通股的会计分录为：

借：银行存款                         10 035.21

  已发认股权证                  2 464.79

  贷：股本——普通股               5 000.00

    资本公积——股本溢价         7 500.00

## 三、购股权证

购股权证是公司赠予职工在特定时间内，按规定价格认购公司一定数量普通股股票权利的证书。当购股权证规定的认购价格低于股票当时的市价，购股权证就是一种有价证券；反之，购股权证就没有价值。

在一般情况下，公司将购股权证赠予职工，目的是为了增强企业凝聚力，提高职工主人翁意识，其实质相当于付给职工的劳动报酬。对于这种劳动报酬，通常将其作为工资费用，摊入以后的会计年度。

**【例 2-16】** 某公司于 2007 年 1 月 1 日赠予职工 45 000 张普通股购股权

证,每张购股权证可以在有效期 2 年内按每股 2 元的价格认购每股面值为 1 元的普通股 1 股,当时普通股市价为每股 2.80 元。这时每张购股权证价值 0.8 元(2.80－2),45 000 张购股权证相当于公司付给职工报酬 36 000 元,并应在 2 年内平均按月分摊 1 500 元。因此,在公司赠予购股权证时,应作会计分录为:

  借:长期待摊费用             36 000
   贷:已发购股权证           36 000

每月分摊时,应作会计分录为:

  借:有关费用账户             1 500
   贷:长期待摊费用           1 500

如果在有效期 2 年内,获得购股权证的职工,全部凭证购买了普通股票,则发行股票的会计分录应为:

  借:银行存款              90 000
   已发认股权证            36 000
   贷:股本——普通股         45 000
    资本公积——股本溢价      81 000

假定在上述赠予购股权证时,购股权证上规定的价格高于普通股市价 2.80 元,则不需作任何会计分录,仅需在备查簿中作一备忘记录即可。

# 第五节 可转换证券和库存股票*

## 一、可转换证券

公司发行的某种证券,可以按规定条件转换成公司其他证券的,称为可转换证券。主要包括可以转换成普通股的优先股和公司债券。

1. 可转换普通股的优先股

为了吸引投资,特别是那些普通股股利丰厚的公司,发行可转换优先股,就能够比较容易地筹集到经营所需的资本。但在优先股转换成普通股时,在会计处理时要遵循两条原则:其一,要把优先股的全部股本,如数转为换发的普通股股本;其二,由于公司的留存利润只能由生产经营形成,因此,这种股票的转换只能减少留存利润,而不能增加。

【例 2-17】 某公司面值为 10 元,发行价格为 12 元的优先股 2 000 股,按规定每股优先股可转换成面值为 1 元的普通股 10 股,该公司有盈余公积 15 000

元。在全部优先股转换成普通股时,应作会计分录为:

| | |
|---|---|
| 借:股本——优先股 | 20 000 |
| 　资本公积——优先股股本溢价 | 4 000 |
| 　贷:股本——普通股 | 20 000 |
| 　　资本公积——普通股股本溢价 | 4 000 |

如上述的优先股每股只能转换 8 股普通股。全部优先股转换时,应作会计分录为:

| | |
|---|---|
| 借:股本——优先股 | 20 000 |
| 　资本公积——优先股股本溢价 | 4 000 |
| 　贷:股本——普通股 | 16 000 |
| 　　资本公积——普通股股本溢价 | 8 000 |

假如每股优先股可转换 13 股普通股时,则应作会计分录为:

| | |
|---|---|
| 借:股本——优先股 | 20 000 |
| 　资本公积——优先股股本溢价 | 4 000 |
| 　盈余公积 | 2 000 |
| 　贷:股本——普通股 | 26 000 |

2. 可转换普通股的公司债券

公司以较低的利率发行可转换普通股股票的公司债券,可以大大降低筹资成本。而对投资者来说,购买可转换的公司债券既可得到固定的利息收入,又可以在普通股市价超过转换价格时,将债券转换成普通股。

可转换公司债券有规定的转换比率和转换价格。每张债券可以转换普通股的股数,称为转换比率。债券面值除以转换比率,称为转换价格。如发行的可转换公司债券,每张面值 100 元,规定可转换成发行公司的每股面值为 1 元的普通股票 75 股,则其转换比率为 75,转换价格为 1.33 元。

在一般情况下,发行可转换公司债券时的会计处理与发行不可转换公司债券的处理相同。

【例 2-18】 某公司发行面值为 100 元的可转换公司债券 1 000 张,实际发行价每张为 103 元,并规定每张债券可转换公司发行的每股面值为 1 元的普通股 80 股。在发行债券时,应作会计分录为:

| | |
|---|---|
| 借:银行存款 | 103 000 |
| 　贷:应付债券——债券面值 | 100 000 |
| 　　　　　　——债券溢价 | 3 000 |

**【例 2-19】** 假如［例 2-18］中的债券持有人在债券溢价时已摊销了 1 000 元,并将全部公司债券转换成普通股,应作会计分录为:

| | | |
|---|---|---:|
| 借:应付债券——债券面值 | | 100 000 |
| ——债券溢价 | | 2 000 |
| 贷:股本——普通股 | | 80 000 |
| 资本公积——股本溢价 | | 22 000 |

但如果在发行债券时,能够分别确定带转换权利和不带转换权利的债券的价格,那么,就应以不带转换权利的债券价格作为标准,以此确定带转换权利债券的折价或溢价。

**【例 2-20】** 假设［例 2-18］中发行的公司债券为不带转换权利的公司债券,发行价每张 98 元。则发行债券时,应作会计分录为:

| | | |
|---|---|---:|
| 借:银行存款 | | 103 000 |
| 应付债券——债券折价 | | 2 000 |
| 贷:应付债券——债券面值 | | 100 000 |
| 资本公积 | | 5 000 |

事实上,在发行可转换公司债券时,很难同时确定不带转换权利的价格,所以,通常还是按上述一般情况下债券的发行办法来确定折价或溢价。

## 二、库存股票

库存股票是指不是为了注销目的而由公司发行后重新取得并持有的股票。库存股票的形成原因,可能是公司为了减资而购回,也可能是因股东退股而被公司赎回,还可能是由本公司股东或外界捐赠而取得的尚未注销的公司股票等。我国《公司法》规定,不允许公司拥有库存股票,除非为减少公司资本而注销股份,或者与持有本公司股票的其他公司合并,公司才能收购本公司的股票,并在 10 天内注销。除此之外,我国《公司法》还规定,公司可以通过收购本公司股份,并将股份奖励给本公司职工,但不能超过本公司已发行股份总额的 5%,用于收购的资金应当从公司的税后利润中支出,所收购的股份应当在一年内转让给职工。库存股票同未发行的股票一样,可以随时向市场再发行,以此作为公司筹集资本的一种手段。但库存股票不是公司的资产,就其本质来说,库存股票是股东权益的减少。

### (一)库存股票的会计处理方法

对于库存股票的会计处理方法,有面值法和成本法两种。

## 1. 面值法

采用面值法取得库存股票,其"库存股"账面按面值记账,原发行时的溢价部分冲减"资本公积"账户。如收购成本超出原发行成本,其差额冲减"盈余公积"账户;反之,收购成本低于原发行成本的差额,则记入"资本公积"账户。待库存股票再发行时,发行价大于面值部分应记入"资本公积"账户,如收回的库存股票因减资而注销时,应分别按面值冲减普通股和库存股账面。

**【例 2-21】** 假设某公司的普通股每股面值 1 元,原来以每股 1.30 元发行,现以每股 1.60 元收回 20 000 股,如以后又以每股 1.80 元再发行。

（1）收回库存股时,应作会计分录为:

| | | |
|---|---|---:|
| 借:库存股 | | 20 000 |
| 资本公积——股本溢价 | | 6 000 |
| 盈余公积 | | 6 000 |
| 贷:银行存款 | | 32 000 |

（2）如以后再发行时,应作会计分录为:

| | | |
|---|---|---:|
| 借:银行存款 | | 36 000 |
| 贷:库存股 | | 20 000 |
| 资本公积——股本溢价 | | 16 000 |

（3）如收回的库存股票因减资而注销时,应作会计分录为:

| | | |
|---|---|---:|
| 借:股本——普通股 | | 20 000 |
| 贷:库存股 | | 20 000 |

## 2. 成本法

采用成本法收回库存股票的,应视同购进资产,其"库存股"账面按收回成本记账,而不考虑股票的面值和原发行价格。等库存股票再发行时,如发行价格超过收回成本,其差额记入"资本公积"账户;反之,如再发行价格低于收回成本,其差额首先将与这一股票有关的部分冲减"资本公积"账户,不足部分再冲减"盈余公积"账户。如收回的库存股票因减资而注销时,应按账面价值将有关账户冲销后,贷方金额大于借方金额的差额可冲减"盈余公积"账户,借方金额大于贷方金额的差额应记入"资本公积"账户。

**【例 2-22】** 仍以[例 2-21]的资料,用成本法予以说明如下:

（1）以每股 1.60 元收回库存股票时,应作会计分录为:

| | | |
|---|---|---:|
| 借:库存股 | | 32 000 |
| 贷:银行存款 | | 32 000 |

（2）如以后以每股 1.80 元再发行时,应作会计分录为:

借:银行存款 36 000

　贷:库存股 32 000

　　资本公积——股本溢价 4 000

（3）如以后以每股 1.20 元再发行时,应作会计分录为:

借:银行存款 24 000

　资本公积——股本溢价 6 000

　盈余公积 2 000

　贷:库存股 32 000

（4）如收回的库存股票因减资而注销时,应作会计分录为:

借:股本——普通股 20 000

　资本公积——股本溢价 6 000

　盈余公积 6 000

　贷:库存股 32 000

**（二）库存股在资产负债表上的列示**

由于库存股票的本质不是资产,而是股东权益的减少,因此,在资产负债表上,库存股应根据其会计处理方法的不同而分别列示在股东权益项下。在面值法下,库存股应直接列作为股本的减项;而在成本法下,库存股应作为股东权益总额的减项列示。

**【例 2-23】** 假如[例 2-21]中公司核定发行普通股 500 000 股,每股面值 1元,在收回库存股票前"资本公积"和"盈余公积"账户的贷方余额分别为200 000 元、120 000 元。

在采用面值法下,资产负债表中库存股在股东权益项下的列示应如下(单位:元):

股东权益:

普通股本 500 000

　减:库存股 20 000

流通在外普通股股本 480 000

资本公积(200 000－6 000) 194 000

盈余公积(120 000－6 000) 114 000

股东权益合计 788 000

在采用成本法下,资产负债表中库存股在股东权益项下的列示应如下(单位：元）：

股东权益：

| | |
|---|---|
| 普通股本 | 500 000 |
| 资本公积 | 200 000 |
| 盈余公积 | 120 000 |
| 小　　计 | 820 000 |
| 减：库存股 | 32 000 |
| 股东权益合计 | 788 000 |

# 第六节　股利分派和股票分割

## 一、股利分派

### （一）股利概述

股利是公司按照股份比例分派给股东的收益。我国《公司法》规定，公司的税后利润只有在提取了盈余公积后，先发放优先股股利，然后按董事会决定提取任意盈余公积，剩下部分才能分配普通股股利。每一股东取得的股利应与其持有的股份数成正比。股份有限公司的股利原则上应从累计盈利中分派，无盈利不得分派股利。但若公司用盈余公积抵补亏损以后，为维护其股票信誉，经股东大会特别决议，也可用盈余公积支付股利，不过留存的法定盈余公积不得低于注册资本的 25%。

股利分派的时间、金额和形式，是由董事会在有关法律规定的范围内决定的。有关股利分派的重要日期有以下四个。

1. 股利宣告日

股利宣告日是公司董事会宣告发放股利的日期。股利一经宣告，其所有权就属于股东，成为公司的一项负债。

2. 股权登记日

股权登记日是为确定股利所有权而定的日期。只有在股权登记日前在股东名册上有名的股东，才有权分享股利。

3. 除息日

除息日是指领取股利的权利与股票相分离的日期。在除息日前股利权属于股票；在除息日后购买的股票无权享受股利。

4. 股利发放日

股利发放日是实际支付股利的日期。股利一经发放，公司的上述负债即行解除。

股利分派的形式有多种,常见的主要有现金股利、财产股利、负债股利和股票股利四种。下面就这四种形式股利分派的会计处理予以说明。

(二) 现金股利

分派股利是以现金支付的,称为现金股利。它是股利分派的主要形式。但发放现金股利必须同时具备三个条件,即有足够的未指定用途的留存盈利;有充裕的现金;符合法律、合同、章程的有关规定,并经董事会决议通过。

【例 2-24】 某公司拥有优先股 20 000 股,每股面值 10 元,股利率 10%;普通股 500 000 股,每股面值 1 元。公司董事会于 20×6 年 1 月 10 日宣告分派现金股利,优先股每股 1 元,普通股每股 0.5 元,共计 270 000 元,并于 20×6 年 1 月 30 日支付股利。

(1) 20×6 年 1 月 10 日,宣告分派现金股利时,应作会计分录为:

```
借:利润分配——应付股利                          270 000
   贷:应付股利——应付优先股股利                        20 000
          ——应付普通股股利                        250 000
```

(2) 20×6 年 1 月 30 日,支付现金股利时,应作会计分录为:

```
借:应付股利——应付优先股股利                       20 000
       ——应付普通股股利                         250 000
   贷:银行存款                                270 000
```

(三) 财产股利

公司用现金以外的资产支付的股利,称为财产股利。一般是以公司所拥有的其他企业的有价证券,如债券、股票等作为股利支付给股东。

【例 2-25】 如果[例 2-24]中公司董事会于 20×6 年 1 月 10 日宣告,以公司拥有的、作为短期投资的、账面价值为 240 000 元的、B 公司债券支付财产股利,该债券当天的市价为 270 000 元。

(1) 20×6 年 1 月 10 日,宣告分派财产股利时,应作会计分录为:

```
借:交易性金融资产                              30 000
   贷:投资收益                                 30 000

借:利润分配——应付股利                          270 000
   贷:应付股利——应付优先股股利                        20 000
          ——应付普通股股利                        250 000
```

(2) 20×7 年 1 月 30 日,支付财产股利时,应作会计分录为:

| 借：应付股利——应付优先股股利 | 20 000 |
| 　　　　　——应付普通股股利 | 250 000 |
| 　贷：交易性金融资产 | 270 000 |

（四）负债股利

公司以负债支付的股利，称为负债股利。通常是以公司的应付票据支付给股东，在不得已情况下也有发行公司债券抵付股利的。

【例 2-26】　如果［例 2-24］中公司于 20×6 年 1 月 10 日宣告，以总面值为 270 000 元、期限为 2 个月、票面利率为 8％的应付票据分派股利。

（1）20×6 年 1 月 10 日，宣告分派负债股利时，应作会计分录为：

| 借：利润分配——应付股利 | 270 000 |
| 　贷：应付票据 | 270 000 |

（2）2 个月后票据到期时，应作会计分录为：

| 借：应付票据 | 270 000 |
| 　　财务费用 | 3 600 |
| 　贷：银行存款 | 273 600 |

（五）股票股利

公司以增发的股票作为股利的支付形式，称为股票股利。公司分派现金股利、财产股利和负债股利都会使公司的股东权益总额有所减少，并导致公司的资产流出或负债的增加。但分派股票股利则并不影响股东权益总额，仅仅使股东权益各项目的结构发生变化。因此，发放股票股利实质上是将公司的一部分留存盈利予以资本化。

【例 2-27】　某公司在分派股票股利前股东权益的结构如下（单位：元）：

分派股票股利前的股东权益：

| 股本（普通股 10 000 000 股，每股面值 1 元） | 10 000 000 |
| 资本公积 | 5 000 000 |
| 盈余公积 | 6 500 000 |
| 未分配利润 | 2 000 000 |
| 股东权益合计 | 23 500 000 |

假设，该公司经董事会决议通过，按 10％的比例发放股票股利，每股以 1.80 元发行，则按可分配的股票股利增发新股票 1 000 000 股（10 000 000×10％），发行总额为 1 800 000 元（1 000 000×1.80）。

（1）宣告发放股票股利时，应作会计分录为：

借：利润分配——应付股利      1 800 000

  贷：应付股利——应付普通股股利      1 800 000

（2）增发新股票时，应作会计分录为：

借：应付股利——应付普通股股利      1 800 000

  贷：股本——普通股      1 000 000

    资本公积——股本溢价      800 000

分派股票股利后，该公司的股东权益总额不变，但其结构发生变化如下（单位：元）：

分派股票股利后的股东权益：

股本（普通股 11 000 000 股，每股面值 1 元）      11 000 000

资本公积      5 800 000

盈余公积      6 500 000

未分配利润      200 000

股东权益合计      23 500 000

公司发放股票股利，可以使股东分享公司的盈余而无须支付现金，这使公司留存了大量现金，便于进行再投资，有利于公司的长期发展。同时，发放股票股利还可以降低每股价格，从而吸引更多的投资者。而对于股东来说，往往以为股票股利与现金股利无多大差别，因为股票可以流通，股东收到股票股利，如需现款，随时可以抛售变现。

但是，股票股利一般是按股东持有的股份数发放的，当股东面广、户数分散、送股比例很低时，难免会出现不足 1 股的零股。如上述例子，公司按 10%分派股票股利，股东手头不足 10 股，就不能领取一个整股，即使超过 10 股但总股数不是 10 的倍数，也会出现零股。处理零股，可有两种办法：其一，可以将零股部分用发放现金股利来代替；其二，也可以由零股持有人相互转售，化零为整，以换取整股。

**二、股票分割**

股票分割是指将一张较大面值的股票换成若干张较小面值股票的行为。对公司来讲，实行股票分割的主要目的在于通过增加股票股数降低每股市价，从而吸引更多的投资者。而对于股东来讲，股票分割后各股东持有的股数增加，但持股比例不变，持有股票的总价值不变。

股票分割不改变公司股东权益总额，股东权益各项目的金额及其相互间的比例也不会改变。因此，股票分割不必作任何会计分录，只需在"股本"账户的备查簿中作一备忘记录,说明股票分割后发行在外的股份数额和股票的每股面值。

**【例 2-28】** 某公司原发行在外的普通股 200 000 股,每股面值 10 元,若按 1 股换成 10 股的比例进行股票分割,分割前、后的股东权益项目如下(单位:元):

股票分割前的股东权益:

| | |
|---|---:|
| 股本(普通股 200 000 股,每股面值 10 元) | 2 000 000 |
| 资本公积 | 4 000 000 |
| 未分配利润 | 800 000 |
| 股东权益合计 | 6 800 000 |

股票分割后的股东权益:

| | |
|---|---:|
| 股本(普通股 2 000 000 股,每股面值 1 元) | 2 000 000 |
| 资本公积 | 4 000 000 |
| 未分配利润 | 800 000 |
| 股东权益合计 | 6 800 000 |

股票分割与发放股票股利,都能达到使公司股价降低的目的。但一般来讲,只有在公司股价剧涨,且预期难以下降时,才采用股票分割的办法降低股价。而在公司股价上涨幅度不大时,往往通过发放股票股利将股价维持在理想的范围之内。

相反,若公司认为自己股票的价格过低,为了提高股价,可以将数股面值较低的股票合并为一股面值较高的股票,这种行为称为股票的反分割,但在实际工作中比较少见。

# 第七节　股　份　支　付

## 一、股份支付的含义和分类

股份支付,是指企业为获取职工和其他方提供服务而授予权益工具或者承担以权益工具为基础确定的负债的交易。

我国《证券法》《公司法》和《上市公司股权激励办法(试行)》等规定,企业可以通过股票、期权等权益工具对职工实行激励的办法。已完成股权分置改革的上市公司,也允许建立股权激励机制。因此,股份支付实质,是企业通过授予职工股票期权、认股权证等衍生工具或其他权益工具,以换取职工提供的服务,从而完成对职工的激励或补偿。

股份支付按交易付款的方式分为以权益结算的股份支付和以现金结算的股份支付两种。

以权益结算的股份支付,是指企业为获取服务以股份或其他权益工具作为对价进行结算的交易。其特点是,企业最终要支付给职工或其他方的是股份或认股权等权益工具。

以现金结算的股份支付,是指企业为获取服务承担以股份或其他权益工具为基础计算确定的交付现金或其他义务的交易。其特点是,企业对职工或其他方最终要支付的是现金。

需要说明的是,以上所说的权益工具是企业自身的权益工具。

**二、以权益结算股份支付的会计处理**

企业以权益结算的股份支付,其会计处理的原则如下。

1. 授予日的会计处理

授予日,是指股份支付协议获得批准的日期。其中,"获得批准",是指企业与职工或其他方就股份支付的协议条款和条件已达成一致,该协议获得股东大会或类似机构批准。

除了授予后立即可行权的股份支付外,企业在授予日一般不作会计处理。

授予后立即可行权的换取职工服务的以权益结算的股份支付,应当在授予日按照权益工具的公允价值计入相关成本或费用,相应增加资本公积(其他资本公积)。

2. 等待期的会计处理

等待期,是指可行权条件得到满足的期间。即从授予日至可行权日之间的期间。所谓的可行权条件,一般是指服务年限或业绩条件。其中,业绩条件又可分为市场条件和非市场条件。市场条件是指行权价格、可行权条件以及行权可能性与权益工具的市场价格相关的业绩条件,如股份支付协议中关于股份至少升至何种水平才可行权的规定。非市场条件是指除市场条件之外的其他业绩条件,如股份支付协议中关于达到最低盈利目标或销售目标才可行权的规定。

等待期长度确定后,业绩条件为非市场条件的,如果后续信息表明需要调整等待期长度,应对前期确定的等待期长度进行修改;业绩条件为市场条件的,不应因此改变等待期长度。对于可行权条件为业绩条件的股份支付,在确定权益工具的公允价值时,应考虑市场条件的影响,只要职工满足了其他所有非市场条件,企业就应当确认已取得的服务。

在等待期内的每个资产负债表日,应当按照权益工具授予日的公允价值,将当期取得职工或其他方提供的服务计入相关成本或费用,并相应增加资本公积(其他资本公积),不确认其后公允价值的变动。

对于授予的存在活跃市场的期权等权益工具,应当按照活跃市场中的报价确定其公允价值。对于授予的不存在活跃市场的期权等权益工具,应当采用期权定价模型等确定其公允价值。选用的期权定价模型至少应当考虑以下因素:

(1) 期权的行权价格。

(2) 期权的有效期。

(3) 标的股份的现行价格。

(4) 股份预计波动率。

(5) 股份的预计股利。

(6) 期权有效期内的无风险利率。

3. 可行权权益工具数量的确定

在等待期内的每个资产负债表日,对可行权权益工具的数量应当以最佳估计数为基础,同时,根据最新取得的可行权职工人数变动情况等后续信息修正预计可行权权益工具数量。在可行权日,最终预计可行权权益工具数量应当与实际可行权数量相一致。

可行权日,是指可行权条件得到满足,职工和其他方具有从企业取得权益工具或现金的权利的日期。

4. 计入成本费用的股份支付金额的计算

计入成本费用的股份支付金额,应当根据预计可行权的权益工具数量与授予日权益工具公允价值的乘积,计算截至当期累计应确认的成本费用金额,再减去前期累计已确认金额,即为当期应确认的成本费用金额。其计算公式如下:

$$\text{当期应确认的成本费用} = \text{预计可行权权益工具数量} \times \text{授予日公允价值} - \text{前期累计已确认金额}$$

5. 可行权日及可行权日之后的会计处理

行权日,是指职工和其他方行使权力、获取现金或权益工具的日期。

企业应当在行权日根据行权情况,确认股本和股本溢价,同时结转等待期内确认的资本公积(其他资本公积)。

在行权日之后,不再对已确认的相关成本或费用及所有者权益总额进行调整。全部或部分权益工具未被行权而失效或作废的,应在行权有效期截止日在所有者权益内部结转,不冲减成本费用。

【例2-29】 甲上市公司20×7年1月1日,向其300名管理人员授予每人1 000份股份期权,所附条件是这些管理人员必须在该公司连续服务3年,服务期满时才能以每股2元购买1 000股本公司股票。估计该股份期权在授权日的公允价值为每股10元。

20×7年有30名管理人员离开甲公司,公司估计3年内离开公司的管理人员比例将达到15%;20×8年又有20名管理人员离开公司,公司将管理人员离开的比例修正为20%;20×9年又有10名管理人员离开公司。

根据上述资料,甲公司在20×7～20×9年每个资产负债表日,对这一股份期权计入费用和资本公积金额的计算如图表2-6所示。

(图表2-6)

### 股份期权计入费用和资本公积金额计算表

单位:元

| 年 份 | 计　　　算 | 当期费用 | 累计费用 |
|---|---|---|---|
| 20×7 | $300 \times 1\,000 \times (1-15\%) \times 10 \times \dfrac{1}{3}$ | 850 000 | 850 000 |
| 20×8 | $300 \times 1\,000 \times (1-20\%) \times 10 \times \dfrac{2}{3} - 850\,000$ | 750 000 | 1 600 000 |
| 20×9 | $240 \times 1\,000 \times 10 - 1\,600\,000$ | 800 000 | 2 400 000 |

作会计分录为:

(1) 20×7年1月1日,股份期权授予日,不作会计处理。

(2) 20×7年12月31日。

借:管理费用　　　　　　　　　　　　　　　　　850 000
　　贷:资本公积——其他资本公积　　　　　　　　　　850 000

(3) 20×8年12月31日。

借:管理费用　　　　　　　　　　　　　　　　　750 000
　　贷:资本公积——其他资本公积　　　　　　　　　　750 000

(4) 20×9年12月31日。

借:管理费用　　　　　　　　　　　　　　　　　800 000
　　贷:资本公积——其他资本公积　　　　　　　　　　800 000

(5) 20×0年12月31日,假定240名管理人员全部行权,甲公司股票每股面值为1元,管理人员的购买价为每股2元。作会计分录为:

| 借：银行存款 | 480 000 |
| 资本公积——其他资本公积 | 2 400 000 |
| 贷：股本 | 240 000 |
| 资本公积——股本溢价 | 2 640 000 |

### 三、以现金结算股份支付的会计处理

企业以现金结算的股份支付，除了授予后立即可行权的除外，在授予日一般不作会计处理。授予后立即可行权的，应当在授予日以企业承担负债的公允价值计入相关成本或费用，相应增加负债（即应付职工薪酬）。

完成等待期内的服务或达到规定业绩条件的，在等待期内的每个资产负债表日，应当以对可行权情况的最佳估计为基础，按照权益工具的公允价值重新计量，将当期取得的职工提供的服务计入成本或费用及相应的负债。如果后续信息表明企业承担债务的公允价值与以前估计不同，应当进行调整，并在可行权日调整至实际可行权水平。

企业在可行权日后，负债结算日前的每个资产负债表日及结算日，对负债的公允价值应当重新计量，其变动计入当期损益，不再确认成本或费用。

【例 2-30】 乙公司 20×7 年 1 月 1 日，对其 270 名管理人员授予每人 500 份现金股票增值权。所附条件是，这些管理人员必须在该公司连续服务 3 年，即可在 3 年后的 20×9 年 12 月 31 日起根据股价的增长幅度获得现金，并且该增值权应在 20×1 年 12 月 31 日之前行使完毕。乙公司估计，该增值权在 20×1 年 12 月 31 日负债结算之前的每一资产负债表日以及结算日的公允价值和可行权后的每份增值权现金支出额如图表 2-7 所示。

（图表 2-7）

**预计现金股票增值权的公允价值及现金支出表** 单位：元

| 年　　份 | 公　允　价　值 | 支　付　现　金 |
| --- | --- | --- |
| 20×7 | 10 | |
| 20×8 | 12 | |
| 20×9 | 15 | 13 |
| 20×0 | 16 | 15 |
| 20×1 | 18 | |

假定 20×7 年有 20 名管理人员离开公司，公司估计 3 年内离开公司的管理人员比例将达到 20%；20×8 年又有 25 名管理人员离开公司，公司估计还将有 20 名管理人员离开公司；20×9 年离开公司的管理人员为 10 名。又假定

在 20×9 年、20×0 年和 20×1 年年末行使股票增值权并取得现金的管理人员分别为 60 名、80 名和 75 名。

　　根据上述资料,乙公司在 20×7～20×1 年每个资产负债表日,对这一现金股票增值权计入费用和应付职工薪酬的计算如图表 2-8 所示。

(图表 2-8)

### 现金股票增值权计入费用和应付职工薪酬金额计算表

单位：元

| 年　份 | 计算负债(1) | 支付现金(2) | 当期费用(3)＝(1)<br>－上期(1)＋(2) |
|---|---|---|---|
| 20×7 | $270×(1-20\%)×500×10×\dfrac{1}{3}$<br>$=360\ 000$ | | 360 000 |
| 20×8 | $(270-65)×500×12×\dfrac{2}{3}$<br>$=820\ 000$ | | 460 000 |
| 20×9 | $(270-55-60)×500×15$<br>$=1\ 162\ 500$ | $60×500×13=390\ 000$ | 732 500 |
| 20×0 | $(270-55-60-80)×500×16$<br>$=600\ 000$ | $80×500×15=600\ 000$ | 37 500 |
| 20×1 | $600\ 000-600\ 000=0$ | $75×500×18=675\ 000$ | 75 000 |
| 合计 | | 1 665 000 | 1 665 000 |

作会计分录为：

(1) 20×7 年 1 月 1 日,现金股票增值权授予日不作会计分录。

(2) 20×7 年 12 月 31 日。

　　借：管理费用　　　　　　　　　　　　　　　　360 000
　　　　贷：应付职工薪酬——股份支付　　　　　　　　360 000

(3) 20×8 年 12 月 31 日。

　　借：管理费用　　　　　　　　　　　　　　　　460 000
　　　　贷：应付职工薪酬——股份支付　　　　　　　　460 000

(4) 20×9 年 12 月 31 日。

　　借：管理费用　　　　　　　　　　　　　　　　732 500
　　　　贷：应付职工薪酬——股份支付　　　　　　　　732 500

　　借：应付职工薪酬——股份支付　　　　　　　　390 000
　　　　贷：银行存款　　　　　　　　　　　　　　　390 000

（5）20×0年12月31日。

借：公允价值变动损益                                          37 500
　　贷：应付职工薪酬——股份支付                              37 500

借：应付职工薪酬——股份支付                                600 000
　　贷：银行存款                                            600 000

（6）20×1年12月31日。

借：公允价值变动损益                                          75 000
　　贷：应付职工薪酬——股份支付                              75 000

借：应付职工薪酬——股份支付                                675 000
　　贷：银行存款                                            675 000

### 四、回购股票进行职工期权激励的会计处理

我国《公司法》规定,企业可以回购本公司股份奖励给本公司职工,但不能超过本公司已发行股份总额的5％,用于收购的资金应当从公司的税后利润中支付,所收购的股份应当在1年内转让给职工。

回购股份进行职工期权激励,属于权益结算的股份支付,应作如下会计处理。

1. 回购股份的会计处理

企业实际回购股份时,应当按照回购股份的全部支出,作为库存股处理。借记"库存股"账户,贷记"银行存款"账户,同时在备查簿中登记。

2. 确认成本费用的会计处理

根据权益结算股份支付换取职工服务的规定,企业应当在等待期内的每个资产负债表日,将取得职工或其他方提供的服务,按照权益工具在授予日的公允价值计入成本或费用,同时增加资本公积(其他资本公积)。

3. 职工行权的会计处理

职工在行权日,应按照期权激励办法规定的价格,行使购买企业股份的权利。企业应按职工行权时购买本企业股份收到的价款,借记"银行存款"账户;同时转销等待期内累计确认的金额,借记"资本公积——其他资本公积"账户;按回购的库存股成本,贷记"库存股"账户;按借贷方差额,贷记"资本公积——股本溢价"账户。

【例2-31】　承[例2-29],假定甲上市公司授予管理人员的股份期权是用回购本公司股票进行奖励的,回购股票的价格为每股12元,职工的行权价为每股3元,股票每股面值为1元,其他资料不变。

（1）授予日、等待期的会计处理与［例 2-29］相同。

（2）回购股票时，应作会计分录为：

借：库存股　　　　　　　　　　　　　　　　　　　2 880 000
　　贷：银行存款　　　　　　　　　　　　　　　　　　2 880 000

（3）职工行权时，应作会计分录为：

借：银行存款　　　　　　　　　　　　　　　　　　　720 000
　　资本公积——其他资本公积　　　　　　　　　　2 400 000
　　贷：库存股　　　　　　　　　　　　　　　　　　2 880 000
　　　　资本公积——股本溢价　　　　　　　　　　　240 000

# 复习思考题

## 一、简答题

1．何谓公司？有几种类型？其区别在哪里？

2．股份有限公司与其他组织形式的公司相比有何特点？

3．试述股票的性质。它有哪几种分类？

4．什么是普通股、优先股？持有普通股票和优先股票的股东其享有的权利有何不同？

5．优先股按可享受权利的优先程度不同可以分为几类？其区别在哪里？

6．股票发行的方式有几种？各种发行方式的优缺点如何？

7．以发行股票换取非现金资产时，股票价格和资产价值如何确定？

8．在合并发行几种证券时，各种证券的入账价值如何计算分配？

9．试述认股人违约后的会计处理方法。

10．何谓认股权证？其价值的实质是什么？

11．库存股票的形成原因是什么？我国对库存股票有何规定？

12．采用面值法和成本法对库存股票进行会计处理的主要区别在哪里？

13．试说明最常见的股利分派形式及会计处理方法。

14．什么是股票股利、股票分割？它们对公司所有者权益的影响有何异同？

15．何谓股份支付？按其结算的方式，股份支付分为哪几类？各有何特点？

## 二、解释重要名词和术语

无限责任公司　有限责任公司　股份有限公司　两合公司　股份两合公司　股票　普通股票　优先股票　累积优先股　非累积优先股　参加优先股　非参加优先股　可转换优先股　不可转换优先股　公开间接发行认股权　认股权证　购股权证　库存股票　除息日　股票股利　股票分割　股份支付　授予日　等待期　可行权日

## 三、单项选择题

1. 由法定最低人数以上的股东出资组成,将全部资本分为等额的股份,股东以其所认股份对公司债务负有限责任,公司以全部资产对债权人负有限责任的企业法人是指(　　　)。

A. 有限责任公司 　　　　　　　B. 无限责任公司

C. 股份有限公司 　　　　　　　D. 股份两合公司

2. 公司对过去欠发的优先股股利,应在以后期间分配普通股股利前优先补付的优先股是(　　　)。

A. 累积优先股 　　　　　　　　B. 非累积优先股

C. 参加优先股 　　　　　　　　D. 非参加优先股

3. 持有有面值股票的股东,根据(　　　)对公司享有权利和承担义务。

A. 股票标明的比例

B. 股票标明的价值

C. 股票的股数与每股市价的乘积

D. 股票票面金额与公司发行在外股票总面值的比例

4. 合并发行的证券中,只有一种有市价时,可以按市价先确定该证券的记账价值,另一种证券的记账价值应(　　　)。

A. 按市价比例分配

B. 按面值总额的比例分配

C. 按其成本价

D. 为收入总额中扣除后的余额

5. 公司决定给老股东认股权时,正确的做法是(　　　)。

A. 不作任何会计处理,但需在备查簿中作相应的记录

B. 既作必要的会计处理,又要在备查簿中作相应的记录

C. 只需作必要的会计处理,但不需在备查簿中作记录

D. 既不作任何会计处理,又不需在备查簿中作记录

6. 库存股就其本质而言,它是(　　)。

A. 公司的一项资产　　　　　　　B. 公司的一项负债

C. 公司的一项收入　　　　　　　D. 股东权益的减少

7. 当公司宣告以应付票据分派股东股利时,应作正确的会计分录是(　　)。

A. 借:其他应付款

　　贷:应付票据

B. 借:利润分配——应付股利

　　贷:应付票据

C. 借:本年利润

　　贷:应付票据

D. 借:应付票据

　　贷:利润分配——应付股利

8. 在公司股价剧涨,而且预期难以下降时,一般用(　　)的办法来降低股价。

A. 股票分割　　　　　　　　　　B. 发放股票股利

C. 发行新股　　　　　　　　　　D. 回购股票

9. 公司不能以(　　)作为财产股利分派给股东。

A. 普通股股票　　　　　　　　　B. 优先股股票

C. 长期待摊费用　　　　　　　　D. 公司债券

10. 除(　　)外,以下各项均为不公开直接发行股票的特点。

A. 发行成本低、弹性大　　　　　B. 发行范围小

C. 股票的变现性差　　　　　　　D. 发行手续比较繁杂

## 四、多项选择题

1. 根据《公司法》的规定,我国采用的公司组织形式有(　　)。

A. 无限责任公司　　　　　　　　B. 有限责任公司

C. 股份有限公司　　　　　　　　D. 两合公司

E. 股份两合公司

2. 与其他组织形式的公司相比,股份有限公司具有(　　)特点。

A. 独立的法律主体　　　　　　　B. 独立的会计主体

C. 经营责任有限　　　　　　　　D. 股份易于转让

E. 所有权与经营权相分离

3. 普通股股东可以享有的主要权利有(　　)。

  A. 参与公司经营管理权    B. 有优先认股权

  C. 剩余财产分配优先权    D. 有股票表决权

  E. 剩余财产分配权

4. 公开间接发行方式的优点有(　　)。

  A. 发行范围广       B. 发行对象多

  C. 发行成本低       D. 股票的变现性好

  E. 发行手续比较简便

5. 公司对认股人在认股后,未能缴清所认股款的违约事件处理,可以将认股人在违约前已缴股款扣除违约费用后的余额(　　)。

  A. 折合股票发给原认股人,未被购得的股票继续对外发行

  B. 予以没收,原认股票继续对外发行

  C. 退还给原认股人,原认股票全部转让给其他股东

  D. 予以没收,未被购得的股票继续对外发行

  E. 予以退还,未被购得的股票继续对外发行

6. 原有的独资企业、合伙企业或国有企业,由于规模的扩大,业务的增减及其他原因,可以依法改组为公司的形式有(　　)。

  A. 单一投资主体的国有企业依法改组为有限责任公司

  B. 单一投资主体的国有企业依法改组为国有独资公司

  C. 单一投资主体的国有企业依法改组为股份有限公司

  D. 多个投资主体的依法改组为有限责任公司

  E. 多个投资主体的依法改组为股份有限公司

7. 股份有限公司为了某种原因,常常会赋予股东和本公司职工(　　)等权利。

  A. 认股权   B. 购股权   C. 认股权证   D. 购股权证

  E. 可转换证券

8. 不是为了注销目的,而由公司发行后重新取得并持有的库存股票的会计处理方法有(　　)。

  A. 面值法   B. 现值法   C. 成本法   D. 市价法

  E. 重置法

9. 股利是公司按照股份比例分派给股东的收益。常见的股利分派形式有(　　)。

A. 现金股利　　　B. 股票股利　　　C. 财产股利　　　D. 负债股利

E. 递延股利

10. 将一张较大面值的股票换成若干张较小面值的股票,对公司和股东分别会产生的影响有(　　)。

A. 增加股数　　　　　　　　　B. 降低每股市价

C. 股东的持股比例不变　　　　D. 股票的总价值不变

E. 股票的总价值增加

## 五、判断题

1. 有限责任公司与股份有限公司的主要区别,在于股东人数的多少以及股权转让的难易不同。　　　　　　　　　　　　　　　　　　　　(　　)

2. 普通股和债券都是企业为筹集资金而发行的有价证券,但从享有的权利出发,持有普通股票的股东可固定分派股息和红利,而债券持有者不仅可按约定的条件取得固定的利息,到期还能收回本金。　　　　　　　　(　　)

3. 在两合公司中,有限责任股东对公司债务就其出资额负责,而无限责任公司则对公司债务负无限连带责任。　　　　　　　　　　　　(　　)

4. 我国股票的发行价,可以采取按面值发行,也可以采用按溢价或折价发行。　　　　　　　　　　　　　　　　　　　　　　　　　(　　)

5. 当公司将不同种类的股票和债券采用一揽子出售时,收到的股款和债款是一个合并的总数,应根据收入总额按面值比例进行分配。　　(　　)

6. 认股人如果到期不能缴纳股款,其所认股份应视为自动放弃。(　　)

7. 企业依法改组为公司的,对改组后的公司一般都要求结束旧账,另立新账。　　　　　　　　　　　　　　　　　　　　　　　　　(　　)

8. 认股权证的价值实质是对认购的优先股或公司债券的一种补偿。

(　　)

9. 我国《公司法》规定,允许公司因减资而拥有库存股票,但必须在规定的时间内予以注销。　　　　　　　　　　　　　　　　　　(　　)

10. 公司分派股票股利并不影响股东权益总额,仅仅使股东权益各项目结构发生变化。　　　　　　　　　　　　　　　　　　　　　(　　)

## 六、练习题

1. 目的　　练习累积优先股和非累积优先股股利的分配。

资料　某公司发行在外的普通股 2 000 000 股,每股面值为 1 元;优先股

100 000 股,每股面值为 10 元,优先股股利率为 8%。该公司第 1 年、第 2 年和第 3 年宣布发放的股利分别为 50 000 元、80 000 元和 150 000 元。

**要求** 分别按累积优先股和非累积优先股分配普通股股东和优先股股东 3 年的股利额。

2. **目的** 练习参加优先股和非参加优先股股利的分配。

**资料** 某公司宣布发放的股利为 800 000 元,其他资料见练习题 1。

**要求** 按全部参加优先股、部分参加优先股(分配的最高限度为 10%)、非参加优先股分配普通股股东、优先股股东的股利额。

3. **目的** 练习几种证券合并发行的会计处理。

**资料** 某公司合并发行普通股票和公司债券,发行的普通股票 100 000 股,每股面值为 1 元,发行的公司债券 1 000 张,每张面值为 100 元,共收到款项 270 000 元。发行时普通股票每股市价 1.80 元,每张债券的市价 105 元。

**要求**

(1) 分别计算发行普通股票款和公司债券款金额并编制会计分录。

(2) 如果在发行时只有普通股票有市价,而公司债券无市价,请分别计算发行的普通股票款和公司债券款金额并编制有关会计分录。

(3) 如果普通股票和公司债券均无市价,请按面值比例分配计算普通股票款和公司债券款金额并作有关会计分录。

4. **目的** 练习认股人违约的会计处理。

**资料** 某认股人认购了公司普通股 5 000 股,每股面值 1 元,该认股人缴入认股款 3 000 元后,未在规定期限内缴入其余股款,为此公司发生处理违约费用为 50 元,按照有关规定,公司将该认股人已缴股款扣除违约费用后的余款退给他后,原认股票全部转让给其他股东。

**要求**

(1) 根据资料编制有关会计分录。

(2) 如果将该认股人已缴股款扣除违约费用后的余额折合股票发给该认股人,其余股票对外发行,编制其会计分录。

(3) 如果公司将该认股人已缴股款予以没收,违约费用冲抵没收款,股票转让给其他股东,编制有关会计分录。

5. **目的** 练习企业改组为公司的会计处理。

**资料** 某国有企业经批准改组为股份有限公司,可对外发行股票,改组前的各账户余额如图表 2-9 所示。

(图表 2-9)

**账户余额表**　　　　　　　　　　　　　　　单位：元

| 资产： | | 权益 | |
|---|---|---|---|
| 货币资金 | 2 500 | 应付账款 | 7 000 |
| 应收账款 | 8 600 | 长期借款 | 10 500 |
| 存货 | 16 400 | 实收资本 | 75 000 |
| 固定资产 | 103 000 | 资本公积 | 12 000 |
| 累计折旧 | 23 000 | 盈余公积 | 3 000 |
| 合　计 | 107 500 | 合　计 | 107 500 |

经评估，存货的公允价值为 15 000 元，固定资产的公允价值为120 000元，改组后的股份有限公司核定的普通股为 120 000 股，每股面值为 1 元，原企业的资产和负债全部转为新公司所有，并按账面净资产换取股票，其余股票对外发行，发行价每股为 1.50 元。

**要求**

(1) 采用继续使用原企业旧账册编制有关公司改组的会计分录。

(2) 采用结束旧账册，另立新账册编制有关公司改组的会计分录。

6. **目的**　　练习发行优先股时附发可分离认股权证的会计处理。

**资料**　　某公司发行优先股 50 000 股，每股面值为 10 元，发行价格为 15 元，发行时还附发了可分离认股权证，凭证可以每股 1.80 元的价格购买面值为 1 元的普通股 1 股。

**要求**

(1) 如果发行优先股时，普通股每股市价为 1.60 元，请计算认股权证的价值并编制有关会计分录。

(2) 如果发行优先股时，普通股每股市价为 2 元，请计算认股权证的价值并编制有关会计分录。

7. **目的**　　练习发行债券时附发可分离认股权证的会计处理。

**资料**　　某公司发行 3 年期公司债券 10 000 张，每张面值 100 元，年利率 6%，发行价为 95 元；同时附发认股权证，每张市价为 0.8 元，凭证可以每股 1.5元的价格认购面值为 1 元的普通股 1 股，现普通股每股市价 2 元，无认股权证的债券每张市价为 98 元。

**要求**　　按发行公司债券和认股权证的市价比例计算分配公司债券款和认股权证款金额，并作必要的会计分录。

8. **目的**　　练习购股权证的会计处理。

**资料**　　某公司于某年 7 月 1 日赠予职工 100 000 张普通股购股权证，规定在 3 年内每张购股权证可按每股 1.5 元的价格认购每股面值为 1 元的普通股 1 股,当时普通股票每股市价为 2 元。

**要求** 根据上述资料编制会计分录。

9. **目的** 练习可转换证券的会计处理。

**资料** 某公司已发行面值为 10 元、发行价格为 15 元的可转换优先股 10 000 股,发行时规定每 1 股优先股可转换面值为 1 元的普通股 10 股,该公司盈余公积账面积余为 12 000 元。

**要求**

(1) 根据资料编制优先股转换成普通股的会计分录。

(2) 如果普通股每股面值为 2 元,每 1 股优先股只能转换 6 股普通股,试编制优先股转换成普通股的会计分录。

(3) 如果普通股每股面值为 1.3 元,每 1 股优先股可转换 12 股普通股,请编制转换股票时的会计分录。

10. **目的** 练习可转换证券的会计处理。

**资料** 某公司发行在外的可转换债券 5 000 张,票面利率为 6%,期限为 4 年,每张面值为 500 元,发行价为 480 元,按规定该债券每张可转换公司发行的每股面值为 1 元的普通股 400 股。债券持有人在 1 年后将 1 000 张公司债券转换成普通股票。

**要求** 编制公司债券发行和转换成普通股的会计分录。

11. **目的** 练习库存股票的会计处理。

**资料** 某公司发行在外的普通股票有 1 000 000 股,每股面值为 1 元,发行价为 2.5 元,现因股东退股,公司以每股 2.8 元的价格赎回 10 000 股,半年后又以每股 3 元的价格再发行。

**要求**

(1) 分别按面值法和成本法编制赎回股票和再发行股票的会计分录。

(2) 如果赎回股票后,公司因连年亏损,经批准减资而将赎回股票注销不再发行,请按面值法和成本法分别编制相应的会计分录。

12. **目的** 练习股利分派的会计处理。

**资料** 某公司发行在外普通股 200 000 股,每股面值 1 元;优先股 5 000 股,每股面值 10 元。第 1 年 12 月 31 日该公司股东权益的账面余额分别为:股本 250 000 元,资本公积 80 000 元,盈余公积 45 000 元,未分配利润 100 000 元。第 2 年 2 月 15 日股东大会决议通过并宣告:优先股股东每股可分派 0.5 元库存现金股利,普通股股东每 10 股可分派 1 元库存现金股利,还可以按

10％的比例分派股票股利,每股价格 2.5 元。

**要求**　编制公司分派股利的有关会计分录,并列示和比较分派股利前后股东权益各项目数额。

13. **目的**　　练习股份支付的会计处理。

**资料**　某公司 20×7 年 1 月 1 日,对其 200 名管理人员授予每人 2 000 份股份期权,所附条件是这些管理人员必须在公司连续服务 3 年,服务期满时才能以每股 3 元的价格购买 2 000 股本公司股票,该股份期权在授予日的公允价值为每股 12 元。

20×7 年有 20 名管理人员离开公司,公司估计 3 年内离开公司的管理人员比例将达到 20％;20×8 年又有 15 名管理人员离开公司,公司将管理人员离开的比例修正为 25％;20×9 年又有 10 名管理人员离开公司。20×0 年留在公司的管理人员全部行权。该公司股票每股面值为 1 元。

**要求**

(1) 为该公司编制有关股份期权的会计分录。

(2) 假定该公司授予管理人员的股份期权是用回购本公司股票进行奖励的,回购股票的价格为每股平均 15 元,回购数量为 310 000 股。试编制有关会计分录。

14. **目的**　　练习股份支付的会计处理。

**资料**　利用练习题 13 的资料。假定该公司在 20×7 年 1 月 1 日对管理人员授予的是库存现金股票增值权,即这些管理人员在该公司连续服务 3 年,就可在 20×9 年 12 月 31 日起根据股份的增长幅度获得库存现金,并在 20×1 年 12 月 31 日之前行权完毕。又假定 20×7 年、20×8 年、20×9 年和 20×0 年末该公司股票的公允价值分别为每股 12 元、14 元、17 元和 18 元;20×9 年、20×0 年和 20×1 年末行权支付的库存现金分别为每份 15 元、17 元和 20 元,行使股票增值权并取得库存现金的管理人员分别为 50 名、60 名和 45 名。

**要求**　为该公司编制现金股票增值权的有关会计分录。

# 第三章　总分店经营会计 *

## 第一节　总分店经营会计的特点

### 一、总分店经营特点

随着企业规模的扩大，营业场所及地区的扩展，以及各地往来客户间销售、采购、货款结算等业务的增加，为了进一步拓宽业务，更有效地进行经营活动，常常需要在本地区或其他地区设立分支机构，或扩充相同的业务，或开展多种经营，这就产生了总分店经营。总分店经营不仅适用于商业企业，同时也适用于其他行业。所谓总分店经营，总店是指企业的总部，而分店则指企业的分支机构或分部。在发达国家，一些大规模企业开设的分支机构有数百家，遍布于全国乃至全世界的各大城市。随着我国社会主义市场经济体制的逐步建立和完善，我国许多大型企业也已纷纷在国内外设立了分支机构。因此，总分店经营业务在我国也将越来越多。

大型企业设立分店，可以采用多种不同的经营管理方式。但总的来说，分店经营所需资金完全依靠总店拨给，并遵循总店统一的经营方针和管理方针。同时，分店又拥有相对独立的业务经营自主权。具体表现为：分店可以自己的名义开立银行往来户，取得的销售收入作为分店的存款，而分店的各项营业开支则自行支付；分店可拥有完备的商品库存，其货源大部分由总店供给，但也可以从别处购进；分店可全权营运资金，自行决定可实行赊销的客户和赊销的额度，并由分店直接向客户交货取款；分店单独核算其经营盈亏。因此，在一般情况下，分店应是一个独立的会计主体，但不是一个法律主体，不具有法人资格。

### 二、总分店经营会计核算制度

通常，作为独立会计主体的分店，需拥有完整账户组织的账簿体系，持续地记录与分店有关的资产、负债、收入和费用，并独立计算一定期间分店的全部损益。但分店经营会计处理的科目设置，会计报表的内容和格式，以及会计核算制度和方针，应由总店统一制订。其中，有一部分资产和负债的账务处理,如固定资产和折旧费用等,由于总店要保持全公司性的控制功能,常常集中在总店进行核算和管理,不列入分店的核算范围。

另外,为了正确处理总分店之间的往来事项,在总店需设置"分店往来"账户,在分店设置"总店往来"账户,以反映总分店之间的往来事项所产生的债权与债务,投资与权益。在分店的"总店往来"账户中,贷方记录收到总店拨来的营运资金、商品及其他资产;借方记录向总店或其他分店送交的货币资金、商品或其他资产。相对应的,在总店的"分店往来"账户中,借方登记向分店拨付的营运资金、商品或其他资产;贷方登记由分店交来的货币资金、商品或其他资产。"总店往来"和"分店往来"账户是呈借贷相反方向登记的。因此,"总店往来"和"分店往来"账户是相互对应的表示总分店之间债权与债务、投资与权益关系的相对账户。在会计期末结账后,分店的净收益应转入"总店往来"账户的贷方,净损失则转入借方。分店的"总店往来"账户的贷方余额,相当于分店的净资产额,表示总店对该分店应享有的权益。而总店的"分店往来"账户的借方余额,则表示总店对分店的投资额,如总店有多家分店,应在"分店往来"总分类账户下按分店名称设置明细分类账户。

### 三、总分店商品调拨的计价

在总分店经营中,分店拥有完备的商品库存,其中绝大部分的货源是由总店所提供。由于总店和分店都是相互独立的会计主体,在各自的账册上都要分别反映商品的发运和收取。但是,从整个企业来说,这种情况属于企业内部的商品调拨,商品的所有权并没有转移。因此,总分店之间商品调拨时的计价,不仅影响总分店的会计核算,同时,不同的计价还会影响各分店的经营收益。通常,总分店商品调拨主要采用以下三种计价方法。

1. 按成本计价

按成本计价是指在发送商品时按购货成本或自制成本作为总分店之间调拨商品的价格。采用这种方法并不考虑商品调拨对经营的贡献,仅仅把这种调拨看作是商品在总分店之间转移场所。其优点是核算简便,并可以避免在分店的期末存货中出现内部未实现利润,但是,按调拨商品的成本计价,将使全部利润都体现为分店的经营业绩,夸大了分店的获利能力,并不符合实际情况。

2. 按成本加成计价

按成本加成计价是指在拨送商品时,按购货成本或自制成本加一定百分比的利润计价,采用这种计价方法,考虑了商品调拨对经营的适度贡献,使商品销售后的利润一部分体现为总店的经营成果,一部分体现为分店的经营成果,有利于正确评价分店的经营业绩。但是,成本加成百分比的确定有一定的主观性,有时不一定符合实际情况。另外,分店按成本加成计价的期末存货还包含了内部未实现利润,需在编制总分店联合会计报表时予以调整。

3. 按售价计价

按售价计价是指在总分店之间拨送商品时按对外销售的零售价作为调拨价格。这种计价方法,将商品销售的利润全部体现为总店的经营成果,分店存货账户成为按售价表示的永续盘存记录,这有利于分店的存货管理。但是,分店经营业务中来自总店的这部分货源,只有营业费用支出的亏损额,而无利润,这也不符合实际情况。同时,分店的期末存货也包含有未实现的内部利润,也需要在编制联合会计报表时予以调整。

# 第二节　总分店往来事项的会计处理

总分店之间的往来事项须通过"总店往来"和"分店往来"两个相对账户进行会计处理。但是,在具体核算时,又由于总分店之间商品调拨的计价方法不同而有所不同。下面以不同的计价方法分别予以说明。

## 一、商品调拨按成本计价

【例 3-1】　华光公司在 20×5 年初设立一家分店,该分店的营运资金由公司总店负责拨给,并统一执行总店的经营管理方针。但在会计核算、业务经营方面具有相对的独立性。分店经营商品的货源主要由总店提供,但也可自行购入。分店应于期末单独核算盈亏。假如,20×5年度分店发生的部分经济业务如下:

(1) 总店拨付分店营运资金 50 000 元。

(2) 总店发交分店商品,成本价 120 000 元。

(3) 分店从外购进商品 80 000 元,款未付。

(4) 分店对外销售商品 150 000 元,其中 100 000 元款已收到。销售商品成本共 120 000 元。

(5) 分店偿付前欠货款 20 000 元。

(6) 分店收回应收账款 30 000 元。

(7) 分店支付营业费用(包括销售费用、财务费用、管理费用)10 600元。

(8) 分店汇交总店现金 10 000 元。

上述经济业务,应分别在总店和分店的账册上编制会计分录为:

| 分　店　账　册 | | 总　店　账　册 | |
|---|---|---|---|
| (1) 借：银行存款 | 50 000 | 借：分店往来 | 50 000 |
| 　　贷：总店往来 | 50 000 | 　　贷：银行存款 | 50 000 |
| (2) 借：存货 | 120 000 | 借：分店往来 | 120 000 |
| 　　贷：总店往来 | 120 000 | 　　贷：存货 | 120 000 |
| (3) 借：存货 | 80 000 | | |
| 　　贷：应付账款 | 80 000 | | |
| (4) 借：银行存款 | 100 000 | | |
| 　　　应收账款 | 50 000 | | |
| 　　贷：营业收入 | 150 000 | | |
| 　　借：营业成本 | 120 000 | | |
| 　　贷：存货 | 120 000 | | |
| (5) 借：应付账款 | 20 000 | | |
| 　　贷：银行存款 | 20 000 | | |
| (6) 借：银行存款 | 30 000 | | |
| 　　贷：应收账款 | 30 000 | | |
| (7) 借：营业费用 | 10 600 | | |
| 　　贷：银行存款 | 10 600 | | |
| (8) 借：总店往来 | 10 000 | 借：银行存款 | 10 000 |
| 　　贷：银行存款 | 10 000 | 　　贷：分店往来 | 10 000 |

从上述会计处理中可以看出,有关分店发生的经济业务,在总店账册上反映的只是与分店发生的往来事项,其他业务则不需记录。根据总分店之间往来事项的会计分录可分别登记分店账上的"总店往来"账户和总店账上的"分店往来"账户,并结出期末余额如图表 3-1 和图表 3-2 所示。

(图表 3-1)

**总店往来(分店账)**　　　　　　　　　　单位:元

| 日　　期 | 业务序号 | 摘　　　要 | 借　方 | 贷　方 | 余　额 |
|---|---|---|---|---|---|
| 20×5 年 | (1) | 收到总店拨付营运资金 | | 50 000 | 50 000 |
| | (2) | 收到总店发交商品 | | 120 000 | 170 000 |
| | (8) | 汇交总店现金 | 10 000 | | 160 000 |
| | | 本期发生额及期末余额 | 10 000 | 170 000 | 160 000 |

(图表 3-2)

分店往来(总店账)

单位:元

| 日 期 | 业务序号 | 摘 要 | 借 方 | 贷 方 | 余 额 |
|---|---|---|---|---|---|
| 20×5年 | (1) | 拨付分店营运资金 | 50 000 | | 50 000 |
| | (2) | 发交分店商品 | 120 000 | | 170 000 |
| | (8) | 收到分店汇交现金 | | 10 000 | 160 000 |
| | | 本期发生额及期末余额 | 170 000 | 10 000 | 160 000 |

期末,通过对账,证实本期经济业务的会计记录账证相符,账账相符,账实相符。在此基础上编制结账分录为:

| 分 店 账 册 | | 总 店 账 册 | |
|---|---|---|---|
| 借:营业收入 150 000 | | | |
| 贷:营业成本 120 000 | | | |
| 营业费用 10 600 | | | |
| 营业利润 19 400 | | | |
| 借:营业利润 19 400 | | 借:分店往来 19 400 | |
| 贷:总店往来 19 400 | | 贷:营业利润——分店 19 400 | |

年度终了,总店和分店应根据各自的会计记录,分别编制会计报表,以反映各自的财务状况和经营成果。但是,总店和分店单独编制的会计报表只能提供内部管理使用,而不能对外提供。总分店对外需编制联合会计报表,以便为投资者、债权人及其他报表阅读者提供企业整体的会计信息。在编制联合会计报表时,需要把总店和分店各自的资产、负债、收入和费用等项目联合列示,但对于总分店之间的内部往来事项需予以抵销,使联合报表所列示的是企业整体对外发生的经济业务事项及其结果。具体抵销方法,可以将总店账册上"分店往来"账户的借方余额与分店账册上"总店往来"账户的贷方余额对冲。除此以外,总分店之间的资产转移、内部债权债务事项也应全部抵销。

编制联合会计报表,应以总分店各自的会计报表作为基础。为保证联合会计报表编制的正确性,可以先编制联合会计报表的工作底稿。如以上述总分店间发生的内部往来事项为例,在编制联合会计报表工作底稿时,应编制抵销分录:

借:总店往来　　　　　　　　　　　　　　　　　　　160 000

贷:分店往来　　　　　　　　　　　　　　　　　　　160 000

需要说明的是,这笔抵销分录只是为编制联合会计报表而编制,并不需要正式记入总店或分店的账册。除此以外,其他项目均以总店和分店各自报表数据相加的合计数填列在联合会计报表的各个相应项目内。

华光公司20×5年度总分店联合会计报表工作底稿的编制如图表3-3所示。

(图表3-3)

### 华　光　公　司
### 总分店联合会计报表工作底稿
20×5年度　　　　　　　　　　　　　　　　单位:元

| 报　表　项　目 | 总　店 | 分　店 | 抵销分录 借　方 | 抵销分录 贷　方 | 联合会计报表 |
|---|---|---|---|---|---|
| 利润表: | | | | | |
| 营业收入 | 900 000 | 150 000 | | | 1 050 000 |
| 营业成本 | 720 000 | 120 000 | | | 840 000 |
| 营业毛利 | 180 000 | 30 000 | | | 210 000 |
| 营业费用 | 60 000 | 10 600 | | | 70 600 |
| 利润总额 | 120 000 | 19 400 | | | 139 400 |
| 所得税费用 | 40 000 | | | | 40 000 |
| 净利润 | 80 000 | 19 400 | | | 99 400 |
| 利润分配表: | | | | | |
| 净利润 | 80 000 | 19 400 | | | 99 400 |
| 　加:年初未分配利润 | 10 000 | | | | 10 000 |
| 　可供分配利润 | 90 000 | 19 400 | | | 109 400 |
| 　减:应付利润 | 48 000 | | | | 48 000 |
| 　年末未分配利润 | 42 000 | 19 400 | | | 61 400 |
| 资产负债表: | | | | | |
| 货币资金 | 56 000 | 8 000 | | | 64 000 |
| 应收账款 | 133 000 | 97 000 | | | 230 000 |
| 存货 | 204 000 | 92 400 | | | 296 400 |
| 分店往来 | 160 000 | | | 160 000 | |
| 固定资产 | 800 000 | | | | 800 000 |
| 累计折旧 | (182 000) | | | | (182 000) |
| 　资产总计 | 1 171 000 | 197 400 | | | 1 208 400 |
| 应付账款 | 126 000 | 18 000 | | | 144 000 |
| 应付职工薪酬 | 3 000 | | | | 3 000 |
| 总店往来 | | 160 000 | 160 000 | | |
| 实收资本 | 1 000 000 | | | | 1 000 000 |
| 年末未分配利润 | 42 000 | 19 400 | | | 61 400 |
| 负债和所有者权益总计 | 1 171 000 | 197 400 | 160 000 | 160 000 | 1 208 400 |

根据上述工作底稿上联合会计报表栏的各项目数据,华光公司整体的利润表、利润分配表和资产负债表有关项目资料如图表3-4至图表3-6所示。

（图表 3-4）

### 华光公司利润表有关项目资料

20×5 年度                                                      单位：元

| 项　　　目 | 金　　　额 |
|---|---|
| 营业收入 | 1 050 000 |
| 　减：营业成本 | 840 000 |
| 营业毛利 | 210 000 |
| 　减：营业费用 | 70 600 |
| 利润总额 | 139 400 |
| 　减：所得税费用 | 40 000 |
| 净利润 | 99 400 |

（图表 3-5）

### 华光公司利润分配表有关项目资料

20×5 年度                                                      单位：元

| 项　　　目 | 金　　　额 |
|---|---|
| 净利润 | 99 400 |
| 　加：年初未分配利润 | 10 000 |
| 可供分配利润 | 109 400 |
| 　减：应付利润 | 48 000 |
| 年末未分配利润 | 61 400 |

（图表 3-6）

### 华光公司资产负债表有关项目资料

20×5 年 12 月 31 日                                            单位：元

| 资　　产 | 金　　　额 | 负债和所有者权益 | 金　　　额 |
|---|---|---|---|
| 货币资金 | 64 000 | 应付账款 | 144 000 |
| 应收账款 | 230 000 | 应付职工薪酬 | 3 000 |
| 存货 | 296 400 | 实收资本 | 1 000 000 |
| 固定资产 | 800 000 | 未分配利润 | 61 400 |
| 累计折旧 | （182 000） |  |  |
| 资产总计 | 1 208 400 | 负债和所有者权益总计 | 1 208 400 |

## 二、商品调拨按高于成本作价——无期初存货

商品调拨按高于成本作价，包括按成本加成或按售价作价。当分店无期初存货的情况下，总分店往来事项的会计处理除商品调拨需按高于成本价记入账册外，其余的经济业务都与上述按成本作价作相同处理。

【例3-2】　仍以华光公司20×5年分店发生的部分经济业务为例。假设在第(2)笔业务中,总店发运给分店的商品按成本加20%的利润计价,计144 000元。另外,又假设在第(4)笔业务中,分店已将总店发运来的商品出售了50%,其销售成本应增加12 000元,共计132 000元。其他资料都不变。这样,分店和总店对这两笔经济业务应作会计分录为:

| 分 店 账 册 | 总 店 账 册 |
|---|---|
| (1) 借:存货　　　　144 000<br>　　　贷:总店往来　　144 000 | 借:分店往来　　　　144 000<br>　　贷:存货　　　　　　120 000<br>　　　　备抵分店存货<br>　　　　超过成本数　　　24 000 |
| (2) 借:营业成本　　　72 000<br>　　　贷:存货　　　　72 000 | |

上述总店账册记录的"备抵分店存货超过成本数"24 000元,其实质是由于总分店之间商品调拨按高于成本作价产生的内部未实现利润。

由于总分店间商品调拨改按高于成本作价,分店账册上的"总店往来"账户和总店账册上的"分店往来"账户余额比按成本作价处理增加了24 000元。这两个账户的记录如图表3-7和图表3-8所示。

(图表3-7)

**总店往来(分店账)**　　　　　　　　　　　　　　单位:元

| 日　　期 | 业务序号 | 摘　　　　要 | 借　方 | 贷　方 | 余　额 |
|---|---|---|---|---|---|
| 20×5 年 | (1) | 收到总店拨付营运资金 | | 50 000 | 50 000 |
| | (2) | 收到总店发交商品 | | 144 000 | 194 000 |
| | (8) | 汇交总店现金 | 10 000 | | 184 000 |
| | | 本期发生额及期末余额 | 10 000 | 194 000 | 184 000 |

(图表3-8)

**分店往来(总店账)**　　　　　　　　　　　　　　单位:元

| 日　　期 | 业务序号 | 摘　　　　要 | 借　方 | 贷　方 | 余　额 |
|---|---|---|---|---|---|
| 20×5 年 | (1) | 拨付分店营运资金 | 50 000 | | 50 000 |
| | (2) | 发交分店商品 | 144 000 | | 194 000 |
| | (8) | 收到分店汇交现金 | | 10 000 | 184 000 |
| | | 本期发生额及期末余额 | 194 000 | 10 000 | 184 000 |

期末,总店和分店通过对账后,编制各自的结账分录为:

| 分 店 账 册 | | 总 店 账 册 | |
|---|---|---|---|
| 借:营业收入 | 75 000 | | |
| 　利润 | 7 600 | | |
| 　贷:营业成本 | 72 000 | | |
| 　　营业费用 | 10 600 | | |
| 借:总店往来 | 7 600 | 借:备抵分店存货 | |
| 　贷:营业利润 | 7 600 | 　超过成本数 | 12 000 |
| | | 　贷:营业利润——分店 | 4 400 |
| | | 　　分店往来 | 7 600 |

年度终了,根据总店和分店各自的会计报表,编制联合会计报表工作底稿如图表3-9所示。

(图表3-9)

### 华 光 公 司
### 总分店联合会计报表工作底稿

20×5年度　　　　　　　　　　　　　　　　　　　　　单位:元

| 报 表 项 目 | 总 店 | 分 店 | 抵 销 分 录 | | 联合会计报表 |
|---|---|---|---|---|---|
| | | | 借 方 | 贷 方 | |
| 利润表: | | | | | |
| 　营业收入 | 900 000 | 75 000 | | | 975 000 |
| 　营业成本 | 720 000 | 72 000 | | (1) 12 000 | 780 000 |
| 　营业毛利 | 180 000 | 3 000 | | | 195 000 |
| 　营业费用 | 60 000 | 10 600 | | | 70 600 |
| 　利润总额 | 120 000 | −7 600 | | | 124 400 |
| 　所得税费用 | 40 000 | | | | 40 000 |
| 　净利润 | 80 000 | −7 600 | | | 84 400 |
| 利润分配表: | | | | | |
| 　净利润 | 80 000 | −7 600 | | | 84 400 |
| 　加:年初未分配利润 | 10 000 | | | | 10 000 |
| 　可供分配利润 | 90 000 | −7 600 | | | 94 400 |
| 　减:应付利润 | 48 000 | | | | 48 000 |
| 　年末未分配利润 | 42 000 | −7 600 | | | 46 400 |
| 资产负债表: | | | | | |
| 　货币资金 | 56 000 | 8 000 | | | 64 000 |
| 　应收账款 | 133 000 | 97 000 | | | 230 000 |
| 　存货 | 204 000 | 104 400 | | (1) 　12 000 | 296 400 |
| 　分店往来 | 184 000 | | | (2) 184 000 | |

（续表）

| 报　表　项　目 | 总　店 | 分　店 | 抵 销 分 录 借　方 | 抵 销 分 录 贷　方 | 联合会计报表 |
|---|---|---|---|---|---|
| 固定资产 | 800 000 | | | | 800 000 |
| 累计折旧 | (182 000) | | | | (182 000) |
| 　资产总计 | 1 195 000 | 209 400 | | | 1 208 400 |
| 应付账款 | 126 000 | 33 000 | | | 159 000 |
| 应付职工薪酬 | 3 000 | | | | 3 000 |
| 备抵分店存货超过成本数 | 24 000 | | (1)　24 000 | | |
| 总店往来 | | 184 000 | (2) 184 000 | | |
| 实收资本 | 1 000 000 | | | | 1 000 000 |
| 年末未分配利润 | 42 000 | −7 600 | | | 46 400 |
| 负债和所有者权益总计 | 1 195 000 | 209 400 | 208 000 | 208 000 | 1 208 400 |

在联合会计报表工作底稿中,应作抵销分录:

（1）抵销总分店商品调拨中的内部利润24 000元,其中的12 000元为分店出售存货的销售成本增加数,另外的12 000元则是分店期末存货中的未实现内部利润数:

借:备抵分店存货超过成本数　　　　　　　　　　　　　24 000
　　贷:营业成本　　　　　　　　　　　　　　　　　　12 000
　　　　存货　　　　　　　　　　　　　　　　　　　　12 000

（2）抵销"总店往来"和"分店往来"余额184 000元:

借:总店往来　　　　　　　　　　　　　　　　　　　　184 000
　　贷:分店往来　　　　　　　　　　　　　　　　　　184 000

### 三、商品调拨按高于成本作价——有期初存货

上述华光公司分店20×5年期末存货中有72 000元为总店调拨的商品,到了20×6年初就成了期初存货,其中的12 000元为高于成本价的内部未实现利润。这部分期初存货中未实现的利润,在编制20×6年度联合会计报表工作底稿时,应根据不同情况编制抵销分录。

（1）假如,20×5年度分店从总店调拨来的期末存货到20×6年度已实现销售,应作抵销分录:

借:备抵分店存货超过成本数　　　　　　　　　　　　　12 000
　　贷:营业成本　　　　　　　　　　　　　　　　　　12 000

（2）假如,20×5年度分店从总店调拨来的期末存货到20×6年度未实现

销售,仍作为 20×6 年度的期末存货,则应作抵销分录:

借:备抵分店存货超过成本数        12 000

 贷:存货              12 000

除此之外,其他总分店之间往来事项的会计处理,以及总分店编制联合会计报表工作底稿的方法,基本与前述商品调拨按高于成本作价——无期初存货相同。

### 四、相对账户的调节

总店账上的"分店往来"和分店账上的"总店往来"这对相对账户的余额,原则上应当总是相等。但实际上,在一般情况下往往总是不相等的。其原因,除了总店或分店记账差错外,主要是因为总店或分店可能存在未达账项。例如,总店拨付给分店的营运资金或发交的商品,当资金付出或商品发出时总店即已登记入账;但分店则要等收到时,才予以入账。又如,分店汇交总店的现金,当现金汇出时,分店即可记账,而对总店来说,在现金未汇到前,还未记入账册。这种情况,如同企业银行存款账户余额与开户银行对账单余额往往不相等类似。对于记录总店和分店之间往来事项的这对相对账户,需要在会计期末编制联合会计报表工作底稿之前,予以调节,使之彼此相等。然后,根据调节后的余额,在联合会计报表的工作底稿中进行抵销。

总分店之间往来事项的调节,可以在期末通过先编制调节分录,然后编制"总分店相对账户调节表"进行处理。现予以举例说明。

【例 3-3】 华光公司 20×6 年 12 月份总分店相对账户的记录内容如下:

总店账上的"分店往来"账户记录:

12 月 1 日,期初余额 54 000 元(借)。

12 月 20 日,发交分店商品 35 000 元(借)。

12 月 27 日,代分店收妥应收账款 20 000 元(贷)。

12 月 29 日,代分店支付应付账款 18 000 元(借)。

12 月 31 日,期末余额 87 000 元(借)。

分店账上的"总店往来"账户记录:

12 月 1 日,期初余额 54 000 元(贷)。

12 月 24 日,收到总店发交商品 35 000 元(贷)。

12 月 28 日,汇交总店现金 16 000 元(借)。

12 月 30 日,代总店支付应付账款 9 000 元(借)。

12 月 31 日,期末余额 64 000 元(贷)。

核对上述总分店的相对账户,对发现的四笔未达账项的调节处理如下:

(1) 在总店账上的"分店往来"账户,有两笔属分店的未达账项:

① 12 月 27 日,总店代分店收妥应收账款 20 000 元,因分店未接到总店的记账通知,而尚未登记入账。在 12 月 31 日,分店应作调节分录为:

　　借:总店往来　　　　　　　　　　　　　　　　　　20 000
　　　　贷:应收账款　　　　　　　　　　　　　　　　　　20 000

② 12 月 29 日,总店代分店支付应付账款 18 000 元,分店尚未接到总店通知,而未登记入账。在 12 月 31 日,分店应作调节分录为:

　　借:应付账款　　　　　　　　　　　　　　　　　　18 000
　　　　贷:总店往来　　　　　　　　　　　　　　　　　　18 000

(2) 在分店账上的"总店往来"账户中,也有两笔属总店的未达账项:

① 12 月 28 日,分店汇交总店现金 16 000 元,总店因未接到收款通知,尚未入账。所以,在 12 月 31 日,总店应作调节分录为:

　　借:在途现金　　　　　　　　　　　　　　　　　　16 000
　　　　贷:分店往来　　　　　　　　　　　　　　　　　　16 000

② 12 月 30 日,分店代总店支付应付账款 9 000 元,总店尚未接到分店通知,而未登记入账。在 12 月 31 日,总店应作调节分录为:

　　借:应付账款　　　　　　　　　　　　　　　　　　9 000
　　　　贷:分店往来　　　　　　　　　　　　　　　　　　9 000

通过对上述四笔未达账项调节分录的编制,总分店之间相对账户的余额应核对相符。可通过编制"总分店相对账户调节表"进行核对,其编制方法如图表 3-10 所示。

(图表 3-10)

### 华光公司总分店相对账户调节表
20×6 年 12 月 31 日　　　　　　　　　　　　　　单位:元

| 总店账上的"分店往来"账户 | 金　额 | 分店账上的"总店往来"账户 | 金　额 |
|---|---|---|---|
| 调节前余额 | 87 000 | 调节前余额 | 64 000 |
| 　减:分店汇交现金 | 16 000 | 　加:总店代付应付账款 | 18 000 |
| 　分店代付应付账款 | 9 000 | 　减:总店代收应收账款 | 20 000 |
| 调节后余额 | 62 000 | 调节后余额 | 62 000 |

根据调节后余额 62 000 元,在编制联合会计报表工作底稿时予以抵销。

# 第三节 总分店经营会计的其他问题

### 一、分店固定资产

分店使用的固定资产,大多由总店统一核算和管理,而不需要在分店账上反映。当总店为分店购置固定资产时,在总店账上应借记"固定资产"账户,贷记"银行存款"账户。如果固定资产由分店自行购置时,则在分店账上借记"总店往来"账户,贷记"银行存款"账户,并报告总店;当总店接到分店的报告后,即借记"固定资产"账户,贷记"分店往来"账户。在这种处理方法下,分店使用固定资产的折旧费用应由总店负责计提和核算。

除此之外,分店使用的固定资产,也可以由分店进行核算和管理。当总店拨给分店固定资产时,在总店账上,应借记"分店往来"账户,贷记"固定资产"账户;而在分店账上,则应借记"固定资产"账户,贷记"总店往来"账户。如果分店自行购置固定资产,只需在分店账上借记"固定资产"账户,贷记"银行存款"账户,而不需登记"总店往来"和"分店往来"账户。因为这笔业务仅仅使分店的资产构成发生变化,而为总店所有的分店净资产,并未受到影响。在这种处理方法下,分店使用固定资产的折旧费用,应按其使用情况由分店负责计提和核算。

### 二、总店账上的分店费用

分店发生的营业费用,如固定资产折旧费用、保险费、房产税等等,可能会统一记在总店账上,而不记在分店账上。在这种情况下,当总店收到分店损益表时,并将分店利润登记入账后,应作借记"利润——分店"账户,贷记"营业费用"账户的会计分录。使分店账上由于少记费用而虚增的利润,经过调整成为真正的利润。

总店也可能将某笔营业费用,如广告费等,在统一由总店支付后,再分摊给各分店负担。这时,总店可以采用开具借项通知单的方式告知各分店,并在总店账上借记"分店往来"账户,贷记"营业费用"账户。当各分店接到总店的通知单时,则应借记"营业费用"账户,贷记"总店往来"账户。在这种情况下,分店编制的利润表反映的是其真正的利润。

### 三、分店间的往来事项

在总店下设有多家分店的情况下,通常在总店账上应分别按各分店设置"分店往来"明细账户,以处理总分店之间的往来事项。而各分店之间也会发生一些往来事项。对各分店之间的往来事项的处理,可采用总店集中核算制,也可采用分店分散核算制。

在采用总店集中核算制下,各分店间的往来业务,一律通过总店核算,即将原属各分店间的往来事项置换处理为各该分店对总店的往来事项。运用这种方法,有助于保持总店对各分店统一管理的职能。

【例3-4】　某公司总店下设有A、B两家分店。A分店调拨商品一批给B分店,成本价50 000元。在采用总店集中核算制下,应作如下会计处理:

(1) 在A分店账上,作会计分录为:

借:总店往来 50 000
　贷:存货 50 000

(2) 在B分店账上,作会计分录为:

借:存货 50 000
　贷:总店往来 50 000

(3) 在总店账上,作会计分录为:

借:分店往来——B 50 000
　贷:分店往来——A 50 000

在采用分店分散核算制下,各个分店的往来账户,应设有以各对方分店命名的"分店往来"账户,各分店的往来事项直接记入对方的"分店往来"账户,而不需通过"总店往来"账户。仍以上例为例,应作如下处理:

(1) 在A分店账上,作会计分录为:

借:B分店往来 50 000
　贷:存货 50 000

(2) 在B分店账上,作会计分录为:

借:存货 50 000
　贷:A分店往来 50 000

采用分店分散核算制,其会计处理能够反映各分店之间往来事项的实际状况。但由此会造成总店统一管理职能的削弱。另外,各分店往来事项的处理会增加编制联合会计报表工作底稿的难度。所以,这种方法在实际工作中很少采用。

通常,在采用总店集中核算制时,分店间调拨商品而发生的运费,一般应计入商品的购货费用。但对于调进商品的分店,其计入商品购货费用的运费数额,只能以该商品直接从总店调进该分店所发生的运费为限,超过部分的运费,应由总店负担。

【例3-5】　一批商品价值5 000元,从总店发交A分店时发生运费150元,此后,该批商品由A分店调拨给B分店时,又发生运费80元。假定,该批商品直接由总店发交 B 分店所需运费 200 元。这笔业务在总店、A 分店、B 分店账上应分别作如下会计分录：

<u>**总 店 账 册**</u>

（1）商品发交 A 分店时：

| | |
|---|---|
| 借：分店往来——A | 5 150 |
| 　贷：存货 | 5 000 |
| 　　　银行存款 | 150 |

（2）A 分店将商品调拨给 B 分店时：

| | |
|---|---|
| 借：分店往来——B | 5 200 |
| 　　分店间调拨商品超额运费 | 30 |
| 　贷：分店往来——A | 5 230 |

<u>**A 分 店 账 册**</u>

（1）收到总店发交商品时：

| | |
|---|---|
| 借：存货 | 5 000 |
| 　　购货费用——运费 | 150 |
| 　贷：总店往来 | 5 150 |

（2）将商品调拨给 B 分店时：

| | |
|---|---|
| 借：总店往来 | 5 230 |
| 　贷：存货 | 5 000 |
| 　　　购货费用——运费 | 150 |
| 　　　库存现金 | 80 |

<u>**B 分 店 账 册**</u>

收到 A 分店调拨商品时，按总店直接调拨所需运费入账：

| | |
|---|---|
| 借：存货 | 5 000 |
| 　　购货费用——运费 | 200 |
| 　贷：总店往来 | 5 200 |

# 第四节　销售代理会计

## 一、销售代理会计特点

公司总店有时在其他城市或地区建立销售代理店，以扩展业务。销售代理店通常不具有独立经营的自主权，一切听从总店的安排，其特点可归纳如下：

（1）销售代理店经营所需日常开支由总店核定并提供备用金，待备用金即将用完时向总店报销补足。除此之外，销售代理店不经手其他现金业务。

（2）销售代理店本身不储备存货，仅陈列代理经销的样品，待客户看样订货后，销售代理店即将购货订单交给总店。

（3）销售代理店对客户是否给予赊销以及赊销的额度，均由总店审核决定。如总店同意赊销，商品即由总店直接发运，应收账款登记在总店账册上，并由总店向客户收款。

销售代理店的会计处理比起分店会计处理要简单得多。在一般情况下，销售代理店可以不需按复式记账法设置整套账册，仅设置一本现金日记账，用以登记由总店下拨的备用金，以及用备用金支付的日常开支。销售代理店的各项支出记录，都要一式两份。当备用金即将用完时，将有关支付凭证连同一份支出记录送交总店报销补足。另一份则留在销售代理店，以供备查。

**二、总店对销售代理店业务的会计处理**

总店对销售代理店经营业务的会计处理，必须根据销售代理店的经营成果是否需要单独反映而定。如果总店需要将销售代理店的经营成果单独核算，那么，销售代理店的营业收入和费用就必须在记账时设置明细账户，以便同总店及其他销售代理店划分清楚。如果总店不需要单独核算各销售代理店的经营成果，就不需要设置各销售代理店明细账，可以合并反映。下面举例说明这两种不同的会计处理方法在总店账上的记录。

【例 3-6】　某公司总店在另一城市设立 D 销售代理店，20×6 年 6 月总店与该销售代理店发生下列经济业务：

（1）为 D 销售代理店核定备用金 3 000 元，并签发现金支票拨付。

（2）向 D 销售代理店发交样品一批，成本为 20 000 元。

（3）D 销售代理店售出商品，售价 50 000 元。购货订单交总店向客户发货，该批商品成本为 40 000 元。

（4）总店以现金代 D 销售代理店支付费用 800 元。

（5）D 销售代理店到总店报销费用 2 500 元，总店签发现金支票，以补足备用金定额。

（6）总店购置一项固定资产价值 32 000 元，拨交 D 销售代理店。

（7）月末，编制 D 销售代理店本月利润的结账分录。

（8）D 销售代理店利润转入总店。

将上述经济业务按两种不同会计处理方法，编制会计分录，并登记总店账册如下：

### 总 店 账 册

| 代理店经营成果单独反映 | 代理店经营成果不单独反映 |
|---|---|

（1）借：其他应收款——D代理店

　　　　　　备用金 3 000

　　　贷：银行存款　　　　3 000

借：其他应收款——D代理店

　　　　　备用金 3 000

　　贷：银行存款　　　　3 000

| 代理店经营成果单独反映 | 代理店经营成果不单独反映 |
|---|---|

（2）借：存货——D代理店

　　　　　样品　　　20 000

　　　贷：存货　　　　　20 000

（3）借：应收账款　　　50 000

　　　贷：营业收入——D代

　　　　　理店　50 000

　　借：营业成本——D代

　　　　　理店　40 000

　　　贷：存货　　　　　40 000

（4）借：营业费用——D代

　　　　　理店　　800

　　　贷：库存现金　　　　800

（5）借：营业费用——D代

　　　　　理店　2 500

　　　贷：银行存款　　　2 500

（6）借：固定资产——D代

　　　　　理店　32 000

　　　贷：银行存款　　　32 000

借：存货——D代理店

　　　　样品　　　20 000

　　贷：存货　　　　　20 000

借：应收账款　　　50 000

　　贷：营业收入　　　50 000

借：营业成本　　　40 000

　　贷：存货　　　　　40 000

借：营业费用　　　　800

　　贷：库存现金　　　　800

借：营业费用　　　2 500

　　贷：银行存款　　　2 500

借：固定资产——D代

　　　　　理店　32 000

　　贷：银行存款　　　32 000

（7）借：营业收入——D代

　　　　　理店　50 000

　　　贷：营业成本——D代

　　　　　理店　40 000

　　　　营业费用——D代

　　　　　理店　3 300

　　　　营业利润——D代

　　　　　理店　6 700

（8）借：营业利润——D代

　　　　　理店　6 700

　　　贷：营业利润　　　6 700

# 复 习 思 考 题

## 一、简答题

1. 何谓总分店经营？它有哪些特点？

2. 总分店之间的商品调拨可采用哪几种计价方法？各有什么优缺点？

3. 为什么总分店经营须编制联合会计报表？具体如何编制？

4. 对总分店之间的往来事项如何进行调节？它对编制联合会计报表有何影响？

5. 什么是总店集中核算制、分店分散核算制？在核算上有何区别？

6. 销售代理经营的特点有哪些？其会计处理与总分店经营的主要区别在哪里？

## 二、解释重要名词和术语

总分店经营　相对账户　总店集中核算制　分店分散核算制　销售代理经营

## 三、单项选择题

1. 以下内容中,(　　)不属于总分店经营的特点。

    A. 分店可拥有完备的商品库存　　　B. 分店可直接向客户交货取款

    C. 分店的经营资金必须自己筹集　　D. 分店单独核算其经营盈亏

2. 总分店之间拨送商品时,按对外销售的零售价作为调拨价格的优点是(　　)。

    A. 有利于分店的存货管理

    B. 核算简便

    C. 考虑了商品调拨对经营的适度贡献

    D. 分店的期末存货中不会出现内部未实现利润

3. "备抵分店存货超过成本数"账户,反映的是总分店之间因调拨商品产生的(　　)。

    A. 内部债权与债务　　　　　　　B. 内部未实现利润

    C. 内部的资产转移　　　　　　　D. 内部的债务转移

4. 总分店之间需进行相对账户的调节,其主要原因是(　　)。

A. 总店或分店的业务人员失职

B. 总分店之间往来事项的增减

C. 总店或分店可能存在未达账项

D. 总店或分店的会计政策不一致

5. 在采用总店集中核算制时,分店间因调拨商品而发生的运费,应计入(　　)。

A. 商品的成本 　　　　　　　B. 商品的购货费用

C. 商品的销售价格 　　　　　D. 商品的调拨价格

6. 分店发生的销售费用,如统一记在总店账上,当总店收到分店利润表时,应作会计分录为(　　)。

A. 借：利润——分店 　　　　B. 借：销售费用

　　贷：销售费用 　　　　　　　　贷：利润——分店

C. 借：分店往来 　　　　　　D. 借：销售费用

　　贷：销售费用 　　　　　　　　贷：分店往来

7. 销售代理店除(　　)外,其余的业务均由总店统一办理。

A. 存货的储备 　　　　　　　B. 决定赊销的额度

C. 备用金的领用和支付 　　　D. 应收账款的收取

8. 在分店账册上,以下的结账分录错误的是(　　)。

A. 借：利润

　　贷：总店往来

B. 借：总店往来

　　贷：利润

C. 借：销售收入

　　　利润

　　贷：销售成本

　　　销售费用

D. 借：备抵分店存货超过成本数

　　贷：总店往来

## 四、多项选择题

1. 大型企业为进一步拓宽业务,有效地进行经营活动而在不同地区设立分支机构,其经营管理的特点一般有(　　)。

A. 分店经营资金由总店拨给

B. 分店遵循总店统一的经营方针和管理方针

C. 分店可独立开立银行账户

D. 分店的货源必须由总店供给

E. 分店拥有相对独立的业务经营自主权

2. 总分店之间进行商品调拨,可以(　　)。

A. 按成本计价　　　　　　　B. 按成本加成计价

C. 按批发价计价　　　　　　D. 按售价计价

E. 按售价加成计价

3. 分店经营会计处理的(　　)应当由总店统一制订。

A. 科目设置　　　　　　　　B. 报表的内容和格式

C. 债权债务的清偿　　　　　D. 会计核算制度和方针

E. 收入和费用的记录

4. 在编制联合会计报表时,需要把总店和分店的有关项目联合列示,以提供企业整体的会计信息。但需要对总分店之间的内部往来事项予以抵销,包括(　　)。

A."总店往来"与"分店往来"　　B. 内部债权与债务

C. 总分店之间的资产转移　　　D. 资金的下拨与上交

E. 内部的未达账项

5. 对分店使用的固定资产,下列处理正确的有(　　)。

A. 由总店统一核算和管理,不需在分店账上反映

B. 由分店进行核算和管理,不需在总店账上反映

C. 由总店统一核算和管理,同时在分店账上反映

D. 由分店进行核算和管理,同时在总店账上反映

E. 由总店和分店同时进行核算和管理

6. 销售代理店一切听从总店的安排,不具有独立经营的自主权,并且有(　　)等特点。

A. 总店为销售代理店核定并提供备用金

B. 商品直接由总店发运,款项由销售代理店收取

C. 销售代理店只陈列样品,不储备存货

D. 销售代理店按复式记账法设置整套账册

E. 销售代理店的各项支出记录要一式两份

7. 分店(　　)业务可以统一记在总店账上,也可直接记在分店账上。

A. 固定资产的购置　　　　　B. 营业费用的发生

C. 经营成果的核算　　　　　　　　D. 折旧费用的计提

E. 管理费用的列支

8. 分店作为一个独立的会计主体,需独立进行的会计工作有(　　　)。

A. 拥有完整账户组织的账簿体系

B. 记录与分店有关的资产、负债、收入和费用

C. 独立计算分店的经营成果

D. 正确核算与总店之间的往来事项

E. 正确核算总店下拨的备用金

## 五、判断题

1. 在总分店经营情况下,分店既是一个独立的会计主体,又是一个法律主体。　　　　　　　　　　　　　　　　　　　　　　　　(　　)

2. 总分店商品调拨按成本计价的优点是核算简便,而且还考虑了商品调拨对经营的适度贡献。　　　　　　　　　　　　　　　　　　(　　)

3. 总店要保持全公司的控制功能,对一部分资产和负债的账务处理,常常集中在总店进行核算和管理。　　　　　　　　　　　　　　(　　)

4. 分店发生的经济业务,在总店账册上反映的只是与分店发生的往来事项,其他业务一般不需记录。　　　　　　　　　　　　　　　(　　)

5. 年度终了,总店和分店分别编制的会计报表,既能提供内部管理使用,又能作为对外提供信息使用。　　　　　　　　　　　　　　(　　)

6. 广告费可以统一由总店支付,然后再分摊给各分店负担。　(　　)

7. 采用分店分散核算制,既能反映各分店之间往来事项的实际情况,同时,也能保持总店对分店的统一管理。　　　　　　　　　　　　(　　)

8. 销售代理店的会计处理比分店会计处理要简单得多,仅需设置一本库存现金日记账。　　　　　　　　　　　　　　　　　　　　(　　)

9. 销售代理店的经营成果需要单独核算,并设置相应的明细账户。
　　　　　　　　　　　　　　　　　　　　　　　　　　　　(　　)

10. 分店的固定资产可以由总店为其购置,也可以由分店自行购置。
　　　　　　　　　　　　　　　　　　　　　　　　　　　　(　　)

## 六、练习题

1. **目的**　　　练习总分店商品调拨的会计处理。

**资料**　　　霞飞公司在20×6年设立了一家分店,该分店统一执行霞飞公司

总店的经营管理方针,但在会计核算上在期末需单独核算盈亏,20×7年该分店发生经济业务如下:

(1) 收到总店拨付营运资金100 000元。

(2) 分店自行购入商品50 000元,款已付。

(3) 分店从总店调拨商品,成本价75 000元。

(4) 分店收回应收货款80 000元。

(5) 分店对外销售商品,售价120 000元,款已收,成本96 000元。

(6) 分店上交总店库存现金20 000元。

(7) 分店支付期间费用共15 000元。

**要求**

(1) 设置和登记"总店往来"账户(分店账上)和"分店往来"账户(总店账上),按成本计价对上述经济业务分别为总店和分店编制会计分录,计算并结转分店的经营利润。

(2) 如果分店从总店调拨商品按成本加成20%的利润进行计价,本年从总店调拨的商品全部售出,请编制20×7年有关会计分录,计算并结转分店的经营利润。

(3) 采用上述两种方法,为编制总分店联合会计报表作抵销分录。

2. **目的**　　练习相对账户调节的会计处理。

**资料**　　霞飞公司20×7年12月20~31日总店账上的"分店往来"账户记录如下:

(1) 12月21日,代分店支付应付账款50 000元(借)。

(2) 12月25日,发交分店商品200 000元(借)。

(3) 12月28日,代分店收取应收账款15 000元(贷)。

(4) 12月30日,拨付分店营运资金83 000元(借)。

(5) 12月31日,期末余额101 000元(贷)。

分店账上的"总店往来"账户12月20~31日记录如下:

(1) 12月23日,代总店收取应收账款31 000元(贷)。

(2) 12月27日,收到总店发交商品200 000元(贷)。

(3) 12月29日,代总店支付应付账款5 000元(借)。

(4) 12月31日,期末余额193 000元(借)。

**要求**　　核对总分店的相对账户,分别对未达账项作调节会计处理并编制"总分店相对账户调节表"。

3. **目的**　　练习总分店经营联合会计报表工作底稿的编制。

**资料**

1）威海公司总分店于 20×7 年发生部分经济业务如下：

（1）总店向分店拨款 2 250 元。

（2）总店向分店发交商品调拨价为 60 000 元（高于成本价 20%）。

（3）总店代分店支付费用 6 000 元。

（4）分店汇给总店库存现金 30 000 元。

2）威海公司总店和分店 20×7 年度的资产负债表、利润表及利润分配表资料如图表 3-11、图表 3-12 和图表 3-13 所示。

（图表 3-11）

**威海公司资产负债表**

20×7 年 12 月 31 日 单位：元

| 资　产 | 总　店 | 分　店 | 权　　益 | 总　店 | 分　店 |
|---|---|---|---|---|---|
| 货币资金 | 23 750 | 1 500 | 应付票据及应付账款 | 60 150 | 8 750 |
| 应收票据及应收账款 | 28 750 | 13 750 | 应交税费 | 3 400 | |
| 存货 | 91 300 | 34 750 | 备抵分店存货超过成本数 | 10 000 | |
| 分店往来 | 38 250 | | 总店往来 | | 38 250 |
| 固定资产 | 205 500 | | 股本 | 250 000 | |
| | | | 未分配利润 | 64 000 | 3 000 |
| 资产总计 | 387 550 | 50 000 | 权益总计 | 387 550 | 50 000 |

（图表 3-12）

**威海公司利润表**

20×7 年度 单位：元

| 项　　目 | 总　店 | 分　店 |
|---|---|---|
| 营业收入 | 376 000 | 80 000 |
| 营业成本 | 244 300 | 59 000 |
| 营业毛利 | 131 700 | 21 000 |
| 销售费用 | 60 000 | 18 000 |
| 利润总额 | 71 700 | 3 000 |
| 所得税费用 | 24 510 | |
| 净利润 | 47 190 | 3 000 |

（图表3-13）

### 威海公司利润分配表

20×7年度　　　　　　　　　　　　　　　　　单位：元

| 项　　目 | 总　　店 | 分　　店 |
|---|---|---|
| 净利润 | 47 190 | 3 000 |
| 加：年初未分配利润 | 32 210 | |
| 可供分配利润 | 79 400 | |
| 减：股利 | 15 400 | |
| 年末未分配利润 | 64 000 | 3 000 |

3）分店收到总店发来的商品中有80％已出售，另外20％未出售作为期末存货。

**要求**

（1）根据总分店之间的往来业务资料分别为总店和分店编制有关会计分录。

（2）编制总店和分店年终结账会计分录。

（3）编制威海公司总分店联合会计报表工作底稿。

**4. 目的**　　练习销售代理的会计处理。

**资料**　　华源公司20×6年12月在南京设立华宁销售代理店，20×7年1月华源公司为华宁销售代理店核定并拨付备用金5 000元；购置一项固定资产价值80 000元，拨交销售代理店使用；另外，送发给销售代理店一批样品，成本为8 000元。一个星期后，华源公司收到销售代理店转交的购货订单，即向客户发货售价100 000元，成本为80 000元，货款尚未收到。华源公司为销售代理店支付费用1 500元，华宁销售代理店用备用金自行支付各种费用3 000元，已向公司报销补足。

**要求**　　分别按销售代理店单独反映经营成果和不单独反映经营成果两种处理方法为华源公司编制20×7年1月份的有关会计分录。

# 第四章　企业合并

## 第一节　企业合并的种类和方法

企业合并,是指两个或两个以上的企业为达到某种经营目的,通过兼并或控股等形式进行企业产权联合的行为。企业合并作为一种经济现象,在发达国家由来已久,它是产业发展、企业竞争的必然产物。随着我国社会主义市场经济体制的发展和完善,现代企业制度的逐步建立,我国企业间的合并和控股现象日益增多。企业合并对于优化资源组合,调整产业结构,提高经营综合效益和规模效益,无疑是一个强大的推动力。

**一、企业合并的种类**

企业合并可以按法律形式、行业特点和产权转让方式,以及在合并前后是否受同一方或相同的多方最终控制进行分类。

(一) 企业合并按法律形式划分,可以分为控股合并、吸收合并、新设合并三种

1. 控股合并

控股合并,是指合并方(或购买方)在合并中取得对被合并方(或被购买方)的控制权,被合并方(或被购买方)在合并后仍保持其独立的法人资格并继续经营,合并方(或购买方)确认企业合并形成的对被合并方(或被购买方)的投资。

2. 吸收合并

吸收合并,是指合并方(或购买方)通过企业合并取得被合并方(或被购买方)的全部净资产,合并后注销被合并方(或被购买方)的法人资格,被合并方(或被购买方)原持有的资产、负债,在合并后成为合并方(或购买方)的资产、负债。

3. 新设合并

新设合并,是指参与合并的各方在合并后法人资格被注销、重新注册成立一家新的企业。

（二）企业合并按行业特点划分，可以分为横向合并、纵向合并和混合合并三种

1. 横向合并

横向合并，是指两个或两个以上生产或销售相同、相似产品企业的合并。这种合并的目的，一般是通过行业的集中，扩大市场权力。通过合并，减少了竞争的数量，改善了行业结构，使合并后的企业增强了对市场的控制力。另外，由于这种合并发生在生产或销售相同或相似的行业，所以风险较小，合并双方容易融会在一起，进而形成生产或销售的规模经济。

2. 纵向合并

纵向合并，是指对处于同一产品、不同生产阶段的企业之间的合并。它主要是通过对原材料供应和销售渠道及用户的控制来实现这一目的的，从而扩大企业的影响范围和产品市场。由于合并的各方原属投入和产出的关系，合并后融合起来极其容易。

3. 混合合并

混合合并，是指两个或两个以上处于不同行业的企业之间进行的合并。其目的是为了减少长期处于一个行业带来的风险。混合合并的条件是，被合并企业经过改造以后，有利于帮助合并企业扩大生产，实行多种经营，增加盈利能力。

（三）企业合并按产权转让的方式划分，可以分为购买式合并、承债式合并和控股式合并三种

1. 购买式合并

购买式合并，是指合并企业出资购买被合并企业的全部资产，并安排其全部职工为条件而实行的合并。这种合并，通过买卖，被合并企业的全部资产经营权一次性转移到合并方，有利于合并企业按自己的意志对企业进行改造利用。但是，这种合并需要对被合并企业的资产进行评估，一般适合于大型企业对那些濒于破产或微利、无发展前途、迫切要求转产的企业合并。

2. 承债式合并

承债式合并，是指合并企业以承担被合并企业全部债务，并负责安置全部职工为条件的合并方式。这种合并方式，不需要对被合并企业资产进行评估，因此合并过程比较简单，较适合于国有企业之间的合并。

3. 控股式合并

控股式合并，是指合并企业占有被合并企业一定比例的股票份额，成为被合并企业的主要股东，并掌握被合并企业的经营权。这种合并方式比较灵活，

是一种比较规范的产权转让方式。但这种合并方式,需要有较完善的股票市场,一般适合于大型企业之间的合并。

(四)企业合并按在合并前后是否受同一方或相同的多方最终控制划分,可以分为同一控制下的企业合并和非同一控制下的企业合并两种

1. 同一控制下的企业合并

同一控制下的企业合并,是指参与合并的企业在合并前后均受同一方或相同的多方最终控制且该控制并非暂时性的合并行为。其中,同一方,是指对参与合并的企业在合并前后均实施最终控制的投资者。相同的多方,通常是指根据投资者之间的协议约定,在对被投资单位的生产经营决策行使表决权时发表一致意见的两个或两个以上的投资者。控制并非暂时性的,是指参与合并各方在合并前后较长的时间内受同一方或相同的多方最终控制。较长的时间通常指 1 年以上(含 1 年)。

同一控制下的企业合并,合并各方的合并行为不完全是自愿进行和完成的,其交易作价往往不公允,因此,这种企业合并不属于交易行为,而是参与合并各方资产和负债的重新组合。这种合并,一般是发生在企业集团内的关联企业之间的合并。

2. 非同一控制下的企业合并

非同一控制下的企业合并,是指参与合并的各方在合并前后不受同一方或相同的多方最终控制的合并行为。

相对于同一控制下的企业合并而言,非同一控制下的企业合并是合并各方自愿进行的交易行为,其交易作价相对公平合理。这种合并,一般是发生在非关联企业之间的合并。

**二、企业合并的程序**

企业合并是市场经济条件下的一种经济现象,也是企业竞争、谋求发展和扩张的必然产物。实施企业合并,一般须经过四个程序。

1. 签订合并协议

合并各方首先应由其最高权力机构——股东会或董事会作出合并决议。然后,就其合并事项进行反复协商,取得一致意见后,以协议的形式确认下来。合并协议的内容一般应有六项:

(1)合并各方的名称、住所。

(2)合并后存续企业或新设企业的名称、住所。

(3)合并各方的债权、债务处理办法。

(4)合并各方的资产状况及其处理办法。

（5）存续企业或新设企业因合并而增资的总额。

（6）合并各方认为需要载明的其他事项。

按照有关规定，国有企业在合并前应向国有资产管理部门等提出书面申请，然后，由其根据企业的书面报告、财务报告及其他政府机构的意见，审核批准后才能实施合并。另外，实行公司制的企业需要在作出合并协议之日起10天内通知债权人，并于30天内在报纸上至少公告3次。债权人自接到通知书之日起30天内，未接到通知书的第一次公告之日起90天内，有权要求公司清偿债务或者提供相应的担保，不清偿债务或不提供相应担保的，公司不得合并。

2. 确认债权、债务，协商产权转让价格

合并各方协议合并时，应编制各自的资产负债表及财产清单，并委托公正、权威的资产评估机构，对企业的流动资产、固定资产、无形资产及其他资产各项进行评估，确认其债权和债务。然后，按评估后资产的公允价值减去负债后的余额，作为产权转让的基价。在此基础上，合并各方再根据被合并企业的技术水平、人员素质及离退休人数等因素，协商确定产权转让的成交价格。

3. 报经有关部门批准

企业合并协议签订后，根据协商确定的产权转让价格，合并各方应向各自的有关主管部门提出合并申请，报经批准后，才能正式实施合并。

4. 办理财产变更、税务变更手续

合并协议经有关主管部门审核批准后，合并各方应依法向工商行政管理机关，分别申请变更登记、设立登记或注销登记。同时，依法向税务机关申报办理税务变更登记、重新登记或注销登记手续。

这时，企业合并过程全部结束。合并后的企业即可进入正常经营。

**三、企业合并的方法**

在企业合并中，负责合并的企业可以现金、银行存款或其他对价购进被并企业，也可以采用发行股票换取被并企业股票的办法来实施合并。因此，就产生了企业合并的权益联营法和购买法两种会计方法。

（一）企业合并的权益联营法

企业合并的权益联营法，是指负责合并的企业采用现金、非现金资产或承担负债、增发股票，以换取被并企业股份的合并方法。在这种合并方法下，被并企业的股东就成了合并后企业的股东。权益联营法适用于同一控制下的企业合并。权益联营法的主要特点有三：

（1）股份的交换事实上是两个企业股东权益的一种联合，而不是购买企业。

（2）合并企业的各项资产和负债均以账面价值相加为基础。虽然有时也会作一些调整，但这种调整仅仅是为了和所采用的会计政策取得一致，而不是以合并时的公允价值取代账面价值。因此，权益联营法的合并结果一般不产生商誉。

（3）各合并企业的留存利润，在合并日直接予以加总，全数成为合并后企业的留存利润。

在权益联营法下，由于被并企业的资产、负债仍按账面价值记账，因此，不需要对其资产、负债按公允价值调整，但仍需加以确认。对账实不符的项目需作出必要的调整；对一部分在今后经营活动中不起作用的费用，应加以注销。

（二）企业合并的购买法

企业合并的购买法，是指负责合并的企业采用现金、非现金资产或负债等来购买被并企业。这种方法适用于非同一控制下的企业合并。购买法的主要特点有：第一，购买企业在购买日应按公允价值确认被购企业的资产、负债，并合并计入自身的资产和负债；第二，购买价格即合并成本超过被购企业所确认的可辨认净资产公允价值的差额应作为商誉，予以确认；第三，被购企业的留存利润不予确认，应予注销，它被包含在购买企业的留存利润中。

一般来讲，购买价格高于被购企业可辨认净资产公允价值形成的商誉，主要原因是被购企业在长期经营中因所处地理位置较好、生产销售产品的质量精良，或因管理上乘、服务周到，其产品有较高的社会知名度，企业在广大客户中享有良好的信誉，因而具有较高的盈利能力。所以购买企业愿意出高价购入；反之，如果购买价格低于被购企业可辨认净资公允价值，则表明被购企业存在负商誉，其原因可能是被购企业有着大量的离退休职工，购入企业将负担数额巨大的退休金支出，而这笔退休金支出将减少购入企业以后各期的利润。

根据我国企业会计准则规定，非同一控制下的企业合并，应当采用购买法。在合并中，购买方取得的被购买方各项可辨认资产、负债及或有负债的公允价值，应当按照以下规定加以确定：

（1）货币资金，按照购买日被购买方的原账面价值确定。

（2）有活跃市场的股票、债券、基金等金融工具，按照购买日活跃市场中的市场价格确定。

（3）应收款项，其中的短期应收款项，一般按照应收取的金额作为其公允价值；长期应收款项，应按适当的利率折现后的现值确定其公允价值。在确定应收款项的公允价值时，应考虑发生坏账的可能性及收款费用。

（4）存货，对其中的产成品和商品按其估计售价减去估计的销售费用、相关税费以及购买方出售类似产成品或商品估计可能实现的利润确定；在产品按完工产品的估计售价减去至完工仍将发生的成本、估计的销售费用、相关税费以及基于同类或类似产成品的基础上估计出售可能实现的利润确定；原材料按现行重置成本确定。

（5）不存在活跃市场的金融工具如权益性投资等，应当参照《企业会计准则第22号——金融工具确认和计量》的规定，采用估值技术确定其公允价值。

（6）房屋建筑物、机器设备、无形资产，存在活跃市场的，应以购买时的市场价格为基础确定其公允价值；不存在活跃市场，但同类或类似资产存在活跃市场的，应参照同类或类似资产的市场价格确定其公允价值；同类或类似资产也不存在活跃市场的，应采用估值技术确定其公允价值。

（7）应付账款、应付票据、应付职工薪酬、应付债券、长期应付款，其中的短期负债，一般按照应支付的金额确定其公允价值；长期负债应按适当的折现率折现后的现值作为公允价值。

（8）取得的被购买方的或有负债，其公允价值在购买日能够可靠计量的，应确认为预计负债。此项负债应当按照假定第三方愿意代购买方承担，就其所承担义务需要购买方支付的金额作为其公允价值。

（9）递延所得税资产和递延所得税负债，取得的被购买方各项可辨认资产、负债及或有负债的公允价值与其计税基础之间存在差额的，应当按照《企业会计准则第18号——所得税》的规定，确认相应的递延所得税资产或递延所得税负债，所确认的递延所得税资产或递延所得税负债的金额不应折现。

## 第二节　合并业务的会计处理*

### 一、合并日或购买日的确定

合并日或购买日，是指合并方或购买方实际取得对被合并方或被购买方控制权的日期，即被合并方或被购买方的净资产或生产经营决策的控制权转移给合并方或购买方的日期。

同时满足以下条件的通常可以认为实现了控制权的转移：

（1）企业合并合同或协议已获股东大会通过。

（2）企业合并事项需要经过国家有关主管部门审批的，已获得批准。

（3）参与合并各方已办理了必要的财产权转移手续。

（4）合并方或购买方已支付了合并价款的大部分（一般应超过 50％），并且有能力、有计划支付剩余款项。

（5）合并方或购买方实际上已经控制了被合并方或被购买方的财务和经营政策，并享有相应的利益、承担相应的风险。

**二、同一控制下企业合并的会计处理**

同一控制下的企业合并，应采用权益联营法进行会计处理。以下就同一控制下的控股合并、吸收合并等会计处理，分别予以说明。

**（一）同一控制下控股合并的会计处理**

实施同一控制下控股合并的，合并方应在合并日按取得被合并方所有者权益账面价值的份额，借记"长期股权投资"账户，按支付的现金、非现金资产或承担债务等合并对价的账面价值，贷记或借记有关资产或负债账户，按其差额，贷记"资本公积"账户；如为借方差额，借记"资本公积——资本（股本）溢价"账户，"资本公积——资本（股本）溢价"账户不足冲减的，应依次借记"盈余公积"和"利润分配——未分配利润"账户。

**【例 4-1】** 某企业集团内 A 子公司以现金 300 万元和若干项固定资产作为对价，取得同一企业集团内 B 子公司 60％的股权。合并日 A 子公司作为对价的固定资产账面价值为 500 万元，公允价值为 600 万元；其所有者权益中"资本公积——资本溢价"和"盈余公积"的账面余额分别为 60 万元、100 万元。B 子公司合并日所有者权益账面价值总额为 1 200 万元。

根据资料分析，A 子公司在合并日长期股权投资的成本应为 720 万元（1 200×60％），长期股权投资成本与作为对价资产账面价值的差额 80 万元（300＋500－720），应分别冲减"资本公积——资本溢价""盈余公积"账户金额为 60 万元、20 万元。作会计分录为：

| | |
|---|---|
| 借：长期股权投资 | 7 200 000 |
| 　资本公积——资本溢价 | 600 000 |
| 　盈余公积 | 200 000 |
| 　贷：银行存款 | 3 000 000 |
| 　　固定资产清理 | 5 000 000 |

如果合并方以发行权益性证券作为对价的，在合并日，合并方应按取得的被合并方账面所有者权益的份额，作为长期股权投资的成本，借记"长期股权投资"账户；按发行股份的面值总额，贷记"股本"账户；长期股权投资的成本与发行股份的面值总额之间的差额，调整资本公积和留存收益。

**【例 4-2】** 某企业集团下的甲公司发行 1 000 万股普通股(每股面值 1 元)作为对价取得同一企业集团下的乙公司 70％的股权,合并日乙公司账面所有者权益总额为 2 000 万元。

合并日,甲公司应确认的长期股权投资成本应为 1 400 万元(2 000×70％),该成本与发行股份面值总额之间的差额为 400 万元(1 400−1 000),应增加资本公积。作会计分录为:

借:长期股权投资　　　　　　　　　　　　　　　　　　14 000 000
　　贷:股本　　　　　　　　　　　　　　　　　　　　　　10 000 000
　　　　资本公积——股本溢价　　　　　　　　　　　　　　4 000 000

(二)同一控制下吸收合并的会计处理

对同一控制下采用吸收合并的,在合并日,合并方取得的资产或承担的负债,应按其在被合并方的原账面价值入账(如被合并方采用的会计政策与合并方不一致的,应当按合并方会计政策对被合并方的有关项目进行调整),所确认资产或负债账面价值与合并对价之间的差额,调整资本公积和留存收益。

**【例 4-3】** 丙公司于 20×7 年 5 月 20 日对同一集团内的全资丁公司进行吸收合并,为进行该公司合并,丙公司发行了 30 万股普通股(每股面值 1 元)作为对价。合并日,丁公司资产、负债和所有者权益账面价值如图表 4-1 所示。

(图表 4-1)

### 丁公司资产负债表(简化)

20×7 年 5 月 20 日 　　　　　　　　　　　　　　　　　　单位:元

| 资　　　产 | 金　　额 | 负债和所有者权益 | 金　　额 |
|---|---|---|---|
| 银行存款 | 7 500 | 短期借款 | 49 780 |
| 应收票据及应收账款 | 50 280 | 应付票据及应付账款 | 98 000 |
| 存货 | 94 000 | 长期借款 | 94 000 |
| 长期股权投资 | 80 000 | 股本 | 300 000 |
| 固定资产 | 364 000 | 资本公积 | 20 000 |
| 无形资产 | 16 000 | 盈余公积 | 40 000 |
|  |  | 未分配利润 | 10 000 |
| 资 产 总 计 | 611 780 | 负债和所有者权益总计 | 611 780 |

合并日,丙公司应作合并业务的会计分录为:

```
借：银行存款                                          7 500
    应收账款                                         50 280
    存货                                             94 000
    长期股权投资                                     80 000
    固定资产                                        364 000
    无形资产                                         16 000
  贷：短期借款                                       49 780
    应付账款                                         98 000
    长期借款                                         94 000
    股本                                            300 000
    资本公积                                         70 000
借：资本公积                                         50 000
  贷：盈余公积                                       40 000
    未分配利润                                       10 000
```

同一控制下的企业合并，在合并过程中发生的相关费用应计入当期损益，包括与企业合并直接相关的会计审计费用、法律咨询费用、评估费用等。但为企业合并发行的债券或承担其他业务支付的手续费、佣金等，应当计入发行债券及其他债务的初始计量金额；发行权益性证券发生的手续费、佣金等费用，应当抵减其溢价收入，溢价不足冲减的，冲减留存收益。

（三）编制合并日的合并财务报表

同一控制下因企业合并形成母子公司关系的，母公司应当编制合并日合并资产负债表、合并利润表和合并现金流量表。其中，在合并资产负债表中，对被合并方的各项资产、负债应当按其账面价值（统一会计政策调整后的）计量，并编制合并抵销分录为：借记被合并方的"实收资本""资本公积""盈余公积""未分配利润"账户；贷记合并方的"长期股权投资"和"少数股东权益"账户。

如果被合并方在合并前有实现的留存收益的，在合并资产负债表中，应按合并方的持股比例分享份额，编制调整抵销分录为：借记"资本公积"账户；贷记"盈余公积"和"未分配利润"账户。但有关调整应以"资本公积"的账面余额减记至零为限。

【例4-4】 某同一控制下的A公司控股合并B公司，所持股份为70％，在合并日，B公司所有者权益账面价值总额为2 500万元，其中实收资本为2 000万元，资本公积为300万元，盈余公积为100万元，未分配利润为100万元。A公司资本公积账面余额为500万元。

在合并日，A公司应编制合并资产负债表抵销分录为：

| | |
|---|---|
| 借：实收资本 | 20 000 000 |
| 资本公积 | 3 000 000 |
| 盈余公积 | 1 000 000 |
| 未分配利润 | 1 000 000 |
| 贷：长期股权投资 | 17 500 000 |
| 少数股东权益 | 7 500 000 |
| 借：资本公积 | 1 400 000 |
| 贷：盈余公积 | 700 000 |
| 未分配利润 | 700 000 |

合并利润表应当包括参与合并各方自合并当期期初至合并日所发生的收入、费用和利润。但被合并方在合并前实现的净利润,应当在合并利润表中单列项目反映。

合并现金流量表也应当包括参与合并各方自合并当期期初至合并日的现金流量。

（四）企业合并信息的披露

企业合并发生当期的期末,合并方应当在附注中披露与同一控制下企业合并有关的下列信息:

（1）参与合并企业的基本情况。

（2）属于同一控制下企业合并的判断依据。

（3）合并日的确定依据。

（4）以支付现金、转让非现金资产以及承担债务作为合并对价的、所支付对价在合并日的账面价值;以发行权益性证券作为合并对价的,合并中发行权益性证券的数量及定价原则,以及参与合并各方交换有表决权股份的比例。

（5）被合并方的资产、负债在上一会计期间资产负债表日及合并日的账面价值;被合并方自合并当期期初至合并日的收入、净利润、现金流量等情况。

（6）合并合同或协议约定将承担被合并方或有负债的情况。

（7）被合并方采用的会计政策与合并方不一致所作调整情况的说明。

（8）合并后已处置或准备处置被合并方资产、负债的账面价值、处置价格等。

**三、非同一控制下企业合并的会计处理**

非同一控制下的企业合并,应当采用购买法,分别按控制合并和吸收合并进行会计处理。

（一）非同一控制下控股合并的会计处理

实施非同一控制下的控股合并，购买方应在购买日按所放弃的资产、发生或承担的负债及发行的权益性证券的公允价值作为企业合并成本，借记"长期股权投资"账户；付出资产或承担负债的账面价值，贷记或借记有关资产或负债账户；资产或负债的公允价值与账面价值之间的差额，计入合并当期的损益。

合并所发生的相关费用，应当计入当期损益。但与发行债券或承担其他债务相关的手续费、佣金等，应计入发行债券的初始计量金额；与发行权益性证券相关的费用，应抵减发行收入。

在合并合同或协议中对可能影响合并成本的未来事项作出约定的，购买日如果估计未来事项很可能发生并且对合并成本的影响金额能够可靠计量的，购买方应当将其计入合并成本。

【例 4-5】　某企业集团的 C 公司以其所持有的全新固定资产和无形资产作为对价，从 D 公司的控股股东购入 D 公司 60% 股份。作为合并对价的固定资产和无形资产的账面价值分别为 320 万元和 100 万元，公允价值分别为 500 万元和 150 万元。

根据上述资料，购买日 C 公司长期股权投资的入账金额，应为企业合并成本，即作为对价的固定资产和无形资产的公允价值 650 万元；固定资产和无形资产的公允价值与账面价值之间的差额 230 万元（650－420），应计入当期资产处置损益。作会计分录为：

| | |
|---|---|
| 借：长期股权投资 | 6 500 000 |
| 　贷：固定资产清理 | 3 200 000 |
| 　　无形资产 | 1 000 000 |
| 　　资产处置损益 | 2 300 000 |

控股合并形成母子公司关系的，母公司应当编制购买日的合并资产负债表，因企业合并取得的被购买方各项可辨认资产、负债及或有负债应当以公允价值列示。母公司的合并成本大于取得的子公司可辨认净资产公允价值份额的差额，应当确认为合并资产负债表中的商誉；反之，其差额在购买日合并资产负债中计入营业外收入。

【例 4-6】　承［例 4-5］，假定购买日 D 公司资产、负债及净资产的账面价值和公允价值资料如图表 4-2 所示。

（图表4-2）

**购买日D公司资产、负债及净资产金额表**　　　　　　　单位：万元

| 项　　目 | 账 面 价 值 | 公 允 价 值 |
|---|---|---|
| 货币资金 | 100 | 100 |
| 存货 | 600 | 500 |
| 长期股权投资 | 500 | 550 |
| 固定资产 | 2 000 | 2 200 |
| 无形资产 | 300 | 250 |
| 应付票据及应付账款 | 600 | 600 |
| 长期借款 | 2 000 | 2 000 |
| 净资产 | 900 | 1 000 |

又假定合并日D公司所有者权益账面价值总额为900万元,其中实收资本为700万元,资本公积为50万元,盈余公积为100万元,未分配利润为50万元。

根据上述资料,C公司在编制购买日的合并资产负债表时,应将D公司资产、负债的公允价值并入合并财务报表。同时,将其合并成本650万元大于D公司可辨认净资产公允价值份额600万元(1 000×60％)的差额50万元,确认为商誉。应作合并抵销分录为:

| | | |
|---|---|---|
| 借：长期股权投资 | | 500 000 |
| 　固定资产 | | 2 000 000 |
| 　实收资本 | | 7 000 000 |
| 　资本公积 | | 500 000 |
| 　盈余公积 | | 1 000 000 |
| 　未分配利润 | | 500 000 |
| 　商誉 | | 500 000 |
| 贷：长期股权投资 | | 6 500 000 |
| 　少数股东权益 | | 4 000 000 |
| 　存货 | | 1 000 000 |
| 　无形资产 | | 500 000 |

控股合并的母公司还需要自购买日起设置备查簿,登记其在购买日取得的被购买企业可辨认资产、负债的公允价值,为以后期间编制合并财务报表提供基础资料。

需要说明的是,非同一控制下控股合并中,如购买方取得被购买方100％

股权,被购买企业可以按合并中确定的有关资产、负债的公允价值调账,其他情况下被购买企业不应因企业合并改记资产、负债的账面价值。

(二)非同一控制下吸收合并的会计处理

实施非同一控制下的吸收合并,购买方在合并日,对合并中取得的被购买方各项可辨认资产、负债及或有负债,应当按公允价值计量入账。对作为企业合并对价付出的资产、发生或承担的负债应当按照公允价值作为合并成本,公允价值与账面价值的差额,计入当期损益。合并成本与合并中取得的被购买方可辨认净资产公允价值的差额,如果为大于的,应当确认为商誉;如果为小于的,应当计入当期损益。

【例 4-7】 M 公司以一组公允价值为 1 500 万元、账面价值为 1 200 万元的固定资产作为对价对 N 公司进行吸收合并。在购买日,N 公司持有的资产、负债及净资产金额如图表 4-3 所示。

(图表 4-3)

**购买日 N 公司资产、负债及净资产金额表**　　单位:万元

| 项　　　　目 | 账 面 价 值 | 公 允 价 值 |
|---|---|---|
| 存货 | 800 | 1 000 |
| 长期股权投资 | 500 | 600 |
| 固定资产 | 3 000 | 3 100 |
| 无形资产 | 300 | 200 |
| 长期借款 | 3 600 | 3 600 |
| 净资产 | 1 000 | 1 300 |

对该笔吸收合并业务,M 公司应作会计分录为:

借:存货　　　　　　　　　　　　　　　　　　　　10 000 000
　　固定资产　　　　　　　　　　　　　　　　　　31 000 000
　　无形资产　　　　　　　　　　　　　　　　　　　2 000 000
　　长期股权投资　　　　　　　　　　　　　　　　　6 000 000
　　商誉　　　　　　　　　　　　　　　　　　　　　2 000 000
　　贷:长期借款　　　　　　　　　　　　　　　　　36 000 000
　　　　固定资产清理　　　　　　　　　　　　　　　12 000 000
　　　　资产处置损益　　　　　　　　　　　　　　　　3 000 000

(三)非同一控制下分步实现企业合并的会计处理

在非同一控制下,通过多次交换交易分步实现的企业合并,购买方应当区分个别财务报表和合并财务报表分别进行处理。

1. 个别财务报表

在个别财务报表中,购买方应当以购买日之前所持被购买方的股权投资的账面价值与购买日新增投资成本之和,作为该项股权投资的初始投资成本;购买日之前持有的被购买方的股权涉及其他综合收益的,应当在处置该项投资时将与其相关的其他综合收益转入当期收益。

2. 合并财务报表

在合并财务报表中,购买方对于购买日之前持有的被购买方的股权,按照该股权在购买日的公允价值进行重新计量,公允价值与其账面价值的差额计入当期损益;购买日之前持有的被购买方的股权于购买日的公允价值,与购买日新购入股权所支付对价的公允价值之和,为合并财务报表中的合并成本;在此基础上,比较合并成本与购买日被购买方可辨认净资产公允价值的份额,确定购买日应予确认的商誉,或者应计入当期损益的金额;对于购买日之前持有的被购买方的股权涉及其他综合收益的,与其相关的其他综合收益应当转入购买日所属当期的投资收益。

【例4-8】　S公司于20×7年1月2日以银行存款300万元,取得H公司20%的股份,当日H公司可辨认净资产公允价值为1 300万元。20×7年度S公司实现净利润250万元,H公司确认投资收益50万元;另外,H公司因可供出售金融资产公允价值增值,增加其他综合收益50万元,对此S公司按比例调整增加其他综合收益10万元。20×8年1月1日,S公司又以银行存款1 200万元购入H公司40%的股份,当日H公司可辨认净资产公允价值为2 500万元。S公司对H公司通过两次交易分步实现的控股合并,应作会计处理为:

(1) 在个别财务报表中的处理。

① 20×7年1月2日,取得20%股份:

借:长期股权投资　　　　　　　　　　　　　　　　　3 000 000
　　贷:银行存款　　　　　　　　　　　　　　　　　　3 000 000

② 20×7年12月31日,确认投资收益,调整其他综合收益:

借:长期股权投资　　　　　　　　　　　　　　　　　600 000
　　贷:投资收益　　　　　　　　　　　　　　　　　　500 000
　　　　其他综合收益　　　　　　　　　　　　　　　　100 000

③ 20×8年1月1日,又取得40%股份:

借:长期股权投资　　　　　　　　　　　　　　　　　12 000 000
　　贷:银行存款　　　　　　　　　　　　　　　　　　12 000 000

（2）在合并财务报表中的处理。

① 计算合并成本：

$$合并成本＝2\,500×20\%＋1\,200＝1\,700(万元)$$

② 计算计入损益的金额：

$$应计入损益的金额＝2\,500×20\%－(300＋60)＝140(万元)$$

借：长期股权投资            1 400 000
 贷：投资收益             1 400 000

③ 其他综合收益转入当期的投资收益：

借：其他综合收益            100 000
 贷：投资收益             100 000

④ 计算商誉：

$$在合并财务报表中应体现的商誉＝1\,700－2\,500×60\%＝200(万元)$$

在合并工作底稿中应作的合并抵销分录为：

借：H公司所有者权益         25 000 000
  商誉              2 000 000
 贷：长期股权投资          17 000 000
  少数股东权益          10 000 000

（四）企业合并信息的披露

企业合并发生当期的期末，购买方应当在附注中披露与非同一控制下企业合并有关的下列信息：

（1）参与合并企业的基本情况。

（2）购买日的确定依据。

（3）合并成本的构成及其账面价值、公允价值及公允价值的确定方法。

（4）被购买方各项可辨认资产、负债在上一会计期间资产负债表日及购买日的账面价值和公允价值。

（5）合并合同或协议约定将承担被购买方或有负债的情况。

（6）被购买方自购买日起至报告期期末的收入、净利润和现金流量等情况。

（7）商誉的金额及其确定方法。

（8）因合并成本小于合并中取得的被购买方可辨认净资产的公允价值的

份额计入当期损益的金额。

（9）合并后已处置或准备处置被购买方资产、负债的账面价值、处置价格等。

# 复习思考题

## 一、简答题

1. 何谓企业合并？它有什么作用？
2. 企业合并有哪些类型？其特点各是什么？
3. 实施企业合并需要经历哪些程序？具体如何操作？
4. 企业合并的购买法和权益联营法的特点及会计处理有何区别？
5. 在企业合并中，被并企业的商誉价值是如何确认的？

## 二、解释重要名词和术语

企业合并　吸收合并　新设合并　控股合并　横向合并　纵向合并　混合合并　同一控制下企业合并　非同一控制下企业合并　权益联营法购买法

## 三、单项选择题

1. 下列各项合并方式中，不属于产权转让方式的合并是（　　）。
    A. 承债式合并　　　　　　　　B. 新设合并
    C. 购买式合并　　　　　　　　D. 控股式合并

2. 新设合并是指两个或两个以上企业共同设立一个新的企业，通过合并（　　）。
    A. 只有一个企业保留法人资格　　B. 原有的企业全部解散
    C. 企业对市场增加了控制力　　　D. 企业减少了竞争风险

3. 通过行业的集中，减少竞争数量，改善行业结构，扩大市场权力的合并是属于（　　）。
    A. 吸收合并　　　　　　　　　B. 混合合并
    C. 横向合并　　　　　　　　　D. 纵向合并

4. 下列各项中，（　　），不属于企业合并购买法的特点。
    A. 被并企业的资产、负债应按购买日公允价值确认
    B. 被并企业的商誉价值可以加以确认

C. 被并企业的留存利润不予确认

D. 被并企业的留存利润全数成为合并后企业的留存利润

5. 对房屋、建筑物、机器设备等固定资产,如属可以继续使用场的房屋、建筑物、机器设备等固定资产,应根据(　　)确定其公允价值。

A. 现行市场价格 　　　　　　　B. 现行重置成本

C. 可变现净值 　　　　　　　D. 收益现值

6. 在权益联营法下,对于合并过程中发生的相关费用,正确的处理是(　　)。

A. 计入当期损益

B. 直接费用计入商誉价值或冲减负商誉价值

C. 间接费用作为期间费用

D. 无论直接费用还是间接费用都应作为管理费用或冲减资本公积处理

7. 并入企业以购买形式合并被并企业,不可以采用(　　)来换取被并企业的产权。

A. 现款 　　　　　　　　　B. 非货币性资产

C. 通过发行债券、增发股票 　　D. 重组债务

8. 参与合并的企业在合并前后均受同一方或相同的多方最终控制,而且该控制并非暂时性的合并行为,属于(　　)。

A. 横向合并 　　　　　　　B. 纵向合并

C. 混合合并 　　　　　　　D. 同一控制下合并

9. 在企业吸收合并中,对被并企业的资产、负债按账面价值并入企业账册,其采用的合并方法为(　　)。

A. 购买法 　　　　　　　　B. 权益联营法

C. 重置成本法 　　　　　　D. 现行市价法

10. 实行公司制的企业,除需要经审核批准后才能实施合并外,还需要在作出合并协议之日起 10 天内通知债权人,并于(　　)天内在报纸上至少公告 3 次。

A. 10 　　　　　B. 20 　　　　　C. 30 　　　　　D. 90

## 四、多项选择题

1. 企业合并是两个或两个以上企业通过兼并或控股等形式进行企业产权的联合,它可以促进(　　)。

A. 优化资源组合  B. 调整产业结构

C. 提高经营综合效益  D. 加强企业间的合作

E. 提高规模效益

2. 企业合并按行业特点划分,可以分为(  )。

A. 横向合并  B. 混合合并

C. 吸收合并  D. 纵向合并

E. 控股合并

3. 企业合并一般须经过的程序有(  )。

A. 签订合并协议

B. 对企业各项资产进行评估

C. 确认债权、债务,协商产权转让价格

D. 报经有关部门批准

E. 办理财产变更、税务变更手续

4. 企业合并按法律形式划分,可以分为(  )。

A. 控股合并  B. 吸收合并

C. 新设合并  D. 横向合并

E. 混合合并

5. 被购企业存在商誉的主要原因有(  )。

A. 所处的地理位置较好  B. 管理上乘、服务周到

C. 产品质量精良  D. 企业信誉较好

E. 具有较高的盈利能力

6. 企业合并的权益联营法是指负责合并的企业采用增发股票,以换取被并企业几乎全部股票的合并办法,其主要特点有(  )。

A. 股东权益的一种联合

B. 合并结果会产生商誉

C. 被并企业的留存收益不被注销

D. 被并企业的各项资产、负债以账面价值确认

E. 合并结果不会产生商誉

7. 在购买法下,对于合并过程中发生的相关费用,正确的处理方法有(  )。

A. 应当计入当期损益  B. 应当计入合并成本

C. 直接费用计入管理费用  D. 间接费用冲减资本公积

E. 与发行权益性证券有关的费用抵减发行收入

8. 在合并发生的当期期末,购买企业需要将企业合并情况的信息予以揭示和披露的有( )。

    A. 被购企业的基本情况        B. 合并成本的构成

    C. 商誉的金额及其确定方法    D. 购买日的确定依据

    E. 企业合并产生的经济影响

9. 采用权益联营法吸收合并企业,如果所确认资产或负债账面价值与合并对价之间有差额,应当调整( )。

    A. 被并企业发行在外股票面值    B. 被并企业资本公积

    C. 并入企业资本公积          D. 被并企业的留存利润

    E. 并入企业的留存利润

10. 当购买企业合并的成交价小于被购买企业可辨认净资产公允价值时,说明被并企业存在负商誉,对负商誉的处理方法可以( )。

    A. 对购入的资产相应调低公允价值

    B. 全数记入"无形资产——负商誉"账户

    C. 全数记入"递延贷项——负商誉"账户

    D. 相应调整盈余公积

    E. 相应调整未分配利润

## 五、判断题

1. 吸收合并是指两个或两个以上的企业合并成一个企业,通过合并原有的企业全部解散,原有企业的股东也就成为新企业的股东。( )

2. 承债式合并需要对被并企业的资产、负债进行评估,这种方式比较适合于国有企业之间的合并。( )

3. 在企业合并中,应该按被并企业评估后资产的公允价值减去负债后的余额,作为产权转让的基价;然后,再结合其他因素,协商确定产权转让的最后成交价格。( )

4. 对流动资产中的原材料,应根据现行重置成本确定其公允价值。( )

5. 被购企业的商誉价值,一般需要经过评估后才能确定。( )

6. 被购企业账面净资产的公允价值加上计算所得的商誉价值,就是买卖双方协商确定的最后成交价格。( )

7. 在权益联营法下,由于被并企业的资产、负债以账面价值记账,因此不需要进行评估,也不需要对有关项目作必要的调整。( )

8. 企业合并采用权益联营法时,在合并发生的当期,并入企业需披露被并企业商誉的摊销方法和期限。　　　　　　　　　　　　　（　　）

9. 采用权益联营法进行企业合并,并入的被并企业所有者权益总额不变,但结构可能发生了变化。　　　　　　　　　　　　　　　　　（　　）

10. 对被购买企业长期应收、应付的债权和债务,应根据未来可收取或需要支付的数额,用合适的利率贴现后的现值确定其公允价值。　（　　）

## 六、练习题

**1. 目的**　　　练习非同一控制下企业合并业务的会计处理。

**资料**　　北华公司 20×7 年 6 月 30 日经股东大会决议通过收购明光公司,请专业资产评估事务所对明光公司的资产、负债进行评估,其评估前的资产负债表如图表 4-4 所示。

（图表 4-4）

### 明光公司资产负债表（简化）
20×7 年 6 月 30 日　　　　　　　　　　　　　单位:元

| 资　　产 | 金　　额 | 负债和所有者权益 | 金　　额 |
|---|---|---|---|
| 银行存款 | 5 000 | 短期借款 | 10 000 |
| 应收票据及应收账款 | 44 775 | 应付票据及应付账款 | 56 775 |
| 存货 | 77 000 | 长期借款 | 15 000 |
| 固定资产 | 225 000 | 股本 | 200 000 |
|  |  | 资本公积 | 15 000 |
|  |  | 盈余公积 | 50 000 |
|  |  | 未分配利润 | 5 000 |
| 合　　计 | 351 775 | 合　　计 | 351 775 |

评估结果,明光公司的应收账款因可能有收不回来的坏账,减值 3 500 元;存货及固定资产分别增值 5 000 元和 25 000 元。北华公司和明光公司经协商达成协议,最后以 310 000 元成交。产权移交工作完成后,成交款结清。北华公司在合并收购过程中以银行存款支付发生的相关费用 3 000 元。

**要求**

(1) 为明光公司编制资产评估增值、减值,结束旧账,结平所有者权益账户的会计分录。

(2) 为北华公司编制收购并入的有关会计分录。

(3) 如以 275 000 元价格收购成交,列示北华公司和明光公司的会计处理过程。

2. 目的　　练习同一控制下合并业务的会计处理。

**资料**　　北华公司在合并明光公司时发行每股面值为 1 元,每股市价为 1.80元的普通股票 150 000 股以换取明光公司的净资产,明光公司的原股东即成为北华公司的股东,原股票全部注销,其余的有关合并资料见练习题 1。

**要求**　　分别为明光公司和北华公司编制合并业务的会计分录。

# 第五章　合并财务报表

## 第一节　合并财务报表概述

### 一、合并财务报表的目的和范围

（一）合并财务报表的目的

在以控股为目的的企业合并中，由于一个企业通过购买或换取另一个企业具有表决权的股份，从而取得了在生产经营、财务方针等方面对其施加控制的权利。这时，负责合并的企业就成了控股的母公司，而被并企业则成了负责合并企业的附属子公司。虽然，这两家企业仍作为独立的法律主体继续经营下去，但在生产经营方面，它们却成了控制与被控制的经济实体，即企业集团。因此，在会计上为了反映这一经济实体的资产、负债、所有者权益，以及整个企业集团的经营成果，就需要在它们自身编制的财务报表基础上编制合并财务报表，以满足企业集团母公司的报表阅读者了解其综合会计信息的要求。综上所述，合并财务报表，是指反映母公司和其全部子公司形成的企业集团整体财务状况、经营成果和现金流量的财务报表。

（二）合并财务报表的合并理论和范围

企业集团的母公司在编制合并财务报表时，确定哪些子公司应当纳入合并范围，哪些子公司不应当纳入合并范围的依据，主要取决于编制合并财务报表所采用的合并理论。目前，国际上主要的合并理论有母公司理论、实体理论和所有权理论三种。母公司理论强调母公司的股东权益，将编制合并财务报表看作是母公司报表的扩展和延伸，并从母公司角度考虑财务报表合并范围和合并方法等问题。其特点主要是：在合并资产负债表中，将少数股东权益作为负债处理，合并后的所有者权益均为母公司所有。实体理论强调，构成企业集团的多数股东权益和少数股东权益是同等重要的，应一视同仁。其特点主要是：在合并资产负债表中，将少数股东权益作为企业集团所有者权益的组成部分，而不作为负债处理。所有权理论强调编制合并财务报表的企业对另一企业的经济活动和财务决策具有重大影响的所有权。其主要特点是：对于拥有所有权企业的资产、负债和当期实现的损益,均按一定比例合并计入合并财务报表。在我国,合并财务报表基本上是以实体理论为基础编制的。

根据我国《企业会计准则第 33 号——合并财务报表》的规定,合并财务报表的合并范围,应当以控制为基础予以确定。这里所说的控制,是指投资方拥有对被投资方的权力,通过参与被投资方的相关活动而享有可变回报,并且有能力运用对被投资方的权力影响其回报金额。

控制的定义包含三项基本要素,在判断投资方是否能够控制被投资方时,如果投资方具备以下所有要素,则投资方能够控制被投资方:

(1)拥有对被投资方的权力。

(2)通过参与被投资方的相关活动而享有可变回报。

(3)有能力运用对被投资方的权力影响其回报金额。

具体来说,投资方在判断其是否控制被投资方时,应考虑所有的事实和情况,当且仅当投资方同时具备上述三个要素时,投资方才控制被投资方。如果事实和情况表明上述控制三个要素中的一个或多个发生变化,则投资方要重新判断其是否控制被投资方。

**二、合并财务报表的组成部分和前提准备**

(一)合并财务报表的组成部分

根据我国《企业会计准则》的规定,合并财务报表至少应当包括下列组成部分:

(1)合并资产负债表。

(2)合并利润表。

(3)合并现金流量表。

(4)合并所有者权益(或股东权益,下同)变动表。

(5)附注。

企业集团中期期末编制合并财务报表的,至少应当包括合并资产负债表、合并利润表、合并现金流量表和附注。

(二)合并财务报表的前提准备

合并财务报表是以母公司和其子公司的财务报表为基础,根据其他有关的资料,由母公司编制的。在合并财务报表编制之前,母公司和子公司都应当做好相应的前提准备。

1. 母公司的前提准备

母公司在合并财务报表编制之前,应做的前提准备包括:

(1)按照权益法核算要求对子公司的长期股权投资进行调整。

（2）统一子公司所采用的会计政策,使子公司采用的会计政策与母公司保持一致。

（3）统一子公司的会计期间,使子公司的会计期间与母公司保持一致。

2. 子公司的前提准备

在合并财务报表编制之前,子公司除了应当向母公司提供财务报表外,还应当向母公司提供下列有关资料:

（1）采用的与母公司不一致的会计政策及其影响金额。

（2）与母公司不一致的会计期间的说明。

（3）与母公司、其他子公司之间发生的所有内部交易的相关资料。

（4）所有者权益变动的有关资料。

（5）编制合并财务报表所需要的其他资料。

**三、合并财务报表的编制程序**

合并财务报表的编制程序,可以根据以下步骤进行:

（1）设置合并工作底稿。设置合并工作底稿是为合并财务报表提供编制的基础。其作用是对母公司和纳入合并范围的子公司的个别财务报表各项目的数据进行汇总和抵销处理,最终计算出合并财务报表各项目的合并数。

（2）将母公司和纳入合并范围的子公司的个别资产负债表、利润表以及所有者权益变动表各项目的数据过入工作底稿,并加以汇总计算各项目的合计数。

（3）编制调整分录和抵销分录。即将母公司与子公司、子公司与子公司相互之间发生的经济业务对个别财务报表有关项目的影响进行调整抵销处理。其目的在于将会计政策及计量基础的差异而对个别财务报表的影响进行调整,以及将个别财务报表各项目加总数中重复的因素等予以抵销。

（4）计算合并财务报表各项目的合并数据。即在母公司和纳入合并范围的子公司的个别财务报表各项目数据加总额的基础上,分别加减调整、抵销分录的数额,并计算合并数。具体计算如下:

一是有关资产类项目,应根据该项目的加总数,加上该项目调整分录与抵销分录的借方发生额,减去该项目调整分录与抵销分录的贷方发生额,以此计算合并数。

二是有关负债类和所有者权益类项目,应根据该项目的加总数,加上该项目调整分录与抵销分录的贷方发生额,减去该项目调整分录与抵销分录的借方发生额,以此计算合并数。

三是有关收益类项目,应根据该项目的加总数,加上该项目调整分录与抵销分录的贷方发生额,减去该项目调整分录与抵销分录的借方发生额,以此计算合并数。

四是有关成本费用类项目以及利润分配项目,应根据该项目的加总数,加上该项目调整分录与抵销分录的借方发生额,减去该项目调整分录与抵销分录的贷方发生额,以此计算合并数。

(5)填列合并财务报表。即根据合并工作底稿中计算出的各项目合并数,填列正式的合并财务报表。

# 第二节　合并财务报表的编制方法

企业合并财务报表,应当以母公司和子公司的资产负债表、利润表和所有者权益变动表为基础,在抵销母公司与子公司、子公司相互之间发生的内部交易对合并资产负债表、合并利润表和合并所有者权益变动表的影响后,由母公司合并编制。

## 一、母公司长期股权投资的调整

在编制合并财务报表前,母公司应当按照权益法核算要求对子公司的长期股权投资进行调整。除此之外,对非同一控制下企业合并形成的母、子公司,在编制合并财务报表前,母公司还需要对子公司个别财务报表中的有关数据,按照购买日可辨认资产、负债的公允价值为基础进行调整。然后,再根据合并财务报表的编制要求,作抵销合并。

母公司对子公司的长期股权投资按照权益法要求进行调整时,在合并工作底稿中应当编制的调整分录为:对于应享有子公司当期实现净利润的份额,借记"长期股权投资"项目,贷记"投资收益"项目;按照应承担子公司当期发生的亏损份额,作相反的调整分录,借记"投资收益"项目,贷记"长期股权投资"项目。对于当期收到子公司分派的现金股利或利润,借记"投资收益"项目,贷记"长期股权投资"项目。在持股比例不变的情况下,对于子公司的其他综合收益变动,以及除净损益和利润分配及其他综合收益以外的所有者权益的其他变动,母公司按照应享有或应承担的份额,借记或贷记"长期股权投资"项目,贷记或借记"其他综合收益"和"资本公积"项目。

【例 5-1】　某母公司 20×7 年初以 2 000 万元银行存款取得某子公司 60%股份(属于非同一控制下企业合并),采用成本法核算,假定该子公司在合并日可辨认资产、负债的公允价值与其账面价值相等。20×7 年度该子公司实现净利润 800 万元,当年未分配利润;年末,其持有的其他权益工具投资公允价值升值金额为 100 万元,扣除应确认递延所得税负债 33 万元后,增加其他综合收益 67 万元。除此之外,无其他调整事项。

根据资料,母公司应在合并工作底稿中,确认在 20×7 年度子公司实现净利润中应享有份额 480 万元(800×60%),作调整分录为:

借:长期股权投资　　　　　　　　　　　　　　　　　　4 800 000
　贷:投资收益　　　　　　　　　　　　　　　　　　　　　4 800 000

同时,根据该子公司因其他权益工具公允价值升值而增加其他综合收益中享有的份额 40.2 万元(67×60%),调整长期股权投资金额,作调整分录为:

借:长期股权投资　　　　　　　　　　　　　　　　　　402 000
　贷:其他综合收益　　　　　　　　　　　　　　　　　　402 000

其合并工作底稿如图表 5-1 所示。

(图表 5-1)

合并财务报表工作底稿(部分)

单位:元

| 项　目 | 母公司 | 子公司 | 调　整　分　录 | | 合并后金额 |
| --- | --- | --- | --- | --- | --- |
| | | | 借　方 | 贷　方 | |
| 利润表: | | | | | |
| 投资收益 | 3 000 000 | | | 4 800 000 | 7 800 000 |
| 资产负债表: | | | | | |
| 长期股权投资 | 20 000 000 | | 4 800 000<br>402 000 | | 25 202 000 |
| 其他综合收益 | 1 500 000 | 670 000 | | 402 000 | 2 572 000 |

## 二、母公司长期股权投资与子公司所有者权益

当母公司对子公司进行长期股权投资时,在母公司个别资产负债表中,一方面反映为长期股权投资以外的其他资产的减少,另一方面反映为长期股权投资的增加;而在子公司个别资产负债表中,一方面反映为实收资本的增加,另一方面反映为相对应的资产增加;但对整个企业集团来说,资产、负债及所有者权益并未发生增减变动。因此,在编制合并财务报表时应当将母公司对子公司的长期股权投资与子公司的所有者权益项目予以抵销。

在纳入合并范围的子公司为全资子公司的情况下,母公司对子公司长期股权投资的数额和子公司所有者权益各项目的数额应当全额抵销。在合并工作底稿中编制抵销分录时,应借记"实收资本""资本公积""其他综合收益""盈余公积"和"未分配利润——年末"项目,贷记"长期股权投资"项目。但在纳入

合并范围的子公司为非全资子公司的情况下,应当将母公司对子公司长期股权投资的数额和子公司所有者权益中母公司所拥有的比例数额相抵销;其余的比例数额,在合并财务报表中应作为"少数股东权益"处理。在合并工作底稿中编制抵销分录时,应借记"实收资本""资本公积""其他综合收益""盈余公积"和"未分配利润——年末"项目,贷记"长期股权投资"和"少数股东权益"项目。

当母公司对子公司长期股权投资的数额大于子公司所有者权益中母公司所拥有的比例数额时,其差额应作为"商誉"项目列示。商誉发生减值的,应当按照经减值测试后的金额列示。

【例 5-2】 假设某母公司对其子公司长期股权投资的数额为 1 600 000 元,拥有该子公司 80% 的股份。该子公司所有者权益总额为 1 800 000 元,其中实收资本为 1 000 000 元,资本公积为 600 000 元,盈余公积为 200 000 元。有关母公司与该子公司个别资产负债表数据如图表 5-2 所示。

(图表 5-2)

### 母公司与子公司资产负债表(简化)
20×6 年 12 月 31 日　　　　　　　　　　　　　　单位:元

| 项　　　　目 | 母　公　司 | 子　公　司 |
| --- | --- | --- |
| 资产: | | |
| 银行存款 | 650 000 | 360 000 |
| 应收票据及应收账款 | 450 000 | 90 000 |
| 存货 | 2 400 000 | 450 000 |
| 长期股权投资——对子公司投资 80% | 1 600 000 | |
| 固定资产 | 8 400 000 | 1 350 000 |
| 资产总计 | 13 500 000 | 2 250 000 |
| 负债和所有者权益: | | |
| 应付票据及应付账款 | 2 100 000 | 300 000 |
| 长期借款 | 1 500 000 | |
| 应付债券 | | 150 000 |
| 股本 | 5 000 000 | 1 000 000 |
| 资本公积 | 2 800 000 | 600 000 |
| 盈余公积 | 2 100 000 | 200 000 |
| 负债和所有者权益总计 | 13 500 000 | 2 250 000 |

本例中,母公司对子公司长期股权投资数额为 1 600 000 元,与其在子公司所有者权益中拥有的数额 1 440 000 元(1 800 000×80%)之间的差额为160 000元,应当作为商誉处理。至于子公司所有者权益中20%的部分,应作

为少数股东权益处理。应作抵销分录为(相关项目以"＊"标示)：

| | | |
|---|---|---|
| ＊借：实收资本 | | 1 000 000 |
| 　　资本公积 | | 600 000 |
| 　　盈余公积 | | 200 000 |
| 　　商誉 | | 160 000 |
| 　　贷：长期股权投资 | | 1 600 000 |
| 　　　少数股东权益 | | 360 000 |

其合并工作底稿如图表 5-3 所示。

(图表 5-3)

### 合并资产负债表工作底稿
20×6 年 12 月 31 日 　　　　　　　　　　　　　　　　单位：元

| 项　　　目 | 资产负债表 | | 抵销分录 | | 少数股权 | 合并资产负债表 |
|---|---|---|---|---|---|---|
| | 母公司 | 子公司 | 借　方 | 贷　方 | | |
| 资产： | | | | | | |
| 银行存款 | 650 000 | 360 000 | | | | 1 010 000 |
| 应收票据及应收账款 | 450 000 | 90 000 | | | | 540 000 |
| 存货 | 2 400 000 | 450 000 | | | | 2 850 000 |
| 长期股权投资——对子公司投资80％ | 1 600 000 | | | ＊ 1 600 000 | | 0 |
| 商誉 | | | ＊ 160 000 | | | 160 000 |
| 固定资产 | 8 400 000 | 1 350 000 | | | | 9 750 000 |
| 资产总计 | 13 500 000 | 2 250 000 | | | | 14 310 000 |
| 负债和所有者权益： | | | | | | |
| 应付票据及应付账款 | 2 100 000 | 300 000 | | | | 2 400 000 |
| 长期借款 | 1 500 000 | | | | | 1 500 000 |
| 应付债券 | | 150 000 | | | | 150 000 |
| 实收资本 | 5 000 000 | 1 000 000 | ＊ 1 000 000 | | | 5 000 000 |
| 资本公积 | 2 800 000 | 600 000 | ＊ 600 000 | | | 2 800 000 |
| 盈余公积 | 2 100 000 | 200 000 | ＊ 200 000 | | | 2 100 000 |
| 少数股东权益20％ | | | | | ＊ 360 000 | 360 000 |
| 负债和所有者权益总计 | 13 500 000 | 2 250 000 | 1 960 000 | 1 600 000 | 360 000 | 14 310 000 |

### 三、公司间债权与债务

母公司与子公司、子公司与子公司之间的债权与债务,包括公司间相互销售、提供劳务等产生的内部应收与应付、预收与预付等款项,以及企业集团内部公司间的债券投资和应付债券等事项。这些事项属于企业集团内部的资金活动,在编制合并财务报表时应相互抵销。

1. 应收应付、预收预付项目的抵销

【例5-3】 某母公司在20×6年12月31日取得了某子公司100％股权，至20×7年12月31日两公司存在着下列债权与债务项目：

(1) 母公司的应收股利中包含子公司应付给母公司的股利5 000元。

(2) 子公司的应收账款中包含应收母公司货款10 000元。

对这两笔公司间的应收应付项目,在编制合并财务报表工作底稿(见图表5-4所示)时,应相互抵销,作抵销分录为：

① 借：其他应付款——应付股利          5 000

    贷：其他应收款——应收股利               5 000

② 借：应付票据及应付账款          10 000

    贷：应收票据及应收账款               10 000

(图表5-4)

**合并财务报表工作底稿**(部分)        单位：元

| 项　　目 | 母公司 | 子公司 | 抵　销　分　录 | | 合并后金额 |
| --- | --- | --- | --- | --- | --- |
| | | | 借　　方 | 贷　　方 | |
| 资产负债表： | | | | | |
| 应收票据及应收账款 | 56 000 | 48 000 | | ② 10 000 | 94 000 |
| 其他应收款 | 12 000 | 4 000 | | ① 5 000 | 11 000 |
| 应付票据及应付账款 | 84 000 | 75 000 | ② 10 000 | | 149 000 |
| 其他应付款 | 15 000 | 8 000 | ① 5 000 | | 18 000 |

2. 内部应收账款提取坏账准备的抵销

企业集团公司间内部交易产生的应收账款,在坏账损失采用备抵法核算时,这部分应收账款已根据一定比例提取坏账准备。因此,在编制合并财务报表时,除了应将内部应收账款予以抵销外,还需对提取相应比例的坏账准备予以抵销。

【例5-4】 假设[例5-3]中子公司应收母公司货款10 000元,已提取5‰的坏账准备记入"资产减值损失"账户。对这一事项,在编制合并财务报表工作底稿时,应作抵销分录为：

借：应收票据及应收账款——坏账准备          50

    贷：资产减值损失               50

由于抵销分录是在编制合并财务报表工作底稿时编制的,抵销金额仅仅在合并财务报表上扣除不予反映,但企业集团各公司的个别财务报表数据资料仍未变化。在个别财务报表上,应收账款提取的坏账准备已经入账,减少当期利润。因此,到了下期,在连续编制合并财务报表的情况下,应首先将期初个别财务报表中因上期内部应收账款计提的坏账准备对期初未分配利润的影响,按合并财务报表的编制要求予以调整,即借记"应收账款——坏账准备"项目,贷记"未分配利润——年初"项目。然后,再根据本期内部应收账款的增减额按比例将提取的坏账准备予以抵销。

**【例 5-5】**　假设在[例 5-3]中子公司资产负债表"应收票据及应收账款"项目中,20×8 年 12 月 31 日含有应收母公司货款 18 000 元,20×9 年 12 月 31 日含有应收母公司货款 15 000 元,坏账准备的提取比例仍为 5‰。在编制合并财务报表工作底稿时,应作抵销分录为:

(1) 调整 20×8 年期初内部应收账款提取的坏账准备对年初未分配利润的影响:

借:应收票据及应收账款——坏账准备　　　　　　　　　　　　　50
　　贷:未分配利润——年初　　　　　　　　　　　　　　　　　　　50

(2) 抵销 20×8 年度本期内部应收应付项目:

借:应付票据及应付账款　　　　　　　　　　　　　　　　　18 000
　　贷:应收票据及应收账款　　　　　　　　　　　　　　　　　18 000

(3) 抵销 20×8 年期末因增加内部应收账款而补提的坏账准备 40 元(18 000×5‰−50)。

借:应收票据及应收账款——坏账准备　　　　　　　　　　　　　40
　　贷:资产减值损失　　　　　　　　　　　　　　　　　　　　　40

(4) 调整 20×9 年期初内部应收账款提取的坏账准备对年初未分配利润的影响:

借:应收票据及应收账款——坏账准备　　　　　　　　　　　　　90
　　贷:未分配利润——年初　　　　　　　　　　　　　　　　　　　90

(5) 抵销 20×9 年度本期内部应收应付项目:

借:应付票据及应付账款　　　　　　　　　　　　　　　　　15 000
　　贷:应收票据及应收账款　　　　　　　　　　　　　　　　　15 000

(6) 抵销 20×9 年期末减少内部应收账款而冲销的坏账准备 15 元(15 000×5‰−90):

借：资产减值损失               15

  贷：应收票据及应收账款——坏账准备       15

### 3. 内部债券投资与应付债券的抵销

企业集团公司间相互购售债券，一般属于内部债权与债务，在编制合并财务报表时，不仅需要将债券的购售价格相互抵销，即借记"应付债券"项目，贷记"债权投资""其他债权投资"或"交易性金融资产"等项目。而且，还需要将购售债券的投资收益和利息支出编制抵销分录，借记"投资收益"项目，贷记"财务费用"或"在建工程"项目。如果抵销后有差额的，其差额计入投资收益项目。

**【例5-6】** 某母公司于20×7年年初按面值 500 000 元购入某子公司发行的债券，年利率10％，期限 3 年，每年年末付息，到期还本。母公司将其作为以摊余成本计量的金融资产进行核算。在 20×7 年年末编制合并财务报表工作底稿（见图表5-5所示）时，应作抵销分录为：

① 抵销债券的购售价格：

借：应付债券              500 000

  贷：债权投资            500 000

② 抵销债券的利息：

借：投资收益             50 000

  贷：财务费用             50 000

（图表 5-5）

**合并财务报表工作底稿**（部分）       单位：元

| 项　　目 | 母公司 | 子公司 | 抵　销　分　录 | | 合并后金额 |
|---|---|---|---|---|---|
| | | | 借　方 | 贷　方 | |
| 利润表： | | | | | |
| 财务费用 | | 50 000 | | ② 50 000 | 0 |
| 投资收益 | 50 000 | | ② 50 000 | | 0 |
| 资产负债表： | | | | | |
| 债权投资 | 500 000 | | | ①500 000 | 0 |
| 应付债券 | | 500 000 | ①500 000 | | 0 |

假如上述债券改为面值为 500 000 元，购售价格为 521 635 元，票面年利率 6％，实际年利率 5％，期限 5 年，每年末付息，到期还本。则在 20×7 年年末编制合并财务报表工作底稿（如图表 5-6 所示）时，应作抵销分录为：

① 抵销债券的摊余成本：

借：应付债券 517 716.75

　　贷：债权投资 517 716.75

② 抵销债券的利息收入与支出：

借：投资收益 26 081.75

　　贷：财务费用 26 081.75

(图表 5-6)

**合并会计报表工作底稿**(部分) 单位：元

| 项　　目 | 母公司 | 子公司 | 抵　销　分　录 | | 合并后金额 |
|---|---|---|---|---|---|
| | | | 借　方 | 贷　方 | |
| 利润表： | | | | | |
| 财务费用 | | 26 081.75 | | ② 26 081.75 | 0 |
| 投资收益 | 26 081.75 | | ② 26 081.75 | | 0 |
| 资产负债表： | | | | | |
| 债权投资 | 517 716.75 | | | ①517 716.75 | 0 |
| 应付债券 | | 517 716.75 | ①517 716.75 | | 0 |

如果将债券利息的一方记入"在建工程"账户，另一方记入"投资收益"账户，那么，这部分未实现的内部利润在以后年度编制合并财务报表时，还应予以调整，即借记"年初未分配利润"项目，贷记"在建工程"项目。如果在建工程已形成固定资产，就需要按公司间购售固定资产的内部利润进行合并处理。

**四、公司间存货交易中的内部利润**

合并财务报表应反映企业集团整体对外销售实现的利润，公司间内部销售取得的利润，在编制合并财务报表时予以抵销，另外，公司间购售的存货，如果到了年终仍未对外售出，在编制合并财务报表时，也需要将未对外售出存货中包含的内部利润抵销掉。

【例 5-7】 某母公司 20×7 年年初向某子公司出售存货，销售收入为 150 000 元，销售成本为 120 000 元。子公司购入后，在 20×7 年度内售出 50%，售价为 80 000 元，另外的 50%尚未售出。

在 20×7 年年末编制合并财务报表工作底稿(见图表 5-7 所示)时，应作抵销分录为：

① 抵销 50%已实现的内部销售收入和成本：

借：营业收入 75 000

　　贷：营业成本 75 000

② 抵销 50% 未实现的内部销售收入、成本和利润：

借：营业收入 75 000

    贷：营业成本 60 000

        存货 15 000

（图表 5-7）

**合并会计报表工作底稿**（部分）　　　　　　　　　　单位：元

| 项　　目 | 母公司 | 子公司 | 抵　销　分　录 | | 合并后金额 |
| --- | --- | --- | --- | --- | --- |
| | | | 借　方 | 贷　方 | |
| 利润表： | | | | | |
| 营业收入 | 150 000 | 80 000 | ① 75 000 ② 75 000 | | 80 000 |
| 营业成本 | 120 000 | 75 000 | | ① 75 000 ② 60 000 | 60 000 |
| 营业利润 | 30 000 | 5 000 | 150 000 | 135 000 | 20 000 |
| 资产负债表： | | | | | |
| 存货 | | 75 000 | | ② 15 000 | 60 000 |

经过上述抵销，子公司已售出的 50% 内部购入存货，在合并财务报表上反映的是整个企业集团对外销售的收入为 80 000 元，成本为 60 000 元，利润为 20 000 元；而未售出的 50% 存货通过抵销，已将内部销售产生的未实现利润 15 000 元在合并财务报表上减去了，合并后的这部分存货反映的是母公司的成本价 60 000 元。但是，由于合并财务报表是根据母公司和子公司个别会计报表编制的，下年度在母公司的个别会计报表上，对子公司未售出 50% 存货的内部未实现利润，仍保留在年初未分配利润中。因此，在下年度编制合并财务报表时，需要将这部分上期未实现的内部销售利润对本期期初未分配利润的影响进行调整，借记"未分配利润——年初"项目，如这部分存货下年度已售出，应贷记"营业成本"项目，如仍未售出，则贷记"存货"项目。

**【例 5-8】** 假设[例 5-7]中子公司 20×7 年度购入未售出的 50% 存货，到 20×8 年度其中的 80% 已售出，销售价为 64 000 元，还有 20% 仍未售出，作为期末存货。

在 20×8 年年末，编制合并财务报表工作底稿（见图表 5-8 所示）时，应作抵销分录为：

① 调整上期购入本期已实现内部销售存货利润对期初未分配利润的影响 12 000 元（15 000×80%）：

借：未分配利润——年初 12 000

    贷：营业成本 12 000

② 调整上期购入本期未实现内部销售存货利润对期初未分配利润的影响 3 000 元(15 000×20%):

借:未分配利润——年初　　　　　　　　　　　　　　　　　　　3 000
　　贷:存货　　　　　　　　　　　　　　　　　　　　　　　　　　3 000

(图表 5-8)

合并财务报表工作底稿(部分)　　　　　　　　　　　　　　单位:元

| 项　　目 | 母公司 | 子公司 | 抵　销　分　录 | | 合并后金额 |
| | | | 借　方 | 贷　方 | |
|---|---|---|---|---|---|
| 利润表: | | | | | |
| 营业收入 | | 64 000 | | | 64 000 |
| 营业成本 | | 60 000 | | ① 12 000 | 48 000 |
| 营业利润 | | 4 000 | | 12 000 | 16 000 |
| 所有者权益变动表: | | | | | |
| 未分配利润——年初 | 15 000 | | ① 12 000 | | |
| | | | ② 3 000 | | |
| 资产负债表: | | | | | |
| 存货 | | 15 000 | | ② 3 000 | 12 000 |

## 五、公司间固定资产交易中的内部利润

企业集团中的母公司与子公司,子公司与子公司之间一方销售自身生产的产品,另一方购入后作为固定资产使用的固定资产交易业务所产生的内部利润,在编制合并财务报表时应予以抵销。但这种抵销要延续到该项固定资产使用年限的结束。这是因为,购入固定资产的公司其购入固定资产的原始价值中所包含的内部利润,不是企业集团的真正利润。另外,购入固定资产的公司根据固定资产使用年限而计提的折旧,通过计入成本、费用,最终从销售收入中收回。这部分收入也包含了公司间的内部利润。因此,都需要在编制合并财务报表时予以抵销。

(一)固定资产交易及使用期间内部利润的抵销

【例 5-9】 某母公司于 20×6 年 12 月将其生产的一台设备以 60 000 元的价格出售给某子公司,该台设备的成本为 50 000 元。假定预计该设备的使用年限为 5 年,无残值,子公司购入后作管理用设备采用直线法计提折旧。

(1) 20×6 年度母子公司编制合并财务报表工作底稿时,应将固定资产交易所产生的内部销售收入、销售成本,以及子公司固定资产原始价值中所包含的未实现内部利润予以抵销,作抵销分录为:

借:营业收入　　　　　　　　　　　　　　　　　　　　　　　60 000
　　贷:营业成本　　　　　　　　　　　　　　　　　　　　　　　50 000
　　　　固定资产——原价　　　　　　　　　　　　　　　　　　　10 000

其合并财务报表工作底稿如图表 5-9 所示。

(图表 5-9)

**合并财务报表工作底稿**(部分)                    单位：元

| 项　　目 | 母公司 | 子公司 | 抵　销　分　录 | | 合并后金额 |
|---|---|---|---|---|---|
| | | | 借　方 | 贷　方 | |
| 利润表： | | | | | |
| 营业收入 | 60 000 | | * 60 000 | | |
| 营业成本 | 50 000 | | | * 50 000 | |
| 营业利润 | 10 000 | | 60 000 | 50 000 | |
| 资产负债表： | | | | | |
| 固定资产——原价 | | 60 000 | | * 10 000 | 50 000 |

(2) 20×7 年度在编制母子公司合并财务报表工作底稿时,除了需要将固定资产交易产生的内部未实现利润 10 000 元从母公司年初未分配利润中予以抵销外,还需要将子公司当年计入销售成本(或管理费用)的折旧额 12 000 元中所包含的已实现内部利润 2 000 元予以抵销。为此,应作抵销分录为:

① 借: 未分配利润——年初　　　　　　　　　　　　　　　10 000
　　　贷: 固定资产——原价　　　　　　　　　　　　　　　　　10 000

② 借: 固定资产——累计折旧　　　　　　　　　　　　　　2 000
　　　贷: 管理费用　　　　　　　　　　　　　　　　　　　　　2 000

其合并财务报表工作底稿如图表 5-10 所示。

(图表 5-10)

**合并财务报表工作底稿**(部分)                    单位：元

| 项　　目 | 母公司 | 子公司 | 抵　销　分　录 | | 合并后金额 |
|---|---|---|---|---|---|
| | | | 借　方 | 贷　方 | |
| 利润表： | | | | | |
| 管理费用 | | 12 000 | | ② 2 000 | 10 000 |
| 所有者权益变动表： | | | | | |
| 未分配利润——年初 | 10 000 | | ① 10 000 | | |
| 资产负债表： | | | | | |
| 固定资产——原价 | | 60 000 | | ① 10 000 | 50 000 |
| 固定资产——累计折旧 | | 12 000 | ② 2 000 | | 10 000 |

(3) 20×8 年度在编制合并财务报表工作底稿时,仍需抵销固定资产交易产生的内部未实现利润 10 000 元。同时,除了抵销子公司当年计入成本、费用

的折旧额中所包含的已实现内部利润2 000元外,还需抵销20×7年度实现但在20×8年度子公司年初未分配利润中少计的内部利润2 000元。因此,应作抵销分录为:

```
① 借：未分配利润——年初                    10 000
      贷：固定资产——原价                          10 000

② 借：固定资产——累计折旧                   2 000
      贷：管理费用                                2 000

③ 借：固定资产——累计折旧                   2 000
      贷：未分配利润——年初                        2 000
```

其合并财务报表工作底稿如图表5-11所示。

(图表5-11)

**合并财务报表工作底稿**(部分)　　　　　　　　　　　　　　单位：元

| 项　　　目 | 母公司 | 子公司 | 抵　销　分　录 | | 合并后金额 |
| | | | 借　方 | 贷　方 | |
|---|---|---|---|---|---|
| 利润表： | | | | | |
| 管理费用 | | 12 000 | | ② 2 000 | 10 000 |
| 所有者权益变动表： | | | | | |
| 未分配利润——年初 | 10 000 | −12 000 | ① 10 000 | ③ 2 000 | −10 000 |
| 资产负债表： | | | | | |
| 固定资产——原价 | | 60 000 | | ① 10 000 | 50 000 |
| 固定资产——累计折旧 | | 24 000 | ② 2 000 | | 20 000 |
| | | | ③ 2 000 | | |

(4) 20×9年度在编制合并财务报表工作底稿时,仍需像20×8年度一样予以抵销,但需要抵销的20×7年度、20×8年度已实现但在20×9年度子公司年初未分配利润中少计的内部利润应是4 000元。为此,所作的抵销分录应为:

```
① 借：未分配利润——年初                    10 000
      贷：固定资产——原价                          10 000

② 借：固定资产——累计折旧                   2 000
      贷：管理费用                                2 000

③ 借：固定资产——累计折旧                   4 000
      贷：未分配利润——年初                        4 000
```

其合并财务报表工作底稿如图表5-12所示。

(图表 5-12)

**合并财务报表工作底稿**(部分)　　　　　　　　　　　　　单位：元

| 项　　目 | 母公司 | 子公司 | 抵　销　分　录 | | 合并后金额 |
|---|---|---|---|---|---|
| | | | 借　方 | 贷　方 | |
| 利润表： | | | | | |
| 管理费用 | | 12 000 | | ② 2 000 | 10 000 |
| 所有者权益变动表： | | | | | |
| 未分配利润——年初 | 10 000 | −24 000 | ① 10 000 | ③ 4 000 | −20 000 |
| 资产负债表： | | | | | |
| 固定资产——原价 | | 60 000 | | ① 10 000 | 50 000 |
| 固定资产——累计折旧 | | 36 000 | ② 2 000 | | 30 000 |
| | | | ③ 4 000 | | |

（5）第 5 年即 20×1 年度，在编制合并财务报表工作底稿时，应作抵销分录为：

①　借：未分配利润——年初　　　　　　　　　　　　　　10 000

　　　贷：固定资产——原价　　　　　　　　　　　　　　　　10 000

②　借：固定资产——累计折旧　　　　　　　　　　　　　2 000

　　　贷：管理费用　　　　　　　　　　　　　　　　　　　　2 000

③　借：固定资产——累计折旧　　　　　　　　　　　　　8 000

　　　贷：未分配利润——年初　　　　　　　　　　　　　　8 000

其合并财务报表工作底稿如图表 5-13 所示。

(图表 5-13)

**合并财务报表工作底稿**(部分)　　　　　　　　　　　　　单位：元

| 项　　目 | 母公司 | 子公司 | 抵　销　分　录 | | 合并后金额 |
|---|---|---|---|---|---|
| | | | 借　方 | 贷　方 | |
| 利润表： | | | | | |
| 管理费用 | | 12 000 | | ② 2 000 | 10 000 |
| 所有者权益变动表： | | | | | |
| 未分配利润——年初 | 10 000 | −48 000 | ① 10 000 | ③ 8 000 | −40 000 |
| 资产负债表： | | | | | |
| 固定资产——原价 | | 60 000 | | ① 10 000 | 50 000 |
| 固定资产——累计折旧 | | 60 000 | ② 2 000 | | 50 000 |
| | | | ③ 8 000 | | |

（二）内部交易固定资产清理时的抵销

内部交易的固定资产在清理时，对购入公司来说，一般通过"固定资产清理"账户进行核算，最后将清理的净损益转入"营业外收入"账户或"营业外支出"账户。但是对清理时合并财务报表的抵销，还需根据不同情况进行处理。

（1）使用期满清理时的抵销。如果［例5-9］中子公司于第5年20×1年度使用期满时进行清理，这时，原来固定资产价值中未实现的内部利润已全部实现。因此，在期末编制的合并财务报表工作底稿中，只需将本期多计提的折旧额包含在年初未分配利润中的内部利润予以抵销，作抵销分录为：

借：未分配利润——年初　　　　　　　　　　　　　　　2 000
　　贷：管理费用　　　　　　　　　　　　　　　　　　　　2 000

其合并财务报表工作底稿如图表5-14所示。

（2）超期使用清理时的抵销。在内部交易固定资产超期使用期间，需要将购入公司固定资产价值中含有的未实现内部销售利润予以抵销。另外，还需对累计折旧中多计提的内部销售利润予以抵销。

（图表5-14）

**合并财务报表工作底稿**(部分)　　　　　　　　　　单位：元

| 项　　　目 | 母公司 | 子公司 | 抵　销　分　录 | | 合并后金额 |
| | | | 借　　方 | 贷　　方 | |
| --- | --- | --- | --- | --- | --- |
| 利润表： | | | | | |
| 管理费用 | | 12 000 | | (1) 2 000 | 10 000 |
| 所有者权益变动表： | | | | | |
| 未分配利润——年初 | 10 000 | −48 000 | (1) 2 000 | | −40 000 |
| 资产负债表： | | | | | |
| 固定资产——原价 | | 0 | | | |
| 固定资产——累计折旧 | | 0 | | | |

【例5-10】　［例5-9］中内部交易的固定资产，子公司在使用5年仍继续使用，不予清理。在继续使用期间每年期末编制合并财务报表工作底稿时，应作抵销分录为：

①借：未分配利润——年初　　　　　　　　　　　　　　10 000
　　贷：固定资产——原价　　　　　　　　　　　　　　　10 000

②借：固定资产——累计折旧　　　　　　　　　　　　　10 000
　　贷：未分配利润——年初　　　　　　　　　　　　　　10 000

其合并财务报表工作底稿如图表5-15所示。

(图表5-15)

**合并财务报表工作底稿**(部分)　　　　　　　　　　单位：元

| 项　　　目 | 母公司 | 子公司 | 抵　销　分　录 | | 合并后金额 |
| --- | --- | --- | --- | --- | --- |
| | | | 借　方 | 贷　方 | |
| 利润表： | | | | | |
| 管理费用 | | 0 | | | |
| 所有者权益变动表： | | | | | |
| 未分配利润——年初 | 10 000 | −60 000 | ① 10 000 | ② 10 000 | −50 000 |
| 资产负债表： | | | | | |
| 固定资产——原价 | | 60 000 | | ① 10 000 | 50 000 |
| 固定资产——累计折旧 | | 60 000 | ② 10 000 | | 50 000 |

待该项固定资产清理时，由于固定资产的原始价值与累计折旧已随着固定资产的清理而注销，因而也就不存在固定资产原始价值中未实现内部销售利润的抵销问题，以及累计折旧中多计提的内部销售利润的抵销问题。因此，对编制超期使用的内部交易固定资产清理时合并财务报表工作底稿时，不需作抵销处理。

其合并财务报表工作底稿如图表5-16所示。

(图表5-16)

**合并财务报表工作底稿**(部分)　　　　　　　　　　单位：元

| 项　　　目 | 母公司 | 子公司 | 抵　销　分　录 | | 合并后金额 |
| --- | --- | --- | --- | --- | --- |
| | | | 借　方 | 贷　方 | |
| 利润表： | | | | | |
| 管理费用 | | | | | |
| 所有者权益变动表： | | | | | |
| 未分配利润——年初 | 10 000 | −60 000 | | | −50 000 |
| 资产负债表： | | | | | |
| 固定资产——原价 | | 0 | | | |
| 固定资产——累计折旧 | | 0 | | | |

（三）提前清理时的抵销

公司间内部购入固定资产，在使用期满前清理时，由于固定资产已不复存在，其价值中包含的内部销售利润已随清理而成为实现的损益。另外，清理当期计提的折旧和以前年度累计折旧中包含的内部利润也随着清理而转为损益。因此，这些金额应分别与"营业外收入"或"营业外支出"项目相抵销。

【例5-11】　假设[例5-9]中内部交易的固定资产,子公司于第4年,即20×0年度进行报废清理。发生清理收入14 000元,清理费用1 000元,清理净收益为1 000元转入"营业外收入"账户。

在编制合并财务报表工作底稿时,应作抵销分录为:

① 借:未分配利润——年初　　　　　　　　　　　　　　　　10 000
　　　贷:营业外收入　　　　　　　　　　　　　　　　　　　　　10 000

② 借:营业外收入　　　　　　　　　　　　　　　　　　　　2 000
　　　贷:管理费用　　　　　　　　　　　　　　　　　　　　　　2 000

③ 借:营业外收入　　　　　　　　　　　　　　　　　　　　6 000
　　　贷:未分配利润——年初　　　　　　　　　　　　　　　　　6 000

其合并财务报表工作底稿如图表5-17所示。

(图表5-17)

**合并财务报表工作底稿**(部分)　　　　　　　　　　　单位:元

| 项　　目 | 母公司 | 子公司 | 抵　销　分　录 借　方 | 抵　销　分　录 贷　方 | 合并后金额 |
|---|---|---|---|---|---|
| 利润表: | | | | | |
| 管理费用 | | 12 000 | | ② 2 000 | 10 000 |
| 营业外收入 | | 1 000 | ② 2 000 ③ 6 000 | ① 10 000 | 3 000 |
| 所有者权益变动表: | | | | | |
| 未分配利润——年初 | 10 000 | −36 000 | ① 10 000 | ③ 6 000 | −30 000 |
| 资产负债表: | | | | | |
| 固定资产——原价 | | 0 | | | |
| 固定资产——累计折旧 | | 0 | | | |

### 六、公司间内部投资收益与利润分配

母公司对子公司长期股权投资收益,实际上就是子公司实现的净利润与母公司对其所持股比例相乘的结果。但在编制合并利润表时,子公司本年实现的净利润已还原为收入、成本和费用项目与母公司的各相应项目进行了合并,因此,应当将母公司对子公司长期股权投资收益予以抵销。而子公司将实现的净利润进行的利润分配,包括提取盈余公积、分配投资者利润以及期末未分配利润,其中,母公司持股比例部分的数额是归属于母公司的,其数额正好与母公司对子公司长期股权投资收益相抵销。

当子公司存在年初未分配利润时,子公司当年实现的净利润与年初未分

配利润之和就是可供分配利润,并分别按持股比例分配给母公司和少数股东,因此,也应当予以抵销。

在纳入合并范围的子公司为全资子公司时,公司间投资收益与利润分配的抵销,应当借记"投资收益""未分配利润——年初"项目,贷记"提取盈余公积""对所有者的分配"和"未分配利润——年末"项目;在纳入合并范围的子公司为非全资子公司的情况下,则应当借记"投资收益""少数股东损益"和"未分配利润——年初"项目,贷记"提取盈余公积""对所有者的分配"项"未分配利润——年末"项目。

【例 5-12】 假设某母公司拥有子公司 90% 的股权。子公司年初未分配利润为 5 000 元,本年实现的净利润为 75 000 元,提取盈余公积为 15 000 元,分配股利为 40 000 元,年末未分配利润为 25 000 元。为此,编制的抵销分录应为:

| | | |
|---|---|---:|
| 借: | 投资收益 | 67 500 |
| | 少数股东损益 | 7 500 |
| | 未分配利润——年初 | 5 000 |
| 贷: | 提取盈余公积 | 15 000 |
| | 对所有者的分配 | 40 000 |
| | 未分配利润——年末 | 25 000 |

其合并财务报表工作底稿见图表 5-18 所示。

(图表 5-18)

**合并财务报表工作底稿**(部分)                    单位:元

| 项　　目 | 母公司 | 子公司 | 抵销分录 | | 少数股权 | 合并后金额 |
|---|---|---|---|---|---|---|
| | | | 借　方 | 贷　方 | | |
| 利润表: | | | | | | |
| 营业收入 | 3 270 000 | 1 140 000 | | | | 4 410 000 |
| 减：营业成本 | 2 587 500 | 862 500 | | | | 3 450 000 |
| 营业毛利 | 682 500 | 277 500 | | | | 960 000 |
| 减：期间费用 | 451 500 | 165 000 | | | | 616 500 |
| 营业利润 | 231 000 | 112 500 | | | | 343 500 |
| 加：投资收益 | 67 500 | | ① 67 500 | | | |
| 利润总额 | 298 500 | 112 500 | | | | 343 500 |
| 减：所得税费用 | 84 200 | 37 500 | | | | 121 700 |
| 少数股东收益 | | | | | ① 7 500 | (7 500) |
| 净利润 | 214 300 | 75 000 | 67 500 | | 7 500 | 214 300 |

（续表）

| 项　　目 | 母公司 | 子公司 | 抵销分录 | | 少数股权 | 合并后金额 |
| | | | 借　方 | 贷　方 | | |
|---|---|---|---|---|---|---|
| 所有者权益变动表： | | | | | | |
| 未分配利润——年初 | 50 000 | 5 000 | ① 5 000 | | | 50 000 |
| 提取盈余公积 | 37 000 | 15 000 | | ① 15 000 | | 37 000 |
| 对所有者的分配 | 150 000 | 40 000 | | ① 40 000 | | 150 000 |
| 未分配利润——年末 | 77 300 | 25 000 | | ① 25 000 | | 77 300 |

### 七、合并财务报表的其他编制问题

（一）合并资产负债表

（1）母公司在报告期内因同一控制下企业合并增加的子公司，编制合并资产负债表时，应当调整合并资产负债表的期初数。

因非同一控制下企业合并增加的子公司，编制合并资产负债表时，不应当调整合并资产负债表的期初数。

（2）母公司在报告期内处置子公司，编制合并资产负债表时，不应当调整合并资产负债表的期初数。

（二）合并利润表

（1）子公司少数股东分担的当期亏损超过了少数股东在该子公司期初所有者权益中享有的份额，其余额应当分别下列情况进行处理：

① 公司章程或协议规定少数股东有义务承担，并且少数股东有能力予以弥补的，该项余额应当冲减少数股东权益。

② 公司章程或协议未规定少数股东有义务承担的，该项余额应当冲减母公司的所有者权益。该子公司以后期间实现的利润，在弥补了母公司所有者权益所承担的属于少数股东的损失之前，应当全部归属于母公司的所有者权益。

（2）母公司在报告期内因同一控制下企业合并增加的子公司，应当将该子公司合并当期期初至报告期末的收入、费用、利润纳入合并利润表。

因非同一控制下企业合并增加的子公司，应当将该子公司购买日至报告期末的收入、费用、利润纳入合并利润表。

（3）母公司在报告期内处置子公司，应当将该子公司期初至处置日的收入、费用、利润纳入合并利润表。

（三）合并所有者权益变动表

合并所有者权益变动表可以在合并工作底稿中与合并资产负债表和合并利润表同时进行编制，也可以根据合并资产负债表和合并利润表进行编制。

# 第三节　合并现金流量表的编制

合并现金流量表应当以母公司和子公司的现金流量表为基础,在抵销母公司与子公司、子公司与子公司之间发生的内部交易对合并现金流量表的影响后,由母公司合并编制。

**一、合并现金流量表的编制方法**

1. 内部以现金投资或收购股权

当母公司与子公司、子公司相互之间当期以现金投资或收购股权时,会引起现金从投资方流入被投资方,它属于集团内部的现金转移,应当将其抵销,借记"投资支付的现金"项目,贷记"吸收投资收到的现金"项目。

2. 内部收付现金股利、利润或利息

当期母公司与子公司、子公司相互之间因股权投资或债权投资而以现金收付股利、利润或利息的,实质上只是整个集团的现金内部流动,因而在编制合并现金流量表时,应当予以抵销,借记"分配股利、利润或偿付利息支付的现金"项目,贷记"取得投资收益收到的现金"项目。

3. 内部以现金结算债权与债务

集团内部以现金结算的是属于母公司与子公司、子公司相互之间的应收账款(或应收票据、预付账款)和应付账款(或应付票据、预收账款)的,应当在合并现金流量表时,编制抵销分录,借记"购买商品、接受劳务支付的现金"项目,贷记"销售商品、提供劳务收到的现金"项目。

如果以现金结算的是母公司与子公司、子公司相互之间的其他应收款和其他应付款的,应当编制的抵销分录为,借记"支付其他与经营活动有关的现金"项目,贷记"收到其他与经营活动有关的现金"项目。

4. 内部以现金购销商品

母公司与子公司、子公司相互之间当期以现金购销商品的,其现金流量应当抵销,借记"购买商品、接受劳务支付的现金"项目,贷记"销售商品、提供劳务收到的现金"项目。

5. 内部以现金购销固定资产、无形资产和其他长期资产

母公司与子公司、子公司相互之间以现金购销固定资产、无形资产和其他长期资产的,应当将出售方收回的现金净额与购买方支付的现金相互抵销,借记"购建固定资产、无形资产和其他长期资产支付的现金"项目,贷记"处置固定资产、无形资产和其他长期资产收回的现金净额"项目。

6. 内部相互借款

母公司与子公司、子公司相互之间借款产生的现金流量应当抵销,借记"投资支付的现金"项目,贷记"取得借款收到的现金"项目。

内部借款归还时产生现金流量的抵销,应借记"偿还债务支付的现金"项目,贷记"收回投资收到的现金"项目。

7. 其他内部交易的现金流量

母公司与子公司、子公司相互之间,因发生其他内部交易所产生的现金流量,也应当根据实际情况予以抵销。

【例5-13】　某企业集团内母公司拥有子公司60%股权,本年度母、子两公司有关现金结算的内部交易如下:

(1) 母公司向子公司购买一批原材料,价值 500 000 元,以银行存款支付。

(2) 母公司出售一项专利权给子公司,价款 108 000 元,已收到。

(3) 母公司支付包装物押金 10 000 元给子公司。

(4) 母公司收到子公司分配的现金股利 1 200 000 元。

(5) 母公司向子公司借款 2 500 000 元,并支付利息 125 000 元。

(6) 子公司收到母公司上年度购买原材料欠款 130 000 元。

根据上述内部交易,编制合并现金流量表抵销分录为:

(1) 借:购买商品、接受劳务

　　　支付的现金　　　　　　　　　　　　　　　　　　500 000

　　贷:销售商品、提供劳务

　　　收到的现金　　　　　　　　　　　　　　　　　　500 000

(2) 借:购建固定资产、无形资产和其他

　　　长期资产支付的现金　　　　　　　　　　　　　　108 000

　　贷:处置固定资产、无形资产和其他

　　　长期资产收到的现金净额　　　　　　　　　　　　108 000

(3) 借:支付其他与经营活动

　　　有关的现金　　　　　　　　　　　　　　　　　　10 000

　　贷:收到其他与经营活动

　　　有关的现金　　　　　　　　　　　　　　　　　　10 000

(4) 借:分配股利、利润或偿还利息

　　　支付的现金　　　　　　　　　　　　　　　　　　1 200 000

　　贷:取得投资收益

　　　收到的现金　　　　　　　　　　　　　　　　　　1 200 000

（5）借：投资支付的现金 2 500 000
　　　贷：取得借款收到的现金 2 500 000
　　借：分配股利、利润或偿还利息
　　　　支付的现金 125 000
　　　贷：取得投资收益收到的现金 125 000
（6）借：购买商品、接受劳务
　　　　支付的现金 130 000
　　　贷：销售商品、提供劳务
　　　　收到的现金 130 000

其合并财务报表工作底稿如图表5-19所示。

（图表5-19）

**合并财务报表工作底稿**（部分）　　　　　　　单位：元

| 项　　目 | 母公司 | 子公司 | 抵　销　分　录 | | 合并后金额 |
| | | | 借　方 | 贷　方 | |
| --- | --- | --- | --- | --- | --- |
| 现金流量表： | | | | | |
| 销售商品、提供劳务收到的现金 | 6 000 000 | 2 000 000 | | ① 500 000 ⑥ 130 000 | 7 370 000 |
| 收到其他与经营活动有关的现金 | 350 000 | 180 000 | | ③ 10 000 | 520 000 |
| 购买商品、接受劳务支付的现金 | 4 500 000 | 1 200 000 | ① 500 000 ⑥ 130 000 | | 5 070 000 |
| 支付其他与经营活动有关的现金 | 510 000 | 231 000 | ③ 10 000 | | 731 000 |
| 取得投资收益收到的现金 | 2 100 000 | 160 000 | | ④ 1 200 000 ⑤ 125 000 | 935 000 |
| 处置固定资产、无形资产和其他长期资产收回的现金净额 | 150 000 | 30 000 | | ② 108 000 | 72 000 |
| 购建固定资产、无形资产和其他长期资产支付的现金 | 410 000 | 270 000 | ② 108 000 | | 572 000 |
| 投资支付的现金 | 1 400 000 | 2 500 000 | ⑤ 2 500 000 | | 1 400 000 |
| 取得借款收到的现金 | 5 000 000 | 180 000 | | ⑤ 2 500 000 | 2 680 000 |
| 分配股利、利润或偿还利息支付的现金 | 1 800 000 | 2 000 000 | ④ 1 200 000 ⑤ 125 000 | | 2 475 000 |

## 二、合并现金流量表的其他编制问题

（1）合并现金流量表补充资料可以根据合并资产负债表和合并利润表进行编制。

（2）母公司在报告期内因同一控制下企业合并增加的子公司，应当将该子公司合并当期期初至报告期末的现金流量纳入合并现金流量表。

因非同一控制下企业合并增加的子公司，应当将该子公司购买日至报告期末的现金流量纳入合并现金流量表。

（3）母公司在报告期内处置子公司，应当将该子公司期初至处置日的现金流量纳入合并现金流量表。

（4）在子公司为非全资的情况下，涉及子公司与其少数股东之间的现金流入和流出，应分别以下情况反映：

① 对于子公司的少数股东增加在子公司中的权益性资本投资，应当在"筹资活动产生的现金流量"之下的"吸收投资收到的现金"项目下"其中：子公司吸收少数股东投资收到的现金"项目反映。

② 对于子公司向少数股东支付现金股利或利润，应当在"筹资活动产生的现金流量"之下的"分配股利、利润或偿付利息支付的现金"项目下"其中：子公司支付给少数股东的股利、利润"项目反映。

# 复习思考题

## 一、简答题

1. 为何要编制合并财务报表，其目的是什么？
2. 试述母公司理论、实体理论和所有权理论的特点。
3. 简述应纳入合并财务报表的范围，如何判断？
4. 合并财务报表由哪些部分组成？在合并财务报表前需作哪些前提准备？
5. 在编制合并财务报表时需要相互抵销的内部往来经济事项有哪些？如何予以抵销？
6. 应当在合并财务报表附注中披露哪些信息？

## 二、解释重要名词和术语

合并财务报表　母公司理论　实体理论　所有权理论　抵销分录　少数股权

## 三、单项选择题

1. 在判断投资方是否能够控制被投资方时,如果投资方具备( )要素,则投资方能够控制被投资方。

    A. 拥有对被投资方的权力

    B. 通过参与被投资方的相关活动而享有可变回报

    C. 有能力运用对被投资方的权力影响其回报金额

    D. 仅当投资方同时具备上述三个要素时,投资方才控制被投资方

2. 将企业集团内部应收账款计提的坏账准备抵销处理时,应当借记"应收账款——坏账准备"项目,贷记( )项目。

    A. "营业外收入"         B. "营业外支出"

    C. "投资收益"           D. "资产减值损失"

3. 上期从集团内部购入存货未售出部分,在本期编制抵销分录时,应作为对( )的调整。

    A. 年初未分配利润         B. 年末未分配利润

    C. 本期销售成本           D. 期末存货

4. 少数股东权益在合并资产负债表中,应当( )。

    A. 作为所有者权益的组成部分

    B. 作为负债类项目单独列示

    C. 作为长期投资的抵减项目列示

    D. 作为所有者权益类的抵减项目列示

5. 对内部交易形成的固定资产价值中所包含的未实现内部销售利润,在固定资产存续期间,应编制的抵销分录是( )。

    A. 借:销售收入          B. 借:未分配利润——年初

          贷:固定资产                贷:固定资产——原价

    C. 借:累计折旧          D. 借:营业外收入

          贷:固定资产                贷:固定资产

6. 企业集团公司间相互购售一次还本付息的债券,在编制合并报表时,抵销内部债权与债务的金额应是( )。

    A. 本金加利息的合计数         B. 本金数

    C. 利息数                D. 本金减利息的差额

7. 内部交易形成的固定资产在使用期满清理时,应抵销的内容是( )。

A. 交易产生的内部利润

B. 当期计提折旧包含的内部利润

C. 以前年度计提折旧包含的内部利润

D. 交易产生的及以前年度计提折旧包含的内部利润

8. 下列各项中,内部债权与债务的抵销,可能会出库存现金额不一致的情况是( )。

  A. 内部应收与应付账款     B. 内部预收与预付账款

  C. 内部债券投资与应付债券     D. 内部应收与应付票据

9. 抵销本期集团内部购入的无形资产价值中包含的未实现内部销售利润,应借记( )项目。

  A. "其他业务利润"     B. "资产处置损益"

  C. "其他业务成本"     D. "管理费用"

10. 以下关于合并财务报表的合并范围确定的叙述中,正确的是( )。

A. 合并范围应当以控制为基础予以确定

B. 在确定能否控制时主要考虑表决权因素

C. 小规模的子公司不应纳入合并范围

D. 经营业务性质特殊的子公司不纳入合并范围

## 四、多项选择题

1. 合并财务报表的编制程序,可以根据以下( )步骤进行。

A. 设置合并工作底稿

B. 将纳入合并范围的个别财务报表各项目的数据过入工作底稿,并计算合计数

C. 编制调整分录和抵销分录

D. 计算合并财务报表各项目的合并数据

E. 填列合并财务报表

2. A公司拥有C公司30%的普通股权,拥有B公司80%的普通股权,B公司拥有C公司30%的普通股权,则下列( )结果不是A公司直接和间接拥有C公司的股份比例的正确值。

A. 54%     B. 60%     C. 80%     D. 30%

E. 50%

3. 下列投资行为中,可能会产生合并会计报表编制问题的有( )。

A. 对被投资单位进行债券投资

B. 对被投资单位进行直接股权投资

C. 对被投资单位进行短期股票投资

D. 对被投资单位进行长期股票投资

E. 对被投资单位进行联营投资

4. 内部利息收入与支出相互抵销时,编制的抵销分录可能登记的账户有(　　)。

A. "财务费用"　　　　　　　　　　B. "在建工程"

C. "营业外收入"　　　　　　　　　D. "营业外支出"

E. "管理费用"

5. 对内部交易存货产生的内部未实现利润的抵销分录可能有(　　)。

A. 借:营业收入　　　　　　　　　B. 借:营业收入

　　贷:营业成本　　　　　　　　　　贷:营业成本

　　　　　　　　　　　　　　　　　　　　存货

C. 借:未分配利润——年初　　　　D. 借:未分配利润——年初

　　贷:营业成本　　　　　　　　　　贷:存货

E. 借:未分配利润——年初

　　贷:营业成本

　　　　存货

6. 下列项目中,属于合并现金流量表应抵销的项目有(　　)。

A. 以现金投资或收购股权增加的投资所产生的现金流量

B. 当期取得投资收益收到的现金与分配股利、利润或偿付利息支付的现金

C. 以现金结算债权与债务产生的现金流量

D. 内部赊购固定资产

E. 分配与取得股票股利

7. 可以在一张合并会计报表工作底稿中编制的合并财务报表有(　　)。

A. 合并资产负债表　　　　　　　　B. 合并利润表

C. 合并所有者权益变动表　　　　　D. 合并现金流量表

E. 合并财务状况变动表

8. 内部交易形成的固定资产在存续期间,应抵销的具体内容有(　　)。

A. 交易产生的内部利润

B. 当期计提折旧包含的内部利润

C. 累计折旧中包含的内部利润

D. 以前年度计提折旧包含的内部利润

E. 交易产生的内部利润减去累计折旧中包含的内部利润

9. 合并财务报表编制的特点和要求有( )。

A. 以母公司和其子公司的个别财务报表为编制基础

B. 各公司需提供完整的账簿记录

C. 各公司应统一会计期间、会计政策

D. 合并应体现一体性原则,内部往来事项要抵销

E. 各公司需提供有关合并需要的资料

10. 内部交易固定资产在提前报废清理的情况下,编制的抵销分录中可能出现的项目有( )。

A. 未分配利润——年初　　　　B. 固定资产——原价

C. 固定资产——累计折旧　　　D. 营业外收入

E. 营业外支出

## 五、判断题

1. 不管是否能够控制,母公司拥有半数以上权益性资本的所有被投资企业,均应纳入合并会计报表范围内。　　　　　　　　　　　　　( )

2. 对于子公司相互之间发生的内部交易在编制合并财务报表时,不需要进行抵销处理。　　　　　　　　　　　　　　　　　　　　　( )

3. 如果纳入合并范围的子公司所采用的会计期间,会计政策与母公司不一致,需要按母公司的会计期间和统一会计政策进行调整,然后才能加以合并。　　　　　　　　　　　　　　　　　　　　　　　　　( )

4. 在非同一控制下企业合并形成的股权,在编制合并财务报表时,会产生合并商誉问题。　　　　　　　　　　　　　　　　　　　　( )

5. 合并财务报表应该根据母公司和子公司的个别财务报表为基础编制。
　　　　　　　　　　　　　　　　　　　　　　　　　　　　　( )

6. 如果一个企业没有对外股权投资,就不存在合并财务报表的编制问题。　　　　　　　　　　　　　　　　　　　　　　　　　　　( )

7. 在编制合并财务报表中,对于内部的应收与应付账款,只需根据其数额借记"应收账款",贷记"应付账款",将其予以抵销。　　　　( )

8. 企业集团内部如当期购入的存货在当期已全部对外销售,就不涉及任何抵销的问题。　　　　　　　　　　　　　　　　　　　　　( )

9. 如果本期末内部应收与应付账款的数额与上期末相等,仍需对坏账准

备作必要的抵销处理。 （　　）

10. 纳入合并财务报表合并范围的,可以是拥有对被投资方的权力,也可以是通过参与被投资方的相关活动而享有可变回报,或有能力运用对被投资方的权力影响其回报金额。 （　　）

## 六、练习题

**1. 目的**　　练习公司间债权与债务项目在编制合并财务报表时的抵销。

**资料**　　甲公司已取得乙公司 80% 的股权,20×7 年 12 月 31 日,甲、乙两公司的资产负债表中存在下列内部债权与债务事项:

(1) 甲公司应收股利中有 30 000 元为乙公司应付未付的股利。

(2) 年初甲公司的应收账款中包含应收乙公司货款 50 000 元,年末甲公司的应收账款中仍含有应收乙公司货款 60 000 元,两公司的应收账款均按 5‰ 提取坏账准备。

(3) 乙公司应付票据中含有应付给甲公司货款 100 000 元。

(4) 年初甲公司购入乙公司折价发行债券,面值为 125 000 元,购入价为 100 000 元,票面年利率 4.72%,实际年利率 10%,期限 4 年,采用摊余成本进行计量。该债券每年末付息,到期还本。

**要求**　　为上述内部债权与债务事项编制合并会计报表的抵销分录。

**2. 目的**　　练习公司间存货交易中内部利润的抵销。

**资料**　　甲、乙两公司为母、子公司,按规定应编制合并会计报表。经查,20×7 年度两公司内部存货交易业务情况如下:

(1) 乙公司年初存货中有从甲公司购入未售出的 A 存货购入价为 300 000 元,B 存货购入价为 450 000 元。甲公司 A、B 两种存货的销售成本率均为 80%。

(2) 本年乙公司又从甲公司购入 A 存货 1 000 000 元,B 存货 2 000 000 元。年末乙公司已将 A 存货连同期初结存数全部售出,销售价共计 1 495 000 元。B 存货年初结存数出售了 80%,售价 432 000 元;本年购入数出售了 60%,售价 1 440 000 元;其余部分均作为年末结存数。

**要求**　　根据资料编制合并财务报表的抵销分录。

**3. 目的**　　练习公司间固定资产交易中内部利润的抵销。

**资料**　　甲公司、乙公司按规定需编制合并财务报表,某年末乙公司向甲公司销售一台自身生产的产品,其售价为 80 000 元,成本为 64 000 元,该产品甲公司购入后作管理用固定资产,期限为 5 年,采用直线法计提折旧,不考虑净残值因素。

**要求**

(1) 根据资料编制购入至使用期满报废清理为止各年合并报表的抵销分录。

(2) 如果该台固定资产甲公司使用到第 7 年年末报废清理,请为各年合并会计报表编制抵销分录。

(3) 如果该台固定资产提前至第 4 年年末报废清理,请编制各年合并会计报表的抵销分录。

4. **目的**　练习公司间内部往来事项在合并财务报表中的抵销。

**资料**　甲、乙、丙三公司组建为企业集团,从 20×6 年起要求编制合并会计报表。

1) 20×7 年各公司资产、负债有关数据如图表 5-20 所示。

(图表 5-20)

**各公司资产、负债有关数据**　　　　　　　　单位:元

| 项　　　目 | 甲 | | 乙 | | 丙 | |
|---|---|---|---|---|---|---|
| | 年初 | 年末 | 年初 | 年末 | 年初 | 年末 |
| 应收票据及应收账款 | 20 000 | 15 000 | 12 500 | 1 250 | 10 000 | 1 500 |
| 　其中: 应收乙公司账款 | 10 000 | 11 000 | | | | |
| 　　　　应收丙公司账款 | 5 000 | 1 000 | | | | |
| 存货 | 700 | 2 500 | 1 000 | 1 500 | 1 500 | 1 750 |
| 　其中: 从乙公司进货 | 700 | 1 000 | | | | |
| 　　　　从丙公司进货 | | 500 | | | | |
| 应付票据及应付账款 | 32 500 | 27 500 | 30 000 | 25 000 | 15 000 | 4 000 |
| 　其中: 应付甲公司账款 | | | 10 000 | 11 000 | 5 000 | 1 000 |
| 　　　　应付丙公司账款 | | | | | | |

2) 20×7 年内部存货交易情况如图表 5-21 所示。

(图表 5-21)

**内部存货交易情况**　　　　　　　　单位:元

| 项　　　目 | 甲 | 乙 | 丙 |
|---|---|---|---|
| 产品销售收入 | 290 000 | 100 000 | 125 000 |
| 　其中: 销售年初存货 | 1 000 | | |
| 销售给甲公司 | | 50 000 | 25 000 |
| 产品销售成本 | 203 000 | 70 000 | 100 000 |
| 　其中: 销售年初存货 | 700 | | |
| 销售给甲公司 | | 35 000 | 20 000 |

3）其他资料有：

（1）各公司均按年末应收账款余额5‰提取坏账准备。

（2）年初存货中甲公司从乙公司进货产品的销售内部毛利率为15%。

（3）年初甲公司还将自身生产的产品销售给乙公司作为固定资产使用，销售收入为100 000元，成本为85 000元。乙公司预计使用5年，采用直线法计提折旧，不考虑净残值。

（4）甲公司于年初按面值60 000元购入丙公司发行的债券，年利率8%，期限2年，丙公司每年付息，到期还本，甲公司按摊余成本进行核算。

**要求** 根据资料编制20×7年度有关合并财务报表的抵销分录。

5. **目的** 练习合并财务报表的编制。

**资料**

（1）母公司销售一批产品给子公司，年末应收账款中包含子公司应付账款8 000元，两公司坏账准备提取比例均为0.5%。第2年年末母公司应收账款中包含子公司应付账款5 000元，坏账准备提取比例仍为0.5%；第3年年末母公司的应收账款中无子公司应付账款。

（2）母公司本年初购入子公司发行的面值为10 000 000元，期限为5年的债券，发行价10 432 700元，票面年利率6%，实际年利率5%，每年末付息，到期还本，甲公司按摊余成本进行核算。

（3）子公司销售一批存货给母公司，销售价80 000元（款已收付，增值税率17%），成本价60 000元，母公司购入后对外销售60%，销售额65 000元，还有40%未售出。

（4）按第（3）项资料，下年度子公司又销售一批存货给母公司，销售价40 000元，成本价32 000元，母公司将上年购入的未销售存货全部售出，销售额42 000元，本期购入的全部未出售。

（5）按第（3）项资料，母公司将上年度购入的未销售存货50%售出，销售价款21 000元，50%未出售，本期购入子公司存货一批，销售价款40 000元，成本价32 000元，全部未出售。

（6）子公司从母公司购入1台使用过的设备作管理用固定资产，售价60 000元，成本价48 000元，折旧年限6年，期满报废。

（7）母公司拥有子公司（同一控制下企业合并形成）100%的股权，年初子公司所有者权益账面：实收资本500 000元，盈余公积25 000元，年初未分配利润10 000元；母公司长期股权投资余额（按权益法调整后）为535 000元，本年度子公司实现净利润50 000元，提取盈余公积7 500元，支付投资者利润

30 000 元。

(8) 母公司拥有子公司(非同一控制下企业合并形成)80％的股权,年初子公司的实收资本为 100 000 元,母公司长期投资(按权益法调整后)为 92 000 元。子公司当年实现净利润 10 000 元,提取盈余公积 1 000 元;另外,因持有的其他权益工具投资年末公允价值升值增加其他综合收益 5 000 元。

**要求**

(1) 根据所给资料,作出在编制合并资产负债表、合并利润表、合并所有者权益变动表时的调整、抵销分录[根据其中第(1)、第(2)项资料编制 3 年抵销分录,第(6)项资料编制 6 年的抵销分录]。

(2) 根据第(2)、第(3)、第(7)项资料编制合并现金流量表抵销分录。

# 第六章　外币交易会计

## 第一节　外币交易概述

### 一、外币交易与记账本位币

外币交易是指以外币计价或者结算的交易,包括买入或者卖出以外币计价的商品或者劳务,借入或者借出外币资金,以及其他以外币计价或者结算的交易。以上所说的外币是企业记账本位币以外的货币。记账本位币是指企业经营所处的主要经济环境中的货币,它是企业在会计核算时使用的统一记账货币。根据我国企业会计准则规定:企业在会计核算时,通常应选择人民币作为记账本位币;业务收支以人民币以外的货币为主的企业,可以选定其中的一种货币作为记账本位币。因此,当以人民币作为记账本位币时,企业发生的各种以非人民币作为计价或者结算的交易就成为外币交易。同样,如果企业以人民币以外的某种货币作为记账本位币的,则发生的各种以非该种货币计价或者结算的交易都属于外币交易。

1. 企业选定记账本位币应当考虑的因素

（1）该货币主要影响商品和劳务的销售价格,通常以该货币进行商品和劳务的计价和结算。

（2）该货币主要影响商品和劳务所需人工、材料和其他费用,通常以该货币进行上述费用的计价和结算。

（3）融资活动获得的货币以及保存从经营活动中收取款项所使用的货币。

2. 企业选定境外经营的货币作为记账本位币应当考虑的因素

（1）境外经营对其所从事的活动是否拥有很强的自主性。

（2）境外经营活动中与企业的交易是否在境外经营活动中占有较大比重。

（3）境外经营活动产生的现金流量是否直接影响企业的现金流量,是否可以随时汇回。

（4）境外经营活动产生的现金流量是否可以偿还其现金债务和可预期的债务。

以上所说的境外经营，是指企业在境外的子公司、合营企业、联营企业、分支机构。如果在境内的子公司、合营企业、联营企业、分支机构，采用不同于企业记账本位币的，也视同境外经营。

企业对记账本位币作出选定后，一经确定，不得随意变更，除非企业经营所处的主要经济环境发生重大变化。当企业因经营所处的主要经济环境发生重大变化，确需变更记账本位币的，应当采用变更日的即期汇率将所有项目折算为变更后的记账本位币，并在附注中说明变更的理由。我国境内企业的日常会计核算，不论是采用人民币作为记账本位币，还是以某种人民币以外的货币作为记账本位币，编报的财务报表都应当以人民币反映。境外企业向国内有关部门编报的财务报表，也应当折算为人民币反映。

### 二、外币交易折算汇率

企业发生的外币交易，在会计核算时需要将外币金额按一定的比率或比价折算成记账本位币金额，这种折算所用的比率或比价，称为汇率，也可称为汇价。其实质是一国货币兑换成他国货币的比率，它主要是由两国货币对商品的购买力作基础决定的。

（1）汇率按标价的方法不同，可以分为直接汇率和间接汇率两种。直接汇率是指以国外货币作为单位货币，以本国货币作为标价货币，即外国货币的数量不变，本国货币的数量随着外国货币或本国货币的币值变动而变动。如100美元可以兑换730元人民币。间接汇率是指以本国货币作为单位货币，以外国货币作为标价货币，即本国货币的数量不变，外国货币的数量随本国货币或外国货币的币值变化而变化。如100元人民币可以兑换12.05美元。目前，我国和大多数国家采用的都是直接汇率。

（2）汇率按是否固定，可以分为固定汇率和浮动汇率两种。固定汇率是指一国货币与另一国货币的汇率基本固定，汇率的波动被限制在一定幅度之内；浮动汇率是指一国货币与另一国货币的汇率是由外汇市场的供求情况而自由波动的汇率。我国从1994年人民币汇率并轨后，实行的是以市场供求为基础的单一的有管理的浮动汇率。2005年7月21日起，人民币汇率不再盯住单一美元，而是参考"一篮子"货币进行调节。具体由中国人民银行根据前一日银行间外汇交易市场形成的价格，每日公布人民币兑美元交易的中间价，并参照国际外汇市场变化，同时公布人民币对其他主要货币的汇率。各外汇指定银行以此为依据，在中国人民银行规定的浮动幅度内，自行挂牌对客户买卖外汇。

（3）汇率按银行结算的对象不同，分为买入汇率、卖出汇率和中间汇率三种。买入汇率是银行向同业或客户买入外币时采用的汇率；卖出汇率是指银行向同业或客户卖出外币时采用的汇率；买入汇率和卖出汇率的平均数是中间汇率。我国企业对外币业务进行会计处理时，一般采用中国人民银行公布的中间汇率作为折算依据；在进行货币兑换时，才采用外汇指定银行的买入汇率和卖出汇率。

（4）汇率按会计处理上的区别，分为记账汇率和账面汇率两种。记账汇率是指外币业务发生时折算入账的汇率。按我国企业会计准则规定，记账汇率应当采用业务发生日的即期汇率；汇率变动不大的，也可采用即期汇率近似汇率。即期汇率，通常是指当日中国人民银行公布的人民币外汇牌价的中间价。即期汇率近似汇率，是指按照系统合理的方法确定的，与业务发生日即期汇率近似的汇率，如当期平均汇率或加权平均汇率等。但前后各期应当采用相同的方法确定当期的近似汇率。账面汇率则是指已经登记入账的汇率，亦被称为历史汇率。

### 三、汇兑差额的确认和核算原则

（一）汇兑差额的含义

汇兑差额是指企业记录外币交易时，由于记账的时间和汇率不同而产生的折合为记账本位币的差额。

【例 6-1】 某企业以人民币为记账本位币，5 月 2 日出口商品一批计 5 000 美元，货款尚未收到，当天 1 美元的汇率为 7.31 元人民币。5 月 15 日该企业收到这笔货款 5 000 美元，当天 1 美元的汇率为 7.30 元人民币。对这笔外币业务，应作会计分录为：

（1）5 月 2 日，发出商品时：

借：应收账款——美元户（US＄5 000×7.31）　　　　　　　　36 550
　　贷：主营业务收入　　　　　　　　　　　　　　　　　　　　36 550

（2）5 月 15 日，收到货款时：

借：银行存款——美元户（US＄5 000×7.30）　　　　　　　　36 500
　　贷：应收账款——美元户　　　　　　　　　　　　　　　　　36 500

这时，应收账款账面的美元金额已经结平，但记账本位币金额人民币却存在借方余额 50 元，这 50 元的差额就是汇兑损失，应记入"财务费用——汇兑差额"账户的借方，作会计分录为：

借:财务费用——汇兑差额   50
   贷:应收账款——美元户   50

如果 5 月 15 日收到货款时的汇率为 7.35 元,这时借记"银行存款——美元户"账户,贷记"应收账款——美元户"账户的人民币金额应为 36 750 元(US＄5 000×7.35)。这样就会产生应收账款的贷方人民币余额 200 元。这笔 200 元的差额就是汇兑收益,应记入"财务费用——汇兑差额"账户的贷方,作会计分录为:

借:应收账款——美元户   200
   贷:财务费用——汇兑差额   200

(二)汇兑差额的确认观点

对企业发生的外币交易所涉及的债权或债务结算方面的汇兑差额处理方法,存在两种截然不同的确认观点,分别被称为一笔交易观点和两笔交易观点。

一笔交易观点将交易发生与货款结算视作同一事件,当汇率变动时,应对原先的交易记录作相应的调整,而不将因汇率变动所产生的汇兑差额单独列账予以确认。

【例 6-2】 如果[例 6-1]中的商品销售业务在 5 月 15 日收到 5 000 美元货款时的汇率为 7.30 元,应作会计分录为:

借:银行存款——美元户(US＄5 000×7.30)   36 500
    主营业务收入   50
   贷:应收账款——美元户(US＄5 000×7.31)   36 550

二笔交易观点将交易发生与货款结算看作两项经济业务,因此,当按交易发生时的汇率折合成记账本位币金额确定下来以后,不管货款结算时汇率如何变动,都不予调整账面的购货成本或销售收入,而单独设置"财务费用——汇兑差额"账户进行反映。

【例 6-3】 仍按[例 6-1]中商品销售业务资料。当收到货款时,按二笔交易观点,应作会计分录为:

借:银行存款——美元户(US＄5 000×7.30)   36 500
    财务费用——汇兑差额   50
   贷:应收账款——美元户(US＄5 000×7.31)   36 550

一笔交易观点和二笔交易观点除了在外币交易产生的债权和债务结算方

面对汇兑差额的处理不相同外,对其他外币交易的处理都是相同的,都需要单独设置账户予以反映。

从上述例子可以看出,根据一笔交易观点,在交易日按当天汇率折合的记账本位币金额仅仅是个暂估数,只有等到货款结算后,才能以结算日汇率折合成的记账本位币作为真正的购货成本或销售收入。这种做法,在实际操作中比较繁琐,特别对跨年度的债权和债务结算难度更大。另外,按一笔交易观点,对外币交易产生的债权和债务业务所发生的汇兑差额不单独设账予以确认,而对其他外币业务产生的汇兑差额则单独设账予以确认,又不符合一致性原则。因此,世界各国对外币交易因汇率变动而产生的汇兑差额大多采用的是二笔交易观点。我国会计准则也规定采用二笔交易观点处理外币交易。

(三)汇兑差额的确认标准

对汇兑差额的确认存在两种标准:一种以已实现的汇兑差额为确认标准;另一种以包括未实现的汇兑差额为确认标准。

以已实现的汇兑差额为确认标准认为,对发生的外币交易业务只有在实际发生汇兑差额时才能予以确认,登记入账。具体来说,对企业的外币存款,只有在实际收到或使用时才确认汇兑差额;对发生的外币债权和债务,只有在债权实际收回、债务实际归还时才确认汇兑差额;对外币兑换业务,只有在不同货币相互兑换时才确认汇兑差额。因此,对有关的外币账户,不能因为汇率变动而调整其账面所记的折合为记账本位币金额。这种以已实现数作为汇兑差额的确认标准,实际上依据的是收付实现制会计基础。

以包括未实现的汇兑差额为确认标准,它根据权责发生制会计基础,以假设在汇率变动时将所有外币资金统统换算成记账本位币金额为前提,不论是否实现都确认为汇兑差额。因此,采用该确认标准的企业,在每期会计期末都需要对外币现金、外币银行存款,以及外币债权和债务账户的外币余额按期末汇率调整账面记账本位币余额,其差额不论在本期是否实现都作为汇兑差额予以确认,计入当期损益。

这两种汇兑差额的确认标准在不同国家均有采用,我国目前采用的是后一种。采用这种确认标准,可以使企业每期反映的财务状况和经营成果比较接近实际。特别在汇率下降时,采用这种确认标准符合谨慎原则,但是,在汇率变动较大、企业持有大量外币资金的情况下,采用这种确认标准,可能会造成企业记账本位币利润额虚增或虚减,使企业的经营成果失真。这时,就需设置"待转销汇兑差额"账户,将汇率变动造成的巨额汇兑差额在以后的会计期间平均摊销,计入损益。

（四）汇兑差额的核算原则

企业因外币交易发生的汇兑差额，按照我国企业会计准则的规定，其核算原则如下。

1. 外币货币性项目

货币性项目是指企业持有的货币资金和将以固定或可确定的金额收取的资产或偿付的负债。货币性项目分为货币性资产和货币性负债。货币性资产包括库存现金、银行存款、应收账款、其他应收款、长期应收款等；货币性负债包括短期借款、应付账款、其他应付款、长期借款、应付债券、长期应付款等。

对于外币货币性项目因结算或采用资产负债表日的即期汇率折算而产生的汇兑差额，计入当期损益，同时调增或调减外币货币性项目的记账本位币金额。

2. 外币非货币性项目

非货币性项目是指货币性项目以外的项目，包括存货、长期股权投资、固定资产、无形资产等。

（1）对于以历史成本计量的外币非货币性项目，由于已在交易发生日按当日即期汇率折算，资产负债表日不应改变其原记账本位币金额，不产生汇兑差额。但对于以成本与可变现净值孰低计量的存货，如果其可变现净值以外币确定，则在确定存货期末计量时，应当先将可变现净值折算为记账本位币，再以记账本位币反映的存货成本进行比较，以确定是否计提存货跌价准备。

（2）以公允价值计量的外币非货币性项目，如交易性金融资产（股票、基金等），采用公允价值确定日的即期汇率折算、折算后的记账本位币金额与原记账本位币金额的差额，作为公允价值变动（含汇率变动）处理，计入当期损益。

【例6-4】 某企业以人民币为记账本位币，外币交易采用发生日的即期汇率折算，20×7年12月10日，以5 000美元从境外购入A商品，当日的即期汇率为1美元＝7.5元人民币。12月31日，A商品仍在库存，其在国际市场的价格已跌到4 800美元，假定不考虑其他税费，当日的即期汇率为1美元＝7.2元人民币。

根据上述资料，12月31日该企业应计提存货跌价准备为2 940元（US＄5 000×7.5－US＄4 800×7.2）。应作会计分录为：

借：资产减值损失　　　　　　　　　　　　　　　　　　　2 940
　　贷：存货跌价准备　　　　　　　　　　　　　　　　　　2 940

【例6-5】 某企业以人民币为记账本位币,20×6年12月5日,以50 000港元购入M公司H股20 000股作为交易性金融资产,当日1港元的汇率为1.05元人民币。20×6年12月31日,由于市价变动,当月购入的M公司H股为52 000港元,当日1港元的汇率为0.98元人民币。对该笔外币业务应作如下会计处理:

(1) 20×6年12月5日,作会计分录为:

借:交易性金融资产                                          52 500
　　贷:银行存款——港元户(HK＄50 000×1.05)                    52 500

(2) 20×6年12月31日,作会计分录为:

借:公允价值变动损益(52 500－HK＄52 000×0.98)                  1 540
　　贷:交易性金融资产                                       1 540

上述1 540元人民币损失既包括购入M公司H股公允价值变动产生的损益1 960元[(HK＄52 000－HK＄50 000)×0.98],又包括人民币与港元汇率变动产生的汇兑损失3 500元[HK＄50 000×(1.05－0.98)]双重影响的结果。

3. 外币投入资本

企业收到投资者以外币投入的资本,应当采用交易发生日即期汇率折算,不得采用合同约定汇率和即期汇率的近似汇率折算,外币投入资本与相应的货币性项目的记账本位币金额之间不产生外币资本折算差额。

# 第二节　外币交易业务的记账方法

## 一、外币交易业务记账方法的种类

外币交易业务的记账方法,在企业实际运用中可根据具体情况加以选择,一般有外币统账法和外币分账法两种。

### (一) 外币统账法

外币统账法是指以某种货币为记账本位币的记账方法,具体来说,企业的会计核算是以记账本位币为记账单位,分别记录企业发生的外币交易业务包括买入或者卖出以外币计价的商品或者劳务、借入或借出外币资金,以及其他以外币计价或者结算的交易业务。对外币交易业务涉及的非记账本位币货币统统折算成记账本位币加以反映,非记账本位币在账上只作一个辅助记录。所以,该种方法又称为"记账本位币法"。采用外币统账法在实际核算时,对非记账本位币折算成记账本位币,又有"当日汇率法"和"期初汇率法"两种选择。

1. 当日汇率法

当日汇率法是最基本的外币记账方法，它要求对每一笔外币业务均在发生时按当天的即期汇率折算为记账本位币。除外币兑换业务外，平时不确认汇兑差额。每月终了，再将各外币货币性账户的外币余额按月末即期汇率折合为记账本位币金额，折合的记账本位币金额与账面记账本位币金额的差额，确认为汇兑差额。这种方法一般适用于外币种类较少，外币交易业务量不大的企业。

2. 期初汇率法

期初汇率法是在外币汇率变动不大的情况下，对当日汇率法的一种简化，它要求对每一笔外币交易业务均在发生时按当期期初（即当月 1 日）的即期汇率折算为记账本位币。除外币兑换业务外，平时也不确认汇兑差额。等到月末，再按月末即期汇率将各外币货币性账户的外币余额折合为记账本位币金额，并将其与账面记账本位币金额的差额，一并确认为汇兑差额。由于采用期初汇率法只需掌握每月 1 日的即期汇率，核算工作量大大减少，所以，该种方法适用于外币业务较多的企业。

（二）外币分账法

外币分账法是指在外币交易业务发生时，直接用原币记入账户，而不需按一定汇率折算成记账本位币。所以，外币分账法又可称"原币记账法"或"分币记账法"。采用该种方法，要求对每种货币各设置一套账户。如果外币交易业务只涉及一种货币的，在经济业务发生时可直接记入该种货币账户，不需反映记账本位币金额；到月末，再将所有原币记账的发生额按一定的汇率（月初或当期平均或加权平均汇率）折算成记账本位币金额，同时汇总确认汇兑差额。如果外币交易业务涉及两种货币的，即货币兑换业务，在业务发生时应分记两个原币账户，并通过登记"货币兑换"这个辅助账户进行转账，使两个原币账户分别取得平衡；月末，再将"货币兑换"账户的原币金额按一定的汇率折合成记账本位币金额，并将借贷方记账本位币的差额予以结转，作为汇兑差额处理。结转后，"货币兑换"账户应无余额。

采用外币分账法，外币交易业务的日常核算以原币记账可以减少很多折算工作量，简化核算手续，并能准确、及时、真实地反映外币业务情况。因此，该种方法一般适用于外币业务繁多的企业。

**二、外币统账法的会计处理程序**

（一）当日汇率法的会计处理程序

【例 6-6】　某企业以人民币为记账本位币，其外币交易业务采用中国人民银行公布的当天即期汇率（中间价）作为记账汇率。6 月初该企业有关外币货币性账户的余额如下：

|  | 原 币 | 汇 率 | 人民币 |
|---|---|---|---|
| 银行存款——美元户 | 5 000 美元 | 7.35 | 36 750 |
| 银行存款——港元户 | 10 000 港元 | 0.98 | 9 800 |
| 应收账款——美元户（甲企业） | 3 000 美元 | 7.35 | 22 050 |
| 应付账款——美元户（乙企业） | 2 000 美元 | 7.35 | 14 700 |
| 短期借款——美元户 | 8 000 美元 | 7.35 | 58 800 |

6月份发生的外币交易业务有：

（1）6月2日，收到上月甲企业所欠货款3 000美元，已存入银行，当天的即期汇率为7.34元。

（2）6月5日，向甲企业出口商品一批，售价10 000美元，货款尚未收到，当天的即期汇率为7.33元。

（3）6月8日，向乙企业进口材料一批，价值5 000美元，货款尚未支付，材料尚未运达，当天的即期汇率为7.35元。

（4）6月10日，支付上月所欠乙企业货款2 000美元，当天的即期汇率为7.36元。

（5）6月15日，收到外商汇来投入资本10 000美元，存入银行，按当天的即期汇率7.35元入账。

（6）6月20日，以银行存款归还短期借款4 000美元，当天的即期汇率为7.34元。

（7）6月23日，从美元存款户支出5 000美元兑换人民币，当天的即期汇率为7.35元，外汇指定银行的买入汇率为7.32元。

（8）6月25日，向银行借入长期借款10 000美元，存入银行，当天的即期汇率为7.35元。

（9）6月28日，以1 000美元购入B种股票作交易性金融资产，当天的即期汇率为7.36元。

（10）6月30日，用8 000美元兑换成港元，当天美元的即期汇率为7.37元，港元的即期汇率为0.99元，外汇指定银行美元的买入汇率为7.33元，港元的卖出汇率为1.00元。

根据上述外币交易业务，应作会计分录为：

（1）借：银行存款——美元户（US＄3 000×7.34）　　　　　　22 020

　　　　贷：应收账款——美元户（甲企业）　　　　　　　　　　22 020

(2) 借：应收账款——美元户(甲企业)

　　　　(US$ 10 000×7.33) 73 300

　　贷：主营业务收入 73 300

(3) 借：在途物资(US$ 5 000×7.35) 36 750

　　贷：应付账款——美元户(乙企业) 36 750

(4) 借：应付账款——美元户(乙企业)

　　　　(US$ 2 000×7.36) 14 720

　　贷：银行存款——美元户 14 720

(5) 借：银行存款——美元户(US$ 10 000×7.35) 73 500

　　贷：实收资本 73 500

(6) 借：短期借款——美元户(US$ 4 000×7.34) 29 360

　　贷：银行存款——美元户 29 360

　　第(7)笔外币业务是以美元兑换成人民币,应按外汇指定银行的买入汇率7.32 元计算,实际兑得人民币金额为 36 600 元,借记"银行存款——人民币户",按当天的即期汇率 7.35 元计算的人民币金额为 36 750 元,贷记"银行存款——美元户",差额 150 元作汇兑差额处理。作会计分录为：

(7) 借：银行存款——人民币户(US$ 5 000×7.32) 36 600

　　　　财务费用——汇兑差额 150

　　贷：银行存款——美元户(US$ 5 000×7.35) 36 750

(8) 借：银行存款——美元户(US$ 10 000×7.35) 73 500

　　贷：长期借款——美元户 73 500

(9) 借：交易性金融资产(US$ 1 000×7.36) 7 360

　　贷：银行存款——美元户 7 360

　　第(10)笔为两种外币的兑换业务。首先,将美元按外汇指定银行的买入汇率计算、港元按外汇指定银行的卖出汇率计算,8 000 美元可兑换港元 58 640元(8 000×7.33÷1.00)；然后,按美元和港元当天的即期汇率 7.37 元和 0.99元将美元和港元分别折合成人民币金额,两者的差额记入"财务费用——汇兑差额"账户。应作会计分录为：

(10) 借：银行存款——港元户(HK$ 58 640×0.99) 58 053.60

　　　　财务费用——汇兑差额 906.40

　　贷：银行存款——美元户(US$ 8 000×7.37) 58 960.00

　　将上述会计分录登记各外币货币性账户,并按月末汇率调整账面人民币余额如图表6-1至图表6-6所示。

(图表6-1)

### 银行存款——美元户

| 日期 | | 业务号数 | 摘要 | 借　方 | | | 贷　方 | | | 余　额 | | |
|---|---|---|---|---|---|---|---|---|---|---|---|---|
| 月 | 日 | | | 美元 | 汇率 | 人民币元 | 美元 | 汇率 | 人民币元 | 美元 | 汇率 | 人民币元 |
| 6 | 1 | | 月初余额 | | | | | | | 5 000 | 7.35 | 36 750 |
| | 2 | (1) | 收到上月销货欠款 | 3 000 | 7.34 | 22 020 | | | | 8 000 | | 58 770 |
| | 10 | (4) | 支付上月购货欠款 | | | | 2 000 | 7.36 | 14 720 | 6 000 | | 44 050 |
| | 15 | (5) | 收到外商投入资本 | 10 000 | 7.35 | 73 500 | | | | 16 000 | | 117 550 |
| | 20 | (6) | 归还短期借款 | | | | 4 000 | 7.34 | 29 360 | 12 000 | | 88 190 |
| | 23 | (7) | 美元兑换人民币 | | | | 5 000 | 7.35 | 36 750 | 7 000 | | 51 440 |
| | 25 | (8) | 借入长期借款 | 10 000 | 7.35 | 73 500 | | | | 17 000 | | 124 940 |
| | 28 | (9) | 购入股票 | | | | 1 000 | 7.36 | 7 360 | 16 000 | | 117 580 |
| | 30 | (10) | 美元兑换港币 | | | | 8 000 | 7.37 | 58 960 | 8 000 | | 58 620 |
| | 30 | | 月末调整 | | | 340 | | | | 8 000 | 7.37 | 58 960 |

(图表6-2)

### 银行存款——港元户

| 日期 | | 业务号数 | 摘要 | 借　方 | | | 贷　方 | | | 余　额 | | |
|---|---|---|---|---|---|---|---|---|---|---|---|---|
| 月 | 日 | | | 港元 | 汇率 | 人民币元 | 港元 | 汇率 | 人民币元 | 港元 | 汇率 | 人民币元 |
| 6 | 1 | | 月初余额 | | | | | | | 10 000 | 0.98 | 9 800 |
| | 30 | (10) | 美元兑换港元 | 58 640 | 0.99 | 58 053.60 | | | | 68 640 | | 67 853.60 |
| | 30 | | 月末调整 | | | 100 | | | | 68 640 | 0.99 | 67 953.60 |

(图表6-3)

### 应收账款——美元户(甲企业)

| 日期 | | 业务号数 | 摘要 | 借　方 | | | 贷　方 | | | 余　额 | | |
|---|---|---|---|---|---|---|---|---|---|---|---|---|
| 月 | 日 | | | 美元 | 汇率 | 人民币元 | 美元 | 汇率 | 人民币元 | 美元 | 汇率 | 人民币元 |
| 6 | 1 | | 月初余额 | | | | | | | 3 000 | 7.35 | 22 050 |
| | 2 | (1) | 收到上月销货欠款 | | | | 3 000 | 7.34 | 22 020 | — | | 30 |
| | 5 | (2) | 销售商品 | 10 000 | 7.33 | 73 300 | | | | 10 000 | | 73 330 |
| | 30 | | 月末调整 | | | 370 | | | | 10 000 | 7.37 | 73 700 |

（图表6-4）

### 应付账款——美元户（乙企业）

| 日期 | | 业务号数 | 摘要 | 借方 | | | 贷方 | | | 余额 | | |
|---|---|---|---|---|---|---|---|---|---|---|---|---|
| 月 | 日 | | | 美元 | 汇率 | 人民币元 | 美元 | 汇率 | 人民币元 | 美元 | 汇率 | 人民币元 |
| 6 | 1 | | 月初余额 | | | | | | | 2 000 | 7.35 | 14 700 |
| | 8 | （3） | 购入材料 | | | | 5 000 | 7.35 | 36 750 | 7 000 | | 51 450 |
| | 10 | （4） | 支付上月购货欠款 | 2 000 | 7.36 | 14 720 | | | | 5 000 | | 36 730 |
| | 30 | | 月末调整 | | | | | | 120 | 5 000 | 7.37 | 36 850 |

（图表6-5）

### 短期借款——美元户

| 日期 | | 业务号数 | 摘要 | 借方 | | | 贷方 | | | 余额 | | |
|---|---|---|---|---|---|---|---|---|---|---|---|---|
| 月 | 日 | | | 美元 | 汇率 | 人民币元 | 美元 | 汇率 | 人民币元 | 美元 | 汇率 | 人民币元 |
| 6 | 1 | | 月初余额 | | | | | | | 8 000 | 7.35 | 58 800 |
| | 20 | （6） | 归还借款 | 4 000 | 7.34 | 29 360 | | | | 4 000 | | 29 440 |
| | 30 | | 月末调整 | | | | | | 40 | 4 000 | 7.37 | 29 480 |

（图表6-6）

### 长期借款——美元户

| 日期 | | 业务号数 | 摘要 | 借方 | | | 贷方 | | | 余额 | | |
|---|---|---|---|---|---|---|---|---|---|---|---|---|
| 月 | 日 | | | 美元 | 汇率 | 人民币元 | 美元 | 汇率 | 人民币元 | 美元 | 汇率 | 人民币元 |
| 6 | 25 | （8） | 借入借款 | | | | 10 000 | 7.35 | 73 500 | 10 000 | | 73 500 |
| | 30 | | 月末调整 | | | | | | 200 | 10 000 | 7.37 | 73 700 |

　　根据上述外币货币性账户，可汇总编制一笔月末调整分录，借贷方轧抵后的差额确认为汇兑差额。所作的会计分录为：

| | | | |
|---|---|---|---|
| (11) 借:银行存款——美元户 | | | 340 |
| ——港元户 | | | 100 |
| 应收账款——美元户(甲企业) | | | 370 |
| 贷:应付账款——美元户(乙企业) | | | 120 |
| 短期借款——美元户 | | | 40 |
| 长期借款——美元户 | | | 200 |
| 财务费用——汇兑差额 | | | 450 |

将外币业务涉及汇兑损益的全部会计分录,记入"财务费用——汇兑差额"账户,并结出本期发生额及本期净额如图表 6-7 所示。

(图表 6-7)

**财务费用——汇兑差额**　　　　　　　　　　　　　　　单位:元

| (7) | 150 | (11) | 450 |
|---|---|---|---|
| (10) | 906.40 | | |
| 本期发生额 | 1 056.40 | 本期发生额 | 450 |
| 本期净额 | 606.40 | | |

将"财务费用——汇兑差额"本期净额结转入"本年利润"账户,作会计分录为:

| | |
|---|---|
| (12) 借:本年利润 | 606.40 |
| 贷:财务费用——汇兑差额 | 606.40 |

**(二)期初汇率法的会计处理程序**

采用期初汇率法的会计处理程序与当日汇率法的会计处理程序基本相同。其主要区别在于,当外币业务发生时,登记入账用的是当月 1 日的即期汇率。因此,除外币兑换业务外,一般的外币业务所采用的记账汇率是相同的。

**【例 6-7】** 假设[例 6-6]中,6 月 1 日美元的市场汇率为 7.35 元,港元的市场汇率为 0.98 元。6 月 30 日美元的市场汇率为 7.37 元,港元的市场汇率为 0.99 元。

按期初汇率法,对 6 月份发生的外币业务,作如下会计分录:

| | |
|---|---|
| (1) 借:银行存款——美元户(US$3 000×7.35) | 22 050 |
| 贷:应收账款——美元户(甲企业) | 22 050 |
| (2) 借:应收账款——美元户(甲企业) | |
| (US$10 000×7.35) | 73 500 |
| 贷:主营业务收入 | 73 500 |
| (3) 借:在途物资(US$5 000×7.35) | 36 750 |
| 贷:应付账款——美元户(乙企业) | 36 750 |

(4) 借：应付账款——美元户(乙企业)

　　　　(US＄2 000×7.35)　　　　　　　　　　　　14 700

　　　贷：银行存款——美元户　　　　　　　　　　　　　14 700

(5) 借：银行存款——美元户(US＄10 000×7.35)　　　73 500

　　　贷：实收资本　　　　　　　　　　　　　　　　　　73 500

(6) 借：短期借款——美元户(US＄4 000×7.35)　　　　29 400

　　　贷：银行存款——美元户　　　　　　　　　　　　　29 400

(7) 借：银行存款——人民币户(US＄5 000×7.32)　　　36 600

　　　财务费用——汇兑差额　　　　　　　　　　　　　　150

　　　贷：银行存款——美元户(US＄5 000×7.35)　　　　36 750

(8) 借：银行存款——美元户(US＄10 000×7.35)　　　73 500

　　　贷：长期借款——美元户　　　　　　　　　　　　　73 500

(9) 借：交易性金融资产(US＄1 000×7.35)　　　　　　7 350

　　　贷：银行存款——美元户　　　　　　　　　　　　　7 350

(10) 借：银行存款——港元户(HK＄58 640×0.98)　　57 467.20

　　　财务费用——汇兑差额　　　　　　　　　　　　　1 332.80

　　　贷：银行存款——美元户(US＄8 000×7.35)　　　58 800.00

　　根据上述所作的会计分录,分别登记各外币货币性账户如图表6-8至图表
6-13所示。

(图表6-8)

### 银行存款——美元户

| 日期 | | 业务号数 | 摘　要 | 借　方 | | | 贷　方 | | | 余　额 | | |
|---|---|---|---|---|---|---|---|---|---|---|---|---|
| 月 | 日 | | | 美元 | 汇率 | 人民币元 | 美元 | 汇率 | 人民币元 | 美元 | 汇率 | 人民币元 |
| 6 | 1 | | 月初余额 | | | | | | | 5 000 | 7.35 | 36 750 |
| | 2 | (1) | 收到上月销货欠款 | 3 000 | 7.35 | 22 050 | | | | 8 000 | | 58 800 |
| | 10 | (4) | 支付上月购货欠款 | | | | 2 000 | 7.35 | 14 700 | 6 000 | | 44 100 |
| | 15 | (5) | 收到外商投入资本 | 10 000 | 7.35 | 73 500 | | | | 16 000 | | 117 600 |
| | 20 | (6) | 归还短期借款 | | | | 4 000 | 7.35 | 29 400 | 12 000 | | 88 200 |
| | 23 | (7) | 美元兑换人民币 | | | | 5 000 | 7.35 | 36 750 | 7 000 | | 51 450 |
| | 25 | (8) | 借入长期借款 | 10 000 | 7.35 | 73 500 | | | | 17 000 | | 124 950 |
| | 28 | (9) | 购入股票 | | | | 1 000 | 7.35 | 7 350 | 16 000 | | 117 600 |
| | 30 | (10) | 美元兑换港元 | | | | 8 000 | 7.35 | 58 800 | 8 000 | | 58 800 |
| | 30 | | 月末调整 | | | 160 | | | | 8 000 | 7.37 | 58 960 |

(图表 6-9)

### 银行存款——港元户

| 日期 | | 业务号数 | 摘　要 | 借　方 | | | 贷　方 | | | 余　额 | | |
|---|---|---|---|---|---|---|---|---|---|---|---|---|
| 月 | 日 | | | 港元 | 汇率 | 人民币元 | 港元 | 汇率 | 人民币元 | 港元 | 汇率 | 人民币元 |
| 6 | 1 | | 月初余额 | | | | | | | 10 000 | 0.98 | 9 800 |
| | 30 | (10) | 美元兑换港元 | 58 640 | 0.98 | 57 467.20 | | | | 68 640 | | 67 167.20 |
| | 30 | | 月末调整 | | | 686.40 | | | | 68 640 | 0.99 | 67 953.60 |

(图表 6-10)

### 应收账款——美元户(甲企业)

| 日期 | | 业务号数 | 摘　要 | 借　方 | | | 贷　方 | | | 余　额 | | |
|---|---|---|---|---|---|---|---|---|---|---|---|---|
| 月 | 日 | | | 美元 | 汇率 | 人民币元 | 美元 | 汇率 | 人民币元 | 美元 | 汇率 | 人民币元 |
| 6 | 1 | | 月初余额 | | | | | | | 3 000 | 7.35 | 22 050 |
| | 2 | (1) | 收到上月销货欠款 | | | | 3 000 | 7.35 | 22 050 | — | | — |
| | 5 | (2) | 销售商品 | 10 000 | 7.35 | 73 500 | | | | 10 000 | | 73 500 |
| | 30 | | 月末调整 | | | 200 | | | | 10 000 | 7.37 | 73 700 |

(图表 6-11)

### 应付账款——美元户(乙企业)

| 日期 | | 业务号数 | 摘　要 | 借　方 | | | 贷　方 | | | 余　额 | | |
|---|---|---|---|---|---|---|---|---|---|---|---|---|
| 月 | 日 | | | 美元 | 汇率 | 人民币元 | 美元 | 汇率 | 人民币元 | 美元 | 汇率 | 人民币元 |
| 6 | 1 | | 月初余额 | | | | | | | 2 000 | 7.35 | 14 700 |
| | 8 | (3) | 购入材料 | | | | 5 000 | 7.35 | 36 750 | 7 000 | | 51 450 |
| | 10 | (4) | 支付上月购货欠款 | 2 000 | 7.35 | 14 700 | | | | 5 000 | | 36 750 |
| | 30 | | 月末调整 | | | | | | 100 | 5 000 | 7.37 | 36 850 |

（图表 6-12）

### 短期借款——美元户

| 日期 | | 业务号数 | 摘　要 | 借　方 | | | 贷　方 | | | 余　额 | | |
|---|---|---|---|---|---|---|---|---|---|---|---|---|
| 月 | 日 | | | 美元 | 汇率 | 人民币元 | 美元 | 汇率 | 人民币元 | 美元 | 汇率 | 人民币元 |
| 6 | 1 | | 月初余额 | | | | | | | 8 000 | 7.35 | 58 800 |
| | 20 | (6) | 归还借款 | 4 000 | 7.35 | 29 400 | | | | 4 000 | | 29 400 |
| | 30 | | 月末调整 | | | | | | 80 | 4 000 | 7.37 | 29 480 |

（图表 6-13）

### 长期借款——美元户

| 日期 | | 业务号数 | 摘　要 | 借　方 | | | 贷　方 | | | 余　额 | | |
|---|---|---|---|---|---|---|---|---|---|---|---|---|
| 月 | 日 | | | 美元 | 汇率 | 人民币元 | 美元 | 汇率 | 人民币元 | 美元 | 汇率 | 人民币元 |
| 6 | 25 | (8) | 借入借款 | | | | 10 000 | 7.35 | 73 500 | 10 000 | | 73 500 |
| | 30 | | 月末调整 | | | | | | 200 | 10 000 | 7.37 | 73 700 |

将各外币货币性账户月末调整金额加以汇总，并确认汇兑差额，应编制会计分录为：

（11）借：银行存款——美元户　　　　　　　　　　　160.00
　　　　　　　　——港元户　　　　　　　　　　　686.40
　　　应收账款——美元户（甲企业）　　　　　　200.00
　　贷：应付账款——美元户（乙企业）　　　　　　　100.00
　　　短期借款——美元户　　　　　　　　　　　80.00
　　　长期借款——美元户　　　　　　　　　　　200.00
　　　财务费用——汇兑差额　　　　　　　　　　666.40

登记"财务费用——汇兑差额"账户，如图表 6-14 所示。

（图表 6-14）

### 财务费用——汇兑差额　　　　　　　　　　单位：元

| | | | |
|---|---|---|---|
| (7) | 150 | (11) | 666.40 |
| (10) | 1 332.80 | | |
| 本期发生额 | 1 482.80 | 本期发生额 | 666.40 |
| 本期净额 | 816.40 | | |

"财务费用——汇兑差额"本期净额,转入"本年利润"账户,作会计分录为:

    (12)借:本年利润                                    816.40

           贷:财务费用——汇兑差额           816.40

### 三、外币分账法的会计处理程序

外币业务繁多的企业,为简化折算工作量,在采用外币分账法处理外币交易业务时,日常核算只需用原币入账,月终再将全月发生的外币交易业务汇总后一次折算成记账本位币金额,并调整确认汇兑差额。

**【例 6-8】** 假设[例 6-5]中采用外币分账法对 6 月份发生的外币业务,分别在各原币账户作如下会计分录:

    (1)借:银行存款                       US$ 3 000

           贷:应收账款(甲企业)         US$ 3 000

    (2)借:应收账款(甲企业)        US$ 10 000

           贷:主营业务收入              US$ 10 000

    (3)借:在途物资                       US$ 5 000

           贷:应付账款(乙企业)         US$ 5 000

    (4)借:应付账款(乙企业)        US$ 2 000

           贷:银行存款                  US$ 2 000

    (5)借:银行存款                       US$ 10 000

           贷:实收资本                  US$ 10 000

    (6)借:短期借款                       US$ 4 000

           贷:银行存款                  US$ 4 000

    (7)借:银行存款                       ￥36 600

           贷:货币兑换                  ￥36 600

           借:货币兑换                  US$ 5 000

           贷:银行存款                  US$ 5 000

    (8)借:银行存款                       US$ 10 000

           贷:长期借款                  US$ 10 000

    (9)借:交易性金融资产          US$ 1 000

           贷:银行存款                  US$ 1 000

（10）借：银行存款　　　　　　　　　　　　　　HK＄58 640

　　　　贷：货币兑换　　　　　　　　　　　　　　HK＄58 640

　　借：货币兑换　　　　　　　　　　　　　　　US＄8 000

　　　　贷：银行存款　　　　　　　　　　　　　　US＄8 000

　　月终，根据上述各原币账户数据编制汇总表，如图表6-15和图表6-16所示。

（图表 6-15）

### 美元账户汇总表

单位：元

| 账　户　名　称 | 借方发生额 | 贷方发生额 |
|---|---|---|
| 银行存款 | 23 000 | 20 000 |
| 应收账款 | 10 000 | 3 000 |
| 主营业务收入 | | 10 000 |
| 在途物资 | 5 000 | |
| 应付账款 | 2 000 | 5 000 |
| 实收资本 | | 10 000 |
| 短期借款 | 4 000 | |
| 长期借款 | | 10 000 |
| 交易性金融资产 | 1 000 | |
| 货币兑换 | 13 000 | |
| 合　　计 | 58 000 | 58 000 |

（图表 6-16）

### 港元账户汇总表

单位：元

| 账　户　名　称 | 借方发生额 | 贷方发生额 |
|---|---|---|
| 银行存款 | 58 640 | |
| 货币兑换 | | 58 640 |
| 合　　计 | 58 640 | 58 640 |

　　根据"美元账户汇总表"各账户借贷方发生额中的美元金额按月初汇率7.35元折合成人民币金额，编制汇总会计分录为：

（11）借：银行存款——美元户（US＄23 000×7.35）　　　　169 050

　　　　应收账款——美元户（甲企业）

　　　　　（US＄10 000×7.35）　　　　　　　　　　　　73 500

　　　　在途物资（US＄5 000×7.35）　　　　　　　　　36 750

　　　　应付账款——美元户（乙企业）

　　　　　（US＄2 000×7.35）　　　　　　　　　　　　14 700

　　　　短期借款——美元户（US＄4 000×7.35）　　　　29 400

　　　　交易性金融资产（US＄1 000×7.35）　　　　　　7 350

|  |  |
|---|---|
| 货币兑换(US＄13 000×7.35) | 95 550 |
| 贷：银行存款——美元户(US＄20 000×7.35) | 147 000 |
| 应收账款——美元户(甲企业) | |
| (US＄3 000×7.35) | 22 050 |
| 主营业务收入(US＄10 000×7.35) | 73 500 |
| 应付账款——美元户(乙企业) | |
| (US＄5 000×7.35) | 36 750 |
| 实收资本(US＄10 000×7.35) | 73 500 |
| 长期借款——美元户(US＄10 000×7.35) | 73 500 |

根据"港元账户汇总表"各账户的港元金额,按月初汇率 0.98 元折合成人民币金额,应作汇总会计分录为：

|  |  |
|---|---|
| (12) 借：银行存款——港元户(HK＄58 640×0.98) | 57 467.20 |
| 贷：货币兑换 | 57 467.20 |

将上述所作的汇总会计分录登记各外币货币性账户及"货币兑换"辅助账户,并按月末即期汇率美元为 7.37 元,港元为 0.99 元作月终调整处理,确认汇兑差额如图表 6-17 至图表 6-23 所示。

(图表 6-17)

### 银行存款——美元户

| 日期 | | 业务号数 | 摘　要 | 借　　方 | | | 贷　　方 | | | 余　　额 | | |
|---|---|---|---|---|---|---|---|---|---|---|---|---|
| 月 | 日 | | | 美元 | 汇率 | 人民币元 | 美元 | 汇率 | 人民币元 | 美元 | 汇率 | 人民币元 |
| 6 | 1 | | 月初余额 | | | | | | | 5 000 | 7.35 | 36 750 |
| | 30 | (11) | 本期发生额 | 23 000 | 7.35 | 169 050 | 20 000 | 7.35 | 147 000 | 8 000 | | 58 800 |
| | 30 | | 月末调整 | | | 160 | | | | 8 000 | 7.37 | 58 960 |

(图表 6-18)

### 银行存款——港元户

| 日期 | | 业务号数 | 摘　要 | 借　　方 | | | 贷　　方 | | | 余　　额 | | |
|---|---|---|---|---|---|---|---|---|---|---|---|---|
| 月 | 日 | | | 港元 | 汇率 | 人民币元 | 港元 | 汇率 | 人民币元 | 港元 | 汇率 | 人民币元 |
| 6 | 1 | | 月初余额 | | | | | | | 10 000 | 0.98 | 9 800 |
| | 30 | (12) | 本期发生额 | 58 640 | 0.98 | 57 467.20 | | | | 68 640 | | 67 267.20 |
| | 30 | | 月末调整 | | | 686.40 | | | | 68 640 | 0.99 | 67 953.60 |

(图表 6-19)

### 应收账款——美元户(甲企业)

| 日期 | | 业务号数 | 摘　要 | 借　方 | | | 贷　方 | | | 余　额 | | |
|---|---|---|---|---|---|---|---|---|---|---|---|---|
| 月 | 日 | | | 美元 | 汇率 | 人民币元 | 美元 | 汇率 | 人民币元 | 美元 | 汇率 | 人民币元 |
| 6 | 1 | | 月初余额 | | | | | | | 3 000 | 7.35 | 22 050 |
| | 30 | (11) | 本期发生额 | 10 000 | 7.35 | 73 500 | 3 000 | 7.35 | 22 050 | 10 000 | | 73 500 |
| | 30 | | 月末调整 | | | 200 | | | | 10 000 | 7.37 | 73 700 |

(图表 6-20)

### 应付账款——美元户(乙企业)

| 日期 | | 业务号数 | 摘　要 | 借　方 | | | 贷　方 | | | 余　额 | | |
|---|---|---|---|---|---|---|---|---|---|---|---|---|
| 月 | 日 | | | 美元 | 汇率 | 人民币元 | 美元 | 汇率 | 人民币元 | 美元 | 汇率 | 人民币元 |
| 6 | 1 | | 月初余额 | | | | | | | 2 000 | 7.35 | 14 700 |
| | 30 | (11) | 本期发生额 | 2 000 | 7.35 | 14 700 | 5 000 | 7.35 | 36 750 | 5 000 | | 36 750 |
| | 30 | | 月末调整 | | | | | | 100 | 5 000 | 7.37 | 36 850 |

(图表 6-21)

### 短期借款——美元户

| 日期 | | 业务号数 | 摘　要 | 借　方 | | | 贷　方 | | | 余　额 | | |
|---|---|---|---|---|---|---|---|---|---|---|---|---|
| 月 | 日 | | | 美元 | 汇率 | 人民币元 | 美元 | 汇率 | 人民币元 | 美元 | 汇率 | 人民币元 |
| 6 | 1 | | 月初余额 | | | | | | | 8 000 | 7.35 | 58 800 |
| | 30 | (11) | 本期发生额 | 4 000 | 7.35 | 29 400 | | | | 4 000 | | 29 400 |
| | 30 | | 月末调整 | | | | | | 80 | 4 000 | 7.37 | 29 480 |

(图表 6-22)

### 长期借款——美元户

| 日期 | | 业务号数 | 摘　要 | 借　方 | | | 贷　方 | | | 余　额 | | |
|---|---|---|---|---|---|---|---|---|---|---|---|---|
| 月 | 日 | | | 美元 | 汇率 | 人民币元 | 美元 | 汇率 | 人民币元 | 美元 | 汇率 | 人民币元 |
| 6 | 30 | (11) | 本期发生额 | | | | 10 000 | 7.35 | 73 500 | 10 000 | | 73 500 |
| | 30 | | 月末调整 | | | | | | 200 | 10 000 | 7.37 | 73 700 |

(图表 6-23)

货 币 兑 换           单位:元

| 日期 月 | 日 | 业务号数 | 摘 要 | 借 方 | 贷 方 | 借或贷 | 余 额 |
|---|---|---|---|---|---|---|---|
| 6 | 23 | (7) | 美元兑换人民币 | | 36 600 | 贷 | 36 600 |
| | 30 | (11) | 本期发生额 | 95 550 | | 借 | 58 950 |
| | 30 | (12) | 本期发生额 | | 57 467.20 | 借 | 1 482.80 |
| | 30 | | 月末调整 | | 1 482.80 | — | — |

将上述各外币货币性账户及"货币兑换"辅助账户的月终调整金额进行汇总,并确认汇兑差额。编制会计分录为:

(13) 借:银行存款——美元户            160.00

         ——港币户            686.40

     应收账款——美元户(甲企业)       200.00

     财务费用——汇兑差额          816.40

    贷:应付账款——美元户(乙企业)      100.00

      短期借款——美元户           80.00

      长期借款——美元户         200.00

      货币兑换              1 482.80

将本月汇兑差额转入"本年利润"账户,作会计分录:

(14) 借:本年利润             816.40

    贷:财务费用——汇兑差额      816.40

由此可见,采用外币分账法,如果月末根据各原币账户汇总表按月初汇率折算成记账本位币金额,那么,其折算的结果与外币统账法下的期初汇率法是一致的。

# 第三节 其他外币业务的会计处理

## 一、外币资本折算业务的会计处理

企业发生的外币资本折算业务,根据我国企业会计准则规定:对于相应的资产账户和实收资本账户,一律按收到出资额当日的即期汇率折合。

【例 6-9】 某企业收到某外商投入 500 000 美元和全新生产流水线一套价值 1 000 000 美元,当天美元的即期汇率为 7.36 元,该企业的记账本位币为人民币。

在对这笔外币资本折算业务进行会计处理时,对美元存款户和"固定资产"及"实收资本"账户均应按收到出资额当天美元的即期汇率 7.36 元折合。应作会计分录为:

借:银行存款——美元户(US＄500 000×7.36)          3 680 000
　　固定资产(US＄1 000 000×7.36)                7 360 000
　贷:实收资本                              11 040 000

**二、向银行结汇、购汇的会计处理**

我国外汇管理体制改革后,实行了人民币汇率并轨。除了经外汇管理部门批准之外,对不允许建立现汇账户的外币业务规定:一切外汇收入必须及时向外汇指定银行办理结汇,一切外汇支出必须持国家认可的有效凭证,用人民币到外汇指定银行办理兑付,不能用外汇收入直接抵作外汇支出。下面就企业的外汇收入、支出如何向外汇指定银行办理结汇和购汇的会计处理,予以举例说明。

(一)外汇收入向银行办理结汇的会计处理

**【例 6-10】**　某企业以人民币为记账本位币,并以当天的即期汇率作记账汇率。5 月初"应收账款——美元户"余额为 500 美元,汇率为 7.30 元,折合人民币为 3 650 元;5 月 7 日该企业出口商品一批,售价为 1 000 美元,当天美元的即期汇率为 7.31 元,货款尚未收到;5 月 15 日收到货款 1 000 美元,即向外汇指定银行办理结汇,当天美元的即期汇率为 7.35 元,而结汇银行的美元买入汇率为 7.34 元;5 月末美元的即期汇率为 7.36 元。

对该企业这笔外汇收入业务的发生、结汇和月末调整的会计处理如下:

5 月 7 日,出口商品销售实现时,应根据当天美元的即期汇率 7.31 元作会计处理,编制会计分录为:

(1) 借:应收账款——美元户(US＄1 000×7.31)          7 310
　　　贷:主营业务收入                          7 310

5 月 15 日,收到货款,向银行办理结汇时,应根据结汇银行的美元买入汇率 7.34 元计算实得的人民币收入金额,按当天美元的即期汇率 7.35 元折合成人民币冲减"应收账款——美元户",两者的差额确认为汇兑差额。应作会计分录为:

(2) 借:银行存款——人民币户(US＄1 000×7.34)          7 340
　　　财务费用——汇兑差额                        10
　　贷:应收账款——美元户(US＄1 000×7.35)          7 350

5月31日,根据"应收账款——美元户"的月末美元余额按月末美元的即期汇率7.36元调整账面人民币金额,同时将差额确认为汇兑差额如图表6-24所示,并作会计分录为:

借:应收账款——美元户                                             70
　　贷:财务费用——汇兑差额                                       70

(图表6-24)

### 应收账款——美元户

| 日期 | | 业务号数 | 摘　要 | 借　　方 | | | 贷　　方 | | | 余　　额 | | |
|---|---|---|---|---|---|---|---|---|---|---|---|---|
| 月 | 日 | | | 美元 | 汇率 | 人民币元 | 美元 | 汇率 | 人民币元 | 美元 | 汇率 | 人民币元 |
| 5 | 1 | | 月初余额 | | | | | | | 500 | 7.30 | 3 650 |
| | 7 | (1) | 销售商品 | 1 000 | 7.31 | 7 310 | | | | 1 500 | | 10 960 |
| | 15 | (2) | 收到货款向银行办理结汇 | | | | 1 000 | 7.35 | 7 350 | 500 | | 3 610 |
| | 31 | | 月末调整 | | | 70 | | | | 500 | 7.36 | 3 680 |

### (二)外汇支出向银行办理购汇的会计处理

【例6-11】 假如[例6-9]中,企业在5月20日为偿还10 000美元的长期借款,以人民币向银行购入外汇,当天美元的即期汇率为7.36元,购汇银行美元的卖出汇率为7.38元;该企业"长期借款——美元户"月初余额为15 000美元,汇率为7.30元,折合人民币为109 500元。

对这笔外汇支出的购汇业务,所作的会计处理如下:

5月20日,以人民币购汇归还借款时,应以购汇银行的美元卖出汇率7.38元计算实际支付的人民币金额,按当天美元的即期汇率7.36元折合人民币金额减少"长期借款——美元户"的账面金额,差额确认为汇兑差额。应作会计分录为:

(3)借:长期借款——美元户(US＄10 000×7.36)                     73 600
　　　　财务费用——汇兑差额                                     200
　　　贷:银行存款——人民币户(US＄10 000×7.38)                 73 800

5月31日,按月末即期汇率7.36元,调整"长期借款——美元户"的账面人民币金额,并确认汇兑差额如图表6-25所示,同时编制会计分录为:

借:财务费用——汇兑差额                                         900
　　贷:长期借款——美元户                                       900

（图表6-25）

### 长期借款——美元户

| 日期 | | 业务号数 | 摘　要 | 借　方 | | | 贷　方 | | | 余　额 | | |
|---|---|---|---|---|---|---|---|---|---|---|---|---|
| 月 | 日 | | | 美元 | 汇率 | 人民币元 | 美元 | 汇率 | 人民币元 | 美元 | 汇率 | 人民币元 |
| 5 | 1 | | 月初余额 | | | | | | | 15 000 | 7.30 | 109 500 |
| | 20 | （3） | 以人民币购汇归还借款 | 10 000 | 7.36 | 73 600 | | | | 5 000 | | 35 900 |
| | 31 | | 月末调整 | | | | | | 900 | 5 000 | 7.36 | 36 800 |

### 三、建立外币偿债基金的会计处理

我国外汇管理体制改革后，为了确保企业对外信誉，国家规定：对外债较多的企业和有关部门可以建立相应的外币偿债基金，并在外汇指定银行开立现汇账户存储，以保证按期归还。

企业建立的外币偿债基金主要有三种来源：一是按负债金额的一定比例以人民币购入外汇建立偿债基金；二是按规定可从现汇账户划出一部分外汇作为偿债基金；三是以国家批准的专项还贷出口收汇作为偿债基金。

建立外币偿债基金的企业，应在"银行存款"账户增设"××外币偿债基金户"明细分类账户进行单独核算。该账户也属外币账户，其余额也需按期末汇率加以调整。兹将外币偿债基金的会计处理予以举例说明如下。

1. 按外债一定比例用人民币购汇建立偿债基金

【例6-12】 某企业以人民币为记账本位币，采用业务发生当期期初的即期汇率作记账汇率，尚有外债200 000美元，经批准可按10%以人民币购汇建立偿债基金，购入外汇当月期初美元即期汇率为7.50元，当日购汇银行的美元卖出汇率为7.45元。

这笔以人民币购汇建立偿债基金业务，在进行会计处理时，应按当月期初美元的即期汇率7.50元折合人民币金额借记"银行存款——美元偿债基金户"，按购汇银行的美元卖出汇率7.45元计算实际支付的人民币金额，贷记"银行存款——人民币户"，两者的差额记入"财务费用——汇兑差额"账户。应作会计分录为：

借：银行存款——美元户偿债账户

（US＄20 000×7.50） 150 000

贷：银行存款——人民币户（US＄20 000×7.45） 149 000

财务费用——汇兑差额 1 000

### 2. 从现汇账户划转建立偿债基金

【例 6-13】 假如[例 6-11]中企业"银行存款——美元户"尚有余额 8 000 美元,账面汇率为 7.50 元,折合人民币为 60 000 元,现划转 2 000 美元作为偿债基金。

这笔从现汇账户划转建立偿债基金业务,应按账面汇率 7.50 元将 2 000 美元折合为人民币金额,借记"银行存款——美元偿债基金户",贷记"银行存款——美元户",没有汇兑差额。因此,应作会计分录为:

借:银行存款——美元偿债基金户

　　(US$ 2 000×7.50)　　　　　　　　　　　　　　　　　15 000

　　贷:银行存款——美元户　　　　　　　　　　　　　　　　　15 000

### 3. 以专项还贷出口收汇建立偿债基金

【例 6-14】 假如[例 6-11]中企业的一项专项还贷出口业务,售价 3 000 美元,出口当月期初美元的即期汇率为 7.35 元,商品出口 5 天后收到货款,直接列作偿债基金。

这笔以专项还贷出口收汇建立偿债基金业务,应作如下会计处理。

(1) 出口商品实现销售时,应作会计分录为:

借:应收账款——美元户(US$ 3 000×7.35)　　　　　　　　22 050

　　贷:主营业务收入　　　　　　　　　　　　　　　　　　　22 050

(2) 收到货款建立偿债基金时,应作会计分录为:

借:银行存款——美元偿债基金户(US$ 3 000×7.35)　　　　22 050

　　贷:应收账款——美元户　　　　　　　　　　　　　　　　22 050

### 四、不同货币汇率的套算

目前,中国人民银行每天只公布人民币对美元、欧元、日元、港元四种货币的基准汇率(即市场汇率),不公布人民币对其他货币的基准汇率。因此,企业发生的除美元、欧元、日元、港元以外的外币业务时,根据规定可以按下列方法进行套算折合:

(1) 除四种货币以外的其他货币对人民币的汇率,可以根据美元对人民币的基准汇率和国家外汇管理局提供的纽约外汇市场美元对主要外汇的汇率进行套算,按套算后的汇率作为折合汇率。套算公式如下:

$$某种货币对人民币的汇率=\frac{美元对人民币的基准汇率}{美元对该种货币的汇率}$$

如某日美元对人民币的基准汇率为 7.76 元,美元对英镑的汇率为0.513 8英镑,那么,英镑对人民币的汇率应为 15.103 元(7.76÷0.513 8)。

(2) 美元对人民币以外的其他货币的汇率,直接采用国家外汇管理局提供的纽约外汇市场美元对主要外汇的汇率。

(3) 美元、人民币以外的其他货币之间的汇率,按国家外汇管理局提供的纽约外汇市场美元对主要外汇的汇率进行套算,按套算后的汇率作为折合率。套算公式如下:

$$货币 A 对货币 B 的汇率 = \frac{美元对货币 B 的汇率}{美元对货币 A 的汇率}$$

如某日美元对英镑的汇率为 0.513 8 马克,美元对加元的汇率为 1.171 7,那么,英镑对加元的汇率应为 0.438 5 加元(0.513 8÷1.171 7)。

# 复习思考题

## 一、简答题

1. 何谓外币交易?具体包括哪些内容?

2. 在选定记账本位币时,应考虑哪些因素?

3. 如何确认汇兑差额?其核算原则如何?

4. 外币统账法与外币分账法的主要区别在哪里?两种方法的会计处理程序有何不同?

5. 试述向银行办理结汇、购汇时的会计处理。

6. 建立外币偿债基金的来源有哪些?各种来源的会计处理有什么不同?

7. 如何对不同货币汇率进行套算?

## 二、解释重要名词和术语

外币交易　记账本位币　境外经营　直接汇率　间接汇率　固定汇率浮动汇率　买入汇率　卖出汇率　记账汇率　账面汇率　即期汇率　即期汇率近似汇率　汇兑差额　外币统账法　外币分账法　银行结汇　偿债基金

## 三、单项选择题

1. 下列业务中,不属于外币交易的是(　　　)。

A. 外币计价的购销业务　　　　B. 借入或借出外币资金

C. 外币报表折算　　　　　　　D. 外币兑换业务

2. 根据规定,我国编制的会计报表都应当以( )反映。

A. 人民币　　　　　　　　　　B. 外币

C. 以人民币折合成外币　　　　D. 以外币折合成人民币

3. 当企业记录外币业务时,由于记账的时间和汇率不同而产生的折合为记账本位币的差额,就是( )。

A. 折算差额　　B. 汇兑损益　　C. 折算损益　　D. 外币差额

4. 外币兑换业务产生的折算差额,应记入( )账户。

A. "财务费用"　　　　　　　　B. "汇兑损益"

C. "资本公积"　　　　　　　　D. "递延资产"

5. 在采用外币分账法时,当外币业务涉及两种货币时,应分记两个原币账户并需要设置( )辅助账户进行转账。

A. "货币兑换"　　　　　　　　B. "汇兑损益"

C. "折算损益"　　　　　　　　D. "汇兑差额"

6. 企业进口材料一批,买价100 000美元,当日的即期汇率为1美元＝7.75元人民币,实际支付货款时的即期汇率为1美元＝7.3元人民币,如采用一笔业务观点,该批材料的购货成本为( )元人民币。

A. 775 000　　B. 730 000　　C. 727 500　　D. 800 000

7. 企业接受外商投资,外商投入100万美元,当天的即期汇率为1美元＝7.75元人民币,该企业采用月初汇率为记账汇率,月初汇率为1美元＝7.73元人民币,应记入"实收资本"账户的金额为( )万元人民币。

A. 775　　　　B. 773　　　　C. 727.5　　　D. 800

8. 以国外货币作为单位货币,以本国货币作为标价货币的标价方法称为( )。

A. 买入汇率　　B. 卖出汇率　　C. 直接汇率　　D. 间接汇率

## 四、多项选择题

1. 汇率按是否固定,可以分为( )。

A. 直接汇率　　B. 间接汇率　　C. 固定汇率　　D. 浮动汇率

E. 市场汇率

2. 下列各外币项目中,属于外币货币性项目的有( )。

A. 外币库存现金　　　　　　　B. 以外币结算的应收账款

  C. 以外币结算的应付票据   D. 外币银行存款

  E. 外币实收资本

3. 汇率按银行结算的对象不同所进行的分类有(　　　)。

  A. 买入汇率       B. 卖出汇率

  C. 记账汇率       D. 账面汇率

  E. 平均汇率

4. 我国企业会计准则规定,可以作为记账时采用的汇率有(　　　)。

  A. 业务发生日即期汇率   B. 固定汇率

  C. 浮动汇率       D. 即期汇率　近似汇率

  E. 远期汇率

5. 下列差额中,应当作为汇兑损益核算的有(　　　)。

  A. 外币报表折算差额

  B. 外币兑换发生的折算差额

  C. 持有外币存款期间发生的折算差额

  D. 收到外币资本投资时的折算差额

  E. 外币账户按期末汇率折合成记账本位币金额与账面的记账本位币
   差额

  6. 在外币业务发生时,直接用原币记入账户,而不需按一定汇率折算成记账本位币的方法有(　　　)。

  A. 外币记账统账法    B. 外币分账法

  C. 原币记账法      D. 分币记账法

  E. 货币兑换法

  7. 为了确保外币债务的按期归还,根据规定可以由(　　　)建立偿债基金。

  A. 从现汇账户划转

  B. 以专项还贷出口收汇

  C. 按外债一定比例用人民币购汇

  D. 向外汇银行借款

  E. 外汇支出结余

  8. 下列外币记账方法中,(　　　)可以减少核算工作量。

  A. 外币统账法      B. 当日汇率法

  C. 期初汇率法      D. 外币分账法

  E. 货币兑换法

## 五、判断题

1. 企业发生的外币交易业务是指各项非人民币经济业务。 （   ）

2. 企业对经济业务进行会计处理的记账本位币作出选择后,一经确定,不得随意变更。如确实需要变更,须经过批准。 （   ）

3. 汇率实质是一国货币兑换成他国货币的比率,它的决定基础是两国货币对商品的购买力。 （   ）

4. 按我国目前规定,外币业务记账时可采用业务发生日的即期汇率,也可以采用即期汇率近似汇率,一经确定,则不允许变动。 （   ）

5. 当按交易发生时汇率折合成记账本位币金额确定下来以后,不管货款结算时汇率如何变动,都不予调整账面的购货成本或销售收入的观点属于二笔业务观点。 （   ）

6. 对于生产经营期间发生的汇兑损益,应该作为递延资产分期摊销计入各期损益。 （   ）

7. 采用外币统账法时,对外币业务涉及的非本位币货币统统折算成记账本位币加以反映,非记账本位币在账上只作一个辅助记录。 （   ）

8. 对于用外币借款建造的固定资产在交付使用前,其外币借款期末发生的折算差额应记入"在建工程"账户。 （   ）

9. 如果外币账户本期没有发生额,期末就不会发生汇兑损益。 （   ）

10. 在货币兑换业务中,设置"货币兑换"这个辅助账户的目的,主要为使两个原币账户分别取得平衡。 （   ）

## 六、练习题

1. **目的**　　练习当日汇率法的会计处理。

**资料**　　某企业以人民币为记账本位币,采用当日汇率作为记账汇率,各有关外币账户12月初余额如下：

|  | 原　币 | 汇　率 | 人民币 |
|---|---|---|---|
| 银行存款——美元户 | 12 000 美元 | 7.30 | 87 600 元 |
| 银行存款——港元户 | 5 000 港元 | 0.95 | 4 750 元 |
| 银行存款——美元偿债基金户 | 1 000 美元 | 7.30 | 7 300 元 |
| 应收账款——美元户（甲企业） | 3 000 美元 | 7.30 | 21 900 元 |
| 应付账款——美元户（乙企业） | 4 000 美元 | 7.30 | 29 200 元 |

12 月份发生的与外币有关的经济业务有：

(1) 12 月 1 日,向甲企业出口产品一批,售价 10 000 美元,货款尚未收到,当日美元的即期汇率为 7.31 元。

(2) 12 月 5 日,向乙企业进口一批材料,价款 8 000 美元,货款尚未支付,当日美元的即期汇率为 7.35 元。

(3) 12 月 10 日,收到甲企业上月所欠货款 3 000 美元,列作企业的偿债基金,当日美元的即期汇率为 7.34 元。

(4) 12 月 12 日,以 2 500 美元计提并支付外方管理人员工资,当日美元的即期汇率为7.33元。

(5) 12 月 17 日,支付上月所欠乙企业货款 4 000 美元,当日美元的即期汇率为 7.35 元。

(6) 12 月 22 日,从美元存款户支出 5 000 美元兑换人民币,当日美元的即期汇率为 7.34 元,外汇指定银行的美元买入汇率为 7.33 元。

(7) 12 月 25 日,借入短期借款 50 000 港元存入银行,当日港元的即期汇率为 0.99 元。

(8) 12 月 26 日,收到某外商投入全新设备一套,价值 5 000 美元,当日美元的即期汇率为 7.34 元。

(9) 12 月 28 日,用 20 000 港元兑换成美元,当日港元的即期汇率为 0.92 元,美元的即期汇率为 7.32 元,外汇指定银行港元的买入汇率为 0.95 元,美元的卖出汇率为 7.30 元。

(10) 12 月 31 日,美元的即期汇率为 7.33 元,港元的即期汇率为0.95元。

**要求**

(1) 根据上述资料,编制会计分录。

(2) 登记各外币账户,并按月末汇率调整账面人民币余额,确认汇兑损益。

2. **目的**　　练习期初汇率法的会计处理。

**资料**　　某企业以人民币为记账本位币,采用期初汇率作为记账汇率。12 月初各外币账户的余额及 12 月份发生的有关外币业务见练习题 1 所给资料。

12 月 1 日,美元的即期汇率为 7.31 元,港元的即期汇率为 0.96 元。

**要求**

(1) 根据资料为发生的外币业务编制会计分录。

(2) 登记各外币账户,并按月末汇率调整账面人民币余额,确认汇兑损益。

3. **目的**　　练习外币分账法的会计处理。

**资料**　　根据练习题2所给资料。

**要求**

(1) 按原币为12月份发生的外币业务编制会计分录,并于月末汇总登记入账。

(2) 对各外币账户及"货币兑换"辅助账户按月末汇率作调整处理,并确认汇兑损益。

(3) 将结果与练习题1、练习题2作一比较,并说明异同所在原因。

4. **目的**　　练习向银行结汇、购汇的会计处理。

**资料**　　某企业6月份为归还5 000美元长期借款以人民币向银行兑入美元,当天美元的即期汇率为7.35元,银行的卖出汇率为7.30元;另外,该企业因出口商品收到应收货款10 000美元,当即结售给银行,当天美元的即期汇率为7.40元,结汇银行的美元买入汇率为7.35元。

**要求**　　为上述业务编制会计分录。

# 第七章　外币报表折算<sup>*</sup>

## 第一节　外币报表折算的目的

### 一、外币报表折算的含义

外币报表折算是指为特定的目的,将以某种货币表示的财务报表折算成以另一种特定货币表示的财务报表过程。

外币报表折算完全不同于外币兑换业务。外币兑换业务是以一种货币兑换成另一种货币,它要发生实际货币的等值交换;而外币报表折算并不涉及不同货币的实际交换,仅仅是将财务报表各项目的表述语言从一种货币为单位改变为以另一种货币为单位。因此,外币报表折算不应该影响资产、负债的计量基础,或影响收入与费用的确认时间,以及改变计量项目的属性。

### 二、外币报表折算的目的

外币报表折算的目的,归纳起来一般有以下几种:

(1) 跨国经营的子公司或附属公司,将以某种外币表示的财务报表折算为境内母公司或总公司记账本位币表示的财务报表。

(2) 境内的子公司、联营公司或合营公司,当其采用与母公司或总公司、报告公司不同记账本位币表示的财务报表,需要将其财务报表折算为母公司或总公司、报告公司记账本位币的财务报表。

(3) 境内以某种非人民币货币作为记账本位币的企业,按规定在期末将报送的非人民币表示的财务报表折算为以人民币表示的财务报表。

(4) 为境外股东、债权人或其他报表阅读者提供财务报表的,需要将以本国货币表示的财务报表折算为某种国外货币表示的财务报表。

(5) 为在境外筹集资金而准备发行股票或债券的企业,需要将以本国货币表示的财务报表折算成国外投资者、债权人所在国货币表示的财务报表。

上述前两种财务报表折算目的可以作为一类,其财务报表的折算主要是为满足控股的母公司、投资的总公司或报告公司了解、控制、管理子公司、附属公司,或国内联营公司和合营公司的财务状况、经营成果,以及利润分配情况,掌握其经营政策、经营方针和各资源的分配和利用情况,以便为控股的母公司,或投资的总公司、报告公司的管理当局进行经营决策提供依据。同时,根据折算后的财务报表,可以作为母公司或总公司、报告公司合并、汇编财务报表的基础。后三种财务报表折算目的也可以归为一类,其进行财务报表折算主要是为满足报表使用者便于理解报表项目内容,财务报表的折算起到了语言翻译的作用,为财务报表的各自使用者提供投资、信贷、政府管理等方面决策的依据。

外币报表的折算究竟采用什么汇率比较恰当,因采用汇率不同报表折算后的差额如何处理,这两个问题至今仍是国际会计界的一大难题。不同的折算目的可采用不同的折算方法进行折算,同一张外币报表由于采用的折算方法不同,折算的结果也会截然不同。下面就以合并、汇编财务报表为目的的报表折算方法,将国际上通行的方法予以分析说明。

# 第二节 外币报表折算的方法

外币报表折算的方法是指外币报表所列的各项资产、负债、收入和费用,是按现行汇率折算还是按历史汇率折算,选用的方法不同,折算的结果会各不相同。目前,世界各国对外币报表进行折算主要有四种方法,它们是：流动与非流动法、货币与非货币法、时间量度法,以及现行汇率法。

## 一、流动与非流动法

采用流动与非流动法,首先将被折算的国外子公司或附属公司资产负债表各项目划分为流动和非流动两大类,对流动资产和流动负债各项目的外币金额,应按编报日的现行汇率折算成国内母公司或总公司的记账本位币金额。对非流动资产和非流动负债各项目,则按取得资产或承担债务时日的历史汇率折算。对公司的实收资本或股本项目,按实际收到资本或发行股份时日的历史汇率折算。留存收益项目,则为报表折算的轧差平衡数。利润表项目,其中的折旧费和摊销费按取得有关资产时的实际历史汇率折算,其余的收入、费用项目均按编报期间的平均汇率进行折算。

流动与非流动法早在30年代就已被美国广泛使用。采用这种方法折算报表,因为在报告当期子公司或附属公司的流动资产和流动负债是按现行汇率折算的,所以折算的结果有利于分析其营运资金情况。而子公司或附属公司的净营运资金情况,则取决于折算结果是收益还是损失。在流动资产大于流动负债的情况下,外币贬值,就会发生折算损失;反之,外币升值,就会取得折算收益。这种因折算产生的损失,从稳健角度出发,计入母公司或总公司记账本位币表述的当期损失;反之,因折算取得的收益,则作为暂记项目列入以母公司或总公司记账本位币表述的资产负债表所有者权益下,并可递延用来抵销未来会计期间可能发生的折算损失。流动与非流动法的缺点,在于它缺乏概念依据,不能充分说明为什么流动与非流动的分类与采用的折算汇率有关。同时,对存货这一按历史成本计量的流动资产项目,采用现行汇率进行折算,也是很不恰当的。

**【例7-1】** 某母公司以人民币为记账本位币,该母公司在境外有一子公司,其会计核算是以美元为记账本位币。子公司向母公司编报期初美元的汇率为7.40元人民币,期末美元的汇率为7.60元人民币,则报告期美元的平均汇率为7.50元人民币。假定,子公司资产、负债、所有者权益各项目美元的历史汇率均为7.35元人民币。子公司当年向所有者分配利润250美元。

采用流动与非流动法,将子公司编报的以美元表示的财务报表折算为母公司要求的以人民币表示的财务报表如图表7-1至图表7-3所示。

(图表7-1)

**子公司利润表**(简化)

20××年度　　　　　　　　　　　　　　　　　单位:元

| 项　　目 | 美元金额 | 折算汇率 | 人民币金额 |
|---|---|---|---|
| 一、营业收入 | 5 000 | 7.50 | 37 500 |
| 　减:营业成本 | 4 000 | | 29 985 |
| 　　其中:固定资产折旧成本 | 100 | 7.35 | 735 |
| 　　　其他营业成本 | 3 900 | 7.50 | 29 250 |
| 　减:期间费用 | 300 | | 2 247 |
| 　　其中:固定资产折旧费用 | 20 | 7.35 | 147 |
| 　　　其他期间费用 | 280 | 7.50 | 2 100 |
| 二、营业利润 | 700 | | 5 268 |
| 　减:营业外支出 | 50 | 7.50 | 375 |
| 三、利润总额 | 650 | | 4 893 |
| 　减:所得税费用 | 250 | 7.50 | 1 875 |
| 四、净利润 | 400 | | 3 018 |
| 五、其他综合收益的税后净额 | | | |
| 　　其中:外币财务报表折算差额 | | | 72 |
| 六、综合收益总额 | 400 | | 3 090 |

（图表 7-2）

## 子公司所有者权益变动表(简化)

20××年度 单位：元

| 项　目 | 实　收　资　本 | | | 其他综合收益 | 未分配利润 | | | 所有者权益合计 |
|---|---|---|---|---|---|---|---|---|
| | 美元 | 折算汇率 | 人民币 | | 美元 | 折算汇率 | 人民币 | 人民币 |
| 一、本年年初余额 | 1 000 | 7.35 | 7 350 | | | | | 7 350 |
| 二、本年增减变动金额 | | | | | | | | |
| （一）综合收益总额 | | | | 72 | 400 | | 3 018 | 3 090 |
| （二）所有者投入和减少资本 | | | | | | | | |
| （三）利润分配 | | | | | | | | |
| 2. 对所有者的分配 | | | | | −250 | 7.50 | −1 875 | −1 875 |
| 三、本年年末余额 | 1 000 | | 7 350 | 72 | 150 | | 1 143 | 8 565 |

（图表 7-3）

## 子公司资产负债表(简化)

20××年 12 月 31 日 单位：元

| 资　　产 | 美元金额 | 折算汇率 | 人民币金额 | 负债和所有者权益 | 美元金额 | 折算汇率 | 人民币金额 |
|---|---|---|---|---|---|---|---|
| 货币资金 | 200 | 7.60 | 1 520 | 应付票据及应付账款 | 550 | 7.60 | 4 180 |
| 应收票据及应收账款 | 300 | 7.60 | 2 280 | 长期借款 | 450 | 7.35 | 3 307.5 |
| 存货 | 500 | 7.60 | 3 800 | 实收资本 | 1 000 | 7.35 | 7 350 |
| 固定资产 | 1 000 | 7.35 | 7 350 | 其他综合收益 | | | 72① |
| 长期股权投资 | 150 | 7.35 | 1 102.5 | 未分配利润 | 150 | | 1 143② |
| 合　　　计 | 2 150 | | 16 052.5 | 合　　　计 | 2 150 | | 16 052.5 |

① 按折算后所有者权益变动表中的年末未分配利润数填列。
② 为折算后资产负债表的轧差平衡数。

### 二、货币与非货币法

采用货币与非货币法,需要根据资产负债表中各项目所代表的货币量是否固定不变为标准,分为货币性项目和非货币性项目两大类。货币性项目的特征是,它们的价值是按被折算的国外子公司或附属公司的固定金额表示的,如企业的现金、银行存款、应收账款、应收票据等属于货币性资产,而企业的应付账款、短期借款、长期借款,以及应付债券等属于货币性负债。这些项目的固定金额,除现金、银行存款外,表示将在未来收到或付出一笔固定的外币金额的权利或责任,只要汇率一有变动,它们的母公司或总公司的本国货币等值就会发生变化。因此,对货币性项目应按编报日的现行汇率进行折算,这样,属于流动资产的存货就被排除在货币性资产之外而与长期投资、固定资产、无形资产等非流动资产,以及需要在将来的商品或劳务承担的负债等项目,都属于非货币性项目。它们按历史成本计量的价值在报表折算时,应按当初资产取得或负债发生时日的历史汇率进行折算。对于股东权益部分,因子公司或附属公司的实收资本或股本一般总是按资本取得或股份发行时日的历史汇率折算的,所以,也可以将它归入非货币性项目;留存收益则为报表折算的轧差平衡数。利润表项目,其折算方法基本与流动与非流动法相同。折旧费和摊销费应按取得有关资产时日的历史汇率折算,其他收入和费用项目均按报告期平均汇率折算。但销售成本中的存货成本则应按历史汇率折算。对于报表折算过程中形成的折算差额,在货币与非货币法下一般不予递延,而是记入当期的损益。

　　货币与非货币法最初是在 20 世纪 50 年代由美国普华斯教授倡议的,之后又得到了美国全国会计师联合会的赞同。它恰当地表达了汇率变动的会计影响,具有明确的概念依据。但是,这种方法的缺陷和流动与非流动法一样,在决定折算应采用现行汇率还是历史汇率这点上,是以资产和负债项目的某种分类组合为基础的。然而,外币报表折算所涉及的问题是计量而不是分类,选用适当的折算汇率不一定与资产和负债项目的如何分类有直接的关系。

　　【例 7-2】　假设[例 7-1]中采用货币与非货币法,将子公司编制的、以美元表示的财务报表折算为母公司要求的、以人民币表示的财务报表如图表 7-4 至图表 7-6 所示。

（图表 7-4）

**子公司利润表**(简化)

20×× 年度　　　　　　　　　　　　　　　　单位：元

| 项　　　目 | 美元金额 | 折算汇率 | 人民币金额 |
|---|---|---|---|
| 一、营业收入 | 5 000 | 7.50 | 37 500 |
| 　减：营业成本 | 4 000 | | 26 610 |
| 　　其中：固定资产折旧成本 | 100 | 7.35 | 735 |
| 　　　　存货成本 | 2 500 | 7.35 | 18 375 |
| 　　　　其他成本 | 1 400 | 7.50 | 10 500 |
| 　减：期间费用 | 300 | | 2 242.5 |
| 　　其中：固定资产折旧费用 | 20 | 7.35 | 147 |
| 　　　　存货费用 | 30 | 7.35 | 220.5 |
| 　　　　其他期间费用 | 250 | 7.50 | 1 875 |
| 二、营业利润 | 700 | | 5 647.5 |

（续表）

| 项　　目 | 美元金额 | 折算汇率 | 人民币金额 |
|---|---|---|---|
| 　　减：营业外支出 | 50 | 7.50 | 375 |
| 三、利润总额 | 650 | | 5 272.5 |
| 　　减：所得税费用 | 250 | 7.50 | 1 875 |
| 　　外币报表折算差额 | | | (545)① |
| 四、净利润 | 400 | | 2 852.5 |
| 五、其他综合收益的税后净额 | | | |
| 六、综合收益总额 | 400 | | 2 852.5 |

① 为外币报表折算损失，它是不包括折算损失的未分配利润数与折算后资产负债表的轧差平衡数的差额，即 545 ＝(5 272.5－1 875－1 875)－977.5。

（图表 7-5）

### 子公司所有者权益变动表(简化)

20××年度　　　　　　　　　　　　　　　　　　　　　　　单位：元

| 项　　目 | 实收资本 | | | 未分配利润 | | | 所 有 者权益合计 |
|---|---|---|---|---|---|---|---|
| | 美元 | 折算汇率 | 人民币 | 美元 | 折算汇率 | 人民币 | 人民币 |
| 一、本年年初余额 | 1 000 | 7.35 | 7 350 | | | | 7 350 |
| 二、本年增减变动金额 | | | | | | | |
| （一）综合收益总额 | | | | 400 | | 2 852.5 | 2 852.5 |
| （二）所有者投入和减少资本 | | | | | | －545 | －545 |
| （三）利润分配 | | | | | | | |
| 2. 对所有者的分配 | | | | －250 | 7.5 | －1 875 | －1 875 |
| 三、本年年末余额 | 1 000 | | 7 350 | 150 | | 977.5 | 8 327.5 |

（图表 7-6）

### 子公司资产负债表(简化)

20××年 12 月 31 日　　　　　　　　　　　　　　　　　　单位：元

| 资　　产 | 美元金额 | 折算汇率 | 人民币金额 | 负债和所有者权益 | 美元金额 | 折算汇率 | 人民币金额 |
|---|---|---|---|---|---|---|---|
| 货币资金 | 200 | 7.60 | 1 520 | 应付票据及应付账款 | 550 | 7.60 | 4 180 |
| 应收票据及应收账款 | 300 | 7.60 | 2 280 | 长期借款 | 450 | 7.60 | 3 420 |
| 存货 | 500 | 7.35 | 3 675 | 实收资本 | 1 000 | 7.35 | 7 350 |
| 长期股权投资 | 150 | 7.35 | 1 102.5 | 未分配利润 | 150 | | 977.5① |
| 固定资产 | 1 000 | 7.35 | 7 350 | | | | |
| 合　　计 | 2 150 | | 15 927.5 | 合　　计 | 2 150 | | 15 927.5 |

① 为折算后资产负债表的轧差平衡数。

### 三、时间量度法

时间量度法又称时态法或时间性法。它是基于外币报表的折算,只是一种计量变换程序,是对现定价值的重新表述,因而不应该改变计量项目的属性,而只能将改变计量单位作为前提。根据这一前提,对资产负债表的现金、银行存款、应收账款和应付账款项目应按现行汇率折算,其他资产和负债项目则视其特性,可以按现行汇率折算,也可以按历史汇率折算。即资产和负债项目,如按历史成本计量的,应按历史汇率折算;反之,如按现行成本计量的,则应按现行汇率折算。对于股东权益部分,实收资本或股本项目总是按资本取得或股份发行时日的历史汇率折算;留存收益项目,则为轧差的平衡数。利润表中的收入和费用项目,按发生时日的实际汇率折算。如果收入或费用的发生是大量的,也可用加权平均汇率折算。对于折算过程中产生的折算差额,也应全部确认为当期损益,在会计报表上予以单独列示。

时间量度法是在 20 世纪 70 年代由美国会计学家提出的,随后在美国的财务会计准则委员会公布的第 8 号准则中,要求美国在折算外币报表时应遵循时间量度法原则。值得注意的是,如果在纯粹的历史成本计量模式下,根据时间量度法折算的结果,与按照货币与非货币法折算的结果是非常相似的;如果在纯粹的现行成本计量模式下,按时间量度法对所有资产和负债项目都按现行汇率折算,其折算的结果又与后面介绍的现行汇率法十分接近。但是,如果对存货和长期投资采用成本与市价孰低法或对非货币性资产按重置成本计价,时间量度法与其他折算方法折算的结果会有明显的不同。因此,时间量度法比较灵活,它符合资产、负债的计量基础,能适用于一切外币报表的折算目的。

【例 7-3】 仍用[例 7-1]的资料,但该子公司固定资产价值是按历史成本计量,其他资产、负债均按现行成本计量。采用时间量度法,将子公司编制的、以美元表示的财务报表折算为母公司要求的、以人民币表示的财务报表如图表 7-7 至图表 7-9 所示(为简便起见,利润表按平均汇率折算)。

(图表 7-7)

### 子公司利润表(简化)

20××年度                                                    单位:元

| 项　　　　目 | 美元金额 | 折算汇率 | 人民币金额 |
|---|---|---|---|
| 一、营业收入 | 5 000 | 7.50 | 37 500 |
| 　　减:营业成本 | 4 000 | 7.50 | 30 000 |
| 　　减:期间费用 | 300 | 7.50 | 2 250 |
| 二、营业利润 | 700 | | 5 250 |
| 　　减:营业外支出 | 50 | 7.50 | 375 |

（续表）

| 项 目 | 美元金额 | 折算汇率 | 人民币金额 |
|---|---|---|---|
| 三、利润总额 | 650 | | 4 875 |
| 减：所得税费用 | 250 | 7.50 | 1 875 |
| 外币报表折算差额 | | | 15① |
| 四、净利润 | 400 | | 3 015 |
| 五、其他综合收益的税后净额 | | | |
| 六、综合收益总额 | 400 | | 3 015 |

① 为外币报表折算收益，它是折算后资产负债表的轧差平衡数与不包括折算收益的未分配利润数的差额，即 15＝1 140－（4 875－1 875－1 875）。

（图表 7-8）

## 子公司所有者权益变动表（简化）

20××年度　　　　　　　　　　　　　　　　　　　　　　单位：元

| 项 目 | 实收资本 | | | 未分配利润 | | | 所有者权益合计 |
|---|---|---|---|---|---|---|---|
| | 美元 | 折算汇率 | 人民币 | 美元 | 折算汇率 | 人民币 | 人民币 |
| 一、本年年初余额 | 1 000 | 7.35 | 7 350 | | | | 7 350 |
| 二、本年增减变动金额 | | | | | | | |
| （一）综合收益总额 | | | | 400 | | 3 015 | 3 015 |
| （二）所有者投入和减少资本 | | | | | | 15 | 15 |
| （三）利润分配 | | | | | | | |
| 2. 对所有者的分配 | | | | －250 | 7.50 | －1 875 | －1 875 |
| 三、本年年末余额 | 1 000 | | 7 350 | 150 | | 1 140 | 8 490 |

（图表 7-9）

## 子公司资产负债表（简化）

20××年 12 月 31 日　　　　　　　　　　　　　　　　　单位：元

| 资 产 | 美元金额 | 折算汇率 | 人民币金额 | 负债和所有者权益 | 美元金额 | 折算汇率 | 人民币金额 |
|---|---|---|---|---|---|---|---|
| 货币资金 | 200 | 7.60 | 1 520 | 应付票据及应付账款 | 550 | 7.60 | 4 180 |
| 应收票据及应收账款 | 300 | 7.60 | 2 280 | 长期借款 | 450 | 7.60 | 3 420 |
| 存货 | 500 | 7.60 | 3 800 | 实收资本 | 1 000 | 7.35 | 7 350 |
| 长期股权投资 | 150 | 7.60 | 1 140 | 未分配利润 | 150 | | 1 140① |
| 固定资产 | 1 000 | 7.35 | 7 350 | | | | |
| 合 计 | 2 150 | | 16 090 | 合 计 | 2 150 | | 16 090 |

① 为折算后资产负债表的轧差平衡数。

### 四、现行汇率法

现行汇率法又称期末汇率法或单一汇率法。在现行汇率法下，应以编报日的现行汇率折算所有的资产、负债、收入和费用项目。只有公司的实收资本或股本项目，仍按收到资本或发行股份时的历史汇率折算。但是，如果收入和费用的发生是大量的,为简化起见,通常也可以按照编报当期的加权平均汇率折算。因报表折算产生的折算差额,应在资产负债表的股东权益中以单独项目予以列示,而不把其记入当期损益。

采用现行汇率法折算外币报表的着眼点,在于保持境外子公司或附属公司会计报表原有的财务成果和财务关系。它不改变外币报表的性质,改变的只是形式,如同把一种语言翻译成另一种语言那样,对外币报表的所有项目都乘上一个常数,因此,它是一种最简便的外币报表折算方法。但是,在按历史成本计量的会计模式下,以现行汇率来折算历史成本金额,显然在理论上是没有依据的。

【例 7-4】　仍用[例 7-1]的资料,采用现行汇率法,将子公司编制的、以美元表示的财务报表折算为母公司要求的、以人民币表示的财务报表如图表 7-10 至图表 7-12 所示。

(图表 7-10)

**子公司利润表**(简化)

20××年度　　　　　　　　　　　　　　　　　　　　　　单位:元

| 项　　　目 | 美元金额 | 折算汇率 | 人民币金额 |
|---|---|---|---|
| 一、营业收入 | 5 000 | 7.60 | 38 000 |
| 　减:营业成本 | 4 000 | 7.60 | 30 400 |
| 　减:期间费用 | 300 | 7.60 | 2 280 |
| 二、营业利润 | 700 | | 5 320 |
| 　减:营业外支出 | 50 | 7.60 | 380 |
| 三、利润总额 | 650 | | 4 940 |
| 　减:所得税费用 | 250 | 7.60 | 1 900 |
| 四、净利润 | 400 | | 3 040 |
| 五、其他综合收益的税后净额 | | | |
| 　其中:外币财务报表折算差额 | | | 250 |
| 六、综合收益总额 | 400 | | 3 290 |

(图表 7-11)

**子公司所有者权益变动表**(简化)

20××年度　　　　　　　　　　　　　　　　　　　　　　单位:元

| 项　　　目 | 实 收 资 本 | | | 其他综合收益 | 未分配利润 | | | 所有者权益合计 |
|---|---|---|---|---|---|---|---|---|
| | 欧元 | 折算汇率 | 人民币 | | 美元 | 折算汇率 | 人民币 | 人民币 |
| 一、本年年初余额 | 1 000 | 7.35 | 7 350 | | | | | 7 350 |
| 二、本年增减变动金额 | | | | | | | | |
| (一)综合收益总额 | | | | 250 | 400 | | 3 040 | 3 290 |
| (二)所有者投入和减少资本 | | | | | | | | |
| (三)利润分配 | | | | | | | | |
| 2. 对所有者的分配 | | | | | −250 | 7.6 | −1 900 | −1 875 |
| 三、本年年末余额 | 1 000 | | 7 350 | 250 | 150 | | 1 140 | 8 740 |

(图表 7-12)

## 子公司资产负债表(简化)

20××年 12 月 31 日 　　　　　　　　　　　　单位：元

| 资　　产 | 美元金额 | 折算汇率 | 人民币金额 | 负债和所有者权益 | 美元金额 | 折算汇率 | 人民币金额 |
|---|---|---|---|---|---|---|---|
| 货币资金 | 200 | 7.60 | 1 520 | 应付票据及应付账款 | 550 | 7.60 | 4 180 |
| 应收票据及应收账款 | 300 | 7.60 | 2 280 | 长期借款 | 450 | 7.60 | 3 420 |
| 存货 | 500 | 7.60 | 3 800 | 实收资本 | 1 000 | 7.35 | 7 350 |
| 长期股权投资 | 150 | 7.60 | 1 140 | 其他综合收益 | | | 250② |
| 固定资产 | 1 000 | 7.60 | 7 600 | 未分配利润 | 150 | | 1 140① |
| 合　　计 | 2 150 | | 16 340 | 合　　计 | 2 150 | | 16 340 |

① 按折算后所有者权益变动表中的年末未分配利润数填列。

② 为资产负债表的轧差平衡数。

# 第三节　外币报表折算方法的比较和选择

## 一、外币报表折算方法的比较

（一）各种折算方法折算汇率的比较

外币报表折算方法中的流动与非流动法、货币与非货币法，以及时间量度法可统称为多汇率法。这三种折算方法在折算时有一个共同构思，那就是，尽力要对国外子公司或附属公司的外币报表项目，按交易发生时日的会计记录，将它们的发生额折算为本国母公司或总公司记账本位币等值。因此，需要为不同项目选择适当的汇率进行折算。而现行汇率法在折算时的思路，只是要保持国外子公司或附属公司原有外币报表的财务成果和财务关系，报表折算起到的只是语言翻译的作用，而不应改变外币报表的性质，所以除实收资本或股本项目外，外币报表的所有项目都用单一的现行汇率进行折算。现将不同折算方法下外币报表各项目的折算汇率作出比较如图表 7-13 和图表 7-14 所示。

（图表7-13）

## 外币利润表及所有者权益变动表折算汇率比较表

| 汇率　　方法<br>项　目 | 流动与<br>非流动法 | 货币与<br>非货币法 | 时间量度法 | 现行汇率法 |
|---|---|---|---|---|
| 营业收入 | A | A | H 或 A | C 或 A |
| 营业成本 | | | | |
| 固定资产折旧成本 | H | H | H 或 A | C 或 A |
| 存货成本 | A | H | H 或 A | C 或 A |
| 其他成本 | A | A | H 或 A | C 或 A |
| 期间费用 | | | | |
| 固定资产折旧费用 | H | H | H 或 A | C 或 A |
| 存货费用 | A | H | H 或 A | C 或 A |
| 其他费用 | A | A | H 或 A | C 或 A |
| 营业外收支 | A | A | H 或 A | C 或 A |
| 所得税费用 | A | A | H 或 A | C 或 A |
| 分配利润 | A | A | H 或 A | C 或 A |
| 未分配利润 | G | G | G | G |
| 备　　注 | A 表示平均汇率<br>H 表示历史汇率<br>C 表示现行汇率<br>G 表示折算轧差平衡数 | | | |

（图表7-14）

## 外币资产负债表折算汇率比较表

| 汇率　　方法<br>项　目 | 流动与<br>非流动法 | 货币与<br>非货币法 | 时间量度法 | 现行汇率法 |
|---|---|---|---|---|
| 货币资金 | C | C | C | C |
| 应收账款 | C | C | C | C |
| 存货 | | | | |
| 按成本计价 | C | H | H | C |
| 按市价计价 | C | H | C | C |
| 长期投资 | | | | |
| 按成本计价 | H | H | H | C |
| 按市价计价 | H | H | C | C |
| 固定资产 | H | H | H | C |
| 应付账款 | C | C | C | C |
| 长期借款 | H | C | C | C |
| 实收资本 | H | H | H | H |
| 未分配利润 | G | G | G | G |

注：A、H、C、G 所表示的汇率同图表7-9。

（二）各种折算方法应用情况的比较

外币报表的四种折算方法，在应用上各有利弊。根据普赖斯、华特豪斯国际会计公司菲茨杰拉德，斯蒂克勒和瓦茨的《国际调查》及美国学者乔伊及巴维什 1982 年秋在《国际会计杂志》发表的财务会计标准："跨国公司的综合与政策结构"文章中，对世界 53 个国家和地区外币折算方法采用情况的调查总结如图表 7-15 所示。

(图表 7-15)

**各国（地区）外币报表折算方法应用情况表**

| 折 算 方 法 | 采用的国家和地区 |
|---|---|
| 流动与非流动法 | 新西兰、南非、伊朗等 7 国 |
| 货币与非货币法 | 巴哈马、哥斯达黎加、芬兰、韩国、新西兰等 10 国 |
| 时间量度法 | 美国、巴拿马、阿根廷、加拿大、英国、奥地利等 13 国 |
| 现行汇率法 | 美国、法国、德国、日本、荷兰、瑞士、新加坡、澳大利亚、印度、丹麦、加拿大、英国、中国香港、爱尔兰等 23 国和地区 |

从图表 7-15 可以看出，流动与非流动法已日趋淘汰，剩下的折算方法实际可分为两种基本趋势：一种是单一的现行汇率法，目前为大多数经济发达的国家和地区采用；另一种为多汇率法，虽然货币与非货币法和时间量度法在概念上有所区别，但两者均为多汇率法，并且如果当非货币性资产按历史成本计量和历史汇率折算时，两者的区别就极小，所以可以把货币与非货币法基本归入时间量度法。如果把采用货币与非货币法和时间量度法并成一类，同时又以现行汇率法作为一类，那么这两类方法在国际上的流行程度是不相上下的。

**二、外币报表折算方法的选择**

美国财务会计准则委员会第 52 号财务准则公告代替了第 8 号公告，提出要视不同环境而分别采用时间量度法和现行汇率法。美国会计标准委员会 ASC 第 20 号标准会计惯例公告，以及加拿大特许会计师协会第 1650 节会计建议书中也同时推荐时间量度法和现行汇率法。国际会计准则委员会第 21 号国际会计准则，也建议根据不同情况分别采用时间量度法和现行汇率法。那么在实际操作中，会计人员应如何具体选择外币报表的折算方法呢？对此问题，美国财务会计准则委员会第 52 号公告，以及国际会计准则委员会第 21 号国际会计准则分别提出以功能货币标准和国外主体分类标准来择定外币报表的折算方法。

（一）功能货币择定标准

美国财务会计准则委员会第 52 号公告《外币折算》(1981 年)，明确提出以功能货币为标准来择定外币报表的折算方法，其主要内容如下：

某一国外主体(子公司或附属公司)的功能货币是指它从事经营活动和创造现金流量的主要经济环境的通货。如果某一国外主体的经营活动仅仅是母公司经营活动的扩展，就像母公司直接从事这样的国外经营活动那样，它的功能货币就是母公司的报告货币(本国货币)，这样的观点被称为母公司货币观点，处于这样经济环境的子公司或附属公司的外币报表折算方法应选用时间量度法。如果某一国外主体的经营活动相对来说是自主的，并在某一外国(其所在东道国)形成一个实体而独立于母公司的经营活动之外，它的功能货币就是所在国当地货币或其在经营活动中主要使用的另一个国家的货币，这样的观点称为子公司货币观点，处于这样经济环境的子公司或附属公司应选用现行汇率法折算外币报表。由此可以看出，功能货币的择定是国外子公司或附属公司在外币报表折算时选择折算方法的关键问题。那么，应根据哪些条件来判断、择定其功能货币呢？美国会计准则委员会第 52 号公告列举以下选择功能货币的六项标准如图表 7-16 所示。

(图表 7-16)

**选择功能货币的标准**

| 经济因素 | 以母公司报告货币<br>为功能货币的条件 | 以子公司当地货币<br>为功能货币的条件 |
|---|---|---|
| 现金流量 | 直接影响母公司的现金流量，经常地汇回母公司 | 主要是当地货币，不影响或很少影响母公司的现金流量 |
| 销售价格 | 对汇率变动有反应，由世界范围内的竞争决定 | 对汇率变动基本上没反应，主要由当地的竞争支配 |
| 销售市场 | 主要在母公司所在国，以母公司通货标价 | 主要在子公司所在的东道国，以当地通货标价 |
| 费用 | 主要与从母公司进口的生产要素有关 | 主要在当地环境中发生 |
| 公司间交易 | 经常而大量 | 既不经常也不大量 |
| 理财 | 财源主要来自母公司，或依靠母公司偿付债务 | 主要表现为当地货币，通过当地经营活动来偿付债务 |

（二）国外主体分类择定标准

国际会计准则委员会第 21 号国际会计准则《外汇汇率变动影响的会计处理》(1983 年)，提出按国外主体分类为标准择定外币报表的折算方法，其主要内容概括为：

子公司或附属公司如果是独立经营的国外实体，应选用现行汇率法折算外币报表；如果是母公司的国外有机组成单位，应选用时间量度法。判断子公司或附属公司是国外实体还是母公司的国外有机组成部分的条件有以下五项：

（1）国外经营单位生产产品的人工、材料和其他成本主要是当地费用，还是主要依靠来自母公司所在国的产品和劳务？

（2）国外经营单位和母公司日常活动之间的联系很少，还是占有很高比例？

（3）国外经营单位的日常活动主要依靠自己的营业和当地借款来筹措资金，还是主要依靠母公司筹资？

（4）国外经营单位的市场主要在母公司所在国之外，还是在母公司所在国之内？

（5）还有其他因素可以说明母公司的现金收支不受国外经营单位的日常活动影响，还是可以说明有直接影响？

国外子公司或附属公司的日常经营活动，如果符合上述五项条件中的前者，就可以判断它为独立经营的国外实体；如果符合上述五项条件中的后者，那么它就是母公司的国外有机组成部分。

从美国财务会计准则委员会第 52 号公告和国际会计准则委员会第 21 号国际会计准则中可以看出，对外币报表折算方法的选用，不管采取功能货币择定标准还是采取国外主体分类择定标准，其关键还是取决于国外子公司或附属公司对本国母公司的依赖程度，如果很少依赖，基本独立的，那它就是独立经营的国外实体，其功能货币就是所在东道国的当地货币，应采用现行汇率法折算外币报表；反之，如果基本依赖，很少独立的，那它就成了母公司的国外组成部分，母公司的本国货币就成了它的功能货币，它的外币报表折算就应该采用时间量度法。但值得提出的是，在某些情况下，国外子公司或附属公司的功能货币可能不是所在东道国的当地货币，而是第三国的某种货币，这样，它的当地货币报表就需要先采用时间量度法折算为功能货币，然后，再采用现行汇率法将功能货币折算为母公司的本国货币。

# 第四节　我国外币报表的折算

## 一、境外经营财务报表的折算

我国企业会计准则对境外经营（包括在境外的子公司、合营企业、联营企

业、分支机构)的财务报表,规定应当遵循下列原则进行折算:

(1)资产负债表中的资产和负债项目,采用资产负债表日的即期汇率折算,所有者权益项目除"未分配利润"项目外,其他项目采用发生时的即期汇率折算。

(2)利润表中的收入和费用项目,采用交易发生日的即期汇率折算;也可以采用按照系统合理的方法确定的与交易发生日即期汇率近似的汇率折算。

按照上述原则折算产生的外币财务报表折算差额,在资产负债表中"其他综合收益"项目列示。

对境内的子公司、合营企业、联营企业、分支机构,其外币财务报表也视同境外经营的财务报表,按上述规定进行折算。

**【例7-5】**　某母公司有一境外子公司,该子公司财务报表的编报货币为美元,年初美元的即期汇率为7.40元人民币,资产负债表日的即期汇率为7.20元人民币,则本期美元的平均汇率为7.30元人民币(作为利润表折算汇率)。假定该子公司年初盈余公积为50美元,折合人民币为370元;年初未分配利润为100美元,折合人民币为738元;本期提取盈余公积和分配投资者利润分别为50美元和250美元,折合人民币分别为367.5元和1837.5元。除"未分配利润"项目外,其他所有者权益项目发生时的即期汇率1美元均为7.35元人民币。

按规定,将该子公司以美元表示的财务报表折算成以人民币表示的财务报表如图表7-17至图表7-19所示。

(图表7-17)

## 子公司利润表(简化)

20××年度　　　　　　　　　　　　　　　　　　　单位:元

| 项　　　目 | 美元金额 | 折算汇率 | 人民币金额 |
|---|---|---|---|
| 一、营业收入 | 4 000 | 7.30 | 29 200 |
| 　减:营业成本 | 3 200 | 7.30 | 23 360 |
| 　减:期间费用 | 300 | 7.30 | 2 190 |
| 二、营业利润 | 500 | | 3 650 |
| 　减:营业外支出 | 50 | 7.30 | 365 |
| 三、利润总额 | 450 | | 3 285 |
| 　减:所得税费用 | 150 | 7.30 | 1 095 |
| 四、净利润 | 300 | | 2 190 |
| 五、其他综合收益的税后净额 | | | |
| 　其中:外币财务报表折算差额 | | | |
| 六、综合收益总额 | 300 | | 2 190 |

(图表 7-18)

## 子公司所有者权益变动表（简化）

20××年度

单位：元

| 项 目 | 实收资本 | | | 其他综合收益 | 盈余公积 | | | 未分配利润 | | | 所有者权益合计 |
|---|---|---|---|---|---|---|---|---|---|---|---|
| | 美元 | 折算汇率 | 人民币 | | 美元 | 折算汇率 | 人民币 | 美元 | 折算汇率 | 人民币 | 人民币 |
| 一、本年年初余额 | 1 000 | 7.35 | 7 350 | | 50 | | 370 | 100 | | 738 | 8 458 |
| 二、本年增减变动金额 | | | | | | | | | | | |
| （一）综合收益总额 | | | | −170.5 | | | | 300 | | 2 190 | 2 190 |
| （二）所有者投入和减少资本 | | | | | | | | | | | |
| （三）利润分配 | | | | | | | | | | | |
| 1. 提取盈余公积 | | | | | 50 | 7.35 | 367.5 | −50 | 7.35 | −367.5 | −367.5 |
| 2. 对所有者的分配 | | | | | | | | −250 | 7.35 | −1 837.5 | −1 837.5 |
| 三、本年年末余额 | 1 000 | | 7 350 | −170.5 | 100 | | 737.5 | 100 | | 723 | 8 640 |

（图表 7-19）

### 子公司资产负债表（简化）

20××年 12 月 31 日　　　　　　　　　　　　　　　单位：元

| 资　产 | 美元金额 | 折算汇率 | 人民币金额 | 负债和所有者权益 | 美元金额 | 折算汇率 | 人民币金额 |
|---|---|---|---|---|---|---|---|
| 货币资金 | 150 | 7.20 | 1 080 | 应付票据及应付账款 | 450 | 7.20 | 3 240 |
| 应收票据及应收账款 | 250 | 7.20 | 1 800 | 长期借款 | 350 | 7.20 | 2 520 |
| 存货 | 400 | 7.20 | 2 880 | 实收资本 | 1 000 | 7.35 | 7 350 |
| 长期股权投资 | 200 | 7.20 | 1 440 | 其他综合收益 | | | (170.5)② |
| 固定资产 | 1 000 | 7.20 | 7 200 | 盈余公积 | 100 | | 737.5 |
| | | | | 未分配利润 | 100 | | 723① |
| 合　计 | 2 000 | | 14 400 | 合　计 | 2 000 | | 14 400 |

① 按所有者权益变动表折算后年末未分配利润数填列。

② 为报表折算损失，是资产负债表折算后轧差数。

## 二、恶性通货膨胀经济中境外经营财务报表的折算

（一）恶性通货膨胀经济的判断

境外经营的子公司、合营企业、联营企业、分支机构是否处于恶性通货膨胀经济中，通常可以按照以下特征进行判断：

（1）3 年累计通货膨胀率接近或超过 100％。

（2）利率、工资和物价与物价指数挂钩。

（3）公众不是以当地货币，而是以相对稳定的外币为单位作为衡量货币金额的基础。

（4）公众倾向于以非货币性资产或相对稳定的外币来保存自己的财富，持有的当地货币主要用以投资以保持购买力。

（5）即使信用期限很短，赊销、赊购交易仍按补偿信用期预计购买力损失的价格成交。

（二）处于恶性通货膨胀经济中的境外经营财务报表的折算

我国企业会计准则规定，处于恶性通货膨胀经济中的境外经营财务报表，应当按照下列步骤进行折算：

（1）对资产负债表项目运用一般物价指数予以重述（即调整），对利润表项目运用一般物价指数变动予以重述。

（2）按照最近资产负债表日的即期汇率折算资产负债表和利润表。

具体的折算处理可见第八章第五节中先调整后折算法。

当境外经营不再处于恶性通货膨胀经济中时，应当停止重述，按照停止之

日的价格水平重述的财务报表进行折算。

### 三、处置境外经营时报表折算差额的处理

根据我国企业会计准则规定,企业在处置境外经营时,应当将资产负债表中所有者权益项目下列示的、与该境外经营相关的外币财务报表折算差额,自所有者权益项目转入处置当期损益;部分处置境外经营的,应当按处置的比例计算处置部分的外币财务报表折算差额,转入处置当期损益。

# 复习思考题

## 一、简答题

1. 外币报表折算与外币兑换业务有何区别?其折算目的有哪几种?
2. 采用流动与非流动法折算外币报表的特点是什么?其优缺点如何?
3. 哪些项目属于货币性项目?它与非货币性项目的折算有何不同?
4. 试述流动与非流动法和货币与非货币法的异同。
5. 何谓时间量度法?它与其他折旧方法相比具有哪些特点?
6. 现行汇率法折算报表的着眼点在哪里?其最大优点是什么?
7. 外币报表折算方法选择的标准有几种?其判断条件是什么?
8. 我国对外币报表的折算方法有何规定?具体又如何进行折算?

## 二、解释重要名词和术语

外币报表折算　流动与非流动法　货币与非货币法　时间量度法　现行汇率法　货币性项目　非货币性项目

## 三、单项选择题

1. 为满足母公司对子公司控制目的的会计报表折算是(　　　)。
   A. 境内子公司采用与母公司不同的记账本位币
   B. 境内非人民币会计报表对外报送时
   C. 为境外投资者、债权人提供会计信息
   D. 为在境外筹资
2. 在现行汇率法下,只有公司的(　　　)项目按历史汇率折算,其他资产负债表项目都按现行汇率折算。
   A. 资产　　　　　　　　　　　　B. 负债

C. 实收资本或股本　　　　　　　D. 收入和费用

3. 报表折算比较灵活,符合资产、负债的计量基础,能适用于一切外币报表折算目的的方法是(　　)。

　　A. 流动与非流动法　　　　　　B. 货币与非货币法

　　C. 时间量度法　　　　　　　　D. 现行汇率法

4. 在流动与非流动法下,资产负债表中的流动资产应按照(　　)折算。

　　A. 现行汇率　　B. 历史汇率　　C. 平均汇率　　D. 期初汇率

5. 我国外币报表折算为人民币报表时,资产负债表中的"实收资本"项目应当(　　)。

　　A. 按历史汇率折算

　　B. 按平均汇率折算

　　C. 按现行汇率折算

　　D. 按折算后的其他项目数额计算确定

6. 无论采用何种方法折算外币财务报表,下列(　　)项目都应按现行汇率折算。

　　A. 应收票据及应收账款　　　　B. 固定资产

　　C. 实收资本　　　　　　　　　D. 存货

7. 对采用市价计价的存货项目,在外币财务报表折算时必须按历史汇率折算的方法是(　　)。

　　A. 流动与非流动法　　　　　　B. 货币与非货币法

　　C. 时间量度法　　　　　　　　D. 现行汇率法

8. 外币财务报表中的固定资产项目,只有在采用(　　)折算时按现行汇率折算,其他方法都应按历史汇率折算。

　　A. 现行汇率法　　　　　　　　B. 时间量度法

　　C. 流动与非流动法　　　　　　D. 货币与非货币法

## 四、多项选择题

1. 由于以下(　　)原因,应该将以某种货币表示的财务报表折算为以另一种货币表示的财务报表。

　　A. 境外的子公司采用与母公司不同的记账本位币

　　B. 境内的子公司采用与母公司不同的记账本位币

　　C. 为在境外发行股票或债券

　　D. 为境外投资者、债权人提供会计信息

E. 境内的非人民币财务报表在期末对外报送时

2. 在采用货币与非货币法的情况下,下列项目中,采用历史汇率折算的有(    )。

A. 应收票据及应收账款
B. 存货
C. 固定资产
D. 实收资本
E. 所得税费用

3. 因财务报表折算产生的折算差额,全部确认为当期损益的方法有(    )。

A. 流动与非流动法
B. 货币与非货币法
C. 时间量度法
D. 现行汇率法
E. 历史汇率法

4. 按功能货币择定标准,符合母公司货币观点的条件有(    )。

A. 库存现金流量直接影响且经常汇回母公司
B. 公司间交易的发生是经常而大量的
C. 销售价格对汇率的变动基本上没有反应
D. 销售市场主要在母公司所在国
E. 主要通过当地经营活动来偿付债务

5. 采用流动与非流动法折算外币财务报表时,按现行汇率折算的报表项目有(    )。

A. 交易性金融资产
B. 存货
C. 固定资产
D. 其他应收款
E. 长期借款

6. 下列外币财务报表项目中,采用历史汇率折算的有(    )。

A. 现行汇率法下的实收资本项目
B. 时间量度法下的固定资产项目
C. 流动与非流动法下的存货项目
D. 货币与非货币法下的短期借款项目
E. 时间量度法下的应收账款项目

7. 按照我国会计准则规定,外币财务报表应当按照期末现行汇率折算的项目有(    )。

A. 货币资金
B. 交易性金融资产
C. 实收资本
D. 未分配利润
E. 净利润

8. 在选择时间量度法折算外币财务报表时,下列项目中,应采用历史汇率进行折算的有( )。

    A. 应收票据及应收账款        B. 按成本计价的存货

    C. 按市价计价的长期股权投资    D. 固定资产

    E. 未分配利润

## 五、判断题

1. 外币财务报表折算不涉及不同货币的实际交换,仅仅改变的是表述语言。 ( )

2. 虽然,外币财务报表折算的方法可以有多种,但实际折算的结果大体相同。 ( )

3. 当采用流动与非流动法时,在流动负债大于流动资产的情况下,外币贬值就会产生折算损失。 ( )

4. 国外子公司对本国母公司的依赖程度,是决定采用哪种外币财务报表折算方法的关键。 ( )

5. 外币财务报表折算差额的大小取决于受汇率变动影响的资产与负债相比的差额,而与采用何种会计报表折算方法关系不大。 ( )

6. 采用时间量度法进行折算外币财务报表时,存货项目不论按成本计价还是按市价计价,均采用现行汇率。 ( )

7. 外币财务报表折算采用现行汇率法时,必须将所有财务报表项目乘以现行汇率进行折算。 ( )

8. 对外币财务报表中的长期股权投资项目,在采用时间量度法折算时,必须区分按成本计价和按市价计价,并分别采用历史汇率和现行汇率进行折算;而在采用其他折算方法时,则需采用单一的汇率进行折算。 ( )

9. 货币与非货币法和时间量度法在概念上有所区别,但两者均为多汇率法,如果当按历史成本计量的非货币性资产按历史汇率折算时,两者可归为一类。 ( )

10. 外币财务报表折算需要解决的是两个难题:一是采用什么汇率折算比较恰当;二是财务报表折算后的差额如何处理。 ( )

## 六、练习题

1. **目的**    练习外币报表的折算方法。

**资料**    某公司以人民币为记账本位币,其在境外一子公司的记账本位币为美元。该子公司 20×7 年以美元表述的资产负债表、利润表资料如图表 7-20 和图表 7-21 所示。

(图表 7-20)

### 子公司资产负债表（简化）
20×7 年 12 月 31 日

单位：美元

| 资　　产 | 金　　额 | 负债和所有者权益 | 金　　额 |
|---|---|---|---|
| 货币资金 | 300 | 应付票据及应付账款 | 400 |
| 应收票据及应收账款 | 500 | 长期借款 | 1 200 |
| 存货 | 1 000 | 普通股本 | 3 000 |
| 固定资产 | 3 000 | 留存利润 | 200 |
| 合　　计 | 4 800 | 合　　计 | 4 800 |

(图表 7-21)

### 子公司利润表（简化）
20×7 年度

单位：美元

| | |
|---|---|
| 一、营业收入 | 10 000 |
| 　减：营业成本 | 8 000 |
| 　　其中：固定资产折旧成本 | 1 000 |
| 　　　　存货成本 | 3 500 |
| 　　　　其他营业成本 | 3 500 |
| 　减：期间费用 | 500 |
| 　　其中：固定资产折旧费用 | 100 |
| 　　　　存货费用 | 200 |
| 　　　　其他期间费用 | 200 |
| 二、营业利润 | 1 500 |
| 　加：营业外收入 | 100 |
| 三、利润总额 | 1 600 |
| 　减：所得税费用 | 500 |
| 四、净利润 | 1 100 |
| 五、其他综合收益的税后净额 | |
| 六、综合收益总额 | 1 100 |

其他有关资料有：

该子公司 20×7 年编报期初美元的汇率为 7.35 元人民币，期末美元的汇率为 7.55 元人民币，年度美元的平均汇率为 7.45 元人民币，所有项目美元的历史汇率均为 7.40 元人民币。

假定，该子公司当年向所有者分配利润 900 美元。

**要求**

(1) 按流动与非流动法、货币与非货币法、时间量度法和现行汇率法将该子公司的美元报表折算成人民币报表(假如该子公司固定资产价值按历史成本计量,其他资产、负债均按现行成本计量)。

(2) 对各种方法计算出的折算差额进行比较,说明其对当期损益的影响。

2. 目的　　练习外币报表的折算方法。

**资料**　见练习题 1 有关资料(假如该子公司当年按净利润 10% 提取盈余公积)。

**要求**　根据我国现行规定,将该子公司的美元报表折算为人民币报表。

# 第八章　物价变动会计 *

## 第一节　物价变动会计概述

### 一、物价变动对会计信息的影响

货币作为会计核算的统一计量单位是现行会计核算的基本前提之一,它可以使会计核算的对象——企业的生产经营活动统一地表现为货币运动,用以全面完整地反映企业的财务状况和经营成果。然而,货币作为会计计量的手段,有一个前提条件,那就是货币本身的币值(即一个单位的货币所能换取的商品或劳务的数量)稳定不变。因为,只有在货币币值稳定或基本稳定的情况下,不同时点的资产价值才具可比性,不同时期的收入和费用才能进行合理配比,使会计核算反映的信息能比较客观、真实地反映企业生产经营的实际状况和经营业绩。但是,在实际生活中,货币本身的币值并不是稳定不变的,而是经常在变动的。特别在 60 年代以后,西方国家持续不断地发生通货膨胀,使物价不断上升,货币的购买力呈不断下降的趋势。我国最近几年也发生了比较严重的通货膨胀。通货膨胀和物价变动对货币币值稳定不变为前提的会计核算信息产生了重大的影响。具体来说,体现在以下几个方面。

#### (一) 物价变动对货币性项目的影响

货币性项目包括货币性资产和货币性负债两类。它们的共同特点是,其价值是固定不变的货币数量。不管货币购买力如何变动,它们的账面固定金额不会发生变化。因而,在通货膨胀时期,货币性资产所实际代表的商品或劳务数量,直接地随物价上涨而减少,从而产生货币购买力变动损失;而货币性负债则因通货膨胀,可以用较低购买力的货币来清偿固定金额的债务,因而会产生货币购买力变动收益。由此可见,在通货膨胀时期,如果企业持有的货币性资产大于货币性负债,就会产生货币购买力变动净损失;反之,如果企业持有的货币性资产小于货币性负债,则可取得货币购买力变动净收益。具体来说,货币性项目的内容一般体现在资产负债表上。货币性资产主要包括企业所拥有的货币资金以及以固定金额表示的债权,如应收账款、应收票据、其他应收款、长期或短期证券投资等。货币性负债则包括企业所欠的以固定金额表示的债务,如应付账款、应付票据、应付职工薪酬、短期借款、长期借款、应付债券等。但是,需要说明的是,对于预收账款和预付账款两个项目,不能简单归属于货币性项目,而要依据购销合同的条款规定。如果购销合同明确规定预收或预付的账款需要提供的是固定金额的商品,那么物价变动会使固定金额的购买力受到影响,这时预收或预付账款就属于货币性项目;反之,如果购销合同明确规定预收或预付的账款需要提供的是固定数量的商品,那么它们就不受货币购买力变动的影响,就归属于非货币性项目。

(二)物价变动对非货币性项目的影响

非货币性项目的特点是,在物价变动时,其代表的货币金额会随货币购买力的变化而变化。当货币购买力上升,它所代表的货币金额减少;反之,当货币购买力下降,它所代表的货币金额则增加。非货币性项目主要包括存货、固定资产、非证券性投资、其他长期资产,以及所有者权益各项目。其中,存货和固定资产等资产项目,在物价变动时对会计信息的影响最为明显。因为,如果在通货膨胀时期,一般物价水平呈上涨趋势,货币购买力的下跌会使相同的存货、固定资产等资产由于购买时间不同,价格相差悬殊,而将这种相差悬殊的资产价格简单汇总成的资产负债表信息,必然严重失实,不具可比性和综合性,它还会使账面的资产价值和净资产金额虚减。另外,体现在利润表上,由于销售成本中的存货成本和固定资产折旧等成本是按历史成本为基础计算的,它与现行价格计算的销售收入就不具可比性,由此相互配比得出的利润必然虚增,有时甚至虚盈实亏。虚增的利润通过所得税和利润分配的途径流出企业,又会造成企业的维持简单再生产的成本补偿严重不足,削弱了企业生产经营的实力。

**二、资本保全概念与物价变动会计模式**

企业生产经营的目的主要是为了获取利润,而企业在一定时期内的收益只有在保全了原有的资本价值后有多余时,才算有利润。但是,具体衡量、计算企业利润的方法往往又取决于所使用的资本保全概念。在通货膨胀、物价变动情况下,对资本保全概念的不同理解,可以产生出不同的核算结果。

(一)历史成本资本保全概念

历史成本资本保全概念是指企业的资本金额是按原有资本的历史成本计量的,超过这个数额的收益,就是企业的利润。

假如,某企业原有资本1 000 000元,现出售该企业净资产的价格为1 200 000元,那么按历史成本资本保全概念计算出的利润应为200 000元(1 200 000—

1 000 000)。

主张历史成本资本保全概念者认为,历史成本是实际发生的数额,具有客观性,它可以避免对价格数据作出主观估计;另外,根据历史成本进行核算,资料取得容易,便于解释,利于验证。但是,持不同观点者则认为,在通货膨胀情况下,历史成本资本保全概念没有考虑物价上涨对资本购买力的影响,因此,它保全的仅仅是贬值了的原始资本额。

(二)不变币值资本保全概念

不变币值资本保全概念,考虑了通货膨胀对资本购买力的影响,主张企业应保持原有资本的购买力,认为企业的收益只有在超过原有资本购买力的情况下,才能算有利润。

例如,上例企业,如果原有资本投资时的一般物价指数为100,现在一般物价指数已上升到110,那么出售该企业净资产的价格只有达到1 100 000元,才是保全了原有资本的实有价值。这样,该企业出售净资产的利润应为100 000元(1 200 000-1 000 000×110÷100)。

不变币值资本保全概念,从投资者角度出发,强调了通货膨胀对资本购买力的影响,它要求用一般物价指数对会计信息加以调整。但是,持异议者认为,企业作为持续经营的会计主体,并不一定打算把代表原始资本购买力的资产价值归还给投资者,而更应注重于企业能否在保持相同经营规模的条件下继续经营下去。显然,不变币值资本保全概念解决不了这个问题。

(三)现行成本资本保全概念

主张现行成本资本保全概念者认为,企业必须保持原有的生产能力或经营能力,才能继续经营下去,因此,只有在按现行成本(或重置成本)补偿了原有的资本耗费后,才算保全了资本。

例如,上例企业,如果原有资产投资时的一般物价指数为100,而现在该企业所拥有实物资产的物价指数已上升为115,要保持该企业原有的生产能力或经营能力,只有将该企业净资产价值保持在1 150 000元时,才是保全了原有资本的经营能力,这时出售该企业净资产的利润应为50 000元(1 200 000-1 000 000×115÷100)。

现行成本资本保全概念,以保持企业生产经营能力为出发点,要求按现行成本(或重置成本)对企业的实物资产金额和各项耗费数据作出调整。但是,持不同观点者仍认为,尽管现行成本资本保全概念有其合理之处,但它没有考虑通货膨胀时,一般货币购买力下降会影响企业货币性项目的实际价值。因此,最好在对实物资产项目按现行成本(或重置成本)作出调整的同时,对货币性项目按一般物价指数加以调整,这样,才做到了对企业资本的真正保全。

　　根据上述不同的资本保全概念,我们可以归纳出有四种会计核算模式:第一是,历史成本现行币值会计模式;第二是,历史成本不变币值会计模式;第三是,现行成本现行币值会计模式;第四是,现行成本不变币值会计模式。其中,第一种历史成本现行币值会计模式,就是我们目前采用的传统会计核算模式,它是以货币币值稳定为基本前提,并不考虑物价变动对会计信息的影响。后三种会计模式,虽然各自会计计量的立足点不同,但它们都是物价变动会计模式,并已分别被西方一些国家所采用。

# 第二节　历史成本不变币值会计

## 一、历史成本不变币值会计的特点

　　历史成本不变币值会计,又称一般物价水平会计或不变购买力会计。这一会计模式的特点是,仍坚持历史成本计量原则,但要求以代表货币一定购买力的不变价格来代替币值已经发生变化的历史价格。具体做法是,用同一购买力的货币单位来计量资产、负债、收入、费用等各项目,即把会计报表上各不同时期的历史货币数额,按期末物价指数调整为统一货币购买力基准的共同价格,使报表数据具有可比性。

## 二、会计报表各项目的调整方法

　　(一)资产负债表项目的调整方法

　　1. 非货币性项目

　　资产负债表中各非货币性项目的数据,应该按年末一般物价指数加以调整,其调整公式如下:

$$调整系数 = \frac{本年年末一般物价指数}{业务发生当时一般物价指数}$$

$$调整后金额 = 调整前金额 \times 调整系数$$

　　【例 8-1】　某公司的固定资产账户 20×5 年年末的账面余额为 500 000 元,它是在 20×1 年至 20×5 年期间陆续购入的原始价值总额,在这段时间里一般物价指数逐年上升。现将固定资产的年末账面余额,按 20×5 年统一物价水平的价格调整如图表8-1所示。

(图表 8-1)

**按一般物价指数调整固定资产账面价值表**

| 购置年度 | 调整前历史成本(元) | 物价指数 | 调整系数 | 调整后金额(元) |
|---|---|---|---|---|
| 20×1 | 200 000 | 100 | 150/100 | 300 000 |
| 20×2 | 50 000 | 120 | 150/120 | 62 500 |
| 20×3 | 100 000 | 125 | 150/125 | 120 000 |
| 20×4 | 120 000 | 140 | 150/140 | 128 571 |
| 20×5 | 30 000 | 150 | 150/150 | 30 000 |
| 合　计 | 500 000 | | | 641 071 |

如果非货币性项目在年内是均衡地发生的,如存货的购入和耗用,则可用本年度的平均物价指数进行调整。调整公式如下:

$$调整后金额=调整前金额\times\frac{本年年末一般物价指数}{本年度平均物价指数}$$

2. 货币性项目

年末的货币性项目,因为本身已表现为年末货币购买力的币值,所以不需要加以调整。但年初的货币性项目,则需要将年初货币调整为年末货币,调整公式如下:

$$调整后金额=调整前金额\times\frac{本年年末一般物价指数}{本年年初一般物价指数}$$

3. 留存收益项目

资产负债表的留存收益项目,应采取余额法予以倒轧,其调整公式如下:

$$留存收益=(调整后资产合计-调整后负债合计)$$
$$-调整后投入资本$$

(二)利润表及利润分配表项目的调整方法

(1)折旧费的调整应与固定资产的调整保持一致,需将取得固定资产时的物价指数作为调整系数的分母。

(2)营业收入、营业成本、除折旧费以外的营业费用,以及所得税费用,大多为年内均衡地发生,因此,可以全年平均物价指数作为调整系数的分母。

(3)现金股利,应按宣告发放时的物价指数作为调整系数的分母。如果现金股利是在年末分派的,则不需加以调整。

(三)计算货币性项目购买力变动净损益

在通货膨胀情况下,企业持有货币性资产会发生购买力变动损失,持有货币性负债则会发生购买力变动收益。因此,在按历史成本不变币值调整时,还应考虑年内货币性项目的流动情况,单独计算货币性项目购买力变动净损益,并在调整后的利润表中单列项目加以反映。

【例8-2】 某公司20×5年初货币性资产余额合计为350 000元,货币性负债余额合计为420 000元。在20×5年度该公司货币性资产增加了435 000元,减少了290 000元,到20×5年末货币性资产余额合计为495 000元。另外,20×5年度该公司货币性负债增加了580 000元,减少了609 000元,到20×5年末货币性负债余额为391 000元。假定,20×5年的一般物价指数年初时为140、年末时为150、年度平均物价指数为145。那么,该公司的货币性项目由于物价变动产生的购买力变动净损益可以计算如图表8-2所示。

(图表8-2)

### 货币性项目购买力变动净损益计算表

| 项　　　目 | 调整前金额(元) | 调整系数 | 调整后金额(元) | 货币购买力变动净收益(损失)(元) |
|---|---|---|---|---|
| 货币性资产项目: | | | | |
| 年初余额 | 350 000 | 150/140 | 375 000 | |
| 本年增加 | 435 000 | 150/145 | 450 000 | |
| 本年减少 | 290 000 | 150/145 | 300 000 | |
| 年末余额 | 495 000 | | 525 000 | (30 000) |
| 货币性负债项目: | | | | |
| 年初余额 | 420 000 | 150/140 | 450 000 | |
| 本年增加 | 580 000 | 150/145 | 600 000 | |
| 本年减少 | 609 000 | 150/145 | 630 000 | |
| 年末余额 | 391 000 | | 420 000 | 29 000 |
| 货币购买力变动净收益(损失) | | | | (1 000) |

（四）重编以不变币值为计量单位的会计报表

原来以历史成本现行币值表示的会计报表,经过按不变币值为计量单位进行调整后,重新表述的会计报表已消除了因通货膨胀造成的对报表信息的影响。

### 三、会计报表按历史成本不变币值调整、重编的实例

【例8-3】 资料(1):星光公司20×5年12月31日和20×6年12月31日按历史成本现行币值编制的资产负债表和20×6年度利润表及利润分配表如图表8-3和图表8-4所示。

（图表 8-3）

## 星 光 公 司
### 比较资产负债表
单位：元

| | 20×5 年 12 月 31 日 | 20×6 年 12 月 31 日 |
|---|---|---|
| 货币资金 | 200 000 | 216 400 |
| 应收账款 | 50 000 | 58 000 |
| 存货 | 95 000 | 90 000 |
| 房屋 | 360 000 | 360 000 |
| 减：累计折旧 | 54 000 | 68 400 |
| 设备 | 240 000 | 240 000 |
| 减：累计折旧 | 36 000 | 48 000 |
| 资产合计 | 855 000 | 848 000 |
| 应付账款 | 90 000 | 85 000 |
| 长期借款 | 120 000 | 110 000 |
| 普通股 | 600 000 | 600 000 |
| 留存收益 | 45 000 | 53 000 |
| 权益合计 | 855 000 | 848 000 |

（图表 8-4）

## 星 光 公 司
### 利润表及利润分配表
20×6 年度
单位：元

| | | |
|---|---|---|
| 营业收入 | | 300 000 |
| 减：营业成本 | | |
| 期初存货 | 95 000 | |
| 本期购货 | 200 000 | |
| 可供销售存货 | 295 000 | |
| 期末存货 | 90 000 | 205 000 |
| 营业费用（除折旧费外） | 10 000 | |
| 折旧费——房屋 | 14 400 | |
| ——设备 | 12 000 | |
| 所得税费用 | 19 000 | |
| 费用合计 | | 55 400 |
| 净利润 | | 39 600 |
| 加：期初留存收益 | | 45 000 |
| 减：现金股利 | | 31 600 |
| 期末留存收益 | | 53 000 |

资料(2)：

(1) 存货的购置是在一年内均衡地发生,存货的发出采用先进先出法。年初存货购置时的平均物价指数为 110,年末存货购置时的平均物价指数为 135。

(2) 房屋购置时的物价指数为 105,年折旧率为 4%；设备购置时的物价指数为 108,年折旧率为 5%；均无残值。

(3) 应收账款的收账时间与应付账款的支付时间,在年内均衡地发生。

(4) 普通股发行时的物价指数为 110。

(5) 销售收入、营业费用,以及所得税,在年内均衡发生。

(6) 现金股利宣告分派时的物价指数为 150。

(7) 20×5 年 12 月 31 日的物价指数为 120；

20×6 年 12 月 31 日的物价指数为 150；

20×6 年度的平均物价指数为 132。

根据上述资料,可以按历史成本不变币值调整、重编比较资产负债表工作底稿、利润表及利润分配表工作底稿,以及货币性项目购买力变动净损益计算表如图表 8-5 至图表 8-7 所示。

(图表 8-5)

## 星 光 公 司
### 重编比较资产负债表工作底稿

| 项　　目 | 20×5 年 12 月 31 日 | | | 20×6 年 12 月 31 日 | | |
|---|---|---|---|---|---|---|
| | 调整前金额(元) | 调整系数 | 调整后金额(元) | 调整前金额(元) | 调整系数 | 调整后金额(元) |
| 货币资金 | 200 000 | 150/120 | 250 000 | 216 400 | 150/150 | 216 400 |
| 应收账款 | 50 000 | 150/120 | 62 500 | 58 000 | 150/150 | 58 000 |
| 存货 | 95 000 | 150/110 | 129 545 | 90 000 | 150/135 | 100 000 |
| 房屋 | 360 000 | 150/105 | 514 286 | 360 000 | 150/105 | 514 286 |
| 减：累计折旧 | 54 000 | 150/105 | 77 143 | 68 400 | 150/105 | 97 714 |
| 设备 | 240 000 | 150/108 | 333 333 | 240 000 | 150/108 | 333 333 |
| 减：累计折旧 | 36 000 | 150/108 | 50 000 | 48 000 | 150/108 | 66 667 |
| 　　资产合计 | 855 000 | | 1 162 521 | 848 000 | | 1 057 638 |
| 应付账款 | 90 000 | 150/120 | 112 500 | 85 000 | 150/150 | 85 000 |
| 长期借款 | 120 000 | 150/120 | 150 000 | 110 000 | 150/150 | 110 000 |
| 普通股 | 600 000 | 150/110 | 818 182 | 600 000 | 150/110 | 818 182 |
| 留存收益 | 45 000 | | 81 839① | 53 000 | | 44 456② |
| 负债和所有者权益合计 | 855 000 | | 1 162 521 | 848 000 | | 1 057 638 |

① 81 839＝1 162 521－112 500－150 000－818 182。

② 44 456＝1 057 638－85 000－110 000－818 182。

(图表 8-6)

### 星 光 公 司
### 重编利润表及利润分配表工作底稿
20×6 年度

| 项　　目 | 调整前金额（元） | 调整系数 | 调整后金额（元） |
|---|---|---|---|
| 营业收入 | 300 000 | 150/132 | 340 909 |
| 减：营业成本 | 205 000 | | 256 818 |
| 营业费用（除折旧费外） | 10 000 | 150/132 | 11 364 |
| 折旧费——房屋 | 14 400 | 150/105 | 20 571 |
| ——设备 | 12 000 | 150/108 | 16 667 |
| 所得税费用 | 19 000 | 150/132 | 21 591 |
| 净利润 | 39 600 | | 13 898 |
| 货币性项目购买力变动净损益 | | | （19 681） |
| 历史成本不变币值净利润 | | | （5 783） |
| 加：期初留存收益 | 45 000 | | 81 839 |
| 减：现金股利 | 31 600 | 150/150 | 31 600 |
| 期末留存收益 | 53 000 | | 44 456 |
| 上述营业成本计算： | | | |
| 期初存货 | 95 000 | 150/110 | 129 545 |
| 本期购货 | 200 000 | 150/132 | 227 273 |
| 可供销售存货 | 295 000 | | 356 818 |
| 期末存货 | 90 000 | 150/135 | 100 000 |
| 本期营业成本 | 205 000 | | 256 818 |

(图表 8-7)

### 星 光 公 司
### 货币性项目购买力变动净损益计算表
20×6 年度

| 项　　目 | 调整前金额（元） | 调整系数 | 调整后金额（元） |
|---|---|---|---|
| 年初货币性项目： | | | |
| 货币资金 | 200 000 | 150/120 | 250 000 |
| 应收账款 | 50 000 | 150/120 | 62 500 |
| 应付账款 | （90 000） | 150/120 | （112 500） |
| 长期借款 | （120 000） | 150/120 | （150 000） |
| 小　计 | 40 000 | | 50 000 |
| 加:本年货币性项目增加 | | | |
| 营业收入 | 300 000 | 150/132 | 340 909 |
| 减:本年货币性项目减少 | | | |
| 购货 | 200 000 | 150/132 | 227 273 |
| 营业费用 | 10 000 | 150/132 | 11 364 |

（续表）

| 项　　　目 | 调整前金额(元) | 调整系数 | 调整后金额(元) |
|---|---|---|---|
| 所得税费用 | 19 000 | 150/132 | 21 591 |
| 现金股利 | 31 600 | 150/150 | 31 600 |
| 　小　　计 | 260 600 | | 291 828 |
| 年末货币性项目: | | | |
| 　货币资金 | 216 400 | 150/150 | 216 400 |
| 　应收账款 | 58 000 | 150/150 | 58 000 |
| 　应付账款 | (85 000) | 150/150 | (85 000) |
| 　长期借款 | (110 000) | 150/150 | (110 000) |
| 　小　　计 | 79 400 | | 79 400 |
| 货币性项目购买力变动净损益 | | | (19 681)① |

　　① (19 681)＝(50 000＋340 909－291 828)－79 400。

　　历史成本不变币值会计模式,是以一般物价指数将代表不同时期购买力的历史币值调整为当前币值,可以消除一般物价水准变动对会计报表的影响,便于不同企业会计报表和同一企业不同时期会计报表数据的相互比较。但是,衡量一般物价水平变化的指数,只能笼统地反映货币购买力的变化情况,而物价变动对会计信息的影响,除了货币本身价值的变动外,还有特定商品市场供求情况的变化。所以,按历史成本不变币值调整的会计报表,并不符合实际情况。另外,由于货币性项目购买力变动净损益,并不代表企业经营管理的业绩,因此,按一般物价指数调整的会计报表,不一定能恰当地反映企业的盈利能力。

# 第三节　现行成本现行币值会计

## 一、现行成本现行币值会计的特点

　　现行成本现行币值会计也称现行成本会计。这一会计模式的特点是,它不仅仅要求计量由于通货膨胀而引起的资产货币购买力的变动,而且还要求确切地反映为获取同等生产经营能力而重置新资产所需的现行成本。因此,它不赞成简单地按一般物价指数调整历史成本的做法,而是主张改变以历史成本为计量基础的会计模式,代之以按资产的现行成本作为计量基础。

　　现行成本会计模式的提出,是基于马克思的社会再生产理论。马克思在考察资本主义经济运动时指出:社会总资本的双重补偿是社会再生产得以顺利实现的基本条件,在一次资本循环之后,只有同时得到了价值补偿和实物补偿,社会再生产才可以顺利实现。同样的,对于一个企业来说,要维持简单再生产,就要求在供、产、销各阶段的资金运动中,将各种成本耗费通过产品销售所取得的收入,在价值和实物两个方面同时得到补偿。一般来说,在物价基本稳定的情况下,企业再生产的价值补偿和实物补偿大体上是一致的。然而,在通货膨胀情况下,按历史成本进行价值补偿,虽然生产所需的资金价值的绝对额没有减少,但是,以这个绝对额所能买到的实物数量却减少了,企业只能缩小生产规模或用追加资本的办法来维持原来的生产规模和经营能力,因此,从所有者角度来看,企业成本的补偿过程,实质也是资本保值的过程,而现行成本会计正是为了解决这方面问题的。

**二、会计报表各项目的调整方法**

(一)非货币性项目

资产负债表中的各非货币性资产项目,应该根据有关资料将历史成本调整为年末的现行成本。利润表中的营业成本,由于是在年度内逐步发生,因此可以按出售产品的平均现行成本调整,其计算公式如下:

$$平均现行成本=(年初现行成本+年末现行成本)÷2$$

同样,利润表中的折旧费,因为是在年度内逐步耗用、逐步计提的,所以也可以按该年固定资产的平均现行成本和折旧费的提取比例进行调整,其计算公式如下:

$$\frac{某项固定资}{产年折旧额}=\frac{该项固定资产本}{年平均现行成本}×\frac{该项固定资}{产年折旧率}$$

利润表中的其他项目,如营业收入、营业费用、所得税,以及利润分配表中的现金股利等项目,由于它们已经代表了该期间的现行成本,因此,都不需要作出调整。

(二)货币性项目

资产负债表中的所有货币性项目,由于年初的历史成本就是当时的现行成本,年末的历史成本也就是年末的现行成本,因此,不需要进行调整。

(三)资产持有利得的计算

在通货膨胀情况下,企业持有的所有非货币性资产,其现行成本高于历史成本之间的差额称为资产持有利得。资产持有利得按是否实现,可分为未实现的资产持有利得和已实现的资产持有利得两种。如以存货为例,由于在现行成本会计模式下,存货在持有期间应按现行成本计价,现行成本比历史成本增加的价值,在存货未出售之前为未实现的资产持有利得,待存货销售时,这部分在持有期间未实现的资产持有利得,也就实现了。但是,本期已实现的资产持有利得,应该归属于资产持有的各个期间,以前各期持有的未实现利得在本期实现的部分,应当在确认的本期净利润中扣除。

**【例 8-4】** 某企业于第 1 年年初购入一批存货 500 千克,每千克 100 元。第 1 年年末售出 200 千克,每千克 150 元,当时的现行重置成本为每千克 120 元;其余的 300 千克在第 2 年年末售出,每千克售价 160 元,当时的现行重置成本为每千克 130 元。在现行成本会计模式下,资产持有利得及利润的计算如图表 8-8 所示。

(图表 8-8)

资产持有利得及利润计算表

单位:元

| 项　　　目 | 第　1　年 | 第　2　年 |
|---|---|---|
| 营业收入 | 200×150＝30 000 | 300×160＝48 000 |
| 营业成本 | 200×120＝24 000 | 300×130＝39 000 |
| 营业利润 | 6 000 | 9 000 |
| 已实现资产持有利得 | 200×(120－100)＝4 000 | 300×(130－100)＝9 000 |
| 未实现资产持有利得 | 300×(120－100)＝6 000 | (6 000) |
| 净利润 | 16 000 | 12 000 |

### 三、会计报表按现行成本现行币值调整、重编的实例

**【例 8-5】** 资料(1):假如仍以图表 8-3、8-4 星光公司 20×5 年 12 月 31 日和 20×6 年 12 月 31 日按历史成本现行币值编制的资产负债表,20×6 年度利润表及利润分配表的数据资料。

资料(2):星光公司有关现行成本的资料补充如下:

(1) 存货。20×5 年 12 月 31 日的现行重置成本为 105 000 元,20×6 年 12 月 31 日的现行重置成本为 108 000 元。

(2) 营业成本。20×6 年度平均现行成本为 260 000 元。

(3) 房屋。20×5 年 12 月 31 日的现行重置成本为 420 000 元,净值为 357 000 元;20×6 年 12 月 31 日的现行重置成本为 450 000 元。

(4) 设备。20×5 年 12 月 31 日的现行重置成本为 300 000 元,净值为 255 000元;20×6 年 12 月 31 日的现行重置成本为350 000 元。

根据上述所给资料,可以按现行成本现行币值调整、重编比较资产负债表、利润表及利润分配表,以及资产持有利得计算表如图表 8-9 至图表 8-11 所示。

(图表 8-9)

**星 光 公 司**
**重编比较资产负债表**　　　　　　　　　　　　单位：元

| | 20×5 年 12 月 31 日 | 20×6 年 12 月 31 日 |
|---|---|---|
| 货币资金 | 200 000 | 216 400 |
| 应收账款 | 50 000 | 58 000 |
| 存货 | 105 000 | 108 000 |
| 房屋 | 420 000 | 450 000 |
| 减：累计折旧 | 63 000 | 80 400① |
| 设备 | 300 000 | 350 000 |
| 减：累计折旧 | 45 000 | 61 250② |
| 资产合计 | 967 000 | 1 040 750 |
| 应付账款 | 90 000 | 85 000 |
| 长期借款 | 120 000 | 110 000 |
| 普通股 | 600 000 | 600 000 |
| 留存收益 | 157 000③ | 245 750④ |
| 负债和所有者权益合计 | 967 000 | 1 040 750 |

① 80 400＝63 000＋[(420 000＋450 000)÷2]×4%。

② 61 250＝45 000＋[(300 000＋350 000)÷2]×5%。

③ 157 000＝967 000－90 000－120 000－600 000。

④ 245 750＝1 040 750－85 000－110 000－600 000。

(图表 8-10)

**星 光 公 司**
**重编利润表及利润分配表**
20×6 年度　　　　　　　　　　　　　单位：元

| | | |
|---|---|---|
| 营业收入 | 300 000 | 300 000 |
| 减：营业成本 | 260 000 | |
| 营业费用(除折旧费外) | 10 000 | |
| 折旧费——房屋 | 17 400① | |
| ——设备 | 16 250② | |
| 所得税费用 | 19 000 | 322 650 |
| 现行成本下的经营利润 | | (22 650) |
| 加：已实现持有利得 | | 62 250 |
| 未实现持有利得 | | 80 750 |
| 现行成本下的净利润 | | 120 350 |
| 加：期初留存收益 | | 157 000 |
| 减：现金股利 | | 31 600 |
| 期末留存收益 | | 245 750 |

① 17 400＝[(420 000＋450 000)÷2]×4%。

② 16 250＝[(300 000＋350 000)÷2]×5%。

（图表 8-11）

# 星 光 公 司
## 资产持有利得计算表
### 20×6 年度
单位：元

| 项　　目 | | 现行成本 | 历史成本 | 资产持有利得 |
|---|---|---|---|---|
| 存货　20×5 年 12 月 31 日 | | 105 000 | 95 000 | 10 000 |
| 　　　　20×6 年 12 月 31 日 | | 108 000 | 90 000 | 18 000 |
| 营业成本 | | 260 000 | 205 000 | 55 000 |
| 房屋(净值)　20×5 年 12 月 31 日 | | 357 000 | 306 000 | 51 000 |
| 　　　　　　20×6 年 12 月 31 日 | | 369 600 | 291 600 | 78 000 |
| 设备(净值)　20×5 年 12 月 31 日 | | 255 000 | 204 000 | 51 000 |
| 　　　　　　20×6 年 12 月 31 日 | | 288 750 | 192 000 | 96 750 |
| 折旧费——房屋 | | 17 400 | 14 400 | 3 000 |
| 　　　　——设备 | | 16 250 | 12 000 | 4 250 |
| 20×6 年 12 月 31 日 | 18 000 | 78 000 | 96 750 | 192 750 |
| 20×5 年 12 月 31 日 | 10 000 | 51 000 | 51 000 | 112 000 |
| 未实现资产持有利得增加(减少) | 8 000 | 27 000 | 45 750 | 80 750 |
| 已实现资产持有利得 | 55 000 | 3 000 | 4 250 | 62 250 |
| 本年度持有资产的现行成本增加(减少) | 63 000 | 30 000 | 50 000 | 143 000 |

上述在按现行成本现行币值调整、重编会计报表时,将未实现的资产持有利得和已实现的资产持有利得,计入利润表的"现行成本下的净利润"中加以反映。如果将未实现的资产持有利得和已实现的资产持有利得,在资产负债表中作为所有者权益的调整,则重编资产负债表、利润表及利润分配表的方法如图表 8-12 和图表 8-13 所示。

（图表 8-12）

# 星 光 公 司
## 重编资产负债表
### 20×6 年 12 月 31 日
单位：元

| | 历史成本 | 现行成本 |
|---|---|---|
| 货币资金 | 216 400 | 216 400 |
| 应收账款 | 58 000 | 58 000 |
| 存货 | 90 000 | 108 000 |
| 房屋 | 360 000 | 450 000 |
| 减：累计折旧 | 68 400 | 80 400 |
| 设备 | 240 000 | 350 000 |

（续表）

| | 历史成本 | 现行成本 |
|---|---|---|
| 减：累计折旧 | 48 000 | 61 250 |
| 资产合计 | 848 000 | 1 040 750 |
| 应付账款 | 85 000 | 85 000 |
| 长期借款 | 110 000 | 110 000 |
| 普通股 | 600 000 | 600 000 |
| 留存收益 | 53 000 | (9 250) |
| 未实现资产持有利得 | | 192 750 |
| 已实现资产持有利得 | | 62 250 |
| 负债和所有者权益合计 | 848 000 | 1 040 750 |

（图表 8-13）

**星 光 公 司**
**重编利润表及利润分配表**

20×6 年度 单位：元

| | | |
|---|---|---|
| 营业收入 | | 300 000 |
| 减：营业成本 | 260 000 | |
| 营业费用（除折旧费外） | 10 000 | |
| 折旧费——房屋 | 17 400 | |
| ——设备 | 16 250 | |
| 所得税费用 | 19 000 | 322 650 |
| 净利润 | | (22 650) |
| 加：期初留存收益 | | 45 000 |
| 减：现金股利 | | 31 600 |
| 期末留存收益 | | (9 250) |

现行成本现行币值会计模式,对各项非货币性资产是按现行重置成本与经营收入相配比,使计算出来的经营利润避免了在历史成本会计模式下的虚假现象,并保证重置已消耗的非货币性资产所需的资金来源。特别在通货膨胀时期,把资产持有利得作为资本保持调整额反映在所有者权益内,可以较好地保持企业的生产经营实力,杜绝了资本金的暗中流失。同时,这种会计模式由于对各种非货币性资产采用按现行重置成本计价,可以克服一般物价指数仅仅反映综合价格变动的缺陷。但是,现行重置成本的取得,在实际操作中不可避免地会带有主观判断因素,而且其记录、计算的工作也比较繁复。另外,这种会计模式并没有考虑货币性项目购买力变动对会计信息的影响。

# 第四节　现行成本不变币值会计

## 一、现行成本不变币值会计的特点

现行成本不变币值会计是历史成本不变币值会计和现行成本现行币值会计两种模式结合的产物,它的特点是,既用现行成本取代历史成本作为会计的计量基础,又以不变币值取代现行币值作为会计计量的单位,两者相结合的结果,可以充分全面地消除物价变动对会计信息的影响。

根据现行成本不变币值会计的要求,企业的会计报表资料要以现行成本调整各项非货币性项目,计算因物价变动对持有非货币性资产而产生的影响。同时,按一般物价指数调整各项货币性项目,计算货币性项目购买力变动净损益,并将计算结果在利润表上单列项目反映。

## 二、会计报表各项目的调整方法

(1)会计报表中的各项非货币性项目,应该根据有关资料将历史成本调整为现行成本,然后,再将现行成本按一般物价指数调整为不变币值(调整方法如前所述)。

(2)货币性项目的年初数应按年末物价指数进行调整,而年末的货币性项目因本身已表现为年末的货币购买力币值,所以不需要加以调整。

(3)计算货币性项目购买力变动净损益(计算方法如第二节所述)。

(4)计算非货币性资产项目因物价变动产生的现行成本增加或减少。本期现行成本物价变动总额应是年末现行成本与年初现行成本之间的差额。现行成本物价变动总额根据发生的原因,可以分解为通货膨胀变动因素和扣除通货膨胀后的变动因素两部分。其中,因通货膨胀引起的非货币性资产现行成本变动额,是根据一般物价指数计算调整的结果,它是年初的现行成本与其按年末物价指数调整后数额之间的差额。这个变动额,在一般物价指数上升的情况下,表现为正数;反之,在一般物价指数下降时,则为负数。另外,现行成本变动总额扣除通货膨胀因素后的变动额,是因非货币性资产的特定物价变动引起的,其变动金额的大小应视特定资产物价指数变动幅度与一般物价指数变动幅度的大小而定。当特定资产的物价上升幅度大于一般物价指数的上涨幅度时,此变动金额表现为正数;反之,则为负数。

【例 8-6】　某企业的一套设备,年初时的现行成本为 100 万元,当时的物价指数为 125,到了年末该设备的现行成本为 130 万元,此时的物价指数为 150。该设备因物价变动产生的现行成本增减额计算如下:

$$现行成本物价变动总额＝130－100＝30(万元)$$

$$\frac{因通货膨胀引起的}{现行成本变动额}＝100×150/125－100＝20(万元)$$

$$\frac{扣除通货膨胀因素后}{的现行成本变动额}＝30－20＝10(万元)$$

如果年末该设备的现行成本为 118 万元,则现行成本物价变动总额为 18 万元(118－100),扣除通货膨胀因素后的现行成本变动额应为减少 2 万元(18－20)。

### 三、会计报表按现行成本不变币值调整、重编的实例

【例 8-7】 仍以前述星光公司的数据说明:

(1) 根据图表 8-9 现行成本资料和[例 8-3]中所给的一般物价指数的资料,重编按现行成本不变币值的比较资产负债表工作底稿如图表 8-14 所示。

(图表 8-14)

**星 光 公 司**
**重编比较资产负债表工作底稿**

| 项　　目 | 20×5 年 12 月 31 日 | | | 20×6 年 12 月 31 日 (元) |
|---|---|---|---|---|
| | 调整前金额(元) | 调整系数 | 调整后金额(元) | |
| 货币资金 | 200 000 | 150/120 | 250 000 | 216 400 |
| 应收账款 | 50 000 | 150/120 | 62 500 | 58 000 |
| 存货 | 105 000 | 150/110 | 143 182 | 108 000 |
| 房屋 | 420 000 | 150/105 | 600 000 | 450 000 |
| 减：累计折旧 | 63 000 | 150/105 | 90 000 | 80 400 |
| 设备 | 300 000 | 150/108 | 416 667 | 350 000 |
| 减：累计折旧 | 45 000 | 150/108 | 62 500 | 61 250 |
| 　资产合计 | 967 000 | | 1 319 849 | 1 040 750 |
| 应付账款 | 90 000 | 150/120 | 112 500 | 85 000 |
| 长期借款 | 120 000 | 150/120 | 150 000 | 110 000 |
| 普通股 | 600 000 | 150/110 | 818 182 | 818 182② |
| 留存收益 | 157 000 | | 239 167① | 27 568③ |
| 　负债和所有者权益合计 | 967 000 | | 1 319 849 | 1 040 750 |

① 239 167＝1 319 849－112 500－150 000－818 182。

② 818 182＝600 000×150/110。

③ 27 568＝1 040 750－85 000－110 000－818 182。

需要说明的是,在图表 8-9 中,由于 20×6 年 12 月 31 日以现行成本编制的资产负债表,除所有者权益外的项目数据已经使用了年末的不变币值,所以不需要加以调整,只需将普通股项目按一般物价指数加以调整,然后,倒算出

留存收益即可。但是,20×5 年 12 月 31 日的资产负债表各项目,是以年初币值表述的年初现行成本,需要按一般物价指数调整为年末的不变币值。

(2) 计算货币性项目购买力变动净损益。本例为净损失19 681元,其计算方法见图表 8-7 所示。

(3) 根据图表 8-9、8-10 现行成本资料(本期购货的平均现行成本为200 000元)和[例 8-3]中所给的一般物价指数资料,计算非货币性资产现行成本因物价变动产生的影响如图表 8-15 所示。

(图表 8-15)

### 星 光 公 司
### 非货币性资产现行成本物价变动影响计算表
20×6 年度

| | 现行成本(元)<br>(1) | 调整系数<br>(2) | 年末不变币值(元)<br>(3) | 年末现行成本(元)<br>(4) |
|---|---|---|---|---|
| 存货: | | | | |
| 期初存货 | 105 000 | 150/110 | 143 182 | |
| 本期购货 | 200 000 | 150/132 | 227 273 | |
| 本期销货 | (260 000) | 150/132 | (295 455) | |
| 期末存货 | 45 000 | | 75 000 | 108 000 |
| 房屋: | | | | |
| 期初净值 | 357 000 | 150/105 | 510 000 | |
| 本期购入 | — | | — | |
| 本期折旧 | (17 400) | 150/105 | (24 857) | |
| 期末净值 | 339 600 | | 485 143 | 369 600 |
| 设备: | | | | |
| 期初净值 | 255 000 | 150/108 | 354 167 | |
| 本期购入 | — | | — | |
| 本期折旧 | (16 250) | 150/108 | (22 569) | |
| 期末净值 | 238 750 | | 331 598 | 288 750 |

| 非货币性资产现行<br>成本物价变动影响 | 物价变动总额<br>(4)—(1) | 通货膨胀变动因素<br>(3)—(1) | 扣除通货膨胀后的变动因素<br>(4)—(3) |
|---|---|---|---|
| 存货 | 63 000 | 30 000 | 33 000 |
| 房屋 | 30 000 | 145 543 | (115 543) |
| 设备 | 50 000 | 92 848 | (42 848) |
| 合计 | 143 000 | 268 391 | (125 391) |

(4) 根据图表 8-10 现行成本资料和[例 8-3]中所给的一般物价指数数据,按现行成本不变币值重编 20×6 年度利润表及利润分配表工作底稿如图表8-16所示。

（图表 8-16）

**星 光 公 司**
**重编利润表及利润分配表工作底稿**
20×6 年度

| | 现行成本<br>现行币值（元） | 调整<br>系数 | 现行成本<br>不变币值（元） |
|---|---|---|---|
| 营业收入 | 300 000 | 150/132 | 340 909 |
| 减：营业成本 | 260 000 | 150/132 | 295 455 |
| 营业费用（除折旧费外） | 10 000 | 150/132 | 11 364 |
| 折旧费——房屋 | 17 400 | 150/105 | 24 857 |
| ——设备 | 16 250 | 150/108 | 22 569 |
| 所得税费用 | 19 000 | 150/132 | 21 591 |
| 现行成本不变币值下的经营利润 | | | （34 927） |
| 货币性项目购买力净损益 | | | （19 681） |
| 非货币性资产现行成本物价变动总额 | | 143 000 | |
| 减：通货膨胀变动因素 | | 268 391 | |
| 非货币性资产扣除通货膨胀后的变动因素 | | | （125 391） |
| 现行成本不变币值下的净利润 | | | （179 999） |
| 加：期初留存收益 | | | 239 167 |
| 减：现金股利 | 31 600 | 150/150 | （31 600） |
| 期末留存收益 | | | 27 568 |

现行成本不变币值会计模式，以现行成本作为计量基础，可以使企业保证有足够资金重置所耗用的资产以保持其经营实力。同时，又以不变币值为计量单位，使会计报表数据具有可比性。这一会计模式，综合了现行成本会计模式和不变购买力会计模式的优点，既提供非货币性资产现行成本的变动情况，又反映货币性项目购买力变动损益，因而能充分全面地消除物价变动对会计信息的影响，真实反映企业的经济资源、获利能力和现金流动的变化。但是，按现行成本不变币值调整、重编会计报表的工作量过于繁琐，所花代价过高。

# 第五节　物价变动下外币报表的折算

由于在通货膨胀、物价剧烈变动的情况下，跨国经营的子公司、附属公司按一定的汇率将以某种外币表述的会计报表，折算为境内母公司或总公司、报告公司记账本位币表述的会计报表，已不能真实反映子公司、附属公司的财务状况和经营成果，因此，需要在会计报表的折算过程中，将物价变动对报表数据的影响加以计算和反映，其方法有先调整后折算法和先折算后调整法两种。

## 一、先调整后折算法

先调整后折算法是指对境外子公司、附属公司的会计报表数据先按境外所在国的物价变动情况调整后,再按一定的汇率折算成境内母公司或总公司、报告公司记账本位币表述的会计报表。

**【例 8-8】**　某母公司以人民币为记账本位币,母公司在境外有一子公司为独立经营的实体,该子公司编制会计报表的货币为美元。假设,20×5 年以美元表述的比较资产负债表、利润表及利润分配表如图表 8-17 和图表 8-18 所示。又假设:

(1) 子公司所在国报告期初的一般物价指数为 120,期末的一般物价指数为 200,报告期平均物价指数为 180。

(2) 存货的购入和销售在年内均衡发生,存货计价采用先进先出法,年初存货购置时的平均物价指数为 115,年末存货购置时的平均物价指数为 150。

(图表 8-17)

### 子公司比较资产负债表

单位:美元

| | 20×4 年 12 月 31 日 | 20×5 年 12 月 31 日 |
|---|---|---|
| 货币资金 | 300 | 350 |
| 应收账款 | 500 | 450 |
| 存货 | 800 | 900 |
| 固定资产 | 1 000 | 1 000 |
| 减:累计折旧 | 200 | 250 |
| 　　资产合计 | 2 400 | 2 450 |
| 应付账款 | 400 | 320 |
| 普通股 | 1 800 | 1 800 |
| 留存收益 | 200 | 330 |
| 　　负债和所有者权益合计 | 2 400 | 2 450 |

(图表 8-18)

### 子公司利润表及利润分配表

20×5 年度　　　　　　　　　　　　　　　　　单位:美元

| | | |
|---|---|---|
| 营业收入 | | 3 200 |
| 减:营业成本 | | |
| 　期初存货 | 800 | |
| 　本期购货 | 2 500 | |
| 　可供销售存货 | 3 300 | |
| 　期末存货 | 900 | 2 400 |
| 营业费用 | 100 | |
| 折旧费用 | 50 | |
| 所得税费用 | 170 | |

（续表）

| | |
|---|---|
| 费用合计 | 320 |
| 净利润 | 480 |
| 加：期初留存收益 | 200 |
| 减：现金股利 | 350 |
| 期末留存收益 | 330 |

（3）固定资产购置时的物价指数为 110，年折旧率为 5％，无残值。

（4）应收账款、应付账款的收支时间在年内均匀发生。

（5）普通股发行时的物价指数为 105。

（6）现金股利在年末宣告分派。

（7）期初美元的汇率为 7.30 元人民币，期末美元的汇率为 7.50 元人民币，报告期美元的平均汇率为 7.40 元人民币，普通股项目美元的历史汇率为 7.35 元人民币。

（8）母公司要求先按子公司所在国一般物价指数将会计报表以美元数据调整为年末的不变币值，然后，再按现行汇率法将美元折算成人民币。

根据上述所给资料，将子公司以美元表述的会计报表按先调整后折算法，重编会计报表工作底稿和货币性项目购买力变动净损益计算表如图表 8-19 至图表 8-22 所示。

（图表 8-19）

**子公司重编资产负债表工作底稿**
20×4 年 12 月 31 日

| 项　　目 | 调整前（美元） | 调整系数 | 调整后（美元） | 折算汇率 | 人民币金额（元） |
|---|---|---|---|---|---|
| 货币资金 | 300 | 200/120 | 500 | 7.30 | 3 650 |
| 应收账款 | 500 | 200/120 | 833 | 7.30 | 6 081 |
| 存货 | 800 | 200/115 | 1 391 | 7.30 | 10 154 |
| 固定资产 | 1 000 | 200/110 | 1 818 | 7.30 | 13 271 |
| 减：累计折旧 | 200 | 200/110 | 364 | 7.30 | 2 657 |
| 　资产合计 | 2 400 | | 4 178 | | 30 499 |
| 应付账款 | 400 | 200/120 | 667 | 7.30 | 4 869 |
| 普通股 | 1 800 | 200/105 | 3 429 | 7.35 | 25 203 |
| 留存收益 | 200 | | 82① | | 615② |
| 报表折算差额 | | | | | (188)③ |
| 　负债和所有 | | | | | |
| 　者权益合计 | 2 400 | | 4 178 | | 30 499 |

① 82＝4 178－667－3 429。
② 根据利润表期初留存收益人民币金额填列。
③ －188＝30 499－4 869－25 203－615。

（图表 8-20）

## 子公司重编资产负债表工作底稿
### 20×5 年 12 月 31 日

| 项　　目 | 调整前（美元） | 调整系数 | 调整后（美元） | 折算汇率 | 人民币金额（元） |
|---|---|---|---|---|---|
| 货币资金 | 350 | 200/200 | 350 | 7.50 | 2 625 |
| 应收账款 | 450 | 200/200 | 450 | 7.50 | 3 375 |
| 存货 | 900 | 200/150 | 1 200 | 7.50 | 9 000 |
| 固定资产 | 1 000 | 200/110 | 1 818 | 7.50 | 13 635 |
| 减：累计折旧 | 250 | 200/110 | 455 | 7.50 | 3 412 |
| 　　资产合计 | 2 450 | | 3 363 | | 25 223 |
| 应付账款 | 320 | 200/200 | 320 | 7.50 | 2 400 |
| 普通股 | 1 800 | 200/105 | 3 429 | 7.35 | 25 203 |
| 留存收益 | 330 | | (386) | | (2 895)① |
| 报表折算差额 | | | | | 515② |
| 　负债和所有<br>　者权益合计 | 2 450 | | 3 363 | | 25 223 |

① 根据利润表期末留存收益人民币金额填列。
② 515＝25 223－2 400－25 203－（－2 895）。

（图表 8-21）

## 子公司重编利润表及利润分配表工作底稿
### 20×5 年度

| 项　　目 | 调整前（美元） | 调整系数 | 调整后（美元） | 折算汇率 | 人民币金额（元） |
|---|---|---|---|---|---|
| 营业收入 | 3 200 | 200/180 | 3 556 | 7.50 | 26 670 |
| 减：营业成本 | 2 400 | | 2 969 | 7.50 | 22 268 |
| 　营业费用 | 100 | 200/180 | 111 | 7.50 | 832 |
| 　折旧费 | 50 | 200/110 | 91 | 7.50 | 683 |
| 　所得税费用 | 170 | 200/180 | 189 | 7.50 | 1 417 |
| 净利润 | 480 | | 196 | | 1 470 |
| 货币性项目购买力变动净损益 | | | (314) | 7.50 | (2 355) |
| 历史成本不变币值净利润 | | | (118) | | (885) |
| 加：期初留存收益 | 200 | | 82① | 7.50 | 615 |
| 减：现金股利 | 350 | 200/200 | 350 | 7.50 | 2 625 |
| 期末留存收益 | 330 | | (386) | | (2 895) |
| 营业成本计算 | | | | | |
| 期初存货 | 800 | 200/115 | 1 391 | | |
| 本期购货 | 2 500 | 200/180 | 2 778 | | |
| 可供销售存货 | 3 300 | | 4 169 | | |
| 期末存货 | 900 | 200/150 | 1 200 | | |
| 营业成本 | 2 400 | | 2 969 | | |

① 按 20×4 年 12 月 31 日资产负债表留存收益项目调整后美元金额填列。

(图表 8-22)

### 子公司货币性项目购买力变动净损益计算表
20×5 年度

| 项　　目 | 调整前(美元) | 调整系数 | 调整后(美元) |
|---|---|---|---|
| 年初货币性项目 | | | |
| 　货币资金 | 300 | 200/120 | 500 |
| 　应收账款 | 500 | 200/120 | 833 |
| 　应付账款 | (400) | 200/120 | (667) |
| 　　小　　计 | 400 | | 666 |
| 加：本年货币性项目增加 | | | |
| 　销售收入 | 3 200 | 200/180 | 3 556 |
| 减：本年货币性项目减少 | | | |
| 　购货 | 2 500 | 200/180 | 2 778 |
| 　营业费用 | 100 | 200/180 | 111 |
| 　所得税费用 | 170 | 200/180 | 189 |
| 　现金股利 | 350 | 200/200 | 350 |
| 　　小　　计 | 3 120 | | 3 428 |
| 年末货币性项目 | | | |
| 　货币资金 | 350 | 200/200 | 350 |
| 　应收账款 | 450 | 200/200 | 450 |
| 　应付账款 | (320) | 200/200 | (320) |
| 　　小　　计 | 480 | | 480 |
| 货币性项目购买力变动净损益 | | | (314)① |

① 货币性项目购买力变动净损失－314＝480－(666＋3 556－3 428)。

　　采用先调整后折算法重编境外子公司、附属公司的会计报表,能够按子公司或附属公司所在国的当地货币反映其经营成果,以及当地物价变动对会计信息造成的影响。有利于国内母公司或总公司、报告公司根据子公司、附属公司所在国的环境来评估其经营业绩,并了解物价变动对子公司或附属公司的财务状况、经营成果的影响。但是,这种方法不能揭示母公司或总公司、报告公司所在国物价变动对投资收益的影响。而且,各子公司或附属公司的外币报表经先调整后折算的结果反映了各子公司或附属公司当地物价变动的多重标准,显然是很不合理的。另外,在外币折算汇率中本身已包含了物价变动的因素,因此调整和折算对通货膨胀作了重复的计算,不符合实际情况。

## 二、先折算后调整法

先折算后调整法,要求先按一定的汇率将境外的外币表述的子公司、附属公司的会计报表折算成境内母公司或总公司、报告公司记账本位币表述的会计报表,然后,再按母公司或总公司、报告公司所在国的物价变动情况进行调整。

**【例 8-9】**　仍用[例 8-8]中图表 8-17、8-18 子公司编制的、以美元表述的会计报表,及折算汇率和其他有关资料。假设,母公司要求子公司先按现行汇率法将会计报表的美元金额折算成人民币金额,然后,再按母公司国内的物价变动情况进行调整。假定,该母公司所在国报告期初的一般物价指数为 100,期末的一般物价指数为 150,报告期平均物价指数为 130;存货计价采用最后进价法。重编的子公司资产负债表工作底稿,利润表及利润分配表工作底稿,以及货币性项目购买力变动净损益计算表如图表 8-23 至图表 8-26 所示。

(图表 8-23)

### 子公司重编资产负债表工作底稿
20×4 年 12 月 31 日

| 项　　目 | 美元金额 | 折算汇率 | 调整前<br>(人民币金额) | 调整系数 | 调整后<br>(人民币金额) |
|---|---|---|---|---|---|
| 货币资金 | 300 | 7.30 | 2 190 | 150/100 | 3 285 |
| 应收账款 | 500 | 7.30 | 3 650 | 150/100 | 5 475 |
| 存货 | 800 | 7.30 | 5 840 | 150/100 | 8 760 |
| 固定资产 | 1 000 | 7.30 | 7 300 | 150/100 | 10 950 |
| 减:累计折旧 | 200 | 7.30 | 1 460 | 150/100 | 2 190 |
| 　资产合计 | 2 400 | | 17 520 | | 26 280 |
| 应付账款 | 400 | 7.30 | 2 920 | 150/100 | 4 380 |
| 普通股 | 1 800 | 7.35 | 13 230 | 150/100 | 19 845 |
| 留存收益 | 200 | | 1 700① | | 2 550① |
| 报表折算差额 | | | (130)② | | (195)③ |
| 负债和所有<br>　者权益合计 | 2 400 | | 19 920 | | 29 880 |

①　根据利润分配表期初留存收益项目相应数额填列。

②　−130＝19 920−3 320−15 030−1 700。

③　−195＝29 880−4 980−22 545−2 550。

(图表 8-24)

## 子公司重编资产负债表工作底稿
### 20×5 年 12 月 31 日

| 项　　目 | 美元金额 | 折算汇率 | 调整前（人民币金额） | 调整系数 | 调整后（人民币金额） |
|---|---|---|---|---|---|
| 货币资金 | 350 | 7.50 | 2 625 | 150/150 | 2 625 |
| 应收账款 | 450 | 7.50 | 3 375 | 150/150 | 3 375 |
| 存货 | 900 | 7.50 | 6 750 | 150/150 | 6 750 |
| 固定资产 | 1 000 | 7.50 | 7 500 | 150/100 | 11 250 |
| 减：累计折旧 | 250 | 7.50 | 1 875 | 150/100 | 2 813 |
| 资产合计 | 2 450 | | 18 375 | | 21 187 |
| 应付账款 | 320 | 7.50 | 2 400 | 150/150 | 2 400 |
| 普通股 | 1 800 | 7.35 | 13 230 | 150/100 | 19 845 |
| 留存收益 | 330 | | 2 635① | | (1 103)① |
| 报表折算差额 | —— | | 110② | | 45③ |
| 负债和所有者权益合计 | 2 450 | | 18 375 | | 21 187 |

① 根据利润分配表期末留存收益项目相应数额填列。
② 110＝18 375－2 400－13 230－2 635。
③ 45＝21 187－2 400－19 845－(－1 103)。

(图表 8-25)

## 子公司重编利润表及利润分配表工作底稿
### 20×5 年度

| 项　　目 | 美元金额 | 折算汇率 | 调整前（人民币金额） | 调整系数 | 调整后（人民币金额） |
|---|---|---|---|---|---|
| 营业收入 | 3 200 | 7.50 | 24 000 | 150/130 | 27 692 |
| 减：营业成本 | 2 400 | | 17 840 | | 23 645 |
| 营业费用 | 100 | 7.50 | 750 | 150/130 | 865 |
| 折旧费 | 50 | 7.50 | 375 | 150/100 | 563 |
| 所得税费用 | 170 | 7.50 | 1 275 | 150/130 | 1 471 |
| 净利润 | 480 | | 3 760 | | 1 148 |
| 货币性项目购买力变动净损益 | | | | | (1 876) |
| 历史成本不变币值净利润 | | | | | (728) |
| 加：期初留存收益 | 200 | 7.50 | 1 500 | 150/100 | 2 250 |
| 减：现金股利 | 350 | 7.50 | 2 625 | 150/150 | 2 625 |
| 期末留存收益 | 330 | | 2 635 | | (1 103) |
| 营业成本计算 | | | | | |
| 期初存货 | | | 5 840 | 150/100 | 8 760 |
| 本期购货 | | | 18 750① | 150/130 | 21 635 |
| 可供销售存货 | | | 24 590 | | 30 395 |
| 期末存货 | | | 6 750 | 150/150 | 6 750 |
| 营业成本 | | | 17 840 | | 23 645 |

① 18 750＝2 500×7.50。

（图表 8-26）

### 子公司货币性项目购买力变动净损益计算表
20×5 年度

| 项　　目 | 调整前<br>（人民币金额） | 调整系数 | 调整后<br>（人民币金额） |
|---|---|---|---|
| 年初货币性项目 | | | |
| 　货币资金 | 2 190 | 150/100 | 3 285 |
| 　应收账款 | 3 650 | 150/100 | 5 475 |
| 　应付账款 | （2 920） | 150/100 | （4 380） |
| 　小计 | 2 920 | | 4 380 |
| 加：本年货币性项目增加 | | | |
| 　营业收入 | 24 000 | 150/130 | 27 692 |
| 减：本年货币性项目减少 | | | |
| 　购货 | 18 750 | 150/130 | 21 635 |
| 　营业费用 | 750 | 150/130 | 865 |
| 　所得税费用 | 1 275 | 150/130 | 1 471 |
| 　现金股利 | 2 625 | 150/150 | 2 625 |
| 　小计 | 23 400 | | 26 596 |
| 年末货币性项目 | | | |
| 　货币资金 | 2 625 | 150/150 | 2 625 |
| 　应收账款 | 3 375 | 150/150 | 3 375 |
| 　应付账款 | （2 400） | 150/150 | （2 400） |
| 　小计 | 3 600 | | 3 600 |
| 货币性项目购买力变动净损益 | | | （1 876）① |

① －1 876＝3 600－（4 380＋27 692－26 596）。

　　采用先折算后调整法重编国外子公司或附属公司的会计报表,既能反映外币汇率变动对报表数据的影响,也能反映母公司或总公司、报告公司所在国物价变动对其投资收益的影响。而且,还能避免折算和调整对物价变动的重复计算。但是,这种方法没有揭示境外子公司、附属公司所在地物价变动对会计信息的影响。因此,不利于根据子公司或附属公司所在国的环境来评估其经营业绩。

　　综上所述,对物价变动下外币报表的折算方法,采用先调整后折算法时是根据国外子公司或附属公司所在国物价变动情况进行调整;而采用先折算后调整法则是按母公司或总公司、报告公司所在国的物价变动情况予以调整。两种计算方法的构思和出发点不同,前者比较注重的是按子公司、附属公司所在地的环境评估其经营业绩,而后者则比较重视物价变动对母公司或总公司、报告公司投资收益的影响。当然,在选择外币折算汇率时,除采用现行汇率法外,也可以采用时间量度法进行折算。同样的,计算物价变动对会计报表各项目的影响时,除了采用历史成本不变币值会计模式外,还可以按现行成本现行币值或现行成本不变币值会计模式加以调整。在一般情况下,当子公司或附属公司属于独立经营的境外实体时,可以先按各子公司或附属公司所在国的物价变动情况对外币金额进行调整,然后,再按现行汇率法将调整后的外币金额折算为母公司或总公司、报告公司的本国货币;而当子公司或附属公司属于母公司的国外有机组成单位时,则可以先采用时间量度法将子公司或附属公司的外币报表金额折算成母公司或总公司、报告公司的本国货币,然后,再按母公司或总公司、报告公司所在国的物价变动情况,将折算后的金额进行调整。

# 复习思考题

## 一、简答题

1. 物价变动对会计信息会产生什么影响?

2. 不同资本保全概念采用的会计核算模式对企业的财务状况经营成果会产生什么结果?

3. 物价变动会计模式有哪几种?它们各有什么特点?

4. 试述采用历史成本不变币值会计模式对会计报表各项目的调整方法。

5. 何谓资产持有利得?有几种类型?其归属期如何确认?

6. 试述现行成本不变币值会计模式的优缺点。

7. 物价变动下外币报表的折算方法有几种?其构思的出发点有什么不同?适用性又如何?

8. 请结合我国目前情况,说明我国有否采用物价变动会计模式的必要性?如果有必要,如何操作为好?

## 二、解释重要名词和术语

资本保全 历史成本不变币值会计 现行成本现行币值会计 资产持有利得 现行成本不变币值会计 先调整后折算法 先折算后调整法

## 三、单项选择题

1. 下列各项中,除(　　)外,都属于非货币性项目。

　　A. 存货　　　　　　B. 应付债券　　　C. 固定资产　　　D. 盈余公积

2. 某企业原有资本200万元,投资时的一般物价指数为100,现在一般物价指数为110,而企业所拥有实物资产的物价指数为112,现出售该企业净资产的价格为250万元,按现行成本资本保全概念计算该企业的利润应为(　　)万元。

　　A. 50　　　　　　　B. 30　　　　　　C. 26　　　　　　D. 46

3. 采用历史成本不变币值会计模式,对年初的货币性项目需要按(　　)进行调整。

　　A. 年初一般物价指数　　　　　　B. 年末一般物价指数

　　C. 年度平均物价指数　　　　　　D. 现行一般物价指数

4. 损益表中的销售成本,在采用现行成本现行币值会计模式下,可以按出售产品的(　　)进行调整。

　　A. 年初现行成本　　　　　　　　B. 年末现行成本

　　C. 平均现行成本　　　　　　　　D. 历史现行成本

5. 可以充分全面地消除物价变动对会计信息影响的会计模式是(　　)。

　　A. 历史成本现行币值会计模式　　B. 历史成本不变币值会计模式

　　C. 现行成本现行币值会计模式　　D. 现行成本不变币值会计模式

6. 在物价变动情况下,当子公司属于母公司的国外有机组成单位时,一般可以采用(　　)重编会计报表。

　　A. 先调整后折算法　　　　　　　B. 先折算后调整法

　　C. 边折算边调整法　　　　　　　D. 调整和折算同时进行的办法

7. 在采用现行成本现行币值会计模式下,重编会计报表时需要计算(　　)。

　　A. 货币性项目购买力变动净损益

　　B. 资产持有利得

　　C. 现行成本物价变动总额

　　D. 非货币性项目购买力变动净损益

8. 在采用现行成本不变币值会计模式下,重编会计报表时不需要计算(　　)。

　　A. 资产持有利得

B. 货币性项目购买力变动净损益

C. 现行成本物价变动总额

D. 非货币性资产现行成本物价变动影响

## 四、多项选择题

1. 货币性项目,其价值是固定不变的货币数量,具体包括(　　)。

A. 货币资金　　　B. 应收票据　　　C. 固定资产　　　D. 存货

E. 短期借款

2. 根据不同的资本保全概念,在会计处理上有(　　)会计核算模式。

A. 历史成本现行币值　　　　　　B. 历史成本不变币值

C. 历史成本历史币值　　　　　　D. 现行成本现行币值

E. 现行成本不变币值

3. 采用历史成本不变币值会计模式,在对利润表及利润分配表项目调整时,可以用全年平均物价指数作为调整系数分母的项目有(　　)。

A. 销售收入　　　　　　　　　　B. 所得税

C. 本期购货成本　　　　　　　　D. 折旧费

E. 广告费

4. 下列(　　)项目中,在采用现行成本现行币值会计模式下,不需要进行调整。

A. 应收账款　　　B. 存货　　　C. 应付账款　　　D. 固定资产

E. 销售收入

5. 在现行成本现行币值会计模式下,应该将(　　)计入损益表的"现行成本下的净利润"中加以反映。

A. 未实现的资产持有利得　　　　B. 已实现的资产持有利得

C. 未实现的负债持有利得　　　　D. 已实现的负债持有利得

E. 未实现的负债持有利得和已实现的负债持有利得

6. 需要按一般物价指数调整各项货币性项目,计算货币性项目购买力变动净损益的物价变动会计模式有(　　)。

A. 历史成本不变币值会计模式　　B. 现行成本现行币值会计模式

C. 现行成本不变币值会计模式　　D. 历史成本现行币值会计模式

E. 历史成本历史币值会计模式

7. 在采用现行成本不变币值会计模式时,计算的非货币性资产项目现行成本物价变动总额是由(　　)构成。

　　A. 通货膨胀变动因素　　　　　B. 现行成本变动因素

　　C. 扣除通货膨胀后的变动因素　D. 历史成本变动因素

　　E. 重置成本变动因素

　　8. 在物价变动情况下,外币报表的折算需要将物价变动对报表数额的影响加以计算和反映,其方法有(　　)。

　　A. 调整和折算同时进行　　　　B. 先调整后折算

　　C. 调整和折算分别进行　　　　D. 先折算后调整

　　E. 边调整边折算

## 五、判断题

　　1. 非货币性资产和负债不管货币购买力如何变动,其代表的货币金额不会发生变化。　　　　　　　　　　　　　　　　　　　　　　　　　(　　)

　　2. 如果购销合同明确规定预收或预付的账款需要提供的是固定金额的商品,那么它们就属于货币性项目。　　　　　　　　　　　　　　　(　　)

　　3. 历史成本不变币值会计模式,是将会计报表上各不同时期的历史货币数额,统一按期末物价指数进行调整。　　　　　　　　　　　　　(　　)

　　4. 在通货膨胀情况下,企业持有的货币性资产其现行成本高于历史成本的差额称为资产持有利得。　　　　　　　　　　　　　　　　　(　　)

　　5. 现行成本不变币值会计是将历史成本不变币值会计和现行成本现行币值会计两种模式相结合。　　　　　　　　　　　　　　　　　　(　　)

　　6. 在物价变动下外币报表的折算采用先调整后折算法是比较重视物价变动对母公司或总公司、报告公司投资收益影响的。　　　　　　　(　　)

　　7. 在物价变动情况下,当子公司属于独立经营的境外实体时,可以采用先调整后折算法重编会计报表。　　　　　　　　　　　　　　　(　　)

　　8. 现行成本不变币值会计模式,综合了历史成本会计模式和不变购买力会计模式的优点,但重编会计报表的工作量比较繁琐,代价太高。　(　　)

　　9. 本期已实现的资产持有利得,应该归属于资产持有的各个期间,因此,按权责发生制原则,以前各期持有的未实现利得在本期实现的部分,应当在确认的本期净利润中扣除。　　　　　　　　　　　　　　　　　　(　　)

　　10. 货币性项目购买力变动净损益,应在调整后的利润表中单列项目加以反映。　　　　　　　　　　　　　　　　　　　　　　　　　(　　)

## 六、练习题

**1. 目的**　练习按一般物价指数对非货币性项目的调整。

**资料**　华厦公司 20×7 年 12 月 31 日固定资产的账面余额为 800 000 元,其购置期间为 20×5 年 500 000 元,20×6 年为 200 000 元,20×7 年为 100 000元。在这三年期间一般物价指数的变动情况分别为:20×5 年 105,20×6 年 120,20×7 年 150。

**要求**　按一般物价指数调整固定资产的账面价值。

**2. 目的**　练习货币性项目购买力变动净损益的计算。

**资料**　京陵公司 20×7 年初货币性资产和货币性负债的账面余额分别为 450 000元和 700 000 元。在 20×7 年度,货币性资产增减净额为 30 000 元,货币性负债增减净额为 −65 000 元,该年初的一般物价指数为 120,年末为 150。

**要求**　计算该年度货币性项目购买力变动净损益。

**3. 目的**　练习按历史成本不变币值调整、重编会计报表。

**资料**　延吉公司 20×7 年按历史成本现行币值编制的比较资产负债表和 20×7 年度利润表及利润分配表如图表 8-27 和图表 8-28 所示。

(图表 8-27)

### 延吉公司比较资产负债表

单位:元

|  | 20×6 年 12 月 31 日 | 20×7 年 12 月 31 日 |
|---|---|---|
| 货币资金 | 120 000 | 135 000 |
| 应收账款 | 45 000 | 42 000 |
| 存货 | 100 000 | 105 000 |
| 固定资产 | 520 000 | 520 000 |
| 减:累计折旧 | (85 000) | (105 800) |
| 资产合计 | 700 000 | 696 200 |
| 应付账款 | 40 000 | 45 000 |
| 长期借款 | 150 000 | 141 000 |
| 普通股 | 500 000 | 500 000 |
| 留存收益 | 10 000 | 10 200 |
| 权益合计 | 700 000 | 696 200 |

（图表 8-28）

### 延吉公司利润表及利润分配表

20×7年度　　　　　　　　　　　　　　　　　单位：元

| | | |
|---|---:|---:|
| 营业收入 | | 500 000 |
| 减：营业成本 | | |
| 期初存货 | 100 000 | |
| 本期购货 | 350 000 | |
| 可供销售存货 | 450 000 | |
| 期末存货 | 105 000 | 345 000 |
| 折旧费用 | 20 800 | |
| 其他费用 | 44 000 | |
| 所得税费用 | 40 000 | 104 800 |
| 净利润 | | 50 200 |
| 加：期初留存收益 | | 10 000 |
| 减：现金股利 | | 50 000 |
| 期末留存收益 | | 10 200 |

其他有关资料有：

（1）年初存货购置时的平均物价指数为105，本年存货购置是在年内均衡发生，存货发出采用先进先出法，年末存货购置时的平均物价指数为125。

（2）固定资产购置时的物价指数为110，年折旧率为4%，无残值。

（3）应收账款和应付账款的收支时间在年内均衡发生。

（4）普通股发行时的物价指数为108。

（5）销售收入、其他费用、所得税费用在年内均衡发生。

（6）现金股利宣告分派时的物价指数为145。

（7）20×6年12月31日的物价指数为115，20×7年12月31日的物价指数为145，20×7年度平均物价指数为130。

**要求**

（1）按历史成本不变币值调整、重编比较资产负债表工作底稿。

（2）按历史成本不变币值调整、重编利润表及利润分配表工作底稿。

（3）编制货币性项目购买力变动净损益计算表。

4. **目的**　　练习按现行成本现行币值调整、重编会计报表。

**资料**

1）利用练习题3延吉公司20×8年按历史成本现行币值编制的比较资产负债表和20×8年度利润表及利润分配表资料。

2) 延吉公司现行成本资料如下：

(1) 存货。20×7 年 12 月 31 日和 20×8 年 12 月 31 日的重置现行成本分别为 108 000 元和 112 000 元。

(2) 固定资产。20×7 年 12 月 31 日的重置现行成本为 600 000 元，净值为 502 000 元；20×8 年 12 月 31 日的重置现行成本为 650 000 元。

(3) 营业成本。20×8 年度平均现行成本为 390 000 元。

**要求**

(1) 按现行成本现行币值调整、重编比较资产负债表工作底稿。

(2) 按现行成本现行币值调整、重编利润表及利润分配表工作底稿。

(3) 编制资产持有利得计算表。

5. **目的**　练习按现行成本不变币值调整、重编会计报表。

**资料**　利用练习题 3、练习题 4 所给资料。

**要求**

(1) 按现行成本不变币值调整、重编比较资产负债表工作底稿。

(2) 按现行成本不变币值调整、重编利润表及利润分配表工作底稿。

(3) 编制非货币性资产现行成本物价变动影响计算表。

6. **目的**　练习物价变动下外币报表的调整和折算。

**资料**　南洋公司以人民币为记账本位币，其在境外有一子公司为独立经营的实体，该子公司编制会计报表的货币为美元，20×7 年的比较资产负债表、利润表及利润分配表如图表 8-29 和图表 8-30 所示。

(图表 8-29)

**子公司比较资产负债表**　　　　　　单位：美元

| | 20×6 年 12 月 31 日 | 20×7 年 12 月 31 日 |
|---|---|---|
| 货币资金 | 100 | 120 |
| 应收账款 | 600 | 700 |
| 存货 | 900 | 1 000 |
| 固定资产 | 1 200 | 1 200 |
| 减：累计折旧 | (240) | (300) |
| 资产合计 | 2 560 | 2 720 |
| 应付账款 | 400 | 450 |
| 普通股 | 2 000 | 2 000 |
| 留存收益 | 160 | 270 |
| 权益合计 | 2 560 | 2 720 |

（图表 8-30）

子公司利润表及利润分配表　　　　　　　　　　单位：美元

| | | |
|---|---:|---:|
| 营业收入 | | 4 500 |
| 减：营业成本 | | |
| 期初存货 | 1 000 | |
| 本期购货 | 3 000 | |
| 可供销售存货 | 4 000 | |
| 期末存货 | 800 | 3 200 |
| 折旧费用 | 60 | |
| 其他费用 | 180 | |
| 所得税费用 | 300 | 540 |
| 净利润 | | 760 |
| 加：期初留存收益 | | 150 |
| 减：现金股利 | | 640 |
| 期末留存收益 | | 270 |

其他资料为：

（1）子公司所在国 20×7 年初的一般物价指数为 110，期末的一般物价指数为 150，年度的平均物价指数为 135。南洋公司 20×6 年初的一般物价指数为 100，期末的一般物价指数为 120，年度的平均物价指数为 110。

（2）年初存货购置时的平均物价指数为 105，本年存货的购入和销售在年内均衡发生，存货计价采用先进先出法，年末存货购置时的平均物价指数为 140。

（3）固定资产购置当时的物价指数为 100，年折旧率为 5%，无残值。

（4）应收账款的收账时间和应付账款的支付时间在年内均匀发生。

（5）普通股发行时的物价指数为 100。

（6）现金股利在年末宣告分派。

（7）普通股项目美元的历史汇率为 7.45 元人民币，美元汇率年初为 7.40 元人民币，年末为 7.30 元人民币，平均汇率为 7.35 元人民币。

**要求**

（1）采用先调整后折算法，将该子公司美元会计报表按所在国一般物价指数调整为年末的不变币值，此后按现行汇率法将美元折算成人民币。

（2）采用先折算后调整法，将该子公司美元会计报表按现行汇率法折算成人民币后，再按南洋公司国内人民币的一般物价指数调整为年末的不变币值。

# 第九章 租 赁 会 计

## 第一节 租 赁 及 其 特 点

**一、什么是租赁**

租赁是指在约定的期间内,出租人将资产使用权让与承租人,以获取租金的行为。其主要特征是有偿转移资产的使用权,一般需要签订契约(或称租约)。契约是明确出租人和承租人双方就一定时期内取得或出让资产使用权有关事项的协议。租赁资产的对象可以是动产,如机器设备;也可以是不动产,如办公或营业用房。

**二、租赁的特点**

1. 租赁期间,租赁资产的所有权和使用权相分离

这是租赁业务与买卖交易的最大区别。租赁协议一旦成立,租赁资产的使用权就归承租人所有,但该项资产的所有权并不转移,在租赁期内始终为出租人所拥有。而买卖合同则不然,只要购买方按约定形式承担一定的义务后,就同时取得了资产的所有权和使用权。

2. 租赁实物资产与融通资金紧密相连

有些租赁业务,如融资租赁业务,就是以租赁实物资产取得其使用权为形式,而最终达到融通资金目的的。这是一种特殊的使用方式,与银行信贷的纯粹货币资金运动的融资方式截然不同。在这种信用方式下,经营融资租赁的机构实施了银行信贷和商品经销的双重职能,它拓宽了融资渠道,提高了社会效率,又促进了商品交易方式的多样化。

3. 租赁形式灵活多样

租赁业务的形式,可以根据承租人的实际需要加以选择。从租赁期限看,可以为一年以上的长期租赁,也可以是临时性、季节性的短期租赁。从租赁资产的处置方式看,租赁期满后,根据租赁契约的规定,资产可以退还给出租人,也可以由承租人留购,还可以根据需要延展租期。租赁形式灵活多样的特点,从经济角度看,具有比其他交易方式更大的优越性。因为在市场经济体制下,

技术更新速度越来越快,特别对于长期资产,不仅单位价值高,而且无形损耗的风险也较大,有时采用租赁支付较高的租金,反倒要比采用购置承担潜在的风险更经济些。而对于季节性、临时性使用的资产,采用租赁方式还能减少资产闲置带来的浪费。另外,对出租人来说,通过租赁收取租金可以获取一定的收益,而且还可以使同一资产通过不断的租赁,供不同承租者使用,达到资产的充分利用。

4. 租赁业务的参与者,涉及两方或两方以上

一般经营租赁的参与者仅涉及出租人和承租人两方,而融资租赁的参与者,则包括出租人、承租人和供货人等。

## 第二节　租 赁 的 分 类

租赁根据不同的标准可以有不同的分类。

**一、按租赁的目的,可分为经营租赁和融资租赁**

（一）经营租赁

经营租赁是指除融资租赁以外的其他租赁。这种租赁形式的特点主要有:

（1）出租人不仅保留租赁资产的所有权,而且与所有权有关的租赁资产的大部分风险和报酬仍归出租人所有。

（2）租赁资产的折旧、保险、维修等费用均由出租人承担。

（3）租赁期限较短,承租人只是为了经营上的临时性、季节性需要,而并不打算长期使用资产。

（4）在租赁期间,租约可以因一方要求提前解除。

（5）出租人需经过多次出租资产,才能收回对租赁资产的投资。

（6）租赁期满,租赁资产由承租人退还给出租人,承租人没有购买租赁资产的优先权。

（7）一笔租赁业务,仅涉及出租人和承租人两方。

（二）融资租赁

融资租赁是指实质上转移了资产所有权有关的全部风险和报酬的租赁。其所有权最终可能转移,也可能不转移。

1. 融资租赁形式的特点

（1）在租赁期内,出租方仍保留租赁资产的所有权,但与所有权有关的租赁资产的全部风险和报酬,实质已转移给承租人。

（2）租赁资产的折旧、保险、维修等费用,均由承租人负担。

（3）租赁期限较长，几乎接近或等于租赁资产的全部使用年限。

（4）租赁期内，在一般情况下，租约不可因一方的要求而提前解除。

（5）出租人通过一次出租，就可以收回在租赁资产上的全部投资。

（6）租赁期满，承租人有购买租赁资产的优先权，也可以将租赁资产退还给出租人，或采取延展租期的方式。

（7）一笔租赁业务，往往涉及出租人、承租人和供货人三方。

2. 认定为融资租赁的标准

（1）在租赁期满时，租赁资产的所有权转移给承租人。

（2）承租人有购买租赁资产的选择权，所订立的购价预计远低于（≤5%）行使选择权时租赁资产的公允价值，因而在租赁开始日就可以合理地确定承租人将会行使这种选择权。

（3）即使资产的所有权不转移，但租赁期已占租赁资产使用寿命的大部分（≥75%）。

（4）就承租人而言，租赁开始日最低租赁付款额的现值几乎相当于（≥90%）租赁开始日租赁资产公允价值；就出租人而言，租赁开始日最低租赁收款额的现值几乎相当于（≥90%）租赁开始日租赁资产公允价值。

（5）租赁资产性质特殊，如果不作较大改造，只有承租人才能使用。

需要说明的是，最低租赁付款额是指在租赁开始日就可确定的，承租人将必须向出租人支付的最小金额。具体包括，在租赁期内承租人应支付或可能被要求支付的各种款项（不包括或有租金和履约成本），加上由承租人或与其有关的第三方担保的资产余值。但是，如果承租人有购买租赁资产的选择权，所订立的购价预计将远低于行使选择权时租赁资产的公允价值，因而在租赁资产开始日就可以合理确定承租人将会行使这种选择权，则购买价格也应当包括在内。或有租金是指金额不固定、以时间长短以外的其他因素（如销售百分比、使用量、物价指数等）为依据计算的租金。履约成本是指，在租赁期内为租赁资产支付的各种使用费用，如技术咨询和服务费、人员培训费、维修费、保险费等。

最低租赁收款额是指最低租赁付款额，加上独立于承租人和出租人的第三方对出租人担保的资产余值。

资产余值是指在租赁开始日估计在租赁期届满时租赁资产的公允价值。

**二、按租赁资产的资金来源，可分为直接租赁、转租赁和委托租赁**

直接租赁是指出租人根据承租人需要，自行垫付资金购入资产，然后，采用融资租赁或经营租赁方式进行出租的形式。而如果出租人自己并不垫付资金，只是将租入的资产再行出租的租赁行为，称为转租。但是，在这种租赁业务中,出租人通过经营租赁方式租入的资产,只能采用经营租赁方式进行转租;而通过融资租赁方式租入的资产,转租时既可采用融资租赁方式,也可采用经营租赁方式。委托租赁则是指出租人接受资产所有者委托,代其物色承租对象,代办租赁手续,并代收租金,从中收取一定比例的手续费的形式。在委托租赁业务中,出租人主要起中介作用。

**三、按租赁业务是否附带服务,可分为纯租赁和附带服务租赁**

不带任何服务项目的租赁,称为纯租赁。而在租赁同时,由出租人提供各种服务项目的,如提供必要的原材料、配件、运输、维修和技术服务等,称为附带服务租赁。

# 第三节 经营租赁的会计处理

在经营租赁情况下,由于出租人仍保留租赁资产的所有权及与租赁资产所有权有关的风险和报酬,因此,在其账面上仍需保留出租资产的原始价值,承担出租资产的折旧、保险及其他费用,并以收取租金作为补偿。而对承租人来说,租入资产仅仅是为了满足经营上短期的、临时的或季节性的需要,并不打算长期拥有,而且,在租赁期满时,承租人也没有购买租赁资产的特殊权利。所以,在租赁期间,承租人不需将租入资产的价值记入"固定资产"账户,只需在备查簿里予以登记;也不需对租入资产计提折旧,只需按期支付租金。

承租人和出租人在租赁谈判和签订租赁合同过程中发生的印花税、佣金、律师费、差旅费、谈判费等初始直接费用支出时,应将其确认为当期费用。借记"管理费用"等账户,贷记"银行存款"等账户。

出租人出租闲置固定资产的租金收入,应在"其他业务收入"账户核算。对出租固定资产计提的折旧、发生的保险等费用,应作为其他业务成本处理。而对承租人来说,支付的租金应根据租入资产的使用情况,记入"制造费用"或"管理费用"等账户。

**【例 9-1】** 某年年初,A 企业为临时性生产需要从 B 企业租入一台设备,租期为半年,每月的租金为 5 000 元,双方约定采用先付后租的方式。

对这笔租赁业务,出租人和承租人的账务处理分别如下。

第一,出租人的账务处理。

(1) 预收租金时:

借: 银行存款　　　　　　　　　　　　　　　　　　　　　30 000
　　贷: 其他应收款——应收租赁费　　　　　　　　　　　　　　　30 000

（2）每月确认租金收入时：

借：其他应收款——应收租赁费      5 000

    贷：其他业务收入      5 000

（3）每月计提出租资产的折旧费 3 500 元，负担保险费 100 元时：

借：其他业务成本      3 600

    贷：累计折旧      3 500

      其他应付款——应付保险费      100

第二，承租人的账务处理。

（1）预付租金时：

借：待摊费用      30 000

    贷：银行存款      30 000

（2）每月摊销租金时：

借：制造费用      5 000

    贷：待摊费用      5 000

    假如上述租赁业务中，出租人和承租人协议，出租时先由承租方支付押金，待租赁期满后，再由出租人归还押金。对租赁资产的押金处理，出租人和承租人应分别设置"其他应付款——存入保证金"和"其他应收款——存出保证金"账户核算，待租赁期满再予结清。

    对于经营租赁资产的修理费用，在一般情况下，资产的日常修理由承租人负责，而资产的大修理应在租赁协议上加以明确，可以由出租人负责修理，也可以由承租人负责修理。不过，在协商租金时应将修理费用的负担加以考虑。

    承租人应当对重大的经营租赁披露：资产负债表日后连续三个会计年度每年将支付的不可撤销经营租赁的最低租赁付款额，以及以后年度将支付的不可撤销经营租赁的最低租赁付款额总额。

    出租人应当披露各类租出资产在资产负债表日的账面价值。

# 第四节　融资租赁的会计处理

## 一、承租人的会计处理

### （一）租赁期开始日租赁资产、负债的确认

承租人应当在租赁期开始日，将租赁资产公允价值与最低租赁付款额的

现值两者中较低者作为租入固定资产的入账价值,将最低租赁付款额作为长期应付款的入账价值,并将两者的差额记录为未确认融资费用。

承租人在租赁谈判和签订租赁合同的过程中发生的可直接归属于租赁项目的费用,如印花税、佣金、律师费、差旅费、谈判费等,也应当计入租入固定资产价值。

在租赁期开始日,按应计入固定资产成本的金额(租赁开始日租赁资产公允价值与最低租赁付款额现值中较低者,加上初始直接费用),借记"在建工程"或"固定资产"账户;按最低租赁付款额,贷记"长期应付款"账户;按发生的初始直接费用,贷记"银行存款"账户;按其差额,借记"未确认融资费用"账户。

【例 9-2】 某项融资租赁业务,租赁期为两年半,租赁资产的公允价值为 10 000 元,每月月初支付租金 270 元,承租人担保租赁期满时的资产余值为 4 000元。

(1) 计算最低租赁付款额=270×30+4 000=12 100(元)

(2) 计算最低租赁付款额现值 $=270+270 \times PA(29,i)+4\,000 \times PV(30,i)$

当折现率 $i=1\%$时:

$$270+270 \times PA(29,1\%)+4\,000 \times PV(30,1\%)$$
$$=270+270 \times 25.0658+4\,000 \times 0.7419$$
$$=10\,005.37(元)$$

由于当折现率 $i=1\%$时,最低租赁付款额现值 10 005.37 元,大于租赁资产的公允价值 10 000 元,所以应以租赁资产的公允价值 10 000 元作为租入资产的入账价值。作会计分录为:

| | | |
|---|---|---|
| 借:固定资产——融资租入固定资产 | | 10 000 |
| 　　未确认融资费用 | | 2 100 |
| 　贷:长期应付款——应付融资租赁款 | | 12 100 |

当折现率 $i=2\%$时:

$$270+270 \times PA(29,2\%)+4\,000 \times PV(30,2\%)$$
$$=270+270 \times 23.3761+4\,000 \times 0.6398$$
$$=9\,140.75(元)$$

由于当折现率 $i=2\%$时,最低租赁付款额现值 9 140.75 元,小于租赁资产的公允价值 10 000 元,所以应以最低租赁付款额现值9 140.75元作为租入资产的入账价值。作会计分录为：

借：固定资产——融资租入固定资产       9 140.75

 未确认融资费用           2 959.25

贷：长期应付款——应付融资租赁款       12 100.00

  按现行会计准则规定：承租人在计算最低租赁付款额的现值时，如果能够取得出租人的租赁内含利率，应当采用出租人的租赁内含利率作为折现率；否则，应当采用租赁合同规定的利率作为折现率。如果无法取得出租人的租赁内含利率且租赁合同没有规定利率的，应当采用同期银行存款利率作为折现率。其中，租赁内含利率是指，在租赁开始日，使最低租赁收款额的现值与未担保余值的现值之和等于租赁资产公允价值与出租人的初始直接费用之和的折现率。

  （二）每期支付租金、分摊未确认融资费用

  采用融资租赁，承租人向出租人支付的租金中，包含了本金和利息两部分。承租人对每期支付的租金，应按实际支付的金额，借记"长期应付款——应付融资租赁款"账户，贷记"银行存款"账户。同时，采用实际利率法计算分摊未确认的融资费用，借记"财务费用"账户，贷记"未确认融资费用"账户。在采用实际利率法分摊未确认融资费用时，应根据不同情况选择分摊率。如果租入资产是以最低租赁付款额的现值为入账价值的，其折现率就是融资费用分摊率。如果租入资产是以公允价值为入账价值的，应重新计算融资费用分摊率，即在租赁期开始日，使最低租赁付款额的现值等于租赁资产公允价值的折现率。

  （三）融资租赁资产折旧的计提

  承租人对融资租赁资产计提折旧时，应采用与自有应提折旧资产相一致的折旧政策，但具体应解决折旧总额和折旧期限的确定问题。

  1. 折旧总额的确定

  按现行会计准则规定，如果承租人或与其有关的第三方对租赁资产余值提供了担保，其应提折旧总额为租赁开始日固定资产的入账价值扣除担保余值后的余额；如果承租人或与其有关的第三方未对租赁资产余值提供担保，则应提折旧总额为租赁开始日固定资产的入账价值。

  2. 折旧期限的确定

  融资租赁资产的折旧期限，应根据租赁合同的规定而具体分析，如果能够合理确定租赁期届满时承租人将会取得租赁资产所有权的，应当在租赁资产使用寿命内计提折旧;如果无法合理确定租赁期满后承租人是否能够取得租赁资产的所有权,则应以租赁期与租赁资产使用寿命两者中取较短者作为折旧期限。

承租人计算的折旧额,应借记"管理费用""制造费用"等账户,贷记"累计折旧"账户。

(四)履约成本和或有租金的处理

承租人对融资租入固定资产发生的修理支出、技术咨询和服务费、人员培训费等履约成本可直接计入当期损益,借记"管理费用"账户,贷记"银行存款"账户。

对金额不固定、以时间长短期以外的其他因素为依据计算的或有租金,应在实际发生时确认为当期损益,借记"销售费用"等账户,贷记"银行存款"等账户。

(五)租赁期满的处理

在租赁期满时,承租人可按以下三种情况进行处理。

1. 返还租赁资产

租赁期满时,承租人将租赁资产返还给出租人,应作会计分录为:

(1)存在承租人担保余值:

借:长期应付款——应付融资租赁款
　　累计折旧
　　贷:固定资产——融资租入固定资产

(2)不存在承租人担保余值:

借:累计折旧
　　贷:固定资产——融资租入固定资产

2. 优惠续租租赁资产

(1)如果租赁期满时,承租人行使优惠续租选择权的,应视同该项租赁一直存在而作出相应的会计处理。

(2)如果承租人在租赁期满时没有续租,则视同返还租赁资产而作出相应的会计处理。若根据租赁合同规定承租人须向出租人支付违约金时,应作会计分录为:

借:营业外支出
　　贷:银行存款

3. 留购租赁资产

（1）承租人支付购买价款时，应作会计分录为：

借：长期应付款——应付融资租赁款
　　贷：银行存款

（2）固定资产明细科目结转时，应作会计分录为：

借：固定资产——生产经营用固定资产
　　贷：固定资产——融资租入固定资产

**（六）承租人应当对融资租赁作出的披露**

承租人应当在资产负债表中，将与融资租赁有关的长期应付款减去未确认融资费用的差额，分别长期负债和一年内到期的长期负债列示。

承租人应当在附注中披露与融资租赁有关的下列信息：

（1）各类租入固定资产的期初和期末原价、累计折旧额。

（2）资产负债表日后连续三个会计年度每年将支付的最低租赁付款额，以及以后年度将支付的最低租赁付款额总额。

（3）未确认融资费用的余额，以及分摊未确认融资费用所采用的方法。

## 二、出租人的会计处理

**（一）租赁期开始日租赁债权的确认**

出租人在租赁期开始日，应将最低租赁收款额与初始直接费用之和作为应收融资租赁款（租赁债权）的入账价值，并同时记录未担保余值；将最低租赁收款额、初始直接费用及未担保余值之和与其现值之和的差额记录为未实现融资收益。转出的租赁资产公允价值（最低租赁收款额和未担保余值的现值之和）与其账面价值之间如有差额，应当计入当期损益。

由于未担保余值表明未有人担保，而应由出租人自身负担的那部分余值。这部分余值能否收回，没有切实可靠的保证，所以，在租赁期开始日不能作为应收融资租赁款的一部分。

在租赁期开始日，出租人应按最低租赁收款额与初始直接费用之和、未担保余值，分别借记"长期应收款""未担保余值"账户，按租赁资产的原账面价值，贷记"融资租赁资产"账户；按发生的初始直接费用，贷记"银行存款"账户；按租赁资产的公允价值与其账面价值之间的差额，借记或贷记"资产处置损益"账户；按其差额，贷记"递延收益——未实现融资收益"账户。

**（二）每期收取租金、分配未实现融资收益**

采用融资租赁，出租人收取的租金包括了本金和利息两个部分。出租人对每期收到的租金,应借记"银行存款"账户,贷记"长期应收款"账户,同时,应当采用实际利率法将未实现融资收益分期确认为租赁收入,借记"递延收益——未实现融资收益"账户,贷记"租赁收入"账户。

（三）租金逾期未收到的处理

根据谨慎性原则,超过一个租金支付期未收到的租金,出租人应停止确认租金中所含的租赁收入,其已确认的租赁收入,应予以冲回,转作表外核算。待实际收到租金时,再将租金中所含租赁收入确认为当期收入。

【例 9-3】 A 公司与 B 公司签订的租赁合同规定,每 3 个月收取一期租金,每期租金中所含租赁收入为 450 000 元,并于每月末根据合理的分配方法确认为当期的租赁收入。假设在 20×7 年 9 月 30 日,仍未收到第二期租金,应作有关会计处理为:

(1) 20×7 年 9 月 30 日,将已确认的第二期租金中所含的租赁收入予以全部冲回。应作会计分录为:

  借:租赁收入              450 000
   贷:递延收益——未实现融资收益      450 000

同时,停止将第二期租金中所含的租赁收入继续列报在利润表中。在未收到第二期租金之前的任一会计期间均不再确认第二期租金中所含的租赁收入。

(2) 20×7 年 9 月 30 日,将第三期租金在 9 月份应分配的租赁收入予以确认,应作会计分录为:

  借:递延收益——未实现融资收益      150 000
   贷:租赁收入           150 000

(3) 假设在 20×7 年 10 月 16 日收到第二期租金,应确认所含租赁收入450 000 元,作会计分录为:

  借:递延收益——未实现融资收益      450 000
   贷:租赁收入           450 000

（四）应收融资租赁款坏账准备的计提

出租人应定期或至少于每年年末,根据承租人的财务及经营情况,以及租金的逾期期限等因素,分析应收融资租赁款的风险程度和收回的可能性,合理计提坏账准备,以便真实、客观地反映出租人在融资租赁中的债权。

由于逾期租金所含租赁收入已根据谨慎性原则停止确认,因此,出租人确认坏账准备的金额应是应收融资租赁款减去未实现融资收益的差额部分（在金额上等于本金的部分），而不是应收融资租赁款全额。

（五）未担保余值发生减值的处理

出租人应定期或至少于每年年末对未担保余值进行检查，如果有证据表明未担保余值发生减值的，按应减记的金额，借记"资产减值损失"账户，贷记"未担保余值减值准备"账户。未担保余值以后又得以恢复的，应在原已计提的未担保余值减值准备金额内，按恢复增加的金额，借记"未担保余值减值准备"账户，贷记"资产减值损失"账户。

（六）或有租金的处理

出租人对发生的或有租金，应在实际发生时确认为当期收入，借记"银行存款""应收账款"等账户，贷记"租赁收入"账户。

（七）租赁期满的处理

在租赁期满时，出租人应分别不同情况进行处理。

1. 收回租赁资产

（1）存在担保余值，不存在未担保余值的，应作会计分录为：

借：融资租赁资产
　　贷：长期应收款

（2）存在担保余值，同时存在未担保余值的，应作会计分录为：

借：融资租赁资产
　　贷：长期应收款
　　　　未担保余值

（3）存在未担保余值，不存在担保余值的，应作会计分录为：

借：融资租赁资产
　　贷：未担保余值

（4）担保余值和未担保余值均不存在的，出租人不作账务处理，只需备查登记。

2. 优惠续租租赁资产

（1）如果租赁期满时，承租人行使优惠续租选择权的，出租人应视同该项租赁一直存在而作出相应的会计处理。

（2）如果承租人在租赁期满时没有续租，则视同返还租赁资产而作出相应的会计处理。若根据租赁合同规定，出租人收到承租人支付的违约金时，应作会计分录为：

> 借：银行存款
>> 贷：营业外收入

3. 留购租赁资产

出租人收到承租人支付的购买价格,应作会计分录为：

> 借：银行存款
>> 贷：长期应收款

（八）出租人应当对融资租赁作出的披露

出租人应当在资产负债表中,将长期应收款减去未实现融资收益的差额,作为长期债权列示。

出租人应当在附注中披露与融资租赁有关的下列信息：

（1）资产负债表日后连续三个会计年度每年将收到的最低租赁收款额,以及以后年度将收到的最低租赁收款额总额。

（2）未实现融资收益的余额,以及分摊未实现融资收益所采用的方法。

【例 9-4】 资料 1,租赁合同：

20×5 年 12 月 15 日,甲公司与乙公司签订了一份租赁合同,合同的主要条款如下：

（1）租赁标的物:服装生产流水线。

（2）起租日:租赁物运抵甲公司生产车间之日,即 20×6 年 1 月 1 日。

（3）租赁期:从起租日算起 3 年,即 20×6 年 1 月 1 日至 20×8 年 12 月 31 日。

（4）租金支付方式:自起租日每年年初支付租金 500 000 元。

（5）该生产流水线在 20×6 年 1 月 1 日的公允价值为 1 400 000 元(与账面价值相等),估计使用年限为 10 年,已使用 3 年,期满无残值。

（6）该生产线的维修、保险等费用均由甲公司负担,估计每年约 12 000 元。

（7）租赁期满时,甲公司享有优惠购买该生产流水线的选择权,购买价为 500 元,估计该日租赁资产的公允价值为 100 000 元。

（8）租赁合同规定的年利率为 10%。

资料 2,甲公司：

（1）租入该生产流水线不需安装。

（2）采用实际利率法按年确认应分摊的未确认融资费用。

(3) 采用平均年限法计提租赁资产折旧额。

(4) 20×9 年 1 月 1 日,向乙公司支付购买服装生产流水线价款 500 元。

资料 3,乙公司：

(1) 采用实际利率法按年确认应分摊的未实现融资收益。

(2) 20×9 年 1 月 1 日,收到甲公司购买服装生产流水线价款 500 元。

承租人(甲公司)账务处理：

第一,判断该项租赁为融资租赁的理由。

(1) 存在优惠购买选择权,优惠购买价 500 元远低于行使选择权日租赁资产的公允价值 100 000 元(500÷100 000=0.5%<5%),因而在租赁开始日就可以合理地确定甲公司将会行使这种选择权。

(2) 最低租赁付款额的现值为 1 368 125.65 元(计算过程见后),大于租赁资产公允价值的 90% 即 1 260 000 元(1 400 000×90%)。

第二,20×6 年 1 月 1 日,确定租赁资产、负债的入账价值。

(1) 计算最低租赁付款额 $=500\ 000\times3+500=1\ 500\ 500(元)$

(2) 计算最低租赁付款额的现值 $=500\ 000+500\ 000\times PA(2,10\%)+500\times PV(3,10\%)$

$$=500\ 000+500\ 000\times1.7355+500\times0.7513$$

$$=500\ 000+867\ 750+375.65=1\ 368\ 125.65(元)$$

由于最低租赁付款额现值 1 368 125.65 元小于租赁资产公允价值 1 400 000 元,因此,租赁资产的入账价值应为 1 368 125.65 元。

(3) 计算未确认融资费用 $=1\ 500\ 500-1\ 368\ 125.65=132\ 374.35(元)$

(4) 作会计分录为：

| | |
|---|---|
| 借:固定资产——融资租入固定资产 | 1 368 125.65 |
| 　未确认融资费用 | 132 374.35 |
| 　贷:长期应付款——应付融资租赁款 | 1 500 500.00 |

第三,作每年年初支付租金的会计分录。

| | |
|---|---|
| 借:长期应付款——应付融资租赁款 | 500 000 |
| 　贷:银行存款 | 500 000 |

第四,每年年末采用实际利率法确认和分摊未确认融资费用。

（1）计算租赁期内各期应分摊的未确认融资费用如图表9-1所示。

（图表9-1）

**未确认融资费用分摊表**（实际利率法）

20×6年1月1日

单位：元

| 日　　　期 | 租　　　金 | 确认的融资费用 | 应付本金减少额 | 应付本金余　　额 |
|---|---|---|---|---|
| ① | ② | ③＝（期初⑤－②）×10％ | ④＝②－③ | 期末⑤＝期初⑤－④ |
| 20×6.1.1 | 500 000 | | | 1 368 125.65 |
| 20×6.12.31 | | （1 368 125.65－500 000）×10％＝86 812.57 | 413 187.43 | 954 938.22 |
| 20×7.1.1 | 500 000 | | | |
| 20×7.12.31 | | （954 938.22－500 000）×10％＝45 493.82 | 454 506.18 | 500 432.04 |
| 20×8.1.1 | 500 000 | | | |
| 20×8.12.31 | | 132 374.35－86 812.57－45 493.82＝67.96 | 499 932.04 | 500 |
| 20×9.1.1 | 500 | | 500 | 0 |
| 合　　计 | 1 500 500 | 132 374.35 | 1 368 125.65 | 0 |

（2）作会计分录为：

① 20×6年12月31日：

借：财务费用 86 812.57

　贷：未确认融资费用 86 812.57

② 20×7年12月31日：

借：财务费用 45 493.82

　贷：未确认融资费用 45 493.82

③ 20×8年12月31日：

借：财务费用 67.96

　贷：未确认融资费用 67.96

第五，作采用平均年限法按月计提折旧的会计分录。

借：制造费用$\left(1\ 368\ 125.65\div7\times\dfrac{1}{12}\right)$ 16 287.21

　贷：累计折旧 16 287.21

第六，作每年发生的维修、保险等履约成本的会计分录。

借：管理费用                        12 000

    贷：银行存款等                  12 000

第七，20×9年1月1日，租赁期满时应作的会计分录。

借：长期应付款——应付融资租赁款          500

    贷：银行存款                  500

同时：

借：固定资产——生产经营用固定资产      1 368 125.64

    贷：固定资产——融资租入固定资产     1 368 125.64

出租人(乙公司)账务处理：

第一，判断该项租赁为融资租赁的理由。

(1) 存在优惠购买选择权，优惠购买价500元远低于行使选择权日租赁资产的公允价值100 000元(500/100 000＝0.5%＜5%)，因而在租赁开始日就可以合理地确定甲公司将会行使这种选择权。

(2) 由于不存在未担保余值，因此最低租赁收款额的现值＝租赁开始日租赁资产公允价值即1 400 000元，大于租赁开始日租赁资产公允价值的90%即1 260 000元(1 400 000×90%)。

第二，20×6年1月1日，计算租赁内含利率，确定租赁债权的入账价值。

(1) 计算租赁内含利率：

$$500\,000+500\,000\times PA(2,i)+500\times PV(3,i)=1\,400\,000(元)$$

当$i＝7\%$时：

$$500\,000+500\,000\times1.8080+500\times0.8163$$
$$=500\,000+904\,000+408.15$$
$$=1\,404\,408.15>1\,400\,000(元)$$

当$i＝8\%$时：

$$500\,000+500\,000\times1.7833+500\times0.7938$$
$$=500\,000+891\,650+396.9$$
$$=1\,392\,046.9<1\,400\,000(元)$$

$$\frac{1\,404\,408.15-1\,400\,000}{1\,404\,408.15-1\,392\,046.9}=\frac{7\%-i}{7\%-8\%}$$

$$i=\frac{12\,361.25\times7\%+4\,408.15\times1\%}{12\,361.25}\times100\%\approx7.356\%$$

租赁内含利率为 7.356%。

(2) 确定租赁债权的入账价值：

① 最低租赁收款额=500 000×3+500=1 500 500(元)

② 最低租赁收款额现值=租赁开始日租赁资产公允价值
$$=1 400 000(元)$$

③ 未实现融资收益=1 500 500-1 400 000=100 500(元)

④ 作会计分录为：

借：长期应收款——应收融资租赁款　　　　　　　　　　1 500 500
　　贷：融资租赁资产　　　　　　　　　　　　　　　　　　1 400 000
　　　　递延收益——未实现融资收益　　　　　　　　　　　　100 500

第三，作每年年初收到租金的会计分录。

借：银行存款　　　　　　　　　　　　　　　　　　　　500 000
　　贷：长期应收款——应收融资租赁款　　　　　　　　　　　500 000

第四，每年年末采用实际利率法确认应分摊的融资收益。

(1) 计算租赁期内各期应分摊的融资收益如图表 9-2 所示。

(图表 9-2)

**未确认融资收益分摊表**(实际利率法)

20×6 年 1 月 1 日　　　　　　　　　　　　　　　　　　　　　　单位：元

| 日　　　期 | 租　　金 | 确认的融资收入 | 租赁投资净额减少 | 租赁投资净额余额 |
|---|---|---|---|---|
| ① | ② | ③=(期初⑤-②)×7.356% | ④=②-③ | 期末⑤=期初⑤-④ |
| (1) 20×6.1.1 | 500 000 | | | 1 400 000 |
| (2) 20×6.12.31 | | (1 400 000-500 000)×7.356%=66 204 | 433 796 | 966 204 |
| (3) 20×7.1.1 | 500 000 | | | |
| (4) 20×7.12.31 | | (966 204-500 000)×7.356%=34 293.97 | 465 706.03 | 500 497.97 |
| (5) 20×8.1.1 | 500 000 | | | |
| (6) 20×8.12.31 | | 100 500-66 204-34 293.97=2.03 | 499 997.97 | 500 |
| (7) 20×9.1.1 | 500 | | 500 | 0 |
| (8) 合计 | 1 500 500 | 100 500 | 1 400 000 | 0 |

(2) 作会计分录为：

① 20×6 年 12 月 31 日：

借：递延收益——未实现融资收益  66 204

  贷：租赁收入  66 204

② 20×7 年 12 月 31 日：

借：递延收益——未实现融资收益  34 293.97

  贷：租赁收入  34 293.97

③ 20×8 年 12 月 31 日：

借：递延收益——未实现融资收益  2.03

  贷：租赁收入  2.03

第五，作 20×9 年 1 月 1 日租赁期满收到租赁资产购买价款的会计分录。

借：银行存款  500

  贷：长期应收款——应收融资租赁款  500

# 第五节 售后租回交易的会计处理

**一、售后租回交易的特点**

售后租回交易是指卖主（即资产的所有者）将一项自制或外购的资产出售后，又将该项资产从买主（即资产的新所有者）租回的交易，它是一种特殊形式的租赁业务。其特点是：

（1）在售后租回方式下，卖主同时是承租人，买主同时是出租人。

（2）售后租回的目的，就卖主（承租人）而言是为了融通资金，就买主（出租人）而言则是为了投资。

（3）售后租回交易中资产的售价和租金是相互关联的，它是以一揽子方式谈判一并计算的，因此，资产的出售和租回实质上是同一笔业务。

**二、售后租回交易的会计处理**

对于售后租回交易，无论是承租人还是出租人，首先应将售后租回交易认定为经营租赁或融资租赁。对于出租人来说，售后租回交易同其他租赁业务的会计处理没有什么区别，但对于承租人来讲，由于其既是资产的承租人同时又是资产的出售者，而资产的出售和租回又实质上是同一笔业务，因此，售后租回交易同其他租赁业务的会计处理有所不同。其区别在于，出售资产的损益不应确认为当期损益，而应予以递延，分摊计入租回各期的损益。

（一）售后租回交易形成经营租赁

如果售后租回交易形成的是经营租赁，卖主（即承租人）应将出售资产的售价与其账面价值之间的差额(无论是售价高于还是低于资产账面价值)所形成的损益予以递延,并在租赁期内按照租金支付比例分摊,作为租金费用的调整。按租金支付比例进行分摊是指在对确认当期该项租赁资产的租金费用时,按与确认当期该项资产租金费用所采用的支付比例相同的比例对未实现售后租回损益进行分摊。

在具体进行会计处理时,承租人应设置"递延收益——未实现售后租回损益(经营租赁)"账户,用以核算在售后租回交易中售价与资产账面价值的差额。承租人出售资产时,借记"固定资产清理""累计折旧"等账户,贷记"固定资产"账户;收到出售资产价款时,借记"银行存款"账户,贷记"固定资产清理"账户,借记或贷记"递延收益——未实现售后租回损益(经营租赁)"账户;在租赁期内按租金支付比例分摊未实现售后租回损益时,借记或贷记"递延收益——未实现售后租回损益(经营租赁)"账户,贷记或借记"制造费用""管理费用""销售费用"等账户。

【例 9-5】 20×6 年 1 月 1 日,甲公司将一套设备出售给乙公司,该设备预计使用年限 10 年,账面原价 300 000 元,累计折旧50 000元,出售价格 280 000 元,同时,两公司立即签订了一份租赁合同,合同规定租赁期 3 年,租赁开始日甲公司预付租金 120 000 元,每年 12 月 31 日再支付租金 25 000 元,租赁期满乙公司收回该设备的使用权。

该笔售后租回交易形成经营租赁,甲公司既是卖主,又是承租人,其账务处理如下:

第一,出售设备。

(1) 20×6 年 1 月 1 日,结转出售设备的成本,应作会计分录为:

| | | |
|---|---|---|
| 借:固定资产清理 | | 250 000 |
| 累计折旧 | | 50 000 |
| 贷:固定资产 | | 300 000 |

(2) 20×6 年 1 月 1 日,取得出售设备价款,应作会计分录为:

| | | |
|---|---|---|
| 借:银行存款 | | 280 000 |
| 贷:固定资产清理 | | 250 000 |
| 递延收益——未实现售后租回损益(经营租赁) | | 30 000 |

第二,租入设备。

(1) 20×6 年 1 月 1 日,预付租金,应作会计分录为:

| | | |
|---|---|---|
| 借:长期待摊费用 | | 120 000 |
| 贷:银行存款 | | 120 000 |

（2）每年 12 月 31 日支付租金、确认租金费用,应作会计分录为:

借:制造费用　　　　　　　　　　　　　　　　　　　　　　　　65 000

　　贷:银行存款　　　　　　　　　　　　　　　　　　　　　　　　25 000

　　　　长期待摊费用　　　　　　　　　　　　　　　　　　　　　　40 000

（3）每年 12 月 31 日按租金支付比例分摊未实现售后租回收益。

① 计算未实现售后租回收益分摊数如图表 9-3 所示。

(图表 9-3)

**未实现售后租回收益分摊表**

20×6 年 1 月 1 日　　　　　　　　　　　　　　　　　　　单位:元

| 日　　　期 | 售　　价 | 设备账面价　值 | 支付租金 | 租金支付比例(%) | 摊销额 | 未实现售后租 回 收 益 |
|---|---|---|---|---|---|---|
| (1) 20×6.1.1 | 280 000 | 250 000 | | | | 30 000 |
| (2) 20×6.12.31 | | | 145 000 | 74.36 | 22 308 | 7 692 |
| (3) 20×7.12.31 | | | 25 000 | 12.82 | 3 846 | 3 846 |
| (4) 20×8.12.31 | | | 25 000 | 12.82 | 3 846 | 0 |
| 合　　计 | 280 000 | 250 000 | 195 000 | 100 | 30 000 | |

② 20×6 年 12 月 31 日,作会计分录为:

借:递延收益——未实现售后租回损益(经营租赁)　　　　　　22 308

　　贷:制造费用　　　　　　　　　　　　　　　　　　　　　　22 308

20×7 年 12 月 31 日、20×8 年 12 月 31 日会计分录略。

(二)售后租回交易形成融资租赁

如果售后租回交易形成的是融资租赁,卖主(即承租人)应将出售资产的售价与其账面价值之间的差额(无论是售价高于还是低于资产账面价值)所形成的损益予以递延,并在折旧期内按折旧进度分摊,作为折旧费用的调整。按折旧进度进行分摊是指在对该项租赁资产计提折旧时,按与该项资产计提折旧所采用的折旧率相同的比例对未实现售后租回损益进行分摊。

在进行会计处理时,承租人应设置"递延收益——未实现售后租回损益(融资租赁)"账户,用以核算在售后租回交易中售价与资产账面价值的差额。承租人结转出售资产成本时,借记"固定资产清理""累计折旧"账户,贷记"固定资产"账户;出售资产收到价款时,借记"银行存款"账户,贷记"固定资产清理"账户,借记或贷记"递延收益——未实现售后租回损益(融资租赁)"账户;按折旧进度分摊未实现售后租回损益时,借记或贷记"递延收益——未实现售后租回损益(融资租赁)"账户,贷记或借记"制造费用""管理费用""销售费用"
等账户。

【例 9-6】 20×5 年 12 月 15 日,甲公司将一条服装生产流水线出售给乙
公司,该生产流水线的账面原价为 2 000 000 元,已提折旧为 586 000 元,出售
价为 1 400 000 元。同时又签订了一份租赁合同,将该生产流水线租回,该租
赁合同的主要条款见[例 9-4]资料。

该笔售后租回交易形成融资租赁,甲公司既是卖主,又是承租人,其账务
处理如下:

第一,作结转出售生产流水线成本的会计分录。

借:固定资产清理 　　　　　　　　　　　　　　　　　　1 414 000
　　累计折旧 　　　　　　　　　　　　　　　　　　　　　586 000
　　贷:固定资产 　　　　　　　　　　　　　　　　　　　　　2 000 000

第二,作出售生产流水线、取得价款的会计分录。

借:银行存款 　　　　　　　　　　　　　　　　　　　　1 400 000
　　递延收益——未实现售后租回损益(融资租赁) 　　　　　　14 000
　　贷:固定资产清理 　　　　　　　　　　　　　　　　　　　1 414 000

第三,在租赁期内的每年末,按折旧进度分摊未实现售后租回损失。

为简化,假定从 20×6 年 1 月开始计提折旧。

(1) 计算未实现售后租回损失分摊数如图表 9-4 所示。

(图表 9-4)

### 未实现售后租回损失分摊表

20×6 年 1 月 1 日　　　　　　　　　　　　　　　　　单位:元

| 日　　　　期 | 售　　价 | 流 水 线账面价值 | 摊销期 | 分摊率(%) | 摊销额 | 未实现售后租回损失 |
|---|---|---|---|---|---|---|
| (1) 20×6.1.1 | 1 400 000 | 1 414 000 | 7 年 | | | 14 000 |
| (2) 20×6.12.31 | | | | 14.285 | 1 999.90 | 12 000.1 |
| (3) 20×7.12.31 | | | | 14.285 | 1 999.90 | 10 000.2 |
| (4) 20×8.12.31 | | | | 14.285 | 1 999.90 | 8 000.3 |
| (5) 20×9.12.31 | | | | 14.285 | 1 999.90 | 6 000.4 |
| (6) 20×0.12.31 | | | | 14.285 | 1 999.90 | 4 000.5 |
| (7) 20×1.12.31 | | | | 14.285 | 1 999.90 | 2 000.6 |
| (8) 20×2.12.31 | | | | 14.29 | 2 000.60 | 0 |
| 合　　计 | 1 400 000 | 1 414 000 | | 100 | 14 000 | 0 |

(2) 20×6 年 12 月 31 日,确认本期应分摊的未实现售后租回损失,作会

计分录为：

借：制造费用　　　　　　　　　　　　　　　　　　　　1 999.90
　　贷：递延收益——未实现售后租回损益(融资租赁)　　　　　　1 999.90

其他有关会计分录略。

### 三、售后租回交易的披露

承租人和出租人除了应当按一般情况下经营租赁或融资租赁对售后租回交易进行披露外,还应对售后租回合同中规定的区别于一般租赁交易的条款,如租赁标的物的售价等作出披露。

## 第六节　其他租赁业务的会计处理

### 一、转租赁的会计处理

转租赁是指承租人在租赁期内将租入资产再行出租给第三者的租赁行为。转租赁业务至少涉及原出租人、新出租人(原承租人)和新承租人三方。新出租人必须与原出租人和新承租人分别签订租赁协议。如果原租赁协议属经营租赁性质的,转租赁也只能采用经营租赁方式。如果原租赁协议属融资租赁性质的,转租赁既可以采用经营租赁方式,也可以采用融资租赁方式。但转租赁协议不可包含所有权转移,或允许新承租人在租赁期满时可廉价购买租赁资产的条款。待原租赁期届满,租赁资产的所有权转移给原承租人(新出租人)时,原承租人就可以任何方式转租该资产。

转租赁对原出租人和新承租人不产生直接联系,原出租人和新承租人应分别根据各自的租赁协议规定的条件,作出相应的会计处理。但对新出租人(原承租人)来说,其会计处理就比较复杂。新出租人应根据原租赁协议和转租赁协议的规定,同时站在原承租人和新出租人的立场,分别作出必要的会计处理。

### 二、租入固定资产改良工程的会计处理

有时,承租人为了满足其生产经营的特定需要,对租入固定资产进行改良。但应事先与出租人协商,并对改良工程费用的负担、租赁期满后工程的处置等问题签订协议。

在一般情况下,对租赁资产改良工程的费用支出,由承租人负担,并在工程的有效使用期内摊销。但是,如果租入固定资产的剩余租期比改良工程的有效使用期较短,就需要考虑在租赁期满时租赁资产的所有权是否转移。如

果租赁期满时租赁资产所有权转移的,其工程费用支出应按工程有效使用期限摊销;反之,如果租赁期满时,租赁资产所有权不转移,那么,工程费用的摊销期即为剩余租期。我国,对租入固定资产的改良工程支出,应在承租人的"在建工程"账户核算,待工程完工后再转入"固定资产——融资租入固定资产"或"长期待摊费用"账户,然后,在租赁剩余期与工程有效使用期两者孰短的期限内计提折旧或摊销。如果租赁期满,租赁资产所有权转移给承租人的,则在工程有效使用期限内计提折旧。

# 复习思考题

## 一、简答题

1. 何谓租赁? 它具有哪些特点?
2. 试述租赁的分类。在不同分类形式下,其特点有什么不同?
3. 在经营租赁方式下,承租人和出租人应如何进行处理?
4. 租赁开始日租赁资产、负债如何计算?
5. 签订转租赁协议时,应注意哪些问题?
6. 融资租赁方式下,承租人和出租人应如何进行会计处理?
7. 售后租回交易有何特点? 如何进行会计处理?

## 二、解释重要名词和术语

租赁 经营租赁 融资租赁 直接租赁 转租赁 附带服务租赁 最低租赁付款额 最低租赁收款额 履约成本 或有租金 担保余值 售后租回

## 三、单项选择题

1. 下列不属于经营租赁特点的是( )。
   A. 出租人保留租赁资产的所有权
   B. 租赁期满,租赁资产应由承租人退还给出租人
   C. 在租赁期内,租约不可以由一方要求提前解除
   D. 一笔租赁业务的参与者,仅涉及两方
2. 出租人自行垫付资金购入资产进行的租赁业务,属于( )。
   A. 直接租赁　　B. 转租赁　　　C. 委托租赁　　　D. 纯租赁
3. 在经营租赁的情况下,承租人在承租期间需要( )。

A. 将租入资产的价值记入固定资产账户

B. 对租入资产计提折旧

C. 对租入资产支付租金

D. 对租入资产支付保险费用

4. 对经营租出固定资产计提的折旧、保险等费用,应记入(　　)账户。

A. "制造费用"　　　　　　　　　　B. "管理费用"

C. "财务费用"　　　　　　　　　　D. "其他业务成本"

5. 承租人支付的除(　　)外,都应包括在融资租入资产的最低租赁付款额之中。

A. 租赁费　　　　　　　　　　　　B. 购买租赁资产的名义价款

C. 承租人担保的资产余值　　　　　D. 修理费

6. 融资租赁一般为满足承租人经营上的(　　)需要而租赁资产。

A. 短期　　　　　B. 长期　　　　　C. 季节性　　　　　D. 临时性

# 四、多项选择题

1. 作为租赁资产的对象,可以包括(　　)。

A. 存货　　　　　　　　　　　　　B. 机器设备

C. 办公用房　　　　　　　　　　　D. 管理用电脑

E. 经营用房

2. 租赁业务的特点,包括(　　)。

A. 租赁期间,租赁资产的所有权和使用权相分离

B. 租赁形式灵活多样

C. 经营租赁和融资租赁可以结合

D. 租赁实物资产与融通资金紧密相连

E. 租赁业务的参与者至少有两方

3. 在经营租赁情况下,租赁资产的所有权以及与租赁资产所有权有关的风险和利益归出租人,所以,出租人的账面上应保留出租资产的原始价值,同时应该承担出租资产的(　　)。

A. 折旧费用　　　B. 修理费用　　　C. 保险费用　　　D. 管理费用

E. 租赁费用

4. 附带服务租赁,对出租人来说,可以在租出资产的同时提供(　　)等服务。

A. 运输　　　　　B. 维修　　　　　C. 配件　　　　　D. 保险

E. 代理

5. 融资租入资产的入账价值可能是(    )。

A. 分期支付的买价
B. 最低租赁付款额
C. 延期付款应负担的利息
D. 最低租赁付款额的现值
E. 租入资产的公允价值

6. 对承租人来说,在融资租入资产期满后,可以在(    )方式中进行选择(    )。

A. 延期续租
B. 廉价购买租赁资产
C. 将租赁资产退还给出租人
D. 解除租赁协议
E. 重新签订租赁协议

## 五、判断题

1. 租赁一般需要签订契约,明确出租人和承租人双方权利和义务的有关事项。                                                 (    )

2. 租赁资产可以达到资产的充分利用,但对承租人来说需要承担无形损耗的风险。                                             (    )

3. 对经营租赁资产的修理费用,应在租赁协议中加以明确,可以由出租人负责修理,也可以由承租人负责修理,它对租金的高低不产生影响。(    )

4. 承租人在支付经营租赁的押金时,应将其记入"其他应付款——存入保证金"账户。                                           (    )

5. 融资租赁与经营租赁相同,对承租方来说,应将租入资产的价值记入有关资产账户。                                         (    )

6. 融资租入资产期满后,承租人将租赁资产退还给出租人的,应在其账面注销该资产的价值。                                     (    )

7. 一般来说,经营租赁期限较长,几乎接近或等于租赁资产的全部使用年限,而融资租赁则期限较短。                             (    )

8. 融资租赁是以实物资产取得其使用权为形式,而最终达到融通资金的目的,它与银行信贷的融资方式基本相同。                     (    )

## 六、练习题

1. **目的**　练习经营租赁业务的会计处理。

**资料**　光华公司为提高设备利用率,将一台闲置设备出租给鼎盛公司,该设备账面原值25 000元,年折旧率为8%,负担的月保险费为80元(在年初时已一次支付)。该设备租赁期为 9 个月,每月租金为 3 600 元,双方约定先预付 50%租金,其余的 50%按月分期支付。

**要求** 为出租人和承租人编制必要的会计分录。

2. **目的** 练习融资租赁业务的会计处理。

**资料**

1) 20×5 年 12 月 1 日,A 公司(承租人)与 B 公司(出租人)签订了一份租赁合同,合同的主要条款如下:

(1) 租赁标的物:大型纺织机械。

(2) 起租日:20×6 年 1 月 1 日。

(3) 租赁期:20×6 年 1 月 1 日至 20×8 年 12 月 31 日。

(4) 租金支付:自租赁开始日每隔半年于期末支付租金 180 000 元。

(5) 该机械在 20×6 年 1 月 1 日的公允价值为 860 000 元。

(6) 该机械的保险、维护费用均由 A 公司负担,估计每年约 12 000 元。

(7) 租赁合同规定的半年期利率为 7%。

(8) 该机械的估计使用年限为 8 年,已使用 3 年,期满无残值。A 公司采用平均年限法计提折旧。

(9) 租赁期满时,A 公司享有优惠购买该机械的选择权,购买价为 120 元,估计该日租赁资产的公允价值为 96 000 元。

(10) 20×7 年和 20×8 年两年,A 公司每年按该机器所生产产品的年销售收入的 5%向 B 公司支付经营分享收入。

2) 其他资料:

(1) 该项租赁资产不需要安装。

(2) 20×7 年、20×8 年 A 公司分别实现该机械所生产产品的收入为 120 000 元和 180 000 元。

(3) A、B 公司分别采用实际利率法按半年确认应分摊的未确认融资费用和应分摊的未实现融资收益。

**要求** 分别为 A 公司和 B 公司编制会计分录。

3. **目的** 练习售后租回交易的会计处理。

**资料** 续练习题 2,假设 20×6 年 1 月 1 日,A 公司将一台大型纺织机械按 860 000 元的价格销售给 B 公司。该机械的账面原价为 1 200 000 元,已提折旧 460 000 元。同时又签订了一份租赁合同将该机械租回,该合同主要条款与练习题 2 的合同条款内容相同。

**要求** 作 A 公司(卖主即承租人)售后租回的会计分录。

# 第十章　所得税会计

## 第一节　所得税会计概述

### 一、所得税会计的含义

所得税是国家对企业的经营所得,以及其他所得征收的一个税种。所得税会计是企业对有关的所得税业务所进行的会计处理,包括确定一个会计期间应纳税所得额,并根据应纳税所得额和适用税率计算所得税费用的数额,以及这项数额在财务报表上的反映方法。

企业的应纳税所得额,通常来自企业的财务会计记录,但它又往往与企业的税前会计利润不相一致。这是因为,应纳税所得额必须根据税法规定,而税法对企业的各项资产、负债、收入、支出事项都有严格的界定或限制,为正确计算企业所得税提供依据,其目的是为了调节国家和企业的分配关系,聚集财政资金。但企业财务核算的资产、负债、收入、支出,则根据企业会计准则的规范要求,按会计核算的原则和会计核算业务的处理方法计算取得资产、负债的账面价值和企业的经营成果。虽然目前我国由财政部制定的会计准则也体现了国家宏观管理的需要,但它不能替代税收法规。因此,会计反映的资产、负债的账面价值与税法规定的计税基础之间的差异是客观存在的,它决定了进行所得税会计处理的必要性。

综上所述,所得税会计是以企业的资产负债表及其附注为依据,结合相关账簿资料,分析计算各项资产、负债的计税基础,通过比较资产、负债的账面价值与其计税基础之间的差异,确定应纳税暂时性差异和可抵扣暂时性差异,进而按照暂时性差异与适用的所得税税率计算确定递延所得税资产、递延所得税负债以及相应的递延所得税费用,并在此基础上计算确认利润表中的所得税费用。

### 二、资产、负债的计税基础

企业在取得资产、负债时,应当确定其计税基础。其中,资产的计税基础是指在收回资产账面价值过程中,计算应纳税所得额时按照税法可以自应税经济利益中抵扣的金额。在通常情况下,资产取得时其入账价值与计税基础是相同的,只是在后续计量过程中,有可能因会计准则的有关规定与税法规定不同,会产生资产的账面价值与其计税基础有差异,如按照会计准则规定,企业的各项资产如发生减值,应当将其可变现净值或可收回金额低于其账面价值的差额,计提相关的资产减值准备,其损失计入当期损益,从税前利润中扣除。但税法规定,企业计提的资产减值准备一般不能在税前抵扣,只有在资产发生实质性损失时,才能允许税前扣除,这时资产的计税基础仍应为计提减值准备前的账面价值。

负债的计税基础,是指负债的账面价值减去未来期间计算应纳税所得额时,按照税法规定可予抵扣的金额。一般而言,像短期借款、应付票据、应付账款等负债的确认和偿还,不会对当期损益和应纳税所得额产生影响,其计税基础即为账面价值。但在某些情况下,负债的确认可能会涉及损益,进而影响不同期间的应纳税所得额,使其计税基础与账面价值产生差异。如企业按会计准则规定,对因或有事项确认的预计负债,按最佳估计数计入当期损益,在税前利润中扣除;但按税法规定,与预计负债相关的费用只能在实际发生时才可以在税前扣除,该负债的计税基础应当为零。

### 三、暂时性差异及其分类

企业应于每个资产负债表日,对资产、负债的账面价值与其计税基础进行分析、比较,两者之间存在差额的,该差额就称为暂时性差异;未作为资产和负债确认的项目,按照税法规定可以确定其计税基础的,该计税基础与其账面价值之间的差额也属于暂时性差异。

按照暂时性差异对未来期间应税金额的影响,分为应纳税暂时性差异和可抵扣暂时性差异两类。

应纳税暂时性差异,是指在确定未来收回资产或清偿负债期间的应纳税所得额时,将导致产生应税金额的暂时性差异。例如,按会计准则规定,企业自行开发的无形资产在满足资本化条件后发生的支出应当资本化,确认为无形资产成本;但按税法规定,企业的研究开发支出一般可于发生当期在税前扣除,由此产生自行开发的无形资产在持有期间的应纳税暂时性差异。又如,企业支付500万元取得一项交易性金融资产,当期期末其公允价值为580万元,这时此项交易性金融资产的账面价值应调整为580万元,而其计税基础仍为成本500万元,差额80万元即为应纳税暂时性差异。

可抵扣暂时性差异,是指在确定未来收回资产或清偿负债期间的应纳税所得额时,将导致产生可抵扣金额的暂时性差异。例如,企业的某批存货成本

1 000 万元,期末估计的可变现净值为 800 万元,按会计准则规定,应当计提存货跌价准备 200 万元;但按税法规定,其损失的 200 万元不允许税前扣除,该批存货的计税基础仍为 1 000 万元,与其账面价值 800 万元之间的差额 200 万元即为可抵扣暂时性差异。又如,企业因销售商品、提供售后服务等原因于当期确认了 100 万元的预计负债,假定企业在确认预计负债的当期未发生售后服务费用,期末预计负债的账面价值为 100 万元,而预计负债的计税基础应为零,由此产生可抵扣暂时性差异 100 万元。

在实际工作中,资产的账面价值与其计税基础可能存在暂时性差异的情况一般有:固定资产、无形资产、交易性金融资产、其他收益工具投资、其他债权投资、长期股权投资、投资性房地产以及其他计提减值准备的资产等。而负债的账面价值与其计税基础可能存在暂时性差异的主要是预计负债。

企业对发生的应纳税或可抵扣暂时性差异,可以根据以下规律加以区分:当资产的账面价值大于其计税基础,或负债的账面价值小于其计税基础,其差额为应纳税暂时性差异;当资产的账面价值小于其计税基础,或负债的账面价值大于其计税基础,其产生的差额则为可抵扣暂时性差异。另外,按照税法规定,允许抵减的各年度利润的可抵扣亏损,也视同可抵扣暂时性差异。

### 四、递延所得税资产、递延所得税负债的确认与转回

企业应当按照暂时性差异与适用所得税税率计算的结果,确认递延所得税资产、递延所得税负债以及相应的递延所得税费用。具体而言,应根据可抵扣暂时性差异与适用所得税税率计算确认递延所得税资产;根据应纳税暂时性差异与适用所得税税率计算确认递延所得税负债;与递延所得税资产、递延所得税负债相对应的即为递延所得税费用。其中,递延所得税资产,是指企业当期和以前期间已支付的所得税超过应支付的所得税部分;递延所得税负债,是指企业当期和以前期间应交未交的所得税部分。

需要说明的是,企业确认由可抵扣暂时性差异产生的递延所得税资产,应当以未来期间很可能取得用来抵扣可抵扣暂时性差异的应纳税所得额为限,该应纳税所得额为未来期间企业正常经营活动实现的应纳税所得额,以及因应纳税暂时性差异在未来期间转回相应增加的应税所得,并应提供相应的证据。

递延所得税资产和递延所得税负债确认后,相关的可抵扣暂时性差异或应纳税暂时性差异于以后各期间转回的,应当调整原已确认的递延所得税资产、递延所得税负债以及相应的递延所得税费用。

## 第二节 所得税会计的处理方法

**一、所得税会计的账户设置**

企业应设置"所得税费用""递延所得税资产"和"递延所得税负债"等账户进行所得税会计的账务处理。

"所得税费用"账户属于损益类账户,借方登记企业按规定从当期损益中扣除的所得税费用,期末将借方余额从贷方转入"本年利润"账户,结转后应无余额。

"递延所得税资产"账户,用来核算因确认的可抵扣暂时性差异,以及根据税法规定可用以后年度税前利润弥补的亏损而产生的所得税资产。该账户的借方登记应予确认的递延所得税资产期末余额大于期初余额的差额(即递延所得税资产的增加额);贷方登记应予确认的递延所得税资产期末余额小于期初余额的差额(即递延所得税资产的减少额);该账户期末借方余额,反映企业已确认但尚未转回的递延所得税资产的余额。

"递延所得税负债"账户,是用来核算因确认的应纳税暂时性差异而产生的所得税负债。该账户的贷方登记应予确认的递延所得税负债期末余额大于期初余额的差额(即递延所得税负债的增加额);借方登记应予确认的递延所得税负债期末余额小于期初余额的差额(即递延所得税负债的减少额);该账户期末贷方余额,反映企业已确认但尚未转回的递延所得税负债的余额。

"递延所得税资产"和"递延所得税负债"应当按照可抵扣暂时性差异和应纳税暂时性差异等项目进行明细分类核算。

**二、所得税会计的基本核算程序**

企业的所得税会计,可以按照下列程序进行核算:

(1)确定资产、负债的账面价值。

(2)确定资产、负债的计税基础。

(3)比较账面价值与计税基础,确定暂时性差异。

(4)确认递延所得税资产或递延所得税负债。

(5)计算应交所得税。其计算公式如下:

$$应交所得税=应纳税所得额×适用税率$$
$$应纳税所得额=税前会计利润±纳税调整金额$$

(6)确认利润表中的所得税费用。

利润表中的所得税费用,应为当期应交所得税费用以及递延所得税费用(或收益)两者之和,其计算公式如下:

所得税费用=当期所得税费用+递延所得税费用(-递延所得税收益)

上式中当期所得税费用,是指当期按照税法规定计算确定的应交所得税费用;递延所得税费用,是指因确认递延所得税负债产生的所得税费用;递延所得税收益,是指因确认递延所得税资产而产生的所得税收益。

另外,在计算递延所得税资产和递延所得税负债时,应当根据税法规定,按照预期收回该资产或清偿该负债期间的适用税率计算。递延所得税资产和递延所得税负债的确认均不要求折现。

【例 10-1】 某企业 20×7 年 12 月购入某项设备,按税法规定使用 2 年,按会计规定使用 4 年,设备原价 40 万元,按直线法计提折旧(不考虑净残值)。假如该企业每年实现税前会计利润为 250 万元,所得税税率为 25%,无其他纳税调整事项。根据资料,该企业有关所得税的计算(见图表 10-1)及处理如下:

(图表 10-1)

### 所得税计算表

金额单位:元

| 年 度<br>项 目 | 20×8 | 20×9 | 20×0 | 20×1 |
|---|---|---|---|---|
| 资产的计税基础 | 200 000 | 0 | 0 | 0 |
| 资产的账面价值 | 300 000 | 200 000 | 100 000 | 0 |
| 暂时性差异 | (100 000) | (200 000) | (100 000) | 0 |
| 所得税税率 | 25% | 25% | 25% | 25% |
| 递延所得税负债年末余额 | (25 000) | (50 000) | (25 000) | 0 |
| 递延所得税负债年初余额 | 0 | (25 000) | (50 000) | (25 000) |
| 递延所得税负债本期发生额 | (25 000) | (25 000) | 25 000 | 25 000 |
| 应交所得税 | (600 000)① | (600 000) | (650 000)② | (650 000) |
| 所得税费用 | 625 000 | 625 000 | 625 000 | 625 000 |

① 600 000=(2 500 000-100 000)×25%。

② 650 000=(2 500 000+100 000)×25%。

20×8 年、20×9 年应作会计分录为:

借:所得税费用                                                   625 000
　贷:应交税费——应交所得税                                       600 000
　　　递延所得税负债                                              25 000

20×9 年、20×0 年应作会计分录为：

借：所得税费用            625 000

 递延所得税负债          25 000

 贷：应交税费——应交所得税       650 000

当企业适用税率发生变化时，应对已确认的递延所得税资产和递延所得税负债进行重新计量，除直接在所有者权益中确认的交易或者事项产生的递延所得税资产和递延所得税负债以外，应当将其影响数计入变化当期的所得税费用。

**【例 10-2】** 某企业于 20×7 年 12 月购入某项设备，按税法规定使用 6 年，按会计规定使用 4 年，该设备原始价值 120 万元，采用直线法计提折旧（不考虑净残值）。假定该企业每年实现税前会计利润为 500 万元，所得税税率为 25%，20×1 年起改为 20%，无其他纳税调整事项。

根据上述资料，有关所得税的计算（见图表 10-2）及处理如下：

20×8 年、20×9 年、20×0 年应作会计分录为：

借：所得税费用           1 250 000

 递延所得税资产          25 000

 贷：应交税费——应交所得税      1 275 000

20×1 年应作会计分录为：

借：所得税费用           1 015 000

 递延所得税资产          5 000

 贷：应交税费——应交所得税      1 020 000

20×2 年、20×3 年应作会计分录为：

借：所得税费用           1 000 000

 贷：应交税费——应交所得税      960 000

  递延所得税资产         40 000

在实际工作中，为简化起见，企业可以在资产负债表日，按资产、负债项目汇总确定其账面价值与计税基础，计算暂时性差异，确认递延所得税资产或递延所得税负债，并对所得税会计进行综合处理。

（图表 10-2）

## 所得税计算表

金额单位：元

| 年度<br>项目 | 20×8 | 20×9 | 20×0 | 20×1 | 20×2 | 20×3 |
|---|---|---|---|---|---|---|
| 资产的计税基础 | 1 000 000 | 800 000 | 600 000 | 400 000 | 200 000 | 0 |
| 资产的账面价值 | 900 000 | 600 000 | 300 000 | 0 | 0 | 0 |
| 暂时性差异 | 100 000 | 200 000 | 300 000 | 400 000 | 200 000 | 0 |
| 所得税税率 | 25% | 25% | 25% | 20% | 20% | 20% |
| 递延所得税资产年末余额 | 25 000 | 50 000 | 75 000 | 80 000 | 40 000 | 0 |
| 递延所得税资产年初余额 | 0 | 25 000 | 50 000 | 75 000 | 80 000 | 40 000 |
| 递延所得税资产本期发生额 | 25 000 | 25 000 | 25 000 | 5 000① | (40 000) | (40 000) |
| 应交所得税 | (1 275 000)② | (1 275 000) | (1 275 000) | (1 020 000)③ | (960 000)④ | (960 000) |
| 所得税费用 | 1 250 000 | 1 250 000 | 1 250 000 | 1 015 000 | 1 000 000 | 1 000 000 |

① 5 000＝80 000－75 000＝300 000×(20%－25%)＋100 000×20%。
② 1 275 000＝(5 000 000＋100 000)×25%。
③ 1 020 000＝(5 000 000＋100 000)×20%。
④ 960 000＝(5 000 000－200 000)×20%。

**【例 10-3】** 甲企业适用的所得税税率为 25%,20×8 年按税法规定确定的应纳税所得额为 1 500 万元。预计该企业会持续盈利,能够获得足够的应纳税所得额。20×8 年 12 月 31 日,该企业资产负债表中有关项目金额和计税基础数据及暂时性差异计算如图表 10-3 所示。

(图表 10-3)

### 20×8 年暂时性差异计算表

单位:元

| 项　　　目 | 账面价值 | 计税基础 | 暂 时 性 差 异 | |
|---|---|---|---|---|
| | | | 应纳税暂时性差异 | 可抵扣暂时性差异 |
| 交易性金融资产 | 3 000 000 | 3 600 000 | | 600 000 |
| 固定资产 | 25 000 000 | 21 000 000 | 4 000 000 | |
| 预计负债 | 4 000 000 | 0 | | 4 000 000 |
| 合　　　计 | | | 4 000 000 | 4 600 000 |

根据资料,甲企业 20×8 年计算确认的递延所得税负债、递延所得税资产、应交所得税以及所得税费用如下:

(1) 递延所得税负债＝4 000 000×25%＝1 000 000(元)

(2) 递延所得税资产＝4 600 000×25%＝1 150 000(元)

(3) 应交所得税＝15 000 000×25%＝3 750 000(元)

(4) 所得税费用＝3 750 000＋1 000 000－1 150 000＝3 600 000(元)

应作会计分录为:

| | |
|---|---|
| 借:所得税费用 | 3 600 000 |
| 　递延所得税资产 | 1 150 000 |
| 　贷:应交税费——应交所得税 | 3 750 000 |
| 　　递延所得税负债 | 1 000 000 |

**【例 10-4】** 如果[例 10-3]中,甲企业 20×9 年按税法规定确定的应纳税所得额为 2 000 万元。预计未来期间能够获得足够的应纳税所得额用来抵扣暂时性差异。

20×9 年 12 月 31 日,其资产负债表中有关项目金额和计税基础数据及暂时性差异计算如图表 10-4 所示。

（图表10-4）

### 20×9 年暂时性差异计算表

单位：元

| 项　　目 | 账面价值 | 计税基础 | 暂 时 性 差 异 | |
|---|---|---|---|---|
| | | | 应纳税暂时性差异 | 可抵扣暂时性差异 |
| 交易性金融资产 | 4 500 000 | 4 000 000 | 500 000 | |
| 存货 | 9 000 000 | 9 600 000 | | 600 000 |
| 固定资产 | 30 000 000 | 28 000 000 | 2 000 000 | |
| 无形资产 | 1 000 000 | 2 000 000 | | 1 000 000 |
| 预计负债 | 6 000 000 | 0 | | 6 000 000 |
| 合　　计 | | | 2 500 000 | 7 600 000 |

根据上述资料，20×9年，甲企业应确认的递延所得税负债、递延所得税资产、应交所得税以及所得税费用的分析计算如下：

（1）递延所得税负债年末余额＝2 500 000×25％＝625 000（元）

递延所得税负债本期发生额 ＝ 递延所得税负债年末余额 － 递延所得税负债年初余额

＝625 000－1 000 000＝－375 000（元）

（2）递延所得税资产年末余额＝7 600 000×25％＝1 900 000（元）

递延所得税资产本期发生额 ＝ 递延所得税资产年末余额 － 递延所得税资产年初余额

＝1 900 000－1 150 000＝750 000（元）

（3）应交所得税＝20 000 000×25％＝5 000 000（元）

（4）所得税费用＝5 000 000－375 000－750 000＝3 875 000（元）

应作会计分录为：

| | |
|---|---|
| 借：所得税费用 | 3 875 000 |
| 　　递延所得税负债 | 375 000 |
| 　　递延所得税资产 | 750 000 |
| 　贷：应交税费——应交所得税 | 5 000 000 |

### 三、所得税会计处理的特殊问题

（一）不影响所得税费用的递延所得税

在某些情况下，企业发生的递延所得税产生于直接计入所有者权益的交易或事项，或者产生于企业合并中资产、负债的账面价值与其计税基础之间的差异。这类交易或事项中产生的递延所得税不影响利润表中确认的所得税费用，其所得税影响应分别情况加以确认。

1. 直接计入所有者权益的交易或事项产生的递延所得税

直接计入所有者权益的交易或事项,如其他权益工具投资公允价值的变动,相关资产、负债的账面价值与其计税基础之间形成暂时性差异的,应当按规定确认递延所得税资产或递延所得税负债,计入其他综合收益。

**【例 10-5】** 某企业持有的一项其他权益工具投资,取得成本为 500 万元,资产负债表日其公允价值为 560 万元,该企业所得税税率为 25%。应作如下会计处理:

(1) 按公允价值调整账面价值:

借:其他权益工具投资 600 000
　　贷:其他综合收益 600 000

(2) 确认因账面价值大于其计税基础的应纳税暂时性差异所形成的递延所得税负债:

借:其他综合收益 150 000
　　贷:递延所得税负债 150 000

2. 企业合并中产生的递延所得税

由于会计准则规定与税法规定对企业合并的处理不同,可能会造成企业合并中取得资产、负债的入账价值与其计税基础的差异。比如,非同一控制下企业合并产生的应纳税暂时性差异或可抵扣暂时性差异在确认递延所得税负债或递延所得税资产的同时,相应的递延所得税费用(或收益),通常应调整企业合并中所确认的商誉。

**【例 10-6】** 甲公司以发行 8 000 万元的普通股为对价,吸收合并乙公司(非同一控制下),该合并符合税法规定的免税合并条件。B 公司所得税税率为 25%,在购买日各项可辨认资产、负债的公允价值、计税基础及其暂时性差异如图表 10-5 所示。

(图表 10-5)

**购买日有关项目资料表**　　　　单位:万元

| 项　　目 | 公允价值 | 计税基础 | 暂 时 性 差 异 | |
| --- | --- | --- | --- | --- |
| | | | 应纳税暂时性差异 | 可抵扣暂时性差异 |
| 存　　货 | 3 200 | 3 000 | 200 | |
| 应收账款 | 1 500 | 1 500 | | |
| 固定资产 | 4 000 | 3 400 | 600 | |
| 无形资产 | 2 100 | 2 000 | 100 | |

(续表)

| 项 目 | 公允价值 | 计税基础 | 暂 时 性 差 异 | |
|---|---|---|---|---|
| | | | 应纳税暂时性差异 | 可抵扣暂时性差异 |
| 短期借款 | 1 000 | 1 000 | | |
| 应付账款 | 2 900 | 2 900 | | |
| 预计负债 | 1 200 | 0 | | 1 200 |
| 净 资 产 | 5 700 | 6 000 | 900 | 1 200 |

甲公司在合并交易中应确认的递延所得税资产、递延所得税负债,以及商誉的金额计算如下:

| | |
|---|---|
| 可辨认净资产公允价值(不包括递延所得税) | 5 700 |
| 递延所得税资产(1 200×25%) | 300 |
| 递延所得税负债(900×25%) | 225 |
| 可辨认净资产公允价值(包括递延所得税) | 5 775 |
| 商誉 | 2 225 |
| 合并成本 | 8 000 |

所确认的商誉金额 2 225 万元与其计税基础为零之间的应纳税暂性差异,不需再进一步确认相关的所得税影响。

(二)可抵扣亏损和税收抵减

按照税法规定允许以后年度所得弥补的可抵扣亏损,以及可结转以后年度的税收抵减,按照可抵扣暂时性差异的原则处理。

(三)递延所得税资产的复核

企业应当在资产负债表日,对递延所得税资产的账面价值进行复核。如果未来期间很可能无法获得足够的应纳税所得额用以抵扣递延所得税资产的利益,应当减记递延所得税资产的账面价值。

以后,在很可能获得足够的应纳税所得额时,减记的金额应当转回。

**四、所得税在财务报表上的列示**

在存在暂时性差异的情况下,递延所得税资产和递延所得税负债应当分别作为非流动资产和非流动负债在资产负债表中列示。企业的所得税费用应当在利润表中单独列示。

此外,企业还应当在附注中披露与所得税有关的下列信息:

(1)所得税费用(收益)的主要组成部分。

(2)所得税费用(收益)与会计利润关系的说明。

（3）未确认递延所得税资产的可抵扣暂时性差异、可抵扣亏损的金额（如果存在到期日，还应披露到期日）。

（4）对每一类暂时性差异和可抵扣亏损，在列报期间确认的递延所得税资产或递延所得税负债的金额，确认递延所得税资产的依据。

（5）未确认递延所得税负债的，与对子公司、联营企业及合营企业投资相关的暂时性差异金额。

# 复习思考题

## 一、简答题

1. 何谓暂时性差异？暂时性差异有哪几类？如何确定？
2. 如何确认递延所得税资产、递延所得税负债？
3. 试述所得税会计的基本核算程序，并举例说明。
4. 所得税会计有哪些特殊问题？其处理原则是什么？
5. 所得税在财务报表上如何列示？如何披露？

## 二、解释重要名词和术语

资产的计税基础　负债的计税基础　暂时性差异　应纳税暂时性差异　可抵扣暂时性差异　递延所得税资产　递延所得税负债

## 三、单项选择题

1. 按我国企业会计准则规定，所得税会计应以（　　）及其相关资料为依据。

    A. 资产负债表　　　　　　　　　B. 利润表

    C. 库存现金流量表　　　　　　　D. 所有者权益变动表

2. 企业按企业会计准则规定，对存货计提减值准备所产生的该存货的计税基础与其账面价值之间的差额，属于（　　）。

    A. 永久性差异　　　　　　　　　B. 时间性差异

    C. 暂时性差异　　　　　　　　　D. 存货成本差异

3. 企业因或有事项确认的预计负债，按最佳估计数计入当期损益 100 万元，则该负债的计税基础应当为（　　）万元。

    A. 100　　　　　　B. 50　　　　　　C. 20　　　　　　D. 0

4. 当资产的账面价值大于其计税基础,或负债的账面价值小于其计税基础,其差额属于( )。

    A. 应纳税暂时性差异　　　　　　　B. 可抵扣暂时性差异

    C. 应纳税时间性差异　　　　　　　D. 可抵扣时间性差异

5. 当资产的账面价值小于其计税基础,或负债的账面价值大于其计税基础,其差额属于( )。

    A. 应纳税时间性差异　　　　　　　B. 可抵扣时间性差异

    C. 应纳税暂时性差异　　　　　　　D. 可抵扣暂时性差异

6. 企业应当在资产负债表日,对( )的账面价值进行复核,根据未来期间是否很可能获得足够的应纳税所得额为依据,减记或转回其账面价值。

    A. 递延所得税负债　　　　　　　　B. 递延所得税资产

    C. 应纳税暂时性差异　　　　　　　D. 可抵扣暂时性差异

7. 根据应纳税暂时性差异与适用所得税税率计算确认的递延所得税负债,使企业产生( )。

    A. 当期所得税费用　　　　　　　　B. 当期所得税收益

    C. 递延所得税费用　　　　　　　　D. 递延所得税收益

8. 根据可抵扣暂时性差异与适用所得税税率计算确认的递延所得税资产,使企业产生( )。

    A. 递延所得税费用　　　　　　　　B. 递延所得税收益

    C. 当期所得税费用　　　　　　　　D. 当期所得税收益

9. 下列各项中,属于视同可抵扣暂时性差异的是( )。

    A. 计入所有者权益的所得税费用

    B. 计入商誉的所得税费用

    C. 资产账面价值大于其计税基础的差异

    D. 税法规定允许抵减的亏损

10. 下列项目中,不可以在以后期间转回的是( )。

    A. 递延所得税资产　　　　　　　　B. 递延所得税负债

    C. 当期所得税费用　　　　　　　　D. 递延所得税费用

## 四、多项选择题

1. 按照资产、负债的账面价值与其计税基础之间的差异,对未来期间应税金额的影响不同,可以将差异分为( )。

    A. 应纳税时间性差异　　　　　　　B. 应纳税暂时性差异

C. 可抵扣时间性差异      D. 可抵扣暂时性差异

E. 永久性差异

2. 下列资产中,其账面价值与计税基础之间可能存在暂时性差异的有( )。

     A. 库存现金      B. 应收账款

     C. 固定资产      D. 交易性金额资产

     E. 银行存款

3. 核算企业的所得税,可能涉及的账户有( )。

     A. "所得税费用"      B. "递延所得税资产"

     C. "递延所得税负债"      D. "应交税费"

     E. "资本公积"

4. 在对企业所得税进行会计处理时,下列各项中,可能不影响所得税费用的递延所得税的有( )。

     A. 递延所得税产生于直接计入所有者权益的交易或事项

     B. 递延所得税产生于企业合并

     C. 递延所得税产生于税法规定的可抵扣亏损

     D. 对递延所得税资产进行复核

     E. 递延所得税负债转回

5. 下列情况中,会产生应纳税暂时性差异的有( )。

     A. 资产的账面价值大于其计税基础

     B. 资产的账面价值小于其计税基础

     C. 负债的账面价值大于其计税基础

     D. 负债的账面价值小于其计税基础

     E. 资产、负债的账面价值等于其计税基础

6. 下列项目中,属于所得税会计的基本程序有( )。

     A. 确定资产、负债的账面价值、计税基础

     B. 比较账面价值与计税基础,确定暂时性差异

     C. 确认递延所得税资产或递延所得税负债

     D. 计算应交所得税

     E. 确认所得税费用

7. 企业因确认递延所得税资产或递延所得税负债,会产生相应的( )。

     A. 递延所得税费用      B. 递延所得税收益

C. 当期所得税费用　　　　　　D. 当期所得税收益

E. 不会产生任何费用和收益

8. 下列差异中,不属于所得税会计核算范围的有(　　)。

A. 应纳税暂时性差异　　　　　B. 可抵扣暂时性差异

C. 材料成本差异　　　　　　　D. 商品进销差价

E. 产品实际成本与目标成本差异

9. 在企业会计核算中,下列事项会产生暂时性差异的有(　　)。

A. 计提资产减值准备

B. 对或有事项预计负债

C. 对固定资产加速折旧

D. 归还应付账款

E. 按公允价值调整资产价值

10. 下列情况中,会产生可抵扣暂时性差异的有(　　)。

A. 资产的账面价值大于其计税基础

B. 负债的账面价值大于其计税基础

C. 资产的账面价值小于其计税基础

D. 负债的账面价值小于其计税基础

E. 税法规定可抵扣的亏损

## 五、判断题

1. 只有通过比较资产、负债的账面价值与其计税基础之间的差异,才能确定应纳税时间性差异和可抵扣暂时性差异。　　　　　　　　(　　)

2. 负债的账面价值减去未来期间计算应纳税所得额时,按税法规定可予抵扣的金额,是负债的计税基础。　　　　　　　　　　　　　　(　　)

3. 根据可抵扣暂时性差异与适用所得税税率,计算确认递延所得税负债;根据应纳税暂时性差异与适用所得税税率,计算确认递延所得税资产。
　　　　　　　　　　　　　　　　　　　　　　　　　　　　(　　)

4. 递延所得税资产和递延所得税负债是暂时的,当递延所得税资产转回时就成了递延所得税负债;同样的,当递延所得税负债转回时,就成了递延所得税资产。　　　　　　　　　　　　　　　　　　　　　(　　)

5. "递延所得税资产"和"递延所得税负债"账户,在全部转回后,应当没有余额。　　　　　　　　　　　　　　　　　　　　　　　　(　　)

6. "递延所得税资产"和"递延所得税负债"的期末账面余额,是列示在资

产负债表上的金额,当期核算的应当是期末余额减期初余额的差额,即发生额。 （　　）

7. 如果未来期间很可能无法获得足够的应纳税所得额用于抵扣递延所得税负债的利润,应当减记递延所得税负债的账面价值。 （　　）

8. 企业发生的直接计入所有者权益的交易或事项所产生的递延所得税资产或递延所得税负债,应当计入其他综合收益。 （　　）

9. 企业应当在资产负债表的流动资产和流动负债中分别列示递延所得税资产和递延所得税负债。 （　　）

10. 核算企业的所得税,应当以利润表及其相关账簿资料予以分析、计算,并确认当期的所得税费用。 （　　）

## 六、练习题

1. 目的　　练习所得税会计处理。

**资料**　某企业某项设备于20×7年12月购入,按税法规定使用6年,按会计核算规定使用3年,该设备原始价值600万元,按直线法计提折旧(不考虑净残值)。假如,该企业每年实现的税前会计利润为800万元,所得税税率为25%,无其他纳税调整事项。

**要求**　对该企业作有关所得税的会计处理。

2. 目的　　练习所得税会计处理。

**资料**　某企业每年实现的税前会计利润为2 000万元,以前年度的所得税税率为25%,从20×8年起改为20%,有关所得税的资料如下:

(1) 该企业每年发生业务招待费为80万元,按税法规定允许税前列支的限额为60万元。

(2) 该企业20×6年12月购入的一项固定资产,原始价值为300万元,会计上采用直线法计提折旧,折旧年限为6年(假定不考虑净残值因素):税法规定折旧年限为5年。

**要求**　对该企业作20×7～20×2年有关所得税的会计处理。

3. 目的　　练习所得税会计的综合处理。

**资料**　某企业所得税税率为25%,20×8年年初递延所得税资产借方余额为5.2万元,递延所得税负债贷方余额为3.5万元。20×8年按税法规定的应纳税所得额为2 500万元,预计未来期间能够产生足够的应纳税所得额用来抵扣可抵扣暂时性差异。20×8年12月31日其资产、负债的账面价值和计税基础如图表10-6所示。

(图表 10-6)

### 该企业资产、负债的账面价值和计税基础

单位：元

| 项　　　目 | 账　面　价　值 | 计　税　基　础 |
|---|---|---|
| 交易性金融资产 | 2 100 000 | 1 800 000 |
| 长期股权投资 | 6 900 000 | 7 200 000 |
| 存货 | 4 500 000 | 4 800 000 |
| 固定资产 | 52 000 000 | 50 000 000 |
| 无形资产 | 1 250 000 | 1 500 000 |
| 预计负债 | 2 000 000 | 0 |

**要求**　计算该企业 20×8 年递延所得税资产、递延所得税负债、应交所得税和所得税费用，并作会计分录。

# 第十一章　公司整顿与破产清算<sup>*</sup>

## 第一节　公司整顿与破产概述

在市场经济体制下,企业经营状况的好坏,不仅取决于企业内部自身管理水平的高低,而且还受制于企业外部诸因素的影响,如宏观经济政策、竞争者介入,以及市场供求的平衡情况等等。企业只有遵循市场经济规律,适应市场变化趋势,不断改善经营方式和经营管理,合理调度营运资金,加强财务管理,才能使企业在竞争中永远立于不败之地。否则,就可能因企业的权益资本结构不合理或债务比例过高而发生财务困难,造成资金周转不灵,难以偿还到期债务。甚至还会引起长期巨额亏损,财务状况严重恶化,以至落入资不抵债的境地。

对陷入财务困境的企业,应分别其无力偿还到期债务的严重程度,可以采取不同的解救方式。

**一、整顿**

采用整顿方式解救困难企业的一个显著特征是,通过整顿,原有企业或降低了财务风险、减轻了债务负担,或改善了资本结构,并以崭新的面貌继续经营下去。因此,从整顿涉及的对象分,又可以分为债务重组和资本改组两种类型。

1. 债务重组

债务重组是指对一些因出现暂时性财务困难,致使资金周转不灵,难以偿还到期债务的企业,通过与债权人相互协商,修改原债务条件,债权人作出一些让步的事项,如减免债务本息、降低债务利率、推迟偿债时间等,债务重组方式的整顿仅涉及债权人,与所有者无直接关系。

2. 资本改组

资本改组是指对某些在生产经营过程中发生连续亏损,财务状况恶化,并在短期内不可能用利润、盈余公积弥补亏损,而造成财务困难的企业,通过削减企业资本、调整股东权益结构来弥补亏损,使企业可以卸下包袱、轻装上阵。

资本改组方式的整顿,主要涉及股东权益的结构调整,很少会影响债权人利益。

**二、破产**

因经营管理不善造成严重亏损,不能清偿到期债务,并资不抵债的企业,经债务人提出申请,或经过整顿未能转亏为盈,企业的财务状况继续恶化,或出现了严重损害债权人利益的行为,经债权人提出申请,人民法院裁定,宣告企业破产。

# 第二节　公司整顿

**一、债务重组**

（一）债务重组的方式

债务重组是指在债务人发生财务困难的情况下,债权人按照其与债务人达成的协议或法院的裁定作出让步的事项。

债务重组主要有以下几种方式:一是债务企业以资产清偿债务;二是债务企业以其债务转为资本;三是债务企业与债权人协商修改其他债务条件;四是混合重组方式。

（二）债务重组的会计处理

1. 以资产清偿债务

债务企业如果是以现金清偿某项债务的,对债务人来说,应将重组债务的账面价值与支付的现金之间的差额,计入当期"营业外收入"账户;而对债权人来说,则应将重组债权的账面余额与收到的现金之间的差额,确认为当期损失,计入"营业外支出"账户。需要说明的是,如果债权人已对债权计提了坏账准备的,在确认债务重组损失时,应先冲减坏账准备;如果债权人收到的款项大于重组债权账面价值的,其差额应贷记"资产减值损失"账户。

【**例 11-1**】甲公司于 20×7 年 5 月 20 日销售一批材料给乙公司,价款为 348 000 元。由于乙公司财务发生困难,无法按合同规定偿还债务,经双方协商,甲公司同意减免乙公司 48 000 元债务,余款用现金立即清偿。甲公司未对该债权计提坏账准备。

（1）甲公司（债权人）作会计分录为:

| | | |
|---|---|---|
| 借:银行存款 | | 300 000 |
| 　营业外支出——债务重组损失 | | 48 000 |
| 　贷:应收账款 | | 348 000 |

（2）乙公司（债务人）作会计分录为：

借：应付账款                                                              348 000

　　贷：银行存款                                                          300 000

　　　　营业外收入——债务重组利得                                          48 000

如果债务企业以非现金资产清偿债务的，对债务人来说，应将重组债务的账面价值与转让的非现金资产公允价值之间的差额记入"营业外收入"账户，转让的非现金资产的公允价值与其账面价值之间的差额，计入当期损益。而对债权人来说，则应当对受让的非现金资产按其公允价值入账。重组债权的账面余额与受让的非现金资产的公允价值之间的差额，确认为当期损失，记入"营业外支出"账户。如果债权人已对债权计提了坏账准备，在确认债务损失时应当先冲减坏账准备；如果受让的非现金资产公允价值大于重组债权的账面价值，其差额应冲减"资产减值损失"账户。

【例 11-2】　A 公司于 20×6 年年初销售给 B 公司一台设备，价值 120 000元，货款未收，A 公司已对该应收账款提取坏账准备 500 元。B 公司因财务发生困难，至 20×7 年年末仍未支付货款，经与 A 公司协商，B 公司以一批自产产品偿还债务，该批产品的账面价值为 90 000 元，公允价值为 92 000 元，增值税税率为 16%。B 公司已对该批产品计提存货跌价准备 1 000 元。A 公司将收到的 B 公司产品作原材料验收入库。假设不考虑其他税费。

（1）A 公司（债权人）作会计分录为：

借：原材料                                                                92 000

　　应交税费——应交增值税（进项税额）                                     14 720

　　坏账准备                                                                  500

　　营业外支出——债务重组损失                                             12 780

　　贷：应收账款                                                          120 000

（2）B 公司（债务人）作会计分录为：

借：应付账款                                                             120 000

　　贷：主营业务收入                                                       92 000

　　　　应交税费——应交增值税（销项税额）                                 14 720

　　　　营业外收入——债务重组利得                                         13 280

借：主营业务成本                                                          89 000

　　存货跌价准备                                                           1 000

　　贷：库存商品                                                          90 000

2. 以债务转为资本清偿债务

债务企业以其债务转为资本清偿债务的,应当将债权人放弃债权而享有股份的面值总额确认为股本(或实收资本),股份的公允价值总额与股本(实收资本)之间的差额确认为资本公积。重组债务的账面价值与股份的公允价值之间的差额,记入当期的"营业外收入"账户。债权人应当将享有股份的公允价值确认为对债务人的投资,重组债权的账面余额与股份的公允价值之间的差额,记入当期的"营业外支出"账户,债权人已对债权计提坏账准备的,应当将该差额先冲减坏账准备。债权人享有股份的公允价值大于重组债权账面价值的,其差额应冲减"资产减值损失"账户。

【例 11-3】　如果[例 11-2]中,A、B 两公司经协商,同意 B 公司以发行普通股股票偿还债务。B 公司发行 10 000 股面值为 1 元、市价为 10 元的普通股股票,假如不考虑相关税费,则 A、B 两公司在债务重组时应分别作如下处理:

(1) A 公司(债权人)作会计分录为:

| | |
|---|---:|
| 借:长期股权投资 | 100 000 |
| 　　坏账准备 | 500 |
| 　　营业外支出——债务重组损失 | 19 500 |
| 　贷:应收账款 | 120 000 |

(2) B 公司(债务人)作会计分录为:

| | |
|---|---:|
| 借:应付账款 | 120 000 |
| 　贷:股本 | 10 000 |
| 　　资本公积——股本溢价 | 90 000 |
| 　　营业外收入——债务重组利得 | 20 000 |

3. 以修改其他债务条件进行债务重组

以修改其他债务条件进行债务重组时,其债务修改的条件一般包括减免债务本金或未付利息、降低利率、延长偿债期限等等。

对于债务人来说,应当将修改其他条件后债务的公允价值作为重组后债务的入账价值,重组债务的账面价值与重组后债务的入账价值之间的差额,记入当期的"营业外收入"账户。修改后的债务条款如涉及或有应付金额,且该或有应付金额符合预计负债确认条件的,应当将该或有应付金额确认为预计负债,重组债务的账面价值与重组后债务的入账价值和预计负债金额之和的差额,记入当期的"营业外收入"账户。

对于债权人来说,应当将修改其他条件后的债权的公允价值作为重组后债权的入账价值,重组债权的账面余额与重组后债权的账面价值之间的差额,记入当期的"营业外支出"账户。债权人已对债权计提坏账准备的,应当先将该差额冲减坏账准备,坏账准备不足以冲减的部分,再记入当期的"营业外支出"账户;冲减后减值准备仍有余额的,应予转回并抵减当期的"资产减值损失"账户。修改后的债务条件中如涉及或有应收金额的,债权人不应当确认或有应收金额,不得将其计入重组后债权的账面价值。

**【例 11-4】** 如果[例 11-2]中,A、B 公司 120 000 元的债权与债务为带息票据,在债务重组前票据的到期价值为 122 000 元,其中应计利息为 2 000 元。经双方协商,A 公司同意将债务本金减到 90 000 元,并免去所欠的全部利息,债务期限延迟到 20×8 年年末,对此,A、B 两公司作如下会计处理:

(1) A 公司(债权人)作会计分录为:

债务重组时,应收债权的账面价值应调整为 90 000 元。

| | | |
|---|---|---|
| 借:应收账款——债务重组 | | 90 000 |
| 营业外支出——债务重组损失 | | 32 000 |
| 贷:应收票据 | | 120 000 |
| 应收利息 | | 2 000 |

20×8 年年末收到款项时:

| | | |
|---|---|---|
| 借:银行存款 | | 90 000 |
| 贷:应收账款——债务重组 | | 90 000 |

(2) B 公司(债务人)作会计分录为:

账务重组时,调整应付债务的账面价值:

| | | |
|---|---|---|
| 借:应付票据 | | 120 000 |
| 应付利息 | | 2 000 |
| 贷:应付账款——债务重组 | | 90 000 |
| 营业外收入——债务重组利得 | | 32 000 |

20×8 年年末支付款项时:

| | | |
|---|---|---|
| 借:应付账款——债务重组 | | 90 000 |
| 贷:银行存款 | | 90 000 |

**【例 11-5】** 如果[例 11-4]中,A、B 公司的债务重组方案同时有一个条件,即如果 B 公司盈利,则延期利率为 5%。对此,A、B 两公司应作如下会计处理:

（1）A公司（债权人）作会计分录为：

债务重组时，应收债权的账面价值应调整为90 000元，或有应收金额不确认。

| | |
|---|---|
| 借：应收账款——债务重组 | 90 000 |
| 　营业外支出——债务重组损失 | 32 000 |
| 　贷：应收票据 | 120 000 |
| 　　应收利息 | 2 000 |

如果B公司盈利，20×8年年末收到款项为94 500元［90 000×（1＋5％）］时：

| | |
|---|---|
| 借：银行存款 | 94 500 |
| 　贷：应收账款——债务重组 | 90 000 |
| 　　财务费用 | 4 500 |

如果B公司没有盈利，其会计处理与［例11-4］相同。

（2）B公司（债务人）作会计分录为：

债务重组时，应付债务的账面价值应调整为90 000元，并确认或有应付金额4 500元（90 000×5％）为预计负债。

| | |
|---|---|
| 借：应付票据 | 120 000 |
| 　应付利息 | 2 000 |
| 　贷：应付账款——债务重组 | 90 000 |
| 　　预计负债 | 4 500 |
| 　　营业外收入——债务重组利得 | 27 500 |

如果B公司盈利，20×8年年末支付款项为94 500元［90 000×（1＋5％）］时：

| | |
|---|---|
| 借：应付账款——债务重组 | 90 000 |
| 　预计负债 | 4 500 |
| 　贷：银行存款 | 94 500 |

如果B公司不盈利，20×8年年末支付款项为90 000元，同时结转未发生的预计负债4 500元：

| | |
|---|---|
| 借：应付账款——债务重组 | 90 000 |
| 　贷：银行存款 | 90 000 |
| 借：预计负债 | 4 500 |
| 　贷：营业外收入——债务重组利得 | 4 500 |

### 4. 以混合重组方式进行债务重组

在混合重组方式下,债务人和债权人应依据债务清偿的顺序进行相关的会计处理。通常,应先考虑以现金清偿,然后,以非现金资产清偿,再以债务转为资本方式清偿,最后才是修改其他债务条件。

【例 11-6】 20×7 年 5 月 15 日,丙公司销售一批库存商品给丁公司,货款共计 720 000 元,尚未收到。20×7 年 10 月 20 日,丙公司与丁公司协商进行债务重组,重组协议如下:丁公司支付现金 18 000 元,其余款项部分以一台机器偿还,另一部分转为资本。机器的账面原值为 500 000 元,已提折旧为 350 000 元,公允价值为 180 000 元;丙公司获得丁公司 5% 的股权,其对应的注册资本为 300 000 元,公允价值为 510 000 元。假如丙公司没有对该项应收账款计提坏账准备,债务重组过程中没有发生相关税费。

(1) 丙公司(债权人)作会计分录为:

| | |
|---|---:|
| 借:银行存款 | 18 000 |
| 　固定资产 | 180 000 |
| 　长期股权投资 | 510 000 |
| 　营业外支出——债务重组损失 | 12 000 |
| 　贷:应收账款 | 720 000 |

(2) 丁公司(债务人)作会计分录为:

| | |
|---|---:|
| 借:固定资产清理 | 150 000 |
| 　累计折旧 | 350 000 |
| 　贷:固定资产 | 500 000 |
| 借:应付账款 | 720 000 |
| 　贷:银行存款 | 18 000 |
| 　　固定资产清理 | 150 000 |
| 　　实收资本 | 300 000 |
| 　　资本公积——资本溢价 | 210 000 |
| 　　资产处置损益 | 30 000 |
| 　　营业外收入——债务重组利得 | 12 000 |

【例 11-7】 20×6 年 2 月 10 日,C 公司销售一批商品给 D 公司,售价共计 3 124 680 元,款项尚未收到。20×6 年 7 月 31 日,D 公司与 C 公司协商进行债务重组,重组协议如下:D 公司支付现金 80 000 元,扣除现金后余额的 20% 部分以两辆汽车偿还,40% 部分转为 D 公司 10% 股权,30% 延至 20×7 年 7 月 31 日偿还,还有 10% 豁免。汽车的账面原值为 750 000 元,累计折旧为

150 000元,公允价值为 620 000 元;转为 10％股权的注册资本所对应的金额为 800 000 元,公允价值为 1 210 000 元。假如 C 公司没有对该项应收账款计提坏账准备,债务重组过程中没有发生相关税费。C、D 两公司在债务重组时应作如下会计处理:

(1) C公司(债权人)作会计分录为:

| | |
|---|---|
| 借：银行存款 | 80 000 |
| 固定资产 | 620 000 |
| 长期股权投资 | 1 210 000 |
| 应收账款——债务重组 | 913 404 |
| 营业外支出——债务重组损失 | 301 276 |
| 贷：应收账款 | 3 124 680 |

(2) D公司(债务人)作会计分录为:

| | |
|---|---|
| 借：固定资产清理 | 600 000 |
| 累计折旧 | 150 000 |
| 贷：固定资产 | 750 000 |
| 借：应付账款 | 3 124 680 |
| 贷：银行存款 | 80 000 |
| 固定资产清理 | 600 000 |
| 实收资本 | 800 000 |
| 资本公积——资本溢价 | 410 000 |
| 应付账款——债务重组 | 913 404 |
| 资产处置损益 | 20 000 |
| 营业外收入——债务重组利得 | 301 276 |

## 二、资本改组

### (一)资本改组的分类

有些企业在生产经营过程中发生连续亏损,留存利润出现了巨额亏损,财务状况恶化,并在短期内不可能转亏为盈。在这种情况下,根据国家规定,在亏损额未得到弥补之前,企业不得向投资者分配利润或发放股利,而长期不分配利润或发放股利会影响投资者对企业的信心。因此,为改变企业形象,企业可以通过减少注册资本、调整权益资本结构,以及通过采取对固定资产等长期资产进行重新估价,降低资产账面价值等措施,使留存利润的账面价值由红字变为零值。这样,企业卸掉了亏损包袱,就可以轻装上阵,以崭新的面貌持续经营下去。

资本改组按是否需要经过法院批准,可以分为会计改组和法律改组两种类型。

1. 会计改组

会计改组不需要经过法院批准,不受《破产法》的约束,改组后债权人的利益不变,因此,债权人无须参与。但进行会计改组,应事先经过全部有表决权的股东批准,并将改组的影响通知他们。通过会计改组,企业的留存利润账户必须为零,而所有的所有者权益账户都不得出现红字。改组后,企业不解散,其法律地位不发生变化。

2. 法律改组

法律改组,除了具有会计改组的一般特征外,它与会计改组的主要区别在于,改组必须经过法院批准,并受《破产法》的约束,法院直接参与改组事务。为保护原有企业债权人的权益,应成立债权人会议,所有债权人均为债权人会议成员,其职权是审查有关债权的证明材料,确认债权有关财产担保,讨论通过改组计划,并有权否决有损债权人利益的行为,以防止债务企业的财产流失。改组后,原有企业的法律地位改变了,有的甚至更改了企业的名称。

(二)资本改组的会计处理

进行资本改组,必须根据稳健原则编制一张改组日的资产负债表及财产清单,对不符合持续经营的有关资产应重新估价,其调低的金额记入"留存利润"账户的借方。另外,对所有者权益(有时也包括负债)也要重新计价,使"留存利润"账户的余额调整为零。调整时,一般先用资本公积冲抵累积亏损,如不足弥补,再相应减少注册资本。

【例 11-8】 某公司在 20×6 年 12 月 31 日资本改组前资产负债表的有关资料如图表 11-1 所示。

(图表 11-1)

### 某公司简明资产负债表

20×6 年 12 月 31 日 单位:元

| 资　　　产 | 金　　额 | 负债和所有者权益 | 金　　额 |
|---|---|---|---|
| 流动资产 | 500 000 | 负债 | 760 000 |
| 固定资产 | 3 000 000 | 实收资本 | 3 000 000 |
| 减:累计折旧 | (600 000) | 资本公积 | 500 000 |
| 无形资产 | 200 000 | 留存利润 | (1 160 000) |
| 资 产 合 计 | 3 100 000 | 负债和所有者权益合计 | 3 100 000 |

该公司于 20×7 年 1 月 1 日进行改组,经对有关资产估价,固定资产原始价值及累计折旧应分别调低 250 000 元及 50 000 元,无形资产价值应调低80 000 元。因此,在改组时,调整资产账面价值及用资本公积、注册资本弥补亏损的会计处理为:

(1) 调低固定资产原始价值 250 000 元及累计折旧 50 000元:

| | |
|---|---|
| 借:留存利润 | 200 000 |
| 　累计折旧 | 50 000 |
| 　　贷:固定资产 | 250 000 |

(2) 调低无形资产价值 80 000 元:

| | |
|---|---|
| 借:留存利润 | 80 000 |
| 　贷:无形资产 | 80 000 |

(3) 用资本公积 500 000 元弥补亏损:

| | |
|---|---|
| 借:资本公积 | 500 000 |
| 　贷:留存利润 | 500 000 |

(4) 经计算"留存利润"账户的借方余额为 940 000 元(1 160 000＋80 000＋200 000－500 000),用减少注册资本使其降为零值:

| | |
|---|---|
| 借:实收资本 | 940 000 |
| 　贷:留存利润 | 940 000 |

该公司经过资本改组,资产负债表的有关数据如图表11-2所示。

(图表 11-2)

### 某公司简明资产负债表

20×7 年 1 月 1 日　　　　　　　　　　　　　　　　　单位:元

| 资　　　　产 | 金　　额 | 负债和所有者权益 | 金　　额 |
|---|---|---|---|
| 流动资产 | 500 000 | 负债 | 760 000 |
| 固定资产 | 2 750 000 | 实收资本 | 2 060 000 |
| 减:累计折旧 | (550 000) | 资本公积 | 0 |
| 无形资产 | 120 000 | 留存利润 | 0 |
| 资　产　合　计 | 2 820 000 | 负债和所有者权益合计 | 2 820 000 |

公司进行资本改组,减少其注册资本,实际上削弱了对债权人的担保基

础,因此,我国《公司法》规定,公司减少注册资本时,应自作出减少注册资本决议之日起 10 日内通知债权人,并于 30 日内在报纸上至少公告 3 次,债权人自接到通知书之日起 30 日内,未接到通知书的自第一次公告之日起 90 日内,有权要求公司清偿债务或者提供相应的担保。公司减少资本后的注册资本,不得低于法定的最低限额,同时,公司还应当依法向登记机关办理变更登记手续。

<h2 style="text-align:center">第三节　公司破产清算</h2>

**一、破产宣告的条件和清算组的职责**

破产宣告是人民法院依据当事人的申请或法定职权裁定宣布债务人破产以清偿债务的活动。

(一)破产宣告的条件

根据我国《破产法》规定,具备下列条件之一的,即可由法院裁定宣告破产。

(1)企业不能清偿到期债务,又不具备法律规定的不予宣告破产条件的。

(2)整顿期间,由法院依法终结整顿的。

(3)整顿期满,企业不能按照和解协议清偿债务的。

法院宣告企业破产的裁定自宣告之日起发生法律效力,破产企业自即日起应当停止生产经营活动,但法院或清算组认为确有必要继续生产经营的除外。

(二)清算组的职责

法院应当自宣告企业破产之日起 15 日内成立清算组,接管破产企业,清算破产企业的财产,负责对破产财产进行保管、清理、估价、拍卖和分配等。清算组对法院负责并报告工作。清算组成员由法院从企业上级主管部门、政府财政部门等有关部门和专业人员中指定。清算组可以聘请会计师事务所的会计师及其他必要的工作人员。

清算组的职责有:

(1)接收破产企业的债务人和财产持有人清偿或交付的财产。

(2)依法进行必要的民事活动,如对破产企业所签合同决定解除或继续履行。

(3)要求破产企业的法定代表人协助进行清算工作。

(4)清理破产财产,提出清偿方案。

**二、破产财产的清偿顺序**

（一）破产财产

破产财产是指企业宣告破产后，可以用来进行财产清算和清偿的财产，它由以下三个部分构成：

（1）企业破产时所经营管理的全部财产，包括国家授予其经营管理的财产、企业支配的各项基金和自有资金、其他单位的投资和股金等。

（2）企业在破产宣告后至破产程序终结前所取得的财产。

（3）应当由破产企业行使的其他财产权利，主要指未到期的债权。

（二）破产债权、破产费用和共益债务

破产债权是指债权人通过破产程序而要求破产企业偿还债务的权利，它包括：破产宣告前成立的无财产担保的债权；放弃优先受偿权利的有财产担保的债权；破产宣告时未到期的债权；有财产担保，但债权数额超过担保物价款的部分；由于企业破产，债权人不能履行某些义务而发生的赔偿、罚款等。特别需要说明的是，对破产人的特定财产享有担保权的债权人，对该特定财产享有优先受偿的权利。

破产费用是指在破产程序中发生的各项费用支出，主要包括以下三项：破产财产的管理、变卖和分配所需的费用；破产案件的诉讼费用；执行管理职务的费用、报酬和聘用工作人员的费用。

共益债务是指法院受理破产申请后发生的六项债务，即因管理人或者债务人请求对方当事人履行双方均未履行完毕的合同而产生的债务；债务人财产受无因管理所产生的债务；因债务人不当得利所产生的债务；为债务人继续营业而应支付的劳动报酬和社会保险费用以及由此产生的新的债务；管理人或者相关人员执行职务致人损害所产生的债务；债务人财产致人损害所产生的债务。

破产费用和共益债务由债务人财产随时清偿。

（三）破产财产的清偿顺序

破产财产经变卖取得现金后，便可进行清偿。清偿方案由清算组提出，经债权人会议讨论通过，报请法院裁定后执行。破产财产在优先拨付破产费用和共益债务后应按下列顺序进行清偿：破产企业所欠职工工资、医疗、伤残补助、抚恤费用，所欠的应当划入职工个人账户的基本养老保险、基本医疗保险费用，以及法律、行政法规规定应当支付给职工的补偿金；破产企业欠缴的职工其他社会保险费用和所欠国家税收；普通破产债权。

破产债权的清偿应按如下顺序进行:有担保的债权;无担保而有优先权的债权;无担保,无优先权的债权。

在破产财产清偿过程中应注意两个问题:一是破产财产不足清偿同一顺序的清偿要求的,按照比例清偿;二是破产财产中无法变卖的实物,可由清算组估价,以物抵债。破产财产清偿完毕,由清算组提请法院终结破产程序,破产程序终结后,未得到清偿的债权不再清偿。破产程序终结后,由清算组向破产企业原登记机关办理注销登记。

### 三、破产清算的会计处理

（一）破产企业的会计基础

破产企业会计确认、计量和报告应当以非持续经营为前提。企业经法院宣告破产的,应当按照法院或债权人会议要求的时点(包括破产宣告日、债权人会议确定的编报日、破产终结申请日等),编制清算财务报表,并由破产管理人签章。

（二）破产企业的会计确认与计量

破产企业被法院宣告破产的,应当按照破产资产清算净值对破产宣告日的资产进行初始确认计量;按照破产债务清偿价值对破产宣告日的负债进行初始确认计量;相关差额直接计入清算净值。

其中,破产资产清算净值是指在破产清算的特定环境下和规定时限内,最可能的变现价值扣除相关的处置税费后的净额(公开拍卖的变现价值或债权人会议另有决议的处置方式下的变现价值)。破产债务清偿价值是指在不考虑破产企业的实际清偿能力和折现等因素的情况下,破产企业按照相关法律规定或合同约定应当偿付的金额。

（三）破产企业的会计科目设置

破产企业的会计档案等财务资料经法院裁定由破产管理人接管的,应当在企业被法院宣告破产后,可比照原有资产、负债类账户,根据实际情况设置相关账户,并增设相关负债类、清算净值类和清算损益类等账户。

增设的负债类账户包括:

(1)"应付破产费用"账户,核算破产企业在破产清算期间发生的破产法规定的各类破产费用。

(2)"应付共益债务"账户,核算破产企业在破产清算期间发生的破产法规定的各类共益债务。

增设的清算净值类账户为"清算净值"账户,核算破产企业在破产报表日结转的清算净损益账户余额。破产企业资产与负债的差额,也在该账户核算。

增设的清算损益类账户包括：

（1）"资产处置净损益"账户，核算破产企业在破产清算期间处置破产资产产生的、扣除相关处置费用后的净损益。

（2）"债务清偿净损益"账户，核算破产企业在破产清算期间清偿债务产生的净损益。

（3）"破产资产和负债净值变动净损益"账户，核算破产企业在破产清算期间按照破产资产清算净值调整资产账面价值，以及按照破产债务清偿价值调整负债账面价值产生的净损益。

（4）"其他收益"账户，核算除资产处置、债务清偿以外，在破产清算期间发生的其他收益。

（5）"破产费用"账户，核算破产企业破产清算期间发生的破产法规定的各项破产费用，主要包括破产案件的诉讼费用，管理、变价和分配债务人资产的费用，管理人执行职务的费用、报酬和聘用工作人员的费用。该账户应按发生的费用项目设置明细账。

（6）"共益债务支出"账户，核算破产企业破产清算期间发生的破产法规定的共益债务相关的各项支出。

（7）"其他费用"账户，核算破产企业破产清算期间发生的除破产费用和共益债务支出之外的各项其他费用。

（8）"所得税费用"账户，核算破产企业破产清算期间发生的企业所得税费用。

（9）"清算净损益"账户，核算破产企业破产清算期间结转的上述各类清算损益账户余额。

破产企业可根据具体情况增设、减少或合并某些账户。

（四）破产企业的账务处理

1. 破产宣告日余额结转

法院宣告企业破产时，应当根据破产企业移交的科目余额表，将部分账户的相关余额转入以下新账户，并编制新的科目余额表。

（1）原"应付账款""其他应付款"等账户中属于破产法所规定的破产费用的余额，转入"应付破产费用"账户。

（2）原"应付账款""其他应付款"等账户中属于破产法所规定的共益债务的余额，转入"应付共益债务"账户。

（3）原"商誉""长期待摊费用""递延所得税资产""递延所得税负债""递延收益""股本""资本公积""盈余公积""其他综合收益""未分配利润"等账户

的余额,转入"清算净值"账户。

【例11-9】 某企业在20×7年2月2日经法院宣告破产。在对甲企业的负债进行清查中,应付账款的余额为100万元,其中2万元属于破产法所规定的破产费用。该企业应作如下会计处理:

借:应付账款 20 000
　贷:应付破产费用 20 000

2. 破产宣告日余额调整

(1) 关于各类资产。破产企业应当对拥有的各类资产(包括原账面价值为零的已提足折旧的固定资产、已摊销完毕的无形资产等)登记造册,估计其破产资产清算净值,按照其破产资产清算净值对各资产账户余额进行调整,并相应调整"清算净值"账户。

(2) 关于各类负债。破产企业应当对各类负债进行核查,按照规定对各负债账户余额进行调整,并相应调整"清算净值"账户。

【例11-10】 某企业在破产清算中,专业评估公司对其破产房屋进行评估确定:原值60万元,评估价80万元,另外支付应付职工薪酬4万元。该破产企业应根据评估结果,调整清算净值如下:

借:固定资产 200 000
　贷:清算净值 1 60 000
　　应付破产费用 40 000

3. 处置破产资产

(1) 破产企业收回各类应收债权、应收投资、出售各类资产,应按照收到的款项,借记"库存现金""银行存款"等账户,按照处置资产的账面价值及应缴纳的相关税费,贷记相关资产账户和"应交税费"账户,按其借贷方差额,借记或贷记"资产处置净损益"账户。

(2) 破产企业的划拨土地使用权被国家收回,国家给予一定补偿的,按照收到的补偿金额,借记"库存现金""银行存款"等账户,贷记"其他收益"账户。

(3) 破产企业处置破产资产发生的各类评估、变价、拍卖等费用,按照发生的金额,借记"破产费用"账户,贷记"库存现金""银行存款""应付破产费用"等账户。

【例11-11】 某企业在破产期间收到乙企业前期所欠货款,应收款项的账面价值为500万元,甲企业实际收到468万元。该企业应作会计处理如下:

| 借：银行存款 | 4 680 000 |
| 资产处置净损益 | 320 000 |
| 贷：应收账款 | 5 000 000 |

**【例 11-12】** 某破产企业在破产清算期间，转让破产资产（机器）一台，账面价为 30 万元，实际收到金额为 58 万元（含增值税 8 万元），价税款均存入银行。应作会计分录如下：

| 借：银行存款 | 580 000 |
| 贷：固定资产 | 300 000 |
| 应交税费——应交增值税 | 80 000 |
| 资产处置净损益 | 200 000 |

4. 清偿债务

（1）破产企业清偿破产费用和共益债务，按照相关已确认负债的账面价值，借记"应付破产费用""应付共益债务"等账户，按照实际支付的金额，贷记"库存现金""银行存款"等账户，按其差额，借记或贷记"破产费用""共益债务支出"账户。

（2）破产企业按照经批准的职工安置方案，支付的所欠职工的工资和医疗、伤残补助、抚恤费用，应当划入职工个人账户的基本养老保险、基本医疗保险费用和其他社会保险费用，以及法律、行政法规规定应当支付给职工的补偿金，按照相关账面价值借记"应付职工薪酬"等账户，按照实际支付的金额，贷记"库存现金""银行存款"等账户，按其差额，借记或贷记"债务清偿净损益"账户。

（3）破产企业支付所欠税款，按照相关账面价值，借记"应交税费"等账户，按照实际支付的金额，贷记"库存现金""银行存款"等账户，按其差额，借记或贷记"债务清偿净损益"账户。

（4）破产企业清偿破产债务，按照实际支付的金额，借记相关债务账户，贷记"库存现金""银行存款"等账户。破产企业以非货币性资产清偿债务的，按照清偿的价值借记相关负债账户，按照非货币性资产的账面价值，贷记相关资产账户，按其差额，借记或贷记"债务清偿净损益"账户。债权人依法行使抵销权的，按照经法院确认的抵销金额，借记相关负债账户，贷记相关资产账户，按其差额，借记或贷记"债务清偿净损益"账户。

**【例 11-13】** 某破产企业破产清算期间，所欠职工工资 20 000 元，按照有关规定先支付职工工资 18 000 元，以银行支付，剩余部分不再补发。该企业应作会计处理如下：

| | |
|---|---|
| 借：应付破产费用——工资 | 20 000 |
| 贷：银行存款 | 18 000 |
| 债务清偿净损益 | 2 000 |

5. 其他账务处理

（1）在破产清算期间通过清查、盘点等方式取得的未入账资产，应当按照取得日的破产资产清算净值，借记相关资产账户，贷记"其他收益"账户。

（2）在破产清算期间通过债权人申报发现的未入账债务，应当按照破产债务清偿价值确定计量金额，借记"其他费用"账户，贷记相关负债账户。

（3）在编制破产清算期间的财务报表时，应当对所有资产项目按其于破产报表日的破产资产清算净值重新计量，借记或贷记相关资产账户，贷记或借记"破产资产和负债净值变动净损益"账户；应当对所有负债项目按照破产债务清偿价值重新计量，借记或贷记相关负债账户，贷记或借记"破产资产和负债净值变动净损益"账户。

（4）破产企业在破产清算期间，作为买入方继续履行尚未履行完毕的合同的，按照收到的资产的破产资产清算净值，借记相关资产账户，按照相应的增值税进项税额，借记"应交税费"账户，按照应支付或已支付的款项，贷记"库存现金""银行存款""应付共益债务"或"预付款项"等账户，按照上述各账户的差额，借记"其他费用"或贷记"其他收益"账户；企业作为卖出方继续履行尚未履行完毕的合同的，按照应收或已收的金额，借记"库存现金""银行存款""应收账款"等账户，按照转让的资产账面价值，贷记相关资产账户，按照应缴纳相关税费，贷记"应交税费"账户，按照上述各账户的差额，借记"其他费用"账户或贷记"其他收益"账户。

（5）破产管理人依法追回相关破产资产的，按照追回资产的破产资产清算净值，借记相关资产账户，贷记"其他收益"账户。

（6）破产企业收到的利息、股利、租金等孳息，借记"库存现金""银行存款"等账户，贷记"其他收益"账户。

（7）破产企业在破产清算终结日，剩余破产债务不再清偿的，按照其账面价值，借记相关负债账户，贷记"其他收益"账户。

（8）在编制破产清算期间的财务报表时，有已实现的应纳税所得额的，考虑可以抵扣的金额后，应当据此提存应交所得税，借记"所得税费用"账户、贷记"应交税费"账户。

（9）在编制破产清算期间的财务报表时,应当将"资产处置净损益""债务清偿净损益""破产资产和负债净值变动净损益""其他收益""破产费用""共益债务支出""其他费用""所得税费用"账户结转至"清算净损益"账户,并将"清算净损益"账户余额转入"清算净值"账户。

【例 11-14】　某破产企业破产清算期间,盘盈存货一批,估计成本 10 000元。该企业应作会计分录如下:

借:存货　　　　　　　　　　　　　　　　　　　　　　　　　　10 000
　　贷:其他收益　　　　　　　　　　　　　　　　　　　　　　　　　10 000

【例 11-15】　某企业在破产清算期间,债权人 A 公司申报新增应付账款10 万元,经法院审核属实,判定企业按其应付金额进行偿付。该企业应作会计处理如下:

借:其他费用　　　　　　　　　　　　　　　　　　　　　　　　100 000
　　贷:应付账款——A 公司　　　　　　　　　　　　　　　　　　　100 000

【例 11-16】　某企业在 20×7 年 10 月 1 日破产清算终结,其中应付乙企业的 50 万元货款、应付丙企业的 60 万元货款不再清偿。对此,该企业应作会计处理如下:

借:应付账款——乙企业　　　　　　　　　　　　　　　　　　500 000
　　应付账款——丙企业　　　　　　　　　　　　　　　　　　600 000
　　贷:其他收益　　　　　　　　　　　　　　　　　　　　　1 100 000

【例 11-17】　某企业于 20×7 年 2 月 2 日被法院宣告破产,经清查发现,一项应收乙企业的商业汇票,该票据账面价值为 100 万元,公开拍卖的价值为98 万元,没有计提坏账准备;另一项应付丙公司的账款账面余额为 200 万元,按 50% 确认其账面价值。在破产清算期间,应收乙公司的应收票据金额最可能收回的净值是 90 万元,应付丙公司的账款清算净值为 110 万元。6 月 6 日,法院要求企业提供清算期间的财务报表。该企业应当根据上述资料作如下会计处理:

（1）2 月 2 日,编制破产宣告日财务报表时调整账面价值:

借:清算净值　　　　　　　　　　　　　　　　　　　　　　　　20 000
　　贷:应收票据——乙企业　　　　　　　　　　　　　　　　　　　20 000

借:应付账款——丙企业　　　　　　　　　　　　　　　　　　1 000 000
　　贷:清算净值　　　　　　　　　　　　　　　　　　　　　　1 000 000

（2）6月6日,编制清算期间财务报表时重新计量并调整账面价值：

借：破产资产净值变动净损益        80 000
 贷：应收票据           80 000

借：破产负债净值变动净损益       100 000
 贷：应付账款           100 000

【例 11-18】　某企业在编制破产清算期间的财务报表时,已实现的应纳税所得额为 100 万元,可税前抵扣金额为 10 万元,适用的企业所得税税率为 25％,假定不存在其他纳税调整事项。对该业务,该企业应作如下会计处理：

$$应交所得税＝（100－10）×25％＝22.5（万元）$$

借：所得税费用           225 000
 贷：应交税费——应交所得税      225 000

（五）清算财务报表及其附注

1. 报送对象

破产企业应当按照规定编制清算财务报表,向法院、债权人会议等报表使用者反映破产企业在破产清算过程中的财务状况、清算损益、现金流量变动和债务偿付状况。

2. 清算财务报表构成

破产企业的财务报表包括清算资产负债表、清算损益表、清算现金流量表、债务清偿表及相关附注。

3. 报送时点

（1）破产宣告日。法院宣告企业破产的,破产企业应当以破产宣告日为破产报表日编制清算资产负债表及相关附注。

（2）破产期间。法院或债权人会议等要求提供清算财务报表的,破产企业应当根据其要求提供清算财务报表的时点确定破产报表日,编制清算资产负债表、清算损益表、清算现金流量表、债务清偿表及相关附注。

（3）破产终结日。在破产终结日,破产企业向法院申请裁定破产终结的,破产企业应当编制清算损益表、债务清偿表及相关附注。

4. 附注说明

破产企业应当在清算财务报表中披露的会计信息包括：破产资产明细信息;破产管理人依法追回的账外资产明细信息;破产管理人依法取回的质物和留置物的明细信息;未经法院确认的债务的明细信息;应付职工薪酬的明细信

息;期末货币资金余额中已经提存用于向特定债权人分配或向国家缴纳税款的金额;资产处置损益的明细信息,包括资产性质、处置收入、处置费用及处置净收益;破产费用的明细信息,包括费用性质、金额等;共益债务支出的明细信息,包括具体项目、金额等。

# 复习思考题

## 一、简答题

1. 何谓债务重组? 债务重组的方式有几种?

2. 修改债务条件后,会产生什么结果? 对此,债权人和债务人应如何处理?

3. 资本改组的特点是什么? 有哪几种类型? 它们之间有何区别?

4. 试述破产财产的构成。其清偿顺序如何?

5. 破产企业应增设哪些会计科目?

6. 破产清算的会计处理如何进行? 有哪些清算报表?

## 二、解释重要名词和术语

债务重组　资本改组　破产　会计改组　法律改组　破产宣告　破产财产　破产债权　破产费用　清算净损益

## 三、单项选择题

1. 企业债务重组方式的整顿所涉及的对象是(　　)。

    A. 债务人　　　　　　　　　　B. 债权人

    C. 投资者　　　　　　　　　　D. 上级主管部门

2. 企业采用以非现金资产偿还债务进行债务重组时,非现金资产的公允价值低于其债务账面价值的差额应作为(　　)。

    A. 债务重组收益

    B. 资产转让收益

    C. 债务重组利得

    D. 资产转让损失

3. 企业破产清算的具体事项应由(　　)负责进行。

    A. 法院

　　B. 法院成立的清算组

　　C. 债权人

　　D. 主管部门

4. 以下各项中,不属于清算组职能的是(　　　)。

　　A. 依法进行必要的民事活动

　　B. 要求破产企业的法定代表人协助进行清算工作

　　C. 接收破产企业的债权和债务

　　D. 清理破产财产,提出分配方案

5. 债权企业发生的债务重组损失应计入(　　　)。

　　A. 管理费用　　　　　　　　　B. 财务费用

　　C. 其他业务成本　　　　　　　D. 营业外支出

6. 债务重组的结果一定是(　　　)。

　　A. 债权人发生债务重组收益

　　B. 债务人发生债务重组利得

　　C. 形成新的债务

　　D. 以上三种都不是

# 四、多项选择题

1. 企业债务重组可以采用的方式有(　　　)。

　　A. 以低于债务账面价值的库存现金清偿债务

　　B. 以非库存现金资产清偿债务

　　C. 债务转为资本

　　D. 修改债务条件

　　E. 以上各种方式组合

2. 企业用修改债务条件进行债务重组时,其债务修改的条件一般包括(　　　)。

　　A. 减免债务本金

　　B. 减免未付利息

　　C. 提高利率

　　D. 延长清偿期限

　　E. 缩短清偿期限

　　3. 公司进行资本改组,按我国《公司法》规定,公司减少注册资本时,应自作出减少注册资本决议之日起(　　　)日内通知债权人,并于(　　　)日内在报纸上至少公告三次。

    A. 10                        B. 30

    C. 60                        D. 90

    E. 120

4. 可以用来进行财产清算和清偿的破产财产,可以是( )。

    A. 企业破产前所经营管理的全部财产

    B. 企业破产时所经营管理的全部财产

    C. 企业在破产宣告时至破产程序终结前所取得的财产

    D. 企业在破产宣告后至破产程序终结前所取得的财产

    E. 应当由破产企业行使的其他财产权利

5. 下列各项中,属于破产企业清算会计中的负债类账户的有( )。

    A. 应付破产费用               B. 应付共益债务

    C. 清算净值                   D. 资产处置净损益

    E. 债务清偿净损益

6. 属于破产企业的财务报表的有( )。

    A. 清算资产负债表           B. 清算损益表

    C. 清算现金流量表           D. 相关附注

    E. 清算所有制者权益变动表

## 五、判断题

1. 资本改组是对一些因出现暂时性财务困难的企业,通过与债权人相互协商,由债权人作出某些让步的一种企业整顿方式。    ( )

2. 公司进行资本改组,减少资本后的注册资本,不得低于法定的最低限额。    ( )

3. 债务重组时,债务人计入当期利润表的金额,可划分为资产转让损益和债务重组损益。    ( )

4. 以修改债务条件进行债务重组时,对债权人和债务人都不应确认债务重组损失或债务重组利得。    ( )

5. 以库存现金资产清偿债务的,即使在债权人作出让步的情况下,也不属于债务重组。    ( )

6. 债权人在确认债务重组损失时,应将已计提的坏账准备予以扣除。( )

7. 破产企业会计确认、计量和报告以持续经营为前提。    ( )

8. 破产债务清偿价值是指在考虑破产企业的实际清偿能力和折现等因素

的情况下,破产企业按照相关法律规定或合同约定应当偿付的金额。　　(　　)

9. 破产清算期间发生各项费用、取得各项收益应当直接计入清算损益。

(　　)

10. 当债务人出现财务困难,不能按期偿还债务时,债权人只能通过法律程序,要求债务人破产,以清偿债务。　　(　　)

## 六、练习题

1. **目的**　　练习债务重组的会计处理。

**资料**　　申益公司于20×7年1月1日向华光公司购入一批材料,价值50万元。由于申益公司资金周转困难,短期内不能支付这笔货款,经与华光公司协商后,以一台设备偿还欠款。该设备账面原价为48万元,已提折旧为10万元,公允价值为43万元。另外,华光公司为这笔应收账款提取的坏账准备为0.5万元。

**要求**　　分别为申益公司和华光公司编制债务重组的会计分录。

2. **目的**　　练习债务重组的会计处理。

**资料**　　长江公司应收威海公司票据的账面价值为10.5万元。后因威海公司发生财务困难,无法偿付票据的到期价值。经协商,威海公司以发行普通股票来偿还债务。威海公司发行了1万股面值为1元,市价为8元的普通股票。

**要求**　　分别为长江公司、威海公司编制债务重组的会计分录。

3. **目的**　　练习债务重组的会计处理。

**资料**　　昌盛公司于20×6年6月30日因购买材料欠北华公司货款100万元,随即签发一张半年期、年利率为12%的票据给北华公司。到20×6年12月31日昌盛公司无力偿还到期票据的本息。经协商,北华公司同意将债务本金减到80万元,到期利息的50%免去,还有50%需昌盛公司当即支付,并同意推迟2年偿还,利率也由12%降为10%,利息需按年支付。

**要求**

(1) 根据上述资料,为债权人和债务人编制有关债务重组的会计分录。

(2) 如果债务条件修改为:借款本金不变,年利率降到10%,免去全部到期利息,还款期推迟2年偿付,利息按年支付,但有一个条件,如果20×7年盈利,20×8年利率恢复到12%。分别为债权人和债务人编制会计分录。

4. **目的**　　练习资本改组的会计处理。

**资料**　　大明公司发生连年亏损,20×6年12月31日资本改组前按账面价值反映的资产负债表资料如下(单位:元):

资产：

| | | |
|---|---:|---:|
| 货币资金 | | 80 000 |
| 应收账款 | 150 000 | |
| 减：坏账准备 | 1 000 | 149 000 |
| 存货 | | 200 000 |
| 固定资产原价 | 350 000 | |
| 减：累计折旧 | 40 000 | 310 000 |
| 其他资产 | | 75 000 |
| | | 814 000 |

负债和所有者权益：

| | | |
|---|---:|---:|
| 应付账款 | 95 000 | |
| 应付票据 | 120 000 | |
| 长期借款 | 279 000 | 494 000 |
| 实收资本 | 400 000 | |
| 资本公积 | 130 000 | |
| 留存利润 | (210 000) | 320 000 |
| | | 814 000 |

经决定,于 20×7 年 1 月 1 日进行资本改组。

资本改组计划如下：

(1) 估计应收账款可能发生损失,决定补提坏账准备 2 000 元,予以冲抵。

(2) 存货库存积压严重,对其残次质变部分减值 30 000 元。

(3) 固定资产因陈旧落后,调低其原始价值 80 000 元、累计折旧 10 000 元。

(4) 以全部资本公积 130 000 元弥补亏损。

(5) 为使留存利润账面为零,其余亏损部分以减少注册资本弥补。

**要求**

(1) 为上述改组业务编制会计分录。

(2) 编制资本改组后大明公司的资产负债表。

5. **目的** 练习企业整顿的会计处理。

**资料** 隆德公司因亏损严重,财务状况恶化,经股东大会决定进行整顿,其整顿计划：一是与债权人协商,进行债务重组；二是重估资产,调低账面价值；三是改变资本结构,弥补留存利润账面红字。公司这一整顿计划取得了债权人的同意。

整顿前该公司资产负债表有关资料如下(单位:元)：

| 资　　产 | | 负债和所有者权益 | |
| --- | --- | --- | --- |
| 货币资金 | 40 000 | 应付账款 | 150 000 |
| 应收账款净额 | 120 000 | 应付票据 | 210 000 |
| 存货 | 360 000 | 长期借款 | 400 000 |
| 固定资产净值 | 2 000 000 | 普通股本 | 3 000 000 |
| 无形资产 | 180 000 | 资本公积 | 800 000 |
| 其他资产 | 60 000 | 留存利润 | (1 800 000) |
| | 2 760 000 | | 2 760 000 |

整顿的详细计划如下：

(1) 调低存货账面价值 60 000 元。

(2) 与债权人协商,以一台设备偿还应付账款 50 000 元。该设备账面原值42 000元,已提折旧 8 000 元,公允价值 45 000 元。

(3) 调低无形资产价值 30 000 元。

(4) 银行同意对该公司 200 000 元的长期抵押借款本息,免去其中的利息80 000元,可推迟 2 年归还,并将利率从 10% 降至 8%。

(5) 以全部资本公积 800 000 元弥补亏损。

(6) 亏损不足弥补部分,公司按面值为 1 元的价格收购本公司股票,使留存利润账面为零。

**要求**

(1) 编制有关公司整顿的会计分录。

(2) 编制公司整顿后的资产负债表。

6. **目的**　　练习企业破产清算的会计处理。

**资料**　　江宁公司 20×7 年 11 月 1 日经法院宣告破产,在破产清算期间发生部分业务如下:

(1) 在对企业的负债进行清查中,应付账款的余额为 500 万元,其中 3 万元属于破产法所规定的共益债务的余额。

(2) "股本""资本公积"和"未分配利润"账户的余额分别为 1 000 万元、200 万元和-100 万元,应予以结转。

(3) 专业评估公司对原值为 800 万元的破产房屋进行评估,价值为 1 200万元,另外支付相关费用 6 万元。

(4) 在破产期间收到丙企业前期所欠应收票据 250 万元,其账面价值为300 万元。

（5）收到转让破产资产（房屋）价款 84.8 万元（含增值税 4.8 万元），原价值 60 万元，价税款存入银行。

（6）以银行存款支付所欠税款 50 万元，其账面价值为 52 万元。

（7）盘盈机器设备一台，估计价值为 50 万元。

（8）经法院审核属实，应付乙公司账款 70 万元未入账，判定企业予以偿付。

**要求**

（1）根据资料编制会计分录。

（2）将上述清算损益类账户转入"清算净损益"账户，并将"清算净损益"账户转入"清算净值"账户。

# 第十二章  非货币性资产交换 *

## 第一节  非货币性资产交换概述

### 一、非货币性资产交换的特点

企业在生产经营过程中所进行的各类交易,按照交易对象的特性,可分为货币性资产交换和非货币性资产交换两种。所谓货币性资产交换,是指交易双方以货币性资产进行交换的行为。这里的货币性资产指的是,持有的现金及将以固定或可确定金额的货币收取的资产,包括库存现金、银行存款和其他货币资金,以及应收账款、应收票据、准备持有至到期日的债券投资。除货币性资产以外的均为非货币性资产,包括存货、固定资产、无形资产、股权投资,以及不准备持有至到期日的债券投资。交易双方以非货币性资产进行交换的行为,则称为非货币性资产交换。

判断货币性资产与非货币性资产的关键,在于该资产在将来为企业带来的经济利益(即货币金额)是否固定或者是否可以确定。如果该资产在将来为企业带来的经济利益是固定的或者是可以确定的,它就是货币性资产;反之,如果该资产在将来为企业带来的经济利益是不固定的或者是不可以确定的,则是非货币性资产。

在非货币性资产交换中,有时也会涉及少量的货币性资产。这里的货币性资产,称为补价。补价占整个资产交换金额的比例大小,决定了资产交换的性质。根据我国会计准则规定,如果补价占整个资产交换金额的比例低于 25%,应视为非货币性资产交换;如果这一比例高于 25%(含 25%),则视为货币性资产交换。确定补价比例的办法是,以支付的补价占换入资产公允价值(或占换出资产公允价值与支付的补价之和)的比例,或者收到的补价占换出资产公允价值(或换入资产公允价值和收到的补价之和)的比例。例如,公司以一台车床与一台刨床相交换,车床的公允价值为 50 万元,刨床的公允价值为 60 万元。在这笔资产交换中,公司需支付补价 10 万元。由于支付的补价占整个资产交换金额的比例为 16.67%(10÷60×100%)或[10÷(50+10)×

100％]，低于25％，所以，可以断定这笔交易属于非货币性资产交换。

值得说明的是，在公允价值计量下，资产和负债按照市场参与者在计量日发生的有序交易中，出售资产所能收到或者转移负债所需支付的价格计量。确定非货币性资产公允价值的原则是：如果该资产存在活跃市场，则该资产的市价即为其公允价值；如果该资产不存在活跃市场，但与该资产类似的资产存在活跃市场，则该资产的公允价值应比照相关类似资产的市价确定；如果该资产和与该资产类似的资产均不存在活跃市场，则该资产的公允价值可按其所能产生的未来现金流量，以适当的折现率贴现计算的现值评估确定。

在非货币性资产交换中，由于交易的双方用来交换的都是非货币性资产，因此，如何确定换入非货币性资产的入账价值，就成了有别于一般商品交易会计核算的特殊问题。

## 二、非货币性资产交换的计价基础

（一）以公允价值为计价基础

非货币性资产交换如果同时满足下列条件的，应当以换出资产公允价值和应支付的相关税费作为换入资产的成本。换出资产公允价值与其账面价值的差额，确认为当期损益。

1. 该项非货币性资产交换具有商业实质

企业应当遵循实质重于形式的要求判断非货币性资产交换是否具有商业实质。根据换入资产的性质和换入企业经营活动的特征等，换入资产与换入企业其他现有资产相结合能够产生更大的效用，从而导致换入企业受该换入资产影响产生的现金流量与换出资产明显不同，表明该项资产交换具有商业实质。

满足下列条件之一的非货币性资产交换具有商业实质：

（1）换入资产的未来现金流量在风险、时间和金额方面与换出资产显著不同。这种情况通常包括下列情形：

① 未来现金流量的风险、金额相同，时间不同。此种情形是指换入资产和换出资产产生的未来现金流量总额相同，获得这些现金流量的风险相同，但现金流量流入企业的时间明显不同。

② 未来现金流量的时间、金额相同，风险不同。此种情形是指换入资产和换出资产产生的未来现金流量时间和金额相同，但企业获得现金流量的不确定性程度存在明显差异。

③ 未来现金流量的风险、时间相同，金额不同。此种情形是指换入资产和换出资产产生的未来现金流量总额相同，预计为企业带来现金流量的时间

跨度相同,风险也相同,但各年产生的现金流量金额存在明显差异。

(2) 换入资产与换出资产的预计未来现金流量现值不同,且其差额与换入资产和换出资产的公允价值相比是重大的。

这种情况是指换入资产对换入企业的特定价值(即预计未来现金流量现值)与换出资产存在明显差异。这里所指资产的预计未来现金流量现值,应当按照资产在持续作用过程中和最终处置时所产生的预计税后未来现金流量,根据企业自身而不是市场参与者对资产特定风险的评价,选择恰当的折现率对其进行折现后的金额加以确定。

2. 换入资产或换出资产的公允价值能够可靠地计量

符合下列情形之一的,表明换入资产或换出资产的公允价值能够可靠地计量:

(1) 换入资产或换出资产存在活跃市场。对于存在活跃市场的存货、长期股权投资、固定资产、无形资产等非货币性资产,应当以该资产的市场价格为基础确定其公允价值。

(2) 换入资产或换出资产不存在活跃市场,但同类或类似资产存在活跃市场。对于同类或类似资产存在活跃市场的存货、长期股权投资、固定资产、无形资产等非货币性资产,应当以同类或类似资产市场价格为基础确定其公允价值。

(3) 换入资产或换出资产不存在同类或类似资产的可比市场交易,应当采用估值技术确定其公允价值。该公允价值估计数的变动区间很小,或者在公允价值估计数变动区间内,各种用于确定公允价值估计数的概率能够合理确定的,视为公允价值能够可靠计量。

如果非货币性资产交换涉及补价的,支付补价方,应当以换出资产的公允价值加上支付的补价(或换入资产的公允价值)和应支付的相关税费,作为换入资产的成本;收到补价方,应当以换出资产的公允价值减去补价(或换入资产的公允价值)加上应支付的相关税费,作为换入资产的成本。换出资产公允价值与其账面价值的差额,确认为当期损益。

(二) 以账面价值为计价基础

非货币性资产交换如果未同时满足上述两个条件的,应当以换出资产的账面价值和应支付的相关税费作为换入资产的成本,不确认损益。

这里的账面价值是指资产的账面余额扣除有关资产减值准备金额后的净额。如存货的账面价值,就是存货的账面余额扣除有关存货跌价准备后的金额。

### 三、非货币性资产交换的披露

企业应当在附注中,披露如下有关非货币性资产交换的信息:

(1) 换入资产、换出资产的类别。

(2) 换入资产成本的确定方式。

(3) 换入资产、换出资产的公允价值以及换出资产的账面价值。

(4) 非货币性资产交换确认的损益。

# 第二节　非货币性资产交换的会计处理

## 一、不涉及补价情况的会计处理

### (一) 以公允价值为计价基础

非货币性资产交换如果同时满足资产交换具有商业实质,且换入资产的公允价值能够可靠计量这两个条件的,应当以公允价值作为计价基础。其计算公式如下:

换入资产的成本＝换出资产的公允价值＋应支付的相关税费－可抵扣进项税额

应确认的损益＝换出资产的公允价值－换出资产的账面价值

如果换入的资产是存货或机器设备等,还需在换入资产的成本中减去可抵扣的进项税额。另外,如果换入资产的公允价值比换出资产的公允价值更可靠,可以换入资产的公允价值作为其成本。

需要说明的是,应确认的损益在具体核算时,应当分别下列不同情况处理:

(1) 换出资产为存货的,应当作为销售处理,即以其公允价值确认收入,同时结转相应的成本。

(2) 换出资产为固定资产、无形资产的,应确认的损益应当计入营业外收入或营业外支出。

(3) 换出资产为长期股权投资的,应确认的损益应当计入投资收益。

【例 12-1】　A 公司以其生产的一张办公桌交换 B 公司的库存商品一台复印机。A 公司办公桌的账面成本为 9 000 元,公允价值为 10 000 元,增值税税率为 16%,计税价格等于公允价值。B 公司复印机的账面成本为 11 000 元,公允价值为 10 000 元,增值税税率为 16%,计税价格等于公允价值。A 公司换入复印机作为固定资产管理,发生运杂费 400 元,以银行存款支付;B 公司换入办公桌作为库存商品管理,发生运杂费 200 元,以现金支付。假定 A 公司和 B 公司均没有为存货计提跌价准备。

（1）A 公司在交换日应作如下会计处理：

$$换入复印机的成本＝10\ 000＋1\ 600＋400－1\ 600＝10\ 400（元）$$
$$应确认的损益＝10\ 000－9\ 000＝1\ 000（元）$$

| | | |
|---|---|---|
| 借：固定资产——复印机 | | 10 400 |
| 　应交税费——应交增值税（进项税额） | | 1 600 |
| 　贷：主营业务收入 | | 10 000 |
| 　　应交税费——应交增值税（销项税额） | | 1 600 |
| 　　银行存款 | | 400 |
| 借：主营业务成本 | | 9 000 |
| 　贷：库存商品——办公桌 | | 9 000 |

（2）B 公司在交换日应作如下会计处理：

$$换入办公桌的成本＝10\ 000＋1\ 600＋200－1\ 600＝10\ 200（元）$$
$$应确认的损益＝10\ 000－11\ 000＝－1\ 000（元）$$

| | | |
|---|---|---|
| 借：库存商品——办公桌 | | 10 200 |
| 　应交税费——应交增值税（进项税额） | | 1 600 |
| 　贷：主营业务收入 | | 10 000 |
| 　　应交税费——应交增值税（销项税额） | | 1 600 |
| 　　库存现金 | | 200 |
| 借：主营业务成本 | | 11 000 |
| 　贷：库存商品——复印机 | | 11 000 |

**（二）以账面价值为计价基础**

如果非货币性资产交换不能同时满足两个条件的，应当以账面价值作为计价基础，不确认损益。其计算公式如下：

换入资产的成本＝换出资产的账面价值＋应支付的相关税费－可抵扣进项税额

**【例 12-2】** 仍以［例 12-1］的资料，假定 A、B 两公司的资产交换未同时满足两个条件。

（1）A 公司在交换日，应作如下会计处理：

$$换入复印机的成本＝9\ 000＋1\ 600＋400－1\ 600＝9\ 400（元）$$

| | | |
|---|---|---|
| 借：固定资产——复印机 | | 9 400 |
| 　应交税费——应交增值税（进项税额） | | 1 600 |
| 　贷：库存商品——办公桌 | | 9 000 |
| 　　应交税费——应交增值税（销项税额） | | 1 600 |
| 　　银行存款 | | 400 |

（2）B公司在交换日,应作如下会计处理:

换入办公桌的成本＝11 000＋1 600＋200－1 600＝11 200(元)

| | |
|---|---|
| 借:库存商品——办公桌 | 11 200 |
| 应交税费——应交增值税(进项税额) | 1 600 |
| 贷:库存商品——复印机 | 11 000 |
| 应交税费——应交增值税(销项税额) | 1 600 |
| 库存现金 | 200 |

### 二、涉及补价情况的会计处理

（一）以公允价值为计价基础

企业在以公允价值作为计价基础的情况下,发生补价的,应当分别情况处理。

1. 支付补价方

$$\frac{换入资产}{的\ 成\ 本} = \frac{换出资产的}{公允价值} + \frac{支付的}{补\ 价} + \frac{应支付的}{相关税费} - \frac{可抵扣}{进项税额}$$

$$\frac{应确认}{的损益} = \frac{换出资产}{的\ 成\ 本} - \left(\frac{换出资产的}{账面价值} + \frac{支付的}{补\ 价} + \frac{应支付的}{相关税费}\right)$$

或　　　　　　　＝换出资产的公允价值－换出资产的账面价值

2. 收到补价方

$$\frac{换入资产}{的\ 成\ 本} = \frac{换出资产的}{公允价值} - \frac{收到的}{补\ 价} + \frac{应支付的}{相关税费} - \frac{可抵扣}{进项税额}$$

$$\frac{应确认}{的损益} = \left(\frac{换入资产}{的\ 成\ 本} + \frac{收到的}{补\ 价}\right) - \left(\frac{换出资产的}{账\ 面\ 价\ 值} + \frac{应支付的}{相关税费}\right)$$

或　　　　　　　＝换出资产的公允价值－换出资产的账面价值

【例 12-3】　S公司将一台生产用车床与 H 公司一辆运货卡车相交换,两公司交换的目的都是为了使用。车床的原始价值为 120 000 元,交换日累计折旧为 20 000 元,已计提固定资产减值准备为 7 000 元,公允价值为 90 000 元;卡车的原始价值为 210 000 元,交换日累计折旧为 120 000 元,公允价值为 80 000元。H 公司另以银行存款10 000元支付给 S 公司。在交易过程中 S 公司发生运杂费 1 200 元,以银行存款支付。

根据资料分析,H 公司支付给 S 公司 10 000 元,占整个交易金额的比例为11.11%[10 000÷(80 000＋10 000)×100%],小于 25%,因此,这笔交易属于非货币性资产交换。

（1）S公司（收到补价方）在交换日应作如下会计处理：

换入卡车的成本＝90 000－10 000＋1 200＝81 200（元）

应确认的损益＝（81 200＋10 000）－（120 000－20 000－7 000＋1 200）

或 　　　　　　＝90 000－（120 000－20 000－7 000）

　　　　　　　＝－3 000（元）

| | | |
|---|---|---|
| 借：固定资产清理 | | 93 000 |
| 　累计折旧 | | 20 000 |
| 　固定资产减值准备 | | 7 000 |
| 　贷：固定资产——车床 | | 120 000 |
| 借：固定资产清理 | | 1 200 |
| 　贷：银行存款 | | 1 200 |
| 借：固定资产——卡车 | | 81 200 |
| 　银行存款 | | 10 000 |
| 　资产处置损益 | | 3 000 |
| 　贷：固定资产清理 | | 94 200 |

（2）H公司（支付补价方）在交换日应作如下会计处理：

换入车床的成本＝80 000＋10 000＝90 000（元）

应确认的损益＝90 000－（210 000－120 000＋10 000）

或 　　　　　　＝80 000－（210 000－120 000）

　　　　　　　＝－10 000（元）

| | | |
|---|---|---|
| 借：固定资产清理 | | 90 000 |
| 　累计折旧 | | 120 000 |
| 　贷：固定资产——卡车 | | 210 000 |
| 借：固定资产——车床 | | 90 000 |
| 　资产处置损益 | | 10 000 |
| 　贷：固定资产清理 | | 90 000 |
| 　　银行存款 | | 10 000 |

**（二）以账面价值为计价基础**

企业在以账面价值作为计价基础的情况下，发生补价的，应当分别下列情况处理。

### 1. 支付补价方

$$\begin{matrix}换入资产\\的\ 成\ 本\end{matrix}=\begin{matrix}换出资产的\\账\ 面\ 价\ 值\end{matrix}+\begin{matrix}支付的\\补\ \ 价\end{matrix}+\begin{matrix}应支付的\\相关税费\end{matrix}-\begin{matrix}可抵扣\\进项税额\end{matrix}$$

### 2. 收到补价方

$$\begin{matrix}换入资产\\的\ 成\ 本\end{matrix}=\begin{matrix}换出资产的\\账\ 面\ 价\ 值\end{matrix}-\begin{matrix}收到的\\补\ \ 价\end{matrix}+\begin{matrix}应支付的\\相关税费\end{matrix}-\begin{matrix}可抵扣\\进项税额\end{matrix}$$

【例 12-4】　仍以［例 12-3］的资料，假定 S、H 两公司的资产交换未同时满足两个条件。

（1）S 公司（收到补价方）在交换日应作如下会计处理：

换入卡车的成本＝（120 000－20 000－7 000）－10 000＋1 200＝84 200（元）

| | |
|---|---|
| 借：固定资产清理 | 93 000 |
| 　累计折旧 | 20 000 |
| 　固定资产减值准备 | 7 000 |
| 　贷：固定资产——车床 | 120 000 |
| 借：固定资产清理 | 1 200 |
| 　贷：银行存款 | 1 200 |
| 借：固定资产——卡车 | 84 200 |
| 　银行存款 | 10 000 |
| 　贷：固定资产清理 | 94 200 |

（2）H 公司（支付补价方）在交换日应作如下会计处理：

换入车床的成本＝（210 000－120 000）＋10 000＝100 000（元）

| | |
|---|---|
| 借：固定资产清理 | 90 000 |
| 　累计折旧 | 120 000 |
| 　贷：固定资产——卡车 | 210 000 |
| 借：固定资产——车床 | 100 000 |
| 　贷：固定资产清理 | 90 000 |
| 　　银行存款 | 10 000 |

### 三、涉及多项资产交换的会计处理

（一）不涉及补价情况的会计处理

在不涉及补价情况下多项资产的交换，一般应先计算换入资产的成本总额，然后，再按一定比例，对换入资产的成本总额进行分配，确定各项换入资产的成本。

1. 以公允价值为计价基础

企业在进行非货币性资产交换时,如果同时满足交换具有商业实质,且换入资产的公允价值能够可靠计量这两个条件的,在计算确定各项换入资产的成本时,应当按照换入各项资产的公允价值占换入资产公允价值总额的比例,对换入资产的成本总额进行分配。其计算公式如下:

$$\genfrac{}{}{0pt}{}{换入资产的}{成本总额}=\genfrac{}{}{0pt}{}{换出资产的}{公允价值总额}+\genfrac{}{}{0pt}{}{应支付的相}{关税费总额}-\genfrac{}{}{0pt}{}{可抵扣进项}{税额总额}$$

$$\genfrac{}{}{0pt}{}{换入某项}{资产的成本}=\genfrac{}{}{0pt}{}{换入资产的}{成本总额}\times\left(\genfrac{}{}{0pt}{}{换入该项资产}{的公允价值}\div\genfrac{}{}{0pt}{}{换入资产的}{公允价值总额}\right)$$

$$\genfrac{}{}{0pt}{}{应确认}{的损益}=\genfrac{}{}{0pt}{}{换出资产公}{允价值总额}-\genfrac{}{}{0pt}{}{换出资产账}{面价值总额}$$

2. 以账面价值为计价基础

企业在进行非货币性资产交换时,如果不能同时满足两个条件的,在计算确定各项换入资产的成本时,应当按照换入各项资产的原账面价值占换入资产原账面价值总额的比例,对换入资产的成本总额进行分配,以确定各项换入资产的成本。其计算公式如下:

$$\genfrac{}{}{0pt}{}{换入资产的}{成本总额}=\genfrac{}{}{0pt}{}{换出资产的}{账面价值总额}+\genfrac{}{}{0pt}{}{应支付的相}{关税费总额}-\genfrac{}{}{0pt}{}{可抵扣进项}{税额总额}$$

$$\genfrac{}{}{0pt}{}{换入某项}{资产的成本}=\genfrac{}{}{0pt}{}{换入资产的}{成本总额}\times\left(\genfrac{}{}{0pt}{}{换入该项资产}{的原账面价值}\div\genfrac{}{}{0pt}{}{换入资产原}{账面价值总额}\right)$$

【例 12-5】 甲公司以生产经营过程中使用的一台车床和一条生产线同时交换乙公司运营的一辆货车和一辆客车。甲公司车床的原始价值为 50 000 元,交换日累计折旧为 20 000 元,公允价值为 35 000 元;生产线的原始价值为 400 000 元,交换日累计折旧为 255 000 元,公允价值为 200 000 元。乙公司货车的原始价值为 220 000 元,交换日累计折旧为 40 000 元,公允价值为 160 000 元;客车的原始价值为 150 000 元,交换日累计折旧为 60 000 元,公允价值为 75 000 元,已提减值准备为 15 000 元。在交换过程中甲公司发生运杂费 5 000 元,以银行存款支付。

(1) 假定甲、乙两公司交易同时满足两个条件,应当以公允价值作为计价的基础。

① 甲公司应作如下会计处理:

换入资产的成本总额=(35 000+200 000)+5 000=240 000(元)

$$换入货车的成本＝240\,000×[160\,000÷(160\,000＋75\,000)]$$
$$＝163\,404.26(元)$$

$$换入客车的成本＝240\,000×[75\,000÷(160\,000＋75\,000)]$$
$$＝76\,595.74(元)$$

$$应确认的损益＝(35\,000＋200\,000)－[(50\,000－20\,000)$$
$$＋(400\,000－255\,000)]＝60\,000(元)$$

| | | |
|---|---|---|
| 借：固定资产清理 | | 175 000 |
| 　累计折旧 | | 275 000 |
| 　贷：固定资产——车床 | | 50 000 |
| 　　　　——生产线 | | 400 000 |

| | | |
|---|---|---|
| 借：固定资产清理 | | 5 000 |
| 　贷：银行存款 | | 5 000 |

| | | |
|---|---|---|
| 借：固定资产——货车 | | 163 404.26 |
| 　　　　——客车 | | 76 595.74 |
| 　贷：固定资产清理 | | 180 000.00 |
| 　　　资产处置损益 | | 60 000.00 |

② 乙公司应作如下会计处理：

$$换入资产的成本总额＝160\,000＋75\,000＝235\,000(元)$$
$$换入车床的成本＝235\,000×[35\,000÷(35\,000＋200\,000)]$$
$$＝35\,000(元)$$
$$换入生产线的成本＝235\,000×[200\,000÷(35\,000＋200\,000)]$$
$$＝200\,000(元)$$
$$应确认的损益＝(160\,000＋75\,000)－[(220\,000－40\,000)$$
$$＋(150\,000－60\,000－15\,000)]＝－20\,000(元)$$

| | | |
|---|---|---|
| 借：固定资产清理 | | 255 000 |
| 　累计折旧 | | 100 000 |
| 　固定资产减值准备 | | 15 000 |
| 　贷：固定资产——货车 | | 220 000 |
| 　　　　——客车 | | 150 000 |

| | | |
|---|---|---|
| 借：固定资产——车床 | | 35 000 |
| 　　　　——生产线 | | 200 000 |
| 　资产处置损益 | | 20 000 |
| 　贷：固定资产清理 | | 255 000 |

（2）假定甲、乙两公司交易未同时满足两个条件，应当以账面价值作为计价的基础。

① 甲公司应作如下会计处理：

换入资产的成本总额＝（50 000－20 000）＋（400 000－255 000）

$$＋5 000＝180 000（元）$$

换入货车的成本＝180 000×[180 000÷（180 000＋75 000）]

$$＝127 058.82（元）$$

换入客车的成本＝180 000×[75 000÷（180 000＋75 000）]

$$＝52 941.18（元）$$

| | | |
|---|---|---|
| 借：固定资产清理 | | 175 000 |
| 累计折旧 | | 275 000 |
| 贷：固定资产——车床 | | 50 000 |
| ——生产线 | | 400 000 |
| 借：固定资产清理 | | 5 000 |
| 贷：银行存款 | | 5 000 |
| 借：固定资产——货车 | | 127 058.82 |
| ——客车 | | 52 941.18 |
| 贷：固定资产清理 | | 180 000.00 |

② 乙公司应作如下会计处理：

换入资产的成本总额＝（220 000－40 000）＋（150 000－60 000－15 000）＝255 000（元）

换入车床的成本＝255 000×[30 000÷（30 000＋145 000）]

$$＝43 714.29（元）$$

换入生产线的成本＝255 000×[145 000÷（30 000＋145 000）]

$$＝211 285.71（元）$$

| | | |
|---|---|---|
| 借：固定资产清理 | | 255 000 |
| 累计折旧 | | 100 000 |
| 固定资产减值准备 | | 15 000 |
| 贷：固定资产——货车 | | 220 000 |
| ——客车 | | 150 000 |
| 借：固定资产——车床 | | 43 714.29 |
| ——生产线 | | 211 285.71 |
| 贷：固定资产清理 | | 255 000.00 |

（二）涉及补价情况的会计处理

在涉及补价情况下多项资产的交换，支付补价方和收到补价方会计处理的基本原理与涉及补价情况下单项资产交换是相同的，只是需要按一定比例（即在以公允价值为计价基础的情况下，以换入资产的公允价值比例；在以账面价值为计价基础的情况下，以换入资产的原账面价值比例），对换入资产的成本总额进行分配，以计算换入各项资产的成本。

【例12-6】　丙公司将一台电脑和一套设备用来交换丁公司的一台收款机和一辆卡车。丙公司电脑的原始价值为 80 000 元，交换日累计折旧为 20 000 元，公允价值为 65 000 元；设备的原始价值为 170 000 元，交换日累计折旧为 80 000 元，公允价值为100 000 元。丁公司收款机的原始价值为 20 000 元，交换日累计折旧为 4 000 元，公允价值为 18 000 元；卡车的原始价值为 200 000 元，交换日累计折旧为 60 000 元，公允价值为 157 000 元。丙公司另以银行存款支付给丁公司 10 000 元。假如交易过程中未发生相关的税费。

（1）假定丙、丁两公司的资产交换同时满足两个条件，应当以公允价值作为计价的基础。

① 丙公司（支付补价方）应作如下会计处理：

$$换入资产的成本总额=(65\,000+100\,000)+10\,000=175\,000(元)$$
$$换入收款机的成本=175\,000\times[18\,000\div(18\,000+157\,000)]=18\,000(元)$$
$$换入卡车的成本=175\,000\times[157\,000\div(18\,000+157\,000)]=157\,000(元)$$
$$应确认的损益=175\,000-[(80\,000-20\,000)+(170\,000-80\,000)$$
$$+10\,000]=15\,000(元)$$

或

$$=(65\,000+100\,000)-[(80\,000-20\,000)$$
$$+(170\,000-80\,000)]$$
$$=15\,000(元)$$

| | | |
|---|---|---|
| 借：固定资产清理 | | 150 000 |
| 累计折旧 | | 100 000 |
| 贷：固定资产——电脑 | | 80 000 |
| ——设备 | | 170 000 |
| 借：固定资产——收款机 | | 18 000 |
| ——卡车 | | 157 000 |
| 贷：固定资产清理 | | 150 000 |
| 银行存款 | | 10 000 |
| 资产处置损益 | | 15 000 |

② 丁公司(收到补价方)应作如下会计处理：

换入资产的成本总额＝(18 000＋157 000)－10 000＝165 000(元)

换入电脑的成本＝165 000×[65 000÷(65 000＋100 000)]

＝65 000(元)

换入设备的成本＝165 000×[100 000÷(65 000＋100 000)]

＝100 000(元)

应确认的损益＝(165 000＋10 000)－[(20 000－4 000)

＋(200 000－60 000)]＝19 000(元)

或　　　　　　　＝(18 000＋157 000)－[(20 000－4 000)

＋(200 000－60 000)]

＝19 000(元)

| | | |
|---|---|---|
| 借：固定资产清理 | 156 000 | |
| 累计折旧 | 64 000 | |
| 贷：固定资产——收款机 | | 20 000 |
| ——卡车 | | 200 000 |
| 借：固定资产——电脑 | 65 000 | |
| ——设备 | 100 000 | |
| 银行存款 | 10 000 | |
| 贷：固定资产清理 | | 156 000 |
| 资产处置损益 | | 19 000 |

(2) 假定丙、丁两公司的资产交换未同时满足两个条件,应当以账面价值作为计价的基础。

① 丙公司(支付补价方)应作如下会计处理：

换入资产的成本总额＝(80 000－20 000)＋(170 000－80 000)＋10 000

＝160 000(元)

换入收款机的成本＝160 000×[16 000÷(16 000＋140 000)]

＝16 410.26(元)

换入卡车的成本＝160 000×[140 000÷(16 000＋140 000)]

＝143 589.74(元)

| | | |
|---|---|---|
| 借：固定资产清理 | 150 000 | |
| 累计折旧 | 100 000 | |
| 贷：固定资产——电脑 | | 80 000 |
| ——设备 | | 170 000 |

```
借：固定资产——收款机                          16 410.26
        ——卡车                            143 589.74
    贷：固定资产清理                          150 000.00
        银行存款                            10 000.00
```

② 丁公司(收到补价方)应作如下会计处理：

换入资产的成本总额＝(20 000－4 000)＋(200 000－60 000)－10 000

$$＝146 000(元)$$

换入电脑的成本＝146 000×[60 000÷(60 000＋90 000)]

$$＝58 400(元)$$

换入设备的成本＝146 000×[90 000÷(60 000＋90 000)]

$$＝87 600(元)$$

```
借：固定资产清理                              156 000
    累计折旧                                64 000
    贷：固定资产——收款机                        20 000
        ——卡车                            200 000

借：固定资产——电脑                            58 400
        ——设备                            87 600
    银行存款                                10 000
    贷：固定资产清理                          156 000
```

# 复习思考题

## 一、简答题

1. 何谓货币性资产? 何谓非货币性资产? 两者判断的关键是什么?

2. 什么是非货币性资产交换? 其会计核算的特点是什么?

3. 对非货币性资产交换如何进行披露?

4. 分别说明涉及补价和不涉及补价情况下,非货币性资产交换的会计处理原则和方法。

5. 简述非货币性资产交换中涉及多项资产的会计处理。

## 二、解释重要名词和术语

货币性资产   非货币性资产   货币性资产交换   非货币性资产交换

补价

## 三、单项选择题

1. 以下各项中,除( )外,均属于货币性资产。

    A. 库存现金                B. 应收账款

    C. 债券投资                D. 应收票据

2. 补价占整个交易金额的比例在( )以下的,可以视其为非货币性交易。

    A. 10%        B. 15%        C. 20%        D. 25%

3. ( )不属于非货币性资产。

    A. 债券投资                B. 库存材料

    C. 库存商品                D. 其他应收款

4. 在非货币性资产交换中,如换出原材料已计提跌价准备,应记入( )账户借方。

    A. "存货跌价准备"        B. "营业外支出"

    C. "投资收益"           D. "其他业务成本"

5. 在非货币性资产交换中,换出原材料所发生的运杂费,应计入( )。

    A. 主营业务成本        B. 其他业务成本

    C. 营业外支出           D. 换入资产的入账价值

6. 在不涉及补价及相关税费的情况下,以账面价值为计价基础的非货币性资产交换时,应以( )作为换入资产的入账价值。

    A. 换出资产的账面价值    B. 换出资产的公允价值

    C. 换入资产的账面价值    D. 换入资产的公允价值

7. 非货币性资产交换,在以公允价值为计价基础、涉及补价的情况下,对支付补价方,换入资产的入账价值应以( )确定。

    A. 换入资产的账面价值

    B. 换入资产的公允价值

    C. 换出资产的账面价值加支付的补价和相关税费

    D. 换出资产的公允价值加支付的补价和相关税费

## 四、多项选择题

1. 以下各项中,属于非货币性资产的有( )。

    A. 固定资产    B. 股权投资    C. 债券投资    D. 存货

E. 应收票据

2. 下列不属于非货币性资产的包括(　　　)。

　　A. 应收账款　　　　　　　　　B. 库存商品

　　C. 固定资产　　　　　　　　　D. 短期投资的股票

　　E. 准备持有到期的长期债券投资

3. 非货币性资产交换的内容有(　　　)。

　　A. 待售资产与待售资产相交换

　　B. 非待售资产与非待售资产相交换

　　C. 以一项非货币性资产换入一项非货币性资产

　　D. 以一项非货币性资产换入多项非货币性资产

　　E. 以多项非货币性资产换入一项非货币性资产

4. 企业发生非货币性资产交换,需要在报表附注中披露的内容有(　　　)。

　　A. 换入、换出资产的类别　　　　B. 交易的金额

　　C. 交易的数量　　　　　　　　　D. 交易的计价基础

　　E. 非货币性资产交换确认的损益

5. 在非货币性资产交换中,可以作为换入资产入账价值的有(　　　)。

　　A. 换出资产的账面价值＋应支付的相关税费

　　B. 换出资产的公允价值

　　C. 换入资产的账面价值

　　D. 换入资产的公允价值

　　E. 换出资产的账面价值＋补价＋应支付的相关税费

## 五、判断题

1. 某项资产在将来为企业带来的经济利益是固定的或者是可以确定的,该项资产就是货币性资产;反之,则是非货币性资产。　　　　　(　　)

2. 某项非货币性交换,如果涉及补价,那么该项交易就属于货币性交易。

(　　)

3. 企业持有非货币性资产的目的是为了通过出售获利,而持有货币性资产的目的是为了使用。　　　　　　　　　　　　　　　(　　)

4. 非货币性资产交换中,在涉及补价的情况下,如果换出资产发生减值,对收到补价方来说,应当以换出资产公允价值与补价之和作为换入资产的入账价值,换出资产公允价值与其账面价值之间的差额,确认为当期损失。

(　　)

5. 多项非货币性资产交换,在不涉及补价的情况下,换入各项资产的入账价值一般应以换入各项资产的公允价值与换入各项资产公允价值总额的比例,对换出各项资产的账面价值总额进行分配后确定。 （　　）

6. 在非货币性资产交换中,如果换入资产的公允价值无法确定,应以换入资产的账面价值作为其入账价值,换出资产公允价值与其账面价值的差额计入当期损益。 （　　）

7. 判断货币性资产交换和非货币性资产交换的依据,主要是以换入资产与换出资产的持有目的是否改变,以及交易的盈利过程是否完成。 （　　）

## 六、练习题

1. **目的**　　练习不涉及补价情况下非货币性资产交换的会计处理。

**资料**　甲、乙两公司均为旅游企业。甲公司以其运营的大巴士客车与乙公司运营的中巴士客车相交换,两公司换入客车的目的都是为了运营。甲公司大巴士客车的账面原值为 400 000 元,交换日累计折旧为 180 000 元,公允价值为 240 000 元。乙公司中巴士客车的账面原值为 320 000 元,交换日累计折旧为 60 000 元,公允价值为 240 000 元。

**要求**　根据资料,为甲、乙两公司作相应的会计处理。

2. **目的**　　练习涉及补价情况下非货币性资产交换的会计处理。

**资料**　丙、丁两公司均为商业企业,丙公司将其库存商品羊毛衫与丁公司库存商品羽绒衫相交换,两公司交换商品都是为了销售。丙公司羊毛衫的账面价值为 250 000 元,公允价值为 300 000 元,增值税税率为 16%,计税价格等于公允价值。丁公司羽绒衫的账面价值为 300 000 元,公允价值为 290 000 元,增值税税率为 16%,计税价格等于公允价值。丁公司另以银行存款支付给丙公司 11 600 元。

**要求**　根据资料,分别作出丙、丁公司的会计处理。

3. **目的**　　练习涉及补价情况下非货币性资产交换的会计处理。

**资料**　M 公司是一家商业企业,N 公司是一家制造企业。M 公司以其待售的设备交换 N 公司经营用的设备,M 公司换入设备用作固定资产,N 公司换入设备后准备与自己生产的设备配套出售。M 公司待售设备的账面价值为 400 000 元,公允价值为 350 000 元;N 公司经营用设备的账面原值为 600 000 元,交换日累计折旧为 300 000 元,公允价值为 340 000 元。N 公司向 M 公司支付银行存款 10 000 元。

**要求**　根据资料,分别作 M、N 公司的会计分录。

4. 目的　　练习非货币性交换中涉及多项资产的会计处理。

**资料**　A公司以其运营的一辆货车和一辆客车,同时交换B公司在经营中使用的一间办公用房和一台电脑。A公司货车的账面原值为200 000元,交换日累计折旧为88 000元,公允价值为120 000元;客车的账面原值为300 000元,交换日累计折旧为132 000元,公允价值为180 000元。B公司办公用房的账面原值为400 000元,交换日累计折旧为150 000元,公允价值为270 000元;电脑的账面原值为80 000元,交换日累计折旧为20 000元,公允价值为30 000元。

**要求**　根据资料,作A、B公司相应的会计分录。

# 第十三章 借款费用

## 第一节 借款费用概述

### 一、借款费用的定义及包含的内容

借款费用是指企业借入资金所付出的代价,如因借款而发生的利息、折价或溢价的摊销、辅助费用,以及因外币借款而发生的汇兑差额等。借款费用具体包含四项内容。

(1)因借款而发生的利息。企业因借款而发生的利息,主要是指从银行或其他金融机构借入资金发生的利息,发行债券发生的利息,以及为购建固定资产等借入资金所应当承担的利息等。

(2)因借款而发生的折价或溢价的摊销。企业因发行债券发生的折价或溢价在每期的摊销额,其实质是对债券利息的调整(即按债券名义利率与实际利率计算的利息差额)。因此,应当归属于借款费用的范畴。

(3)因借款而发生的辅助费用。企业因安排借款而发生的手续费、佣金、印刷费、承诺费等费用是因借入资金所付出的代价,因而也构成了借款费用的组成部分。

(4)因外币借款而发生的汇兑差额。企业因借入外币借款发生的汇兑差额,是指由于汇率变动而产生的市场汇率与账面汇率的差异所引起的外币借款本金及其利息折合成记账本位币的差额,它构成了借款费用的一部分。

### 二、借款费用可予资本化的范围

1. 借款费用可予资本化的资产范围

我国企业会计制度规定,借款费用可予资本化的资产范围是指符合资本化条件的资产,即需要经过相当长时间的购建或者生产活动才能达到预定可使用或者可销售状态的固定资产、投资性房地产和存货等资产。

这里所指的固定资产、投资性房地产,既包括企业自己购置或者建造的,也包括委托其他单位建造的。而存货则包括房地产开发企业开发的用于出售的房地产产品、机械制造企业制造的用于对外出售的大型机械设备,以及建造合同的标的物等等。所谓的"相当长时间",是指存货的购建或者生产所必要的时间,通常为1年以上。如果由于人为或者故意等非正常因素导致资产的购建或者生产时间较长的,不属于符合资本化条件的生产。

2. 借款费用可予资本化的借款范围

企业为建造或者生产符合资本化条件的资产而专门借入的借款,其借款费用可以资本化。但专门借款应当有明确的用途,通常应当具有标明该用途的借款合同作为依据。除此之外,为购建或者生产符合资本化条件的资产而占用了一般借款的,其与建造或者生产符合资本化条件的资产支出挂钩的部分,借款费用也可以资本化。而其他借款(如流动资金借款)发生的借款费用则不允许资本化,应当记入当期损益。

**三、借款费用的确认原则**

1. 借款利息、折价或溢价摊销和汇兑差额的确认

在资本化期间内,为购建或者生产符合资本化条件的资产而借入的专门借款,以及为购建或者生产符合资本化条件的生产而占用了一般借款的,其每一会计期间发生的利息、折价或者溢价的摊销和汇兑差额,应当予以资本化,计入所购建或者生产符合资本化条件的资产成本。不在资本化期间内发生的专门借款、一般借款所发生的利息、折价或溢价的摊销和汇兑差额,应当在发生的当期确认为费用。这里所说的资本化期间,是指从借款费用开始资本化的时点到停止资本化时点的期间,但借款费用暂停资本化的期间不包括在内。

需要说明的是,企业为购建或者生产符合资本化条件的资产而动用了一般借款的,其在资本化期间内允许资本化的借款利息和折价或者溢价的摊销,只有与发生在所购建或者生产资产上的支出相挂钩的部分才允许资本化,对于没有用在所购建或者生产资产上的一般借款部分所应当承担的利息和折价或者溢价的摊销金额,应当作为财务费用,计入当期损益。而对于专门借款所发生的利息、折价或者溢价的摊销,以及外币专门借款本金及利息的汇兑差额,则不需要与所购建或者生产符合资本化条件的资产支出相挂钩,直接根据其当期实际发生的利息费用减去将尚未动用的借款资金存入银行取得的利息收入或进行暂时性投资取得的投资收益后的金额,以及汇兑差额的实际发生额,计入资产的购建或者生产成本。

2. 辅助费用的确认

企业因安排专门借款而发生的辅助费用,属于在所购建或者生产符合资本化条件的资产达到预定可使用或者可销售状态之前发生的,应当在发生时根据其发生额予以资本化;以后发生的辅助费用应当于发生当期确认为费用。

因安排一般借款而发生的辅助费用,则应当在发生当期确认为费用。

需要说明的是,企业在筹建期间发生的与购建固定资产无关的借款费用,应当根据其发生额先计入长期待摊费用,然后在开始生产经营当月一次计入当期损益;也可以在发生时一次计入管理费用。企业在清算期间发生的借款费用,应当计入清算损益。

### 四、借款费用允许开始资本化的条件

企业因专门借款而发生的利息、折价或溢价的摊销和汇兑差额,只有在同时符合以下三个条件时才能开始资本化。

1. 资产支出已经发生

这里的资产支出是指企业为购建或者生产符合资本化条件的资产而已支付了现金,即用货币资金支付资产的购建或生产支出;转移了非现金资产,即将自己的非现金资产(如生产用材料等)直接用于资产的购建或者生产;承担了带息债务,即企业赊购工程用物资或生产用材料而承担的带息债务。

需要说明的是,如果企业建造固定资产采用的是出包方式,则企业向承包方支付第一笔工程进度款或者预付工程款,也应当认为资产支出已经发生。

2. 借款费用已经发生

借款费用已经发生是指企业已经发生了因购建或者生产符合资本化条件的资产而专门借入款项的利息、折价或者溢价的摊销和汇兑差额,如专门借款已到位,并开始计息。

3. 为使资产达到预定可使用或者可销售状态所必要的购建或生产活动已经开始

为使资产达到预定可使用或者可销售状态所必要的购建或生产活动已经开始,是指资产的实体建造或者生产活动,如主体设备的安装、厂房的实际开工建造或者产品的生产加工等已经开始。

企业只有在上述三个条件同时满足的情况下,借款费用才可以开始资本化,如果其中有一个条件没有满足,借款费用就不能够开始资本化。

需要说明的是,因安排专门借款而发生的一次性支付的辅助费用,应当在发生时予以资本化,一般不考虑开始资本化的三个条件。

### 五、借款费用暂停资本化

符合资本化条件的资产在购建或者生产过程中,发生了非正常中断,并且中断时间连续超过 3 个月的,则中断期间所发生的借款费用应当暂停资本化,将其计入当期损益,直至资产的购建或者生产活动重新开始。这里所指的非正常中断,它通常是由于企业管理决策上的原因或者其他不可预见方面的原

因所导致的中断。如企业因资金周转发生了困难,或者施工或者生产发生了安全事故,或者发生了施工或者产品质量纠纷等原因,导致资产购建或者生产活动发生的中断。

但是,如果中断是使所购建或者生产的符合资本化条件的资产达到预定可使用或者可销售状态所必要的程序,或者事先可预见的不可抗力因素导致的中断,则所发生的借款费用应当继续资本化。例如,某些工程或者产品在建造或者生产到一定阶段后必须暂停下来,进行工程、产品质量或者安全检查,检查通过后才能继续下一步的建造或者生产活动,这就是工程建造或者生产必须经过的程序,属于正常中断。又如,有些地区的工程在建造过程中由于可预见的不可抗力因素(如梅雨、台风等原因)导致施工出现停顿,也属于正常中断。由于正常中断,在中断期间发生的借款费用可以继续资本化,不必暂停。

**六、借款费用停止资本化**

(一)借款费用停止资本化的条件

当所购建或者生产符合资本化条件的资产达到预定可使用或者可销售状态时,借款费用应当停止资本化,以后所发生的借款费用应当全部计入当期损益,不应再予资本化。

这里所讲的资产达到预定可使用或者可销售状态,是指所购建或者生产符合资本化条件的资产已经达到购买方或者建造方预先设计或者设想的可使用或者可销售的状态。在实际工作中,如果所购建或者生产符合资本化条件的资产满足以下条件之一的,应当认为资产已达到了预定可使用或者可销售状态,借款费用应当停止资本化。

(1)资产的实体建造(包括安装)或者生产活动已经全部完成或者实质上已经完成。

(2)所购建或者生产的资产与设计要求、合同规定或者生产者要求相符合或者基本相符,即使有个别与设计、合同要求或者生产不相符合的地方,也不会影响其正常使用或者销售。

(3)继续发生在所购建或者生产资产上的支出金额很少或者几乎不再发生。

(二)借款费用停止资本化的时点

在资产的实际购建或者生产过程中,还会出现所购建或者生产的资产分别完工的情况,在这种情况下,企业应当区别以下情况,确定停止资本化的时点:

(1)所购建或者生产资产的各部分分别完工,而且每部分在其他部分继续建造或者生产过程中可供使用或者可对外销售,并且为使该部分资产达到预定可使用或可销售状态所必要的购建或者生产活动实质上已经完成,说明该部分资产已经达到了预定可使用或者可销售状态,应当停止该部分资产相关的借款费用的资本化。

（2）所购建或者生产资产的各部分分别完工,但必须等到整体完工后才可使用或者可销售,在这种情况下,即使各部分资产已经完工,也不能够认为该部分资产已达到预定可使用或者可销售状态,只能在该资产整体完工时,借款费用才可以停止资本化。

### 七、借款费用的披露

企业应当在财务报告中披露下列与借款费用有关的信息。

1. 当期资本化的借款费用金额

当期资本化的借款费用金额,是指当期已计入资产成本中的各项借款费用之和,包括应予资本化的利息、折价或者溢价的摊销、汇兑差额和辅助费用之和。

2. 当期用于计算确定借款费用资本化金额的资本化率

企业在披露资本化率时,应注意以下问题：

（1）如果当期有两项或两项以上的符合资本化条件的资产,且各项资产使用的资本化率不同,应按资产项目分别披露。如果各项资产在确定资本化金额时适用的资本化率相同,则可以合并披露。

（2）如果对外提供财务报告的时间长于计算借款费用资本化金额的期间,且在计算借款费用资本化金额的各期,用于确定资本化金额的资本化率均不相同,应分别各期披露；如果各期计算资本化金额所使用的资本化率相同,则可以合并披露。

## 第二节　借款费用的会计处理

### 一、利息(包括折价或溢价的摊销)资本化金额的确定

（一）专门借款利息资本化金额的确定

根据我国企业会计准则的规定,为购建或者生产符合资本化条件的资产而借入专门借款的,在资本化期间内,每一会计期间的利息(包括折价或溢价的摊销)资本化金额,应当以专门借款当期实际发生的利息费用,减去将尚未动用的借款金额存入银行取得的利息收入或者进行暂时性投资取得的投资收益后的金额确定,其计算公式如下：

$$\frac{\text{专门借款利息}}{\text{资本化金额}} = \frac{\text{专门借款当期实际}}{\text{发生的利息费用}} - \frac{\text{将尚未动用借款资金存入银行}}{\text{的利息收入或暂时性投资收益}}$$

【例 13-1】　A 公司 20×6 年 1 月 1 日借入专门借款 2 000 万元,开工建造一座仓库,采用出包方式,工程于 20×6 年 12 月 31 日全部完工,并可投入使用,建造工程共支出 1 950 万元,该专门借款年利率 7%,期限 2 年,每年末付息,到期还本,当年该专门借款尚未使用部分转存银行存款的利息收入 5 万元,该专门借款及工程建造的会计处理如下:

(1) 20×6 年 1 月 1 日,借入借款时:

借:银行存款　　　　　　　　　　　　　　　　　　　　20 000 000
　　贷:长期借款　　　　　　　　　　　　　　　　　　　　　20 000 000

(2) 20×6 年 12 月 31 日,计提并支付利息时:

专门借款利息资本化金额＝2 000×7%－5＝135(万元)

借:在建工程　　　　　　　　　　　　　　　　　　　　1 350 000
　　银行存款　　　　　　　　　　　　　　　　　　　　　　50 000
　　贷:应付利息　　　　　　　　　　　　　　　　　　　　1 400 000
借:应付利息　　　　　　　　　　　　　　　　　　　　1 400 000
　　贷:银行存款　　　　　　　　　　　　　　　　　　　　1 400 000

(3) 支付工程款并结转工程成本时:

借:在建工程　　　　　　　　　　　　　　　　　　　19 500 000
　　贷:银行存款　　　　　　　　　　　　　　　　　　　19 500 000
借:固定资产　　　　　　　　　　　　　　　　　　　20 850 000
　　贷:在建工程　　　　　　　　　　　　　　　　　　　20 850 000

(4) 20×7 年 12 月 31 日,归还借款本金和第 2 年利息时:

借:长期借款　　　　　　　　　　　　　　　　　　　20 000 000
　　财务费用　　　　　　　　　　　　　　　　　　　　1 400 000
　　贷:银行存款　　　　　　　　　　　　　　　　　　　21 400 000

(二) 一般借款利息资本化金额的确定

在借款费用资本化期间内,为购建或者生产符合资本化条件的资产占用了一般借款的,应当根据累计资产支出超过专门借款部分的资产支出加权平均数乘以所占用一般借款的资本化率,计算确定一般借款应予资本化的利息金额。其计算公式如下:

$$\begin{matrix} \text{一般借款利息} \\ \text{资本化金额} \end{matrix} = \begin{matrix} \text{累计资产支出超过专门借款} \\ \text{部分的资产支出加权平均数} \end{matrix} \times \begin{matrix} \text{所占用一般借} \\ \text{款的资本化率} \end{matrix}$$

$$\begin{matrix} \text{所占用一般借} \\ \text{款 的 累 计 资 产} \\ \text{支出加权平均数} \end{matrix} = \Sigma \left( \begin{matrix} \text{每笔资} \\ \text{产支出} \end{matrix} \times \frac{\text{每笔资产支出在当期所占用天数}}{\text{当期天数}} \right)$$

$$\begin{matrix} \text{所占用一般借} \\ \text{款的资本化率} \end{matrix} = \begin{matrix} \text{所占用一般借款} \\ \text{加权平均利率} \end{matrix} = \frac{\begin{matrix} \text{所占用一般借款当期} \\ \text{实际发生的利息之和} \end{matrix}}{\begin{matrix} \text{所占用一般借款} \\ \text{本金加权平均数} \end{matrix}} \times 100\%$$

$$\begin{matrix} \text{所占用一般} \\ \text{借款本金加} \\ \text{权 平 均 数} \end{matrix} = \Sigma \left\{ \begin{matrix} \text{所占用每} \\ \text{笔一般借} \\ \text{款 本 金} \end{matrix} \times \frac{\text{每笔一般借款在当期所占用的天数}}{\text{当期天数}} \right\}$$

【例 13-2】 某公司 20×6 年为制造一大型机械借入专门借款两笔:

(1) 20×6 年 1 月 1 日,借入专门借款 2 000 万元,年利率为 8%,期限 3 年,到期一次还本付息。

(2) 20×6 年 7 月 1 日,借入专门借款 1 500 万元,年利率为 10%,期限 2 年,到期一次还本付息。该机械于 20×6 年 1 月 1 日开始制造,于 20×7 年 6 月 30 日完工验收入库,期间发生的支出如下:

20×6 年 1 月 1 日,支出 800 万元;

20×6 年 4 月 1 日,支出 1 000 万元;

20×6 年 7 月 1 日,支出 800 万元;

20×6 年 12 月 1 日,支出 500 万元;

20×7 年 1 月 1 日,支出 600 万元;

20×7 年 4 月 1 日,支出 500 万元。

该公司除专门借款外,还于 20×7 年 1 月 1 日借入一般借款 500 万元,年利率 7%,期限 1 年,一次还本付息;于 20×7 年 4 月 1 日借入一般借款 400 万元,年利率 6%,期限 6 个月,一次还本付息。

该公司按半年计算利息,20×6 年上半年和下半年尚未动用的专门借款存款利息分别为 7.2 万元和 2.5 万元,为简化起见,全年按 360 天计算,每月按 30 天计算,该公司应作如下会计处理:

(1) 20×6 年 6 月 30 日:

$$\text{专门借款利息资本化金额} = 2\,000 \times 8\% \times \frac{6}{12} - 7.2 = 72.8 (\text{万元})$$

| | | |
|---|---|---|
| 借:制造费用 | | 728 000 |
| 　　银行存款 | | 72 000 |
| 　贷:长期借款 | | 800 000 |

(2) 20×6 年 12 月 31 日：

$$\text{专门借款利息资本化金额}=2\,000\times8\%\times\frac{6}{12}+1\,500\times10\%\times\frac{6}{12}-2.5=152.5(万元)$$

借：制造费用     1 525 000

    银行存款     25 000

    贷：长期借款     1 550 000

(3) 20×7 年 6 月 30 日：

① $\text{专门借款利息资本化金额}=2\,000\times8\%\times\frac{6}{12}+1\,500\times10\%\times\frac{6}{12}=155(万元)$

② $\text{所占用一般借款累计支出加权平均数}=(800+1\,000+800+500+600-2\,000-1\,500)$
$$\times180\div180+500\times90\div180=450(万元)$$

$\text{所占用一般借款当期实际发生的利息之和}=500\times7\%\times6\div12+400\times6\%\times3\div12=23.5(万元)$

$\text{所占用一般借款本金加权平均数}=500\times180\div180+400\times90\div180=700(万元)$

所占用一般借款资本化率$=23.5\div700\times100\%=3.36\%$

一般借款利息资本化金额$=450\times3.36\%=15.12(万元)$

③ 利息资本化金额合计$=155+15.12=170.12(万元)$

借：制造费用     1 701 200

    财务费用     83 800

    贷：长期借款     1 550 000

      应付利息     235 000

（三）采用实际利率法摊销借款折价或溢价的计算

企业会计准则规定，如果借款存在折价或者溢价的，应当按照实际利率法确定每一会计期间应摊销的折价或者溢价金额。

在采用实际利率法时，企业应当按照期初借款金额乘以实际利率，计算确定每期借款利息费用，实际利率是企业在借款期间内未来应支付的利息和本金折现为借款当前账面价值的利率。

【例 13-3】 甲公司于 20×6 年 1 月 1 日折价发行面值为 2 500 万元，发行价格为 2 000 万元，票面利率为 4.72%，期限为 5 年，每年末付息 118 万元（2 500×4.72%），到期还本的公司债券。该公司发行债券所筹集的资金专门用于建造生产流水线，该生产流水线于 20×6 年 1 月 1 日开始建造，于 20×7 年 12 月 31 日完工并达到预定可使用状态。

(1) 根据资料，计算甲公司债券的实际利率 $r$ 为：

因为，$2\,000=118\times(1+r)^{-1}+118\times(1+r)^{-2}+118\times(1+r)^{-3}+118\times(1+r)^{-4}+118\times(1+r)^{-5}+2\,500\times(1+r)^{-5}$。

所以，计算得出 $r=10\%$。

(2) 计算甲公司每年实际利息费用，如图表 13-1 所示。

(图表 13-1)

### 甲公司债券实际利息计算表
单位：万元

| 年　份 | 期初公司债券余额 | 实际利息费　用 | 每年支付利息、本金 | 每年折价摊　销 | 期末公司债券余额 |
|---|---|---|---|---|---|
| ① | ②=上期⑥ | ③=②×10% | ④ | ⑤=③-④利息 | ⑥=②+③-④ |
| 20×6 | 2 000 | 200 | 118 | 82 | 2 082 |
| 20×7 | 2 082 | 208 | 118 | 90 | 2 172 |
| 20×8 | 2 172 | 217 | 118 | 99 | 2 271 |
| 20×9 | 2 271 | 227 | 118 | 109 | 2 380 |
| 20×0 | 2 380 | 238 | 2 500+118=2 618 | 120 | 0 |

(3) 作债券利息资本化的会计分录：

20×6 年年末：

　　借：在建工程　　　　　　　　　　　　　　　　　　2 000 000
　　　贷：应付利息　　　　　　　　　　　　　　　　　　　1 180 000
　　　　　应付债券——利息调整　　　　　　　　　　　　　　820 000

　　借：应付利息　　　　　　　　　　　　　　　　　　1 180 000
　　　贷：银行存款　　　　　　　　　　　　　　　　　　　1 180 000

20×7 年年末：

　　借：在建工程　　　　　　　　　　　　　　　　　　2 080 000
　　　贷：应付利息　　　　　　　　　　　　　　　　　　　1 180 000
　　　　　应付债券——利息调整　　　　　　　　　　　　　　900 000

　　借：应付利息　　　　　　　　　　　　　　　　　　1 180 000
　　　贷：银行存款　　　　　　　　　　　　　　　　　　　1 180 000

20×8 年年末：

　　借：财务费用　　　　　　　　　　　　　　　　　　2 170 000
　　　贷：应付利息　　　　　　　　　　　　　　　　　　　1 180 000
　　　　　应付债券——利息调整　　　　　　　　　　　　　　990 000

借：应付利息　　　　　　　　　　　　　　　　　　1 180 000
　　贷：银行存款　　　　　　　　　　　　　　　　　　1 180 000

20×9 年年末,20×0 年年末的会计分录略。

除公司债券外,其他借款也应当按照实际利率法确定每期的利息费用,但是如果按照名义(合同)利率和实际利率计算的每期利息费用相差不大的,也可以按照名义利率计算确定每期借款利息。

需要说明的是,在资本化期间内,每一会计期间的利息资本化金额,不应当超过当期相关借款实际发生的利息金额。

**二、辅助费用资本化金额的确定**

辅助费用是企业为取得借款而发生的各项费用,包括借款手续费、承诺费、佣金等。它是借款费用的组成部分。辅助费用的具体处理原则是:

(1)因安排专门借款而发生的辅助费用,属于在所购建或者生产的符合资本化条件的资产达到预定可使用或者可销售状态前发生的,应当在发生时根据其发生额予以资本化;属于在所购建或者生产的符合资本化条件的资产达到预定可使用或者可销售状态后发生的,应当在发生时确认为费用,计入当期损益。

需要说明的是,上述资本化或计入当期损益的辅助费用的发生额,是根据《企业会计准则 22 号——金融工具确认和计量》,按照实际利率法所确定的金融负债交易费用对每期利息费用的调整额。借款实际利率与合同利率差异较小的,也可以采用合同利率计算确定利息费用。

(2)因安排一般借款而发生的辅助费用,也应当按照上述原则确定其发生额,并进行相应的处理。

**三、汇兑差额资本化金额的确定**

当企业为购建固定资产而借入的专门借款是外币借款时,由于外汇汇率的变动,由此产生外币专门借款本金及利息的汇兑差额,在资本化期间内,应当按照其实际发生额予以资本化,计入符合资本化条件的资产成本。除外币专门借款以外的其他外币借款本金及利息所产生的汇兑差额应当作为财务费用,全部计入当期损益。

**【例 13-4】**　某公司为建造一项工程于 20×7 年 1 月 1 日专门以面值发行美元公司债券 2 000 万元,年利率 8%,期限 5 年,该债券每年 12 月 31 日支付当年利息,到期还本。工程于 20×7 年 1 月 1 日开始建造,20×8 年 6 月 30 日完工,达到预定可使用状态,期间发生的资产支出如下:

20×7 年 1 月 1 日,支出 400 万美元:

20×7 年 7 月 1 日,支出 1 000 万美元;

20×8 年 1 月 1 日,支出 600 万美元。

该公司记账本位币为人民币,外币业务采用外币业务发生时当日的即期汇率折算。假定 20×7 年 1 月 1 日、20×7 年 7 月 1 日、20×8 年 1 月 1 日的即期汇率均为 1 美元=7.20 元人民币;20×7 年 12 月 31 日的即期汇率为 1 美元=7.25 元人民币;20×8 年 6 月 30 日的即期汇率为 1 美元=7.30 元人民币。

该公司其账务处理如下:

第一,20×7 年。

(1) 1 月 1 日,发行美元债券:

借:银行存款——美元户(US$ 20 000 000×7.20)　　　　 144 000 000
　　贷:应付债券——美元户(面值)　　　　　　　　　　　　　 144 000 000

(2) 1 月 1 日,发生美元支出:

借:在建工程(US$ 4 000 000×7.20)　　　　　　　　　　 28 800 000
　　贷:银行存款——美元户　　　　　　　　　　　　　　　　　 28 800 000

(3) 7 月 1 日,发生美元支出:

借:在建工程(US$ 10 000 000×7.20)　　　　　　　　　 72 000 000
　　贷:银行存款——美元户　　　　　　　　　　　　　　　　　 72 000 000

(4) 12 月 31 日,计提债券利息,计算借款费用资本化金额,并支付当年利息:

① 外币借款利息资本化金额=US$ 20 000 000×8‰×7.25

　　　　　　　　　　　　 =US$ 1 600 000×7.25=11 600 000(元)

② 汇兑差额资本化金额=US$ 20 000 000×(7.25−7.20)+US$ 1 600 000

　　　　　　　　　　 ×(7.25−7.25)

　　　　　　　　 =1 000 000+0

　　　　　　　　 =1 000 000(元)

③ 作会计分录:

借:在建工程　　　　　　　　　　　　　　　　　　　　　　 12 600 500
　　贷:应付债券——美元户(面值)　　　　　　　　　　　　　　 1 000 000
　　　　应付利息——美元户　　　　　　　　　　　　　　　　　 11 600 000

借:应付利息——美元户　　　　　　　　　　　　　　　　　 11 600 000
　　贷:银行存款——美元户　　　　　　　　　　　　　　　　　 11 600 000

第二,20×8 年。

(1) 1 月 1 日,发生美元支出:

| | |
|---|---|
| 借:在建工程(US$ 6 000 000×7.20) | 43 200 000 |
| 贷:银行存款——美元户 | 43 200 000 |

(2) 6 月 30 日,计提债券利息,计算借款费用资本化金额:

① 外币借款利息资本化金额=US$ 20 000 000×8%×6÷12×7.30

$$=US\$\ 800\ 000×7.30=5\ 840\ 000(元)$$

② 汇兑差额资本化金额=US$ 20 000 000×(7.30−7.25)+

$$+US\$\ 800\ 000×(7.30−7.30)$$

$$=1\ 000\ 000+0=1\ 000\ 000(元)$$

③ 作会计分录:

| | |
|---|---|
| 借:在建工程 | 6 840 000 |
| 贷:应付债券——美元户(面值) | 1 000 000 |
| 应付利息——美元户 | 5 840 000 |
| 借:固定资产 | 163 440 000 |
| 贷:在建工程 | 163 440 000 |

# 复习思考题

## 一、简答题

1. 何谓借款费用? 其包含哪些内容?
2. 借款费用可予资本化的资产范围和借款范围各是什么?
3. 简述借款利息、折价或溢价摊销、辅助费用和汇兑差额的确认原则。
4. 分别说明借款费用允许开始资本化、暂停资本化、停止资本化的条件。
5. 需要在财务报告中披露的与借款费用有关的信息是什么?

## 二、解释重要名词和术语

借款费用 辅助费用 专门借款 一般借款 正常中断 非正常中断
累计支出加权平均数 资本化率 资本化期间

## 三、单项选择题

1. 下列资产中,借款费用不可予以资本化的是( )。

    A. 存货        B. 固定资产     C. 无形资产     D. 长期投资

2. 企业用专门借款购建固定资产发生非正常中断 120 天,在此期间发生的借款费用应当计入( )。

    A. 固定资产成本            B. 财务费用

    C. 长期待摊费用            D. 清算损益

3. 下列应该予以资本化的借款费用是( )。

    A. 流动资金借款的利息

    B. 为投资借款发生的利息

    C. 为安排专门借款发生的辅助费用

    D. 外币长期借款本金及利息的汇兑差额

4. 某企业为购建固定资产,在 20×7 年 1 月 1 日借入 2 000 万元的长期借款,年利率 6%;同年 4 月 1 日为购买存货取得长期借款 1 000 万元,年利率 5%;同年 9 月 1 日为购买债券取得长期借款 2 000 万元,年利率 8%,则 20×7 年专门借款的资本化率为( )。

    A. 6%        B. 7.5%       C. 5.8%       D. 7.2%

5. 借款费用可予以资本化的借款范围是( )。

    A. 流动资金借款           B. 为购建固定资产专门借款

    C. 投资借款               D. 为购入专利权借款

6. 专门借款所发生的借款费用,在计算应予以资本化金额时,需要扣除的金额是( )。

    A. 利息                B. 折旧摊销额

    C. 溢价摊销额            D. 闲置借款资金的利息收入

7. 当所购建的固定资产( )时,借款费用应当停止资本化。

    A. 办理竣工决算            B. 交付使用

    C. 非正常中断 4 个月      D. 达到预定可使用状态

8. 企业在正常中断期间发生的专门借款利息应当计入( )。

    A. 长期待摊费用            B. 财务费用

    C. 在建工程               D. 清算损益

9. 某企业 20×7 年 1 月 1 日为购建固定资产取得专门借款 1 000 万元,期限两年,年利率 6%。该固定资产于 3 月 1 日开始建造,当年投入资金 800

万元,尚未动用资金用于短期投资,取得投资收益 2 万元。则 20×7 年应予以资本化的借款费用为(　　)万元。

  A. 50      B. 48      C. 40      D. 60

  10. 企业在购建固定资产过程中,由于非正常原因发生中断,且时间超过 3 个月的,则中断期间发生的借款费用应当计入(　　)。

  A. 财务费用        B. 其他业务成本

  C. 在建工程        D. 生产成本

## 四、多项选择题

  1. 借款费用是指企业借入资金所付出的代价,包括(　　)。

  A. 长期借款利息       B. 发行债券手续费

  C. 发行股票印刷费      D. 债券折价或溢价摊销

  E. 外币借款本金及利息的汇兑差额

  2. 下列专门借款费用中,允许资本化的内容包括(　　)。

  A. 在允许资本化期间发生的利息

  B. 与资本支出相挂钩的部分借款利息

  C. 在允许资本化期间发生的与资产支出相挂钩的借款利息

  D. 在资产达到预定可使用状态前所发生的辅助费用

  E. 在允许资本化期间发生的外币借款汇兑差额

  3. 借款费用允许开始资本化的条件包括(　　)。

  A. 资产支出已经发生     B. 借款费用已经发生

  C. 借款协议已经签订     D. 资产已经购置

  E. 为使资产达到预定可使用状态所必要的购建活动已经开始

  4. 借款费用暂停资本化需要满足的条件有(　　)。

  A. 发生正常中断       B. 发生非正常中断

  C. 中断时间不满 3 个月    D. 中断时间超过 3 个月

  E. 发生了可预见的不可抗力事件

  5. 按我国企业会计准则规定,下列费用中,不能予以资本化的有(　　)。

  A. 筹建期间发生的长期借款利息

  B. 生产经营期间发生的流动资金借款利息

  C. 为购建固定资产专门借款利息

  D. 为发行企业债券支付的印刷费

  E. 外币专门借款的汇兑差额

6. 当存在下列情况之一时,可认为所购建的固定资产已达到预定可使用状态的有( )。

    A. 固定资产的实体建造(包括安装)工作已经全部完成或者实质上已经完成

    B. 所购建的固定资产与设计要求或者合同要求基本相符

    C. 所购建的固定资产有部分地方与设计或者合同要求不符

    D. 继续发生在所购建固定资产上的支出金额尚需一部分

    E. 继续发生在所购建固定资产上的支出金额很少

7. 根据我国企业会计准则规定,下列表述中,正确的有( )。

    A. 购建固定资产过程中因业务需要发生正常停工,且时间超过3个月的,应当暂停借款费用资本化

    B. 某项固定资产已部分达到预定可使用状态,且该部分可独立提供使用,则这部分资产发生的借款费用应当停止资本化

    C. 某项固定资产已部分完工,但必须待整体完工后方可使用,需待整体完工后才可停止借款费用资本化

    D. 固定资产购建活动发生非正常中断,且中断时间连续超过3个月的,应当暂停借款费用资本化

    E. 当所购建的固定资产办理了竣工决算,并交付使用时,应当停止借款费用资本化

8. 资本化支出已经发生,是指( )。

    A. 为购建固定资产支付了库存现金    B. 转移了非库存现金资产

    C. 为购建固定资产承担了债务        D. 借款费用已经支付

    E. 为购建固定资产发行债券

9. 企业应当在财务报告中披露与借款费用有关的信息是( )。

    A. 当期资本化的借款费用金额

    B. 当期已计入固定资产成本的借款费用明细情况

    C. 当期用于确定资本化金额的资本化率

    D. 分别披露每项固定资产的资本化率和资本化金额

    E. 合并披露各项固定资产的资本化率和资本化金额

10. 企业发生的借款费用,可以记入"财务费用"账户的有( )。

    A. 筹建期间发生的长期借款利息

    B. 清算期间发生的借款利息

    C. 流动资金借款而发生的借款费用

D. 金额较小的专门借款发生的辅助费用

E. 固定资产购建过程中,发生非正常中断 4 个月的专门借款利息

## 五、判断题

1. 我国会计制度规定,凡是筹建期间发生的长期借款利息,一律计入长期待摊费用。　　　　　　　　　　　　　　　　　　　　　　(　　)

2. 企业因专门借款所发生的借款费用,都可予以资本化,计入所购建的固定资产成本。　　　　　　　　　　　　　　　　　　　　　　(　　)

3. 当专门借款发生的辅助费用,只要在所购建的固定资产达到预定可使用状态前,都可予以资本化。　　　　　　　　　　　　　　　　(　　)

4. 专门借款利息资本化金额的计算,应当以借款本金及利率作为计算的基础。　　　　　　　　　　　　　　　　　　　　　　　　　　(　　)

5. 如果为购建固定资产借入了一笔以上的专门借款,则资本化率应为这些借款的加权平均利率。　　　　　　　　　　　　　　　　　(　　)

6. 如果所购建固定资产的各部分分别完工,应当在完工时,停止该部分资产借款费用的资本化。　　　　　　　　　　　　　　　　　(　　)

7. 如果企业为购建固定资产而专门发行的债券存在折价或者溢价情况,应当按该债券的票面利率作为资本化率。　　　　　　　　　(　　)

8. 凡固定资产购建过程中发生中断,其中断期间发生的借款费用,应当暂停资本化。　　　　　　　　　　　　　　　　　　　　　(　　)

9. 因专门借款发生的辅助费用和汇兑差额在符合资本化条件下,可以按照实际发生额予以资本化。　　　　　　　　　　　　　　　(　　)

10. 当期资本化的借款费用金额不得超过该期间实际发生的借款费用金额。　　　　　　　　　　　　　　　　　　　　　　　　　　(　　)

## 六、练习题

1. 目的　　练习利息资本化的会计处理。

**资料**

1) 华丽公司于 20×7 年 1 月 1 日用专门借款开工建造一幢厂房,于 20×7 年 12 月 31 日全部完工,并可投入使用。全年发生的资产支出如下:

(1) 1 月 1 日,支出 500 万元。

(2) 4 月 1 日,支出 300 万元。

(3) 7 月 1 日,支出 200 万元。

(4) 11 月 1 日,支出 600 万元。

2) 为建造厂房专门借入的款项有两笔:

(1) 20×7 年 1 月 1 日,借入专门借款 1 000 万元,年利率 6%,期限 2 年,按年支付利息。

(2) 20×7 年 10 月 1 日,借入专门借款 800 万元,年利率 8%,期限 3 年,按年支付利息。

当年,该公司将尚未动用的借款资金存入银行的利息收入为 3 万元。

**要求** 计算资本化金额,并作会计分录。

**2. 目的** 练习借款费用资本化的会计处理。

**资料**

1) 兴业公司 20×7 年为扩建厂房(包括建造一座办公楼,一个车间和一个食堂),分别向银行借入两笔专门借款:

(1) 20×7 年 1 月 1 日,向银行借入专门借款 5 000 万元,年利率 6%,期限 2 年,按年支付利息。

(2) 20×7 年 8 月 1 日,向银行借入专门借款 2 500 万元,年利率 8%,期限 3 年,按年支付利息。

2) 扩建厂房于 20×7 年 1 月 1 日开工,工程期间发生的资产支出如下:

(1) 20×7 年 1 月 1 日,支出 1 500 万元。

(2) 20×7 年 2 月 1 日,支出 1 000 万元。

(3) 20×7 年 3 月 1 日,因施工发生安全事故,工程被迫停工。

(4) 20×7 年 7 月 1 日,工程重新开工,并支出 1 000 万元。

(5) 20×7 年 8 月 1 日,支出 1 500 万元。

(6) 20×7 年 10 月 1 日,支出 800 万元。

(7) 20×7 年 12 月 1 日,支出 1 000 万元。

(8) 20×8 年 2 月 1 日,支出 600 万元。

该扩建工程的整体建造于 20×8 年 6 月 30 日完工,其中食堂的建造工程于 20×7 年 12 月 31 日达到预定可使用状态,并可单独使用(其累计资产支出 2 000 万元,动用的借款资金均为 20×7 年 1 月 1 日借入的)。

该公司将闲置的专门借款资金存入银行,取得的利息收入分别为 20×7 年上半年 10 万元,20×7 年下半年 8 万元,20×8 年上半年 0.5 万元。

**要求** 按半年期计算扩建厂房应予资本化的利息金额,并作会计分录。

**3. 目的** 练习外币借款汇兑差额资本化的会计处理。

**资料** 联谊公司为外商投资企业,以人民币为记账本位币。20×7 年 1 月

1 日为安装一条生产流水线,向银行借入 3 年期美元借款 360 万美元,年利率 8%,假定该企业采用业务发生时即期汇率折算外币业务,借款当日汇率为 1 美元＝7.20 元人民币。该生产线于当年 1 月 1 日开始安装,12 月 31 日安装完毕。安装期间,发生的资产支出如下:

(1) 1 月 1 日,支出 180 万美元,当日汇率 1 美元＝7.20 元人民币。

(2) 5 月 1 日,支出 120 万美元,当日汇率 1 美元＝7.25 元人民币。

(3) 9 月 1 日,支出 60 万美元,当日汇率 1 美元＝7.29 元人民币。

假如 12 月 31 日汇率 1 美元＝7.30 元人民币,借款利息按年于每年末支付。

**要求**  计算借款费用资本化金额,并作必要的会计分录。

4. **目的**  练习利息资本化的会计处理。

**资料**  达华公司于 20×7 年 1 月 1 日动工兴建一办公楼,工程采用出包方式,每半年支付一次工程进度款。工程于 20×8 年 6 月 30 日完工,达到预定可使用状态。

1) 该建造工程资产支出如下:

(1) 20×7 年 1 月 1 日,支出 1 500 万元。

(2) 20×7 年 7 月 1 日,支出 2 500 万元。

(3) 20×8 年 1 月 1 日,支出 1 500 万元。

该公司为建造办公楼于 20×7 年 1 月 1 日专门借款 2 000 万元,借款期限为 3 年,年利率为 8%,除此之外,无其他专门借款。

2) 办公楼的建造还占用一般借款:

(1) A 银行长期贷款 2 000 万元,期限为 20×6 年 12 月 1 日至 20×9 年 12 月 1 日,年利率为 6%,按年支付利息。

(2) 发行公司债券 1 亿元,发行日为 20×6 年 1 月 1 日,期限为 5 年,年利率为 8%,按年支付利息。

该公司将尚未动用的专门借款资金用于固定收益债券的短期投资,假定短期投资月收益率为 0.5%。

假设全年按 360 天,每月按 30 天计算。

**要求**  按年计算借款费用资本化金额,并作会计分录。

# 第十四章 变更、调整和或有事项

## 第一节 会计政策、会计估计变更和差错更正

### 一、会计政策及其变更

（一）会计政策内容

会计政策是指企业在会计确认、计量和报告中所采用的原则、基础和会计处理方法。其中，企业所采用的原则，是指对发生的交易或事项进行会计处理时所遵循的我国《企业会计准则——基本准则》中，反映会计信息质量要求所规定的原则，如客观性原则、重要性原则和谨慎性原则等；企业所采用的基础，是指会计的计量基础；企业所采用的会计处理方法，是指在企业会计准则所规定的各种可选择的会计处理方法中选择适合于企业的会计处理方法，如存货发出的计价是采用先进先出法还是加权平均法等。企业所采用的会计计量基础也属于会计政策。会计政策是企业会计核算的直接依据，企业应根据自身的经营特点和管理要求，选择确定最适合的会计政策反映其财务状况和经营成果。

企业应当披露的重要会计政策包括：

（1）存货发出成本所采用的方法、可变现净值的确定方法，以及存货跌价准备的计提方法。

（2）投资性房地产的计量模式，采用公允价值模式的，其公允价值的确定依据和方法。

（3）固定资产的确定条件、计量基础和折旧方法。

（4）无形资产使用寿命有限或不确定的估计情况或判断依据，无形资产的摊销方法，以及判断无形资产支出满足资本化条件的依据。

（5）资产或资产组可收回金额的确定方法和所采用的各关键假设及其依据，以及分摊商誉到不同资产组采用的关键假设及其依据。

（6）股份支付中，权益工具公允价值确定方法。

（7）债务重组中，各方对受让方转让的非现金资产的公允价值、由债权与债务转成的股份的公允价值和修改其他债务条件后债权与债务的公允价值的确定方法及依据。

（8）收入确认所采用的会计政策，包括确定提供劳务交易完工进度的方法。

（9）建造合同完工进度确定的方法。

（10）所得税中确认递延所得税资产的依据。

（11）外币折算中，企业及其境外经营选定的记账本位币及其选定的原因，记账本位币发生变更的理由。

（12）租赁业务中，承租人分摊未确认融资费用和出租人分配未实现融资收益所采用的方法。

（13）企业合并中，属于同一控制下企业合并的判断依据，以及属于非同一控制下企业合并成本的公允价值的确定方法。

（14）其他，如生物资产、金融工具等有关会计政策的说明。

（二）会计政策变更的条件和会计处理方法

1. 会计政策变更的条件

会计政策变更，是指企业对相同的交易或事项，由原来采用的会计政策改用另一种会计政策的行为。一般情况下，为保证会计信息的可比性，企业应当保持前后各期采用相同的会计政策，不得随意变更会计政策。但是满足下列条件之一的，可以变更会计政策：

（1）法律或行政法规或者国家统一的会计制度等要求变更。

（2）会计政策变更能够提供更为可靠、更为相关的会计信息。

但以下情况不属于会计政策变更：

一是本期发生的交易或事项与以前相比具有本质差别，而采用新的会计政策。如企业本年度签订新的固定资产租赁合同，将原来采用经营租赁改为现在的融资租赁，而经营租赁和融资租赁有着本质区别，在这种情况下改变会计处理方法，不属于会计政策变更。

二是对初次发生的或不重要的交易或事项采用新的会计政策。如企业第一次承接了一项建造业务，采用完工百分比法确认收入，就不属于会计政策变更。

2. 会计政策变更的会计处理方法

企业应根据下列不同情况，对会计政策变更采用不同的会计处理方法。

（1）根据法律、行政法规或者国家统一的会计制度等要求变更会计政策的,应当按照国家相关会计规定执行。

(2) 会计政策变更能够提供更可靠、更相关的会计信息的,应当采用追溯调整法处理。

所谓追溯调整法,是指对某项交易或事项变更会计政策,视同该项交易或事项初次发生时即采用变更后的会计政策,并以此对财务报表相关项目进行调整的方法。

企业在采用追溯调整法对会计政策变更的事项进行处理时,应当分以下三个层次:

① 将会计政策变更累积影响数调整列报前期最早期初留存收益,其他相关项目的期初余额和列报前期披露的其他比较数据也应当一并调整,但确定该项会计政策变更累积影响数不切实可行的除外。

会计政策变更的累积影响数,是指按照变更后的会计政策对以前各期追溯计算的列报前期最早期初留存收益应有金额与现有金额之间的差额,包括期初未分配利润和盈余公积。

通常,可以通过以下各步计算取得会计政策变更的累积影响数:

一是根据新的会计政策重新计算受影响的前期交易或事项。

二是计算两种会计政策下的差异。

三是计算差异的所得税影响金额。

四是确定前期中每一期的税后差异。

五是计算会计政策变更的累积影响数。

根据计算得出的会计政策变更的累积影响数进行相关的账务处理。

然后,调整报表的相关项目,并进行附注说明。

② 确定会计政策变更对列报前期影响数不切实可行的,应当从可追溯调整的最早期间期初开始应用变更后的会计政策。

③ 在当期期初确定会计政策变更对以前各期累积影响数不切实可行的应当采用未来适用法处理。

未来适用法,是指将变更后的会计政策应用于变更日及以后发生的交易或者事项,或者在会计估计变更当期和未来期间确认会计估计变更影响数的方法。

【例 14-1】 某企业自建一幢办公楼,于 20×4 年 12 月建造完工,达到预定可使用状态。该办公楼建造成本 6 000 万元,折旧年限 20 年(与税法规定一致)。20×5 年 1 月,该办公楼经营出租给其他单位使用,采用成本模式进行后续计量。20×7 年 1 月 1 日,由于该办公楼所在地存在活跃的房地产交易市场,其公允价值能够可靠取得,而且采用公允价值计量能够提供更可靠、更相关的会计信息。因此,从此日开始对该办公楼的后续计量由原来的成本模式转换为公允价值模式,假设 20×5 年、20×6 年 12 月 31 日该办公楼的公允价值分别为 6 000 万元、8 000 万元,该公司所得税税率为 25%,并按净利润 10%提取法定盈余公积。

根据我国《企业会计准则第 3 号——投资性房地产》规定,投资性房地产的后续计量由成本模式转换为公允价值模式的,应作为会计政策变更,因此,需进行追溯调整如下:

(1) 计算累积影响数,如图表 14-1 所示。

(图表 14-1)

**累积影响数计算表**　　　　　　　　　　　　　　单位:万元

| 年　　份 | 成本模式影响损益 | 公允价值模式影响损益 | 税前影响 | 所得税影响 | 税后影响 |
|---|---|---|---|---|---|
| 20×5 | −300 | | +300 | +75 | +225 |
| 20×6 | −300 | +2 000 | +2 300 | +575 | +1 725 |
| 合　　计 | −600 | +2 000 | +2 600 | +650 | +1 950 |

(2) 作相关的账务处理。

① 调整资产的账面价值:

| | |
|---|---|
| 借:投资性房地产——成本 | 60 000 000 |
| 　　　　　　——公允价值变动 | 20 000 000 |
| 　投资性房地产累计折旧 | 6 000 000 |
| 　贷:投资性房地产 | 60 000 000 |
| 　　利润分配——未分配利润 | 26 000 000 |

② 确认应纳税暂时性差异的所得税影响:

| | |
|---|---|
| 借:利润分配——未分配利润 | 6 500 000 |
| 　贷:递延所得税负债 | 6 500 000 |

③ 调整盈余公积:

| | |
|---|---|
| 借:利润分配——未分配利润 | 1 950 000 |
| 　贷:盈余公积 | 1 950 000 |

(3) 调整相关财务报表的列报数如图表 14-2 至图表 14-4 所示。

(图表 14-2)

### 资产负债表（部分）

20×7年1月31日 单位：元

| 资产 | 年 初 数 | | | 负债和所有者权益 | 年 初 数 | | |
|---|---|---|---|---|---|---|---|
| | 调整前 | 调增（减） | 调整后 | | 调整前 | 调增（减） | 调整后 |
| 投资性房地产 | 60 000 000 | 20 000 000 | 80 000 000 | 递延所得税负债 | 3 000 000 | 6 500 000 | 9 500 000 |
| 投资性房地产累计折旧 | 6 000 000 | （6 000 000） | 0 | 盈余公积 | 4 000 000 | 1 950 000 | 5 950 000 |
| …… | | | | 未分配利润 | 5 360 000 | 17 550 000 | 22 910 000 |

(图表 14-3)

### 利 润 表（部分）

20×7年 单位：元

| 项 目 | 上 年 数 | | |
|---|---|---|---|
| | 调整前 | 调增（减） | 调整后 |
| 一、营业收入 | | — | |
| 减：营业成本 | 783 000 000 | （3 000 000） | 780 000 000 |
| …… | | | |
| 加：公允价值变动净收益 | 4 000 000 | 20 000 000 | 24 000 000 |
| 二、营业利润 | 75 000 000 | 23 000 000 | 98 000 000 |
| …… | | | |
| 三、利润总额 | 64 000 000 | 23 000 000 | 87 000 000 |
| 减：所得税费用 | 20 120 000 | 5 750 000 | 25 870 000 |
| 四、净利润 | 43 380 000 | 17 250 000 | 60 630 000 |

(图表 14-4)

### 所有者权益变动表（部分）

20×7年 单位：元

| 项 目 | 本年金额（调整数） | | | 上年金额（调整数） | | |
|---|---|---|---|---|---|---|
| | 盈余公积 | 未分配利润 | 所有者权益合计 | 盈余公积 | 未分配利润 | 所有者权益合计 |
| 一、上年年末余额 | — | — | — | — | — | — |

（续表）

| 项　　目 | 本年金额（调整数） | | | 上年金额（调整数） | | |
|---|---|---|---|---|---|---|
| | 盈余公积 | 未分配利润 | 所有者权益合计 | 盈余公积 | 未分配利润 | 所有者权益合计 |
| 1. 会计政策变更 | 1 926 000 | 17 334 000 | 19 260 000 | 201 000 | 1 809 000 | 2 010 000 |
| 2. 前期差错更正 | — | — | — | — | — | — |
| 二、本年年初余额 | 1 926 000 | 17 334 000 | 19 260 000 | 201 000 | 1 809 000 | 2 010 000 |
| 三、本年增减变动金额 | | | | 1 725 000 | 15 525 000 | 17 250 000 |
| （一）本年净利润 | | | | — | 17 250 000 | 17 250 000 |
| …… | | | | | | |
| （四）本年利润分配 | | | | 1 725 000 | （1 725 000） | |
| 1. 提取盈余公积 | | | | 1 725 000 | （1 725 000） | |
| 2. 对所有者的分配 | | | | | — | |
| 四、本年年末余额 | | | | 1 926 000 | 17 334 000 | 19 260 000 |

（三）会计政策变更的披露

企业应当在附注中披露与会计政策变更有关的下列信息：

（1）会计政策变更的性质、内容和原因。

（2）当期和各个列报前期财务报表中受影响的项目名称和调整金额。

（3）无法进行追溯调整的，说明该事实和原因以及开始应用变更后的会计政策的时点、具体应用情况。

对［例14-1］的会计政策变更情况，应当在附注中作如下说明：

本公司为了提供更可靠、更相关的会计信息，从20×7年1月1日开始，对经营出租的写字楼由原来的成本模式改用公允价值模式进行后续计量。根据追溯调整法调整计算，该会计政策变更累积影响税前利润为2 600万元，递延所得税负债为650万元，所得税后利润影响金额为1 950万元。为此，调增投资性房地产年初数为2 000万元，调减投资性房地产累计折旧年初数为600

万元;调增 20×6 年度公允价值变动净收益、所得税费用和净利润分别为 2 000
万元、575 万元和 1 725 万元,调减 20×6 年度营业成本为 300 万元;调增
20×6 年度提取盈余公积 172.5 万元,以及调增 20×6 年年末盈余公积 192.6
万元、未分配利润 1 733.40 万元、所有者权益总额 1 926 万元。

## 二、会计估计及其变更

（一）会计估计及其变更的含义

会计估计是指企业对其结果不确定的交易或事项,以最近可利用的信息
为基础所作的估计。一般来说,企业需要进行会计估计的事项有:固定资产的
使用年限和净残值、坏账准备、存货可变现净值、无形资产使用寿命等等。

但是,随着时间的推移,企业据以进行估计的基础可能发生变化,或者取得
了新的信息,积累了更多的经验,以及后来的发展变化,就有可能需要对会计估
计进行修订。因此,会计估计变更,是指由于资产和负债的当前状况及预期经济
利益和义务发生了变化,从而对资产或负债的账面价值或者资产的定期消耗金
额进行调整。例如,原估计某种型号的固定资产可使用 20 年,但由于技术进
步,又有新的型号替代品出现,原有型号的固定资产在逐步淘汰,因此,其折旧
年限就要相应缩短。又如,企业根据原有信息和经验,对应收账款按 3% 提取
坏账准备,但根据最新的信息和经验,不能收回的应收账款已达 5%,所以就需
要改按 5% 计提坏账准备。企业对会计估计进行变更,其依据应当真实、可靠。

（二）会计估计变更的会计处理

企业对会计估计变更,应当采用未来适用法。如果会计估计变更仅影响
变更当期的,其影响数应当在变更当期予以确认,如坏账准备的计提。如果会
计估计变更既影响当期又影响未来期间的,其影响数应当在变更当期和未来
期间予以确认,如固定资产折旧的年限变更。会计估计变更的影响数应当计
入变更当期与前期相同的项目中。

【例 14-2】 某公司 20×3 年 12 月购入一套管理用设备,原始价值 128 000
元,当时预计可使用 10 年,预计净残值 8 000 元,采用直线法计提折旧。由于技
术进步及现代化管理要求,于 20×7 年 1 月将折旧年限改为 5 年,预计净残值改
为 5 000 元,该公司所得税税率为 25%。企业采用未来适用法处理如下:

（1）该设备至 20×6 年 12 月已提折旧 3 年,累计折旧金额为:

$$\frac{128\,000-8\,000}{10}\times 3=36\,000(元)$$

（2）20×7 年 1 月开始,该设备的每年折旧金额为:

$$\frac{(128\,000-36\,000)-5\,000}{5-3}=43\,500(元)$$

编制会计分录为：

借：管理费用        43 500

  贷：累计折旧        43 500

值得说明的是：在实际工作中，有时很难区分会计政策变更和会计估计变更，根据我国会计准则规定，企业难以对某项变更区分为会计政策变更或会计估计变更的，应当将其按会计估计变更进行处理。

（三）会计估计变更的披露

企业对于会计估计变更，应当在附注中披露以下有关信息：

（1）会计估计变更的内容和原因。

（2）会计估计变更对当期和未来的影响数。

（3）会计估计变更的影响数不能确定的，披露这一事实和原因。

对[例14-2]的会计估计变更情况，应在附注中作如下说明：

本公司一套管理用设备原始价值 128 000 元，原预计使用 10 年，预计净残值 8 000 元，采用直线法计提折旧。因技术进步及现代化管理要求，于 20×7 年 1 月将折旧年限改为 5 年，预计净残值改为 5 000 元。由于此项会计估计变更，本公司本年度净利润减少了 23 625 元[(43 500－12 000)×(1－25%)]。

**三、前期差错及其更正**

（一）前期差错的含义

前期差错是指由于没有运用或错误运用下列两种信息，而对前期财务报表造成省略或错报。

（1）编报前期财务报表时预期能够取得并加以考虑的可靠信息。

（2）前期财务报告批准报出时能够取得的可靠信息。

在实际工作中，根据前期差错产生的原因，前期差错通常包括计算错误、应用会计政策错误、疏忽或曲解事实以及舞弊产生的影响，以及固定资产盘盈等。

（二）前期差错更正的会计处理

企业对发生的前期差错，应当采用如下方法进行更正：

（1）对重要的前期差错，应当采用追溯重述法进行更正。

所谓追溯重述法，是指在发现前期差错时，视同该项前期差错从未发生过，从而对财务报表相关项目进行更正的方法。其会计处理与追溯调整法相同。

对于不重要的前期差错，可以采用未来适用法更正。

前期差错的重要程度,应根据差错的性质和金额加以具体判断。

（2）确定前期差错影响数不切实可行的,可以从可追溯重述的最早期间开始调整留存收益的期初余额,也可以采用未来适用法。

（3）企业应当在重要的前期差错发现当期的财务报表中,调整前期比较数据。

**【例 14-3】** 某公司 20×7 年 12 月发现 2006 年将应计入工程成本的利息费用 500 000 元,计入了财务费用,该公司的所得税税率为 25％,并按净利润的 10％提取法定盈余公积。

对该项重要的前期差错,应采用追溯重述法作更正处理如下:

（1）调整利息费用:

借:在建工程 500 000
　　贷:以前年度损益调整 500 000

（2）调整应交所得税:

借:以前年度损益调整 125 000
　　贷:应交税费——应交所得税 125 000

（3）结转以前年度损益调整余额:

借:以前年度损益调整 375 000
　　贷:利润分配——未分配利润 375 000

（4）调整提取盈余公积:

借:利润分配——未分配利润 37 500
　　贷:盈余公积 37 500

（5）调整当期财务报表中的前期比较数据,如图表 14-5 至图表 14-7 所示。

（图表 14-5）

**资产负债表**(部分)

编制单位:×公司　　　　　　　　20×7 年 12 月 31 日　　　　　　　　单位:元

| 资　产 | 年　初　数 | | | 负债和所有者权益 | 年　初　数 | | |
|---|---|---|---|---|---|---|---|
| | 调整前 | 调增(减) | 调整后 | | 调整前 | 调增(减) | 调整后 |
| 在建工程 …… | 2 000 000 | 500 000 — — | 2 500 000 | 应交税费 盈余公积 未分配利润 | 5 000 100 000 120 000 | 125 000 37 500 337 500 | 130 000 137 500 457 500 |

（图表 14-6）

## 利 润 表（部分）

编制单位：×公司　　　　　　　　　20×7年度　　　　　　　　　单位：元

| 项　　目 | 上　年　数 | | |
|---|---|---|---|
| | 调　整　前 | 调　增（减） | 调　整　后 |
| 减：管理费用 | 250 000 | — | 250 000 |
| 　　财务费用 | 600 000 | −500 000 | 100 000 |
| 三、营业利润 | 2 100 000 | 500 000 | 2 600 000 |
| 　　…… | | — | |
| 四、利润总额 | 2 350 000 | 500 000 | 2 850 000 |
| 减：所得税费用 | 940 000 | 125 000 | 1 065 000 |
| 五、净利润 | 1 410 000 | 375 000 | 1 785 000 |

（图表 14-7）

## 所有者权益变动表（部分）

20×7年　　　　　　　　　　　　　　　　　　　　　　　单位：元

| 项　　目 | 本年金额（调整数） | | | 上年金额（调整数） | | |
|---|---|---|---|---|---|---|
| | 盈余公积 | 未分配利润 | 所有者权益合计 | 盈余公积 | 未分配利润 | 所有者权益合计 |
| 一、上年年末余额 | — | — | — | | | |
| 1. 会计政策变更 | — | — | — | | | |
| 2. 前期差错更正 | 37 500 | 337 500 | 375 000 | | | |
| 二、本年年初余额 | 37 500 | 337 500 | 375 000 | | | |
| 三、本年增减变动金额 | | | | 37 500 | 337 500 | 375 000 |
| （一）本年净利润 | | | | — | 375 000 | 375 000 |
| 　　…… | | | | | | |
| （四）本年利润分配 | | | | 37 500 | （37 500） | — |
| 1. 提取盈余公积 | | | | 37 500 | （37 500） | — |
| 2. 对所有者的分配 | | | | | | |
| 　　…… | | | | | | |
| 四、本年年末余额 | 37 500 | 337 500 | 375 000 | 37 500 | 337 500 | 375 000 |

（三）前期差错更正的披露

企业应当在附注中披露与前期差错更正有关的下列信息：

（1）前期差错的性质。

（2）各个列报前期财务报表中受影响的项目名称和更正金额。

（3）无法进行追溯重述的，说明该事实和原因以及对前期差错开始进行更正的时点，具体更正情况。

如［例 14-3］的前期差错更正情况，应在附注中作如下说明：

本年度发现 20×6 年将应计入工程成本的利息费用 500 000 元，计入了财务费用，已采用追溯重述法进行了更正，并对各个列报前期财务报表中受影响的项目全部作了相应的调整。调增了 20×7 年在建工程、应交税费和盈余公积的年初数分别为 500 000 元、125 000 元和 37 500 元。调减 20×6 年财务费用 500 000 元，调增 20×6 年未分配利润和所有者权益总额分别为 337 500 元和 375 000 元。

# 第二节  资产负债表日后事项

## 一、资产负债表日后事项的内容

资产负债表日后事项是指自年度资产负债表日至财务报告批准报出日之间发生的有利或不利的事项。

资产负债表日后事项包括两类：一类是资产负债表日后调整事项；另一类是资产负债表日后非调整事项。

1. 资产负债表日后调整事项

资产负债表日后调整事项，是指对资产负债表日已经存在的情况提供了新的或进一步证据的事项。

企业发生的资产负债表日后调整事项，通常包括下列各项：

（1）资产负债表日后诉讼案件结案，法院判决证实了企业在资产负债表日已经存在现时义务，需要调整原先确认的与该诉讼案件相关的预计负债，或确认一项新的负债。

（2）资产负债表日后取得确凿证据，表明某项资产在资产负债表日发生了减值或者需要调整该项资产原先确认的减值金额。

（3）资产负债表日后进一步确定了资产负债表日前购入资产的成本或售出资产的收入。

（4）资产负债表日后发现了财务报表舞弊或差错。

2. 资产负债表日后非调整事项

资产负债表日后非调整事项，是指表明资产负债表日后发生的情况的事项。

企业发生的资产负债表日后非调整事项,通常包括下列各项:

(1) 资产负债表日后发生重大诉讼、仲裁、承诺。

(2) 资产负债表日后资产价格、税收政策、外汇汇率发生重大变化。

(3) 资产负债表日后因自然灾害导致资产发生重大损失。

(4) 资产负债日后发行股票和债券以及其他巨额举债。

(5) 资产负债表日后资本公积转增资本。

(6) 资产负债表日后发生巨额亏损。

(7) 资产负债表日后发生企业合并或处置子公司。

资产负债表日后,企业利润方案中拟分配的以及经审议批准宣告发放的股利或利润,不确认为资产负债表日的负债,但应当在附注中单独披露。

**二、资产负债表日后事项的会计处理**

1. 资产负债表日后调整事项的会计处理

由于资产负债表日后事项发生在次年,上年度的有关账目已经结转,特别是损益类账户在结账后已无余额。因此,在资产负债表日后发生的调整事项,应当分别不同情况进行相应的会计处理:

(1) 涉及损益的调整事项,通过"以前年度损益调整"账户核算。

(2) 涉及利润分配调整的事项,直接在"利润分配——未分配利润"账户核算。

(3) 不涉及损益以及利润分配的事项,调整相关账户。

(4) 调整会计报表相关项目的数字,包括:① 资产负债表日编制的会计报表相关项目的数字;② 当期编制的会计报表相关项目的年初数、上年数。

需要注意的是,企业发生的资产负债表日后调整事项如涉及应交所得税调整的,还要看该事项发生在报告年度所得税汇算清缴之前还是之后,如发生于报告年度所得税汇算清缴之前的,应当相应调整报告年度的应交所得税,如发生于报告年度所得税汇算清缴之后的,则应当调整本年度应交所得税。

**【例14-4】**　A 公司 20×6 年 11 月销售给 B 公司一批产品,销售价格348 000元(含应向购买方收取的增值税额),销售成本25 000 元,货款尚未收到,B 公司在验收货物时,因发现该批产品存在严重的质量问题而要求退货。A 公司希望通过协商解决问题,并于 12 月 31 日编制会计报表时对该项应收账款提取了 5% 的坏账准备。20×7 年 1 月,双方协商未成,B 公司将该批产品全部退回。假如 A、B 公司均为一般纳税企业,所得税税率为 25%,并按净利润提取 10% 法定盈余公积,两公司 20×6 年度的所得税汇算清缴均在 20×7年 3 月末完成。

对该项销售退回的调整事项,应作如下会计处理:

(1) 调整销售收入:

借:以前年度损益调整 30 000

应交税费——应交增值税(销项税额) 4 800

贷:应收账款 34 800

(2) 调整销售成本:

借:库存商品 25 000

贷:以前年度损益调整 25 000

(3) 调整提取的坏账准备:

借:坏账准备(34 800×5％) 1 740

贷:以前年度损益调整 1 740

(4) 调整应交所得税:

借:应交税费——应交所得税

[(30 000−25 000)×25％] 1 250

贷:递延所得税资产(34 800×5％×25％) 435

以前年度损益调整 815

(5) 结转以前年度损益调整科目余额:

借:利润分配——未分配利润 2 445

贷:以前年度损益调整(30 000−25 000−1 740

−815) 2 445

(6) 调整提取的盈余公积:

借:盈余公积(2 445×10％) 244.50

贷:利润分配——未分配利润 244.50

(7) 调整 20×6 年度会计报表相关项目的数字:

其中,资产负债表相关项目的调整如下:

调减应收账款 33 060 元;

调增存货 25 000 元;

调减递延所得税资产 435 元;

调减应交税费 6 050 元;

调减盈余公积 244.50 元;

调减未分配利润 2 200.50 元。

其中,利润及所有者权益变动表相关项目的调整如下:

调减营业收入 30 000 元;

调减营业成本 25 000 元;

调减资产减值损失 1 740 元;

调减所得税费用 815 元;

调减净利润 2 445 元;

调减提取盈余公积 244.50 元;

调减未分配利润 2 200.50 元。

2. 资产负债表日后非调整事项的会计处理

由于资产负债表日后非调整事项是在资产负债表日以后才发生或存在的事项,它不影响资产负债表日存在状况,不需要对资产负债表日编制的财务报表进行调整。但如不加以说明,将会影响财务报告使用者作出正确的估计和决策。因此,应在财务报表附注中加以披露,包括非调整事项的内容,对财务状况、经营结果的影响,如无法作出估计,应当说明理由。

### 三、资产负债表日后事项的披露

企业应当在附注中披露与资产负债表日后事项有关的下列信息:

(1)财务报告的批准报出者和财务报告批准报出日。

如按照有关法律、行政法规等规定,企业所有者或者其他方面有权对报出的财务报告进行修改的,应当披露这一情况。

(2)每项重要的资产负债表日后非调整事项的性质、内容及其对财务状况和经营成果的影响。无法作出估计的,应当说明原因。

(3)在资产负债表日后取得了影响资产负债表日存在情况的新的或进一步的证据,应当调整与之相关的披露信息。

# 第三节　或　有　事　项

### 一、或有事项的含义和特点

或有事项是指过去的交易或事项形成的,其结果须由某些未来事项的发生或不发生才能决定的不确定事项。如企业对已销售的商品提供售后无偿修理服务,将会发生一定的修理费用。至于会不会发生修理服务,以及修理服务的金额多少将取决于未来的修理服务是否发生才能决定。在商品销售时,对可能提供的修理服务这种不确定情况就称为或有事项,其可能发生的修理费用则是因该或有事项而使企业承担的义务;反之,如企业在一项赔偿诉讼案件中将得到一笔赔偿金,至于是否能够得到赔偿收益只能在司法部门作出判决时才能决定。因此,对可能得到赔偿这一不确定情形称为或有事项,对有可能获得的赔偿金额则成为因或有事项而使企业形成的潜在资产。

从会计学角度理解,或有事项具有以下几个特点:

(1)或有事项是过去交易或事项引起的,与未来可能发生的事项有本质区别。如销售商品引起的或有修理费用,虽然存在不确定性,但相对于资产负债表日,其属于过去交易的结果。而如与其他单位签订的供货合同,相对于资产负债表日来说,则是将要在未来可能发生的交易。

(2)或有事项所具有的不确定性,与其他存在不确定性的会计事项相比,具有其特殊性。如固定资产的折旧年限、净残值等具有一定的不确定性,需要会计人员作出合理的估计,但固定资产的价值最终要在一定年限内消耗掉这个事实是确定的。而或有事项的不确定性,则是对或有事项的结果本身具有的不确定性。

(3)或有事项的结果,取决于未来该事项的发生或不发生才能决定。因此,会计人员对或有事项是否需要加以确认和披露,只能依据或有事项发生的可能性大小作为判断的依据。

在会计实务中,常见的或有事项一般有:未决诉讼或仲裁、债务担保、产品质量保证(含产品安全保证)、承诺、亏损合同、重组义务、环境污染整治等。

**二、或有事项的确认和计量**

1. 预计负债的确认条件

对或有事项的确认,应当首先区别或有事项是使企业承担了义务,还是使企业形成了潜在资产。对于企业因或有事项而承担的义务,应分析其性质,分别不同情况进行确认或披露;而对于企业因或有事项而形成的潜在资产,不应加以确认,而且一般也不作披露,除非其很可能导致未来经济利益流入企业。

在具体对因或有事项产生的义务加以确认时,应同时考虑以下三个条件:

(1)该项义务是企业承担的现时义务。企业没有其他现实的选择,只能履行义务,如法律要求企业必须履行、有关各方合理预期企业应当履行等。

(2)履行该项义务很可能导致经济利益流出企业,通常是指履行与或有事项相关的现时义务时,导致经济利益流出企业的可能性超过50%。

履行或有事项相关义务导致经济利益流出企业的可能性,通常分为基本确定、很可能、可能和极小可能四种情况加以判断。为便于理解,通常认为发生的概率大于 95％但小于 100％的称为"基本确定",发生的概率大于 50％但小于或等于 95％的称为"很可能",发生的概率大于 5％但小于或等于 50％的称为"可能",发生的概率大于 0 但小于或等于 5％的称为"极小可能"。

(3) 该义务的金额能够可靠地计量。企业计量该义务金额时,通常应当考虑下列情况:

① 充分考虑与或有事项有关的风险和不确定性,在此基础上按照最佳估计数确定预计负债的金额。

② 预计负债的金额通常等于未来应支付的金额,但未来应支付金额与其现值相差较大的,如油气井及相关设施或核电站的弃置费用等,应当按照未来应支付金额的现值确定。

③ 有确凿的证据表明相关未来事项将会发生的,如未来技术进步、相关法规出台等,确定预计负债金额时应考虑相关未来事项的影响。

④ 确定预计负债的金额不应考虑预期处置相关资产形成的利得。

如果同时满足以上三个条件,企业应将其确认为一项预计负债;反之,只能将其作为或有负债处理。

企业不应当确认或有负债和或有资产。

或有负债是指过去的交易或事项形成的潜在义务,其存在须通过未来不确定事项的发生或不发生予以证实;或过去的交易或者事项形成的现时义务,履行该义务不是很可能导致经济利益流出企业或该义务的金额不能可靠计量。

或有资产是指过去的交易或者事项形成的潜在资产,其存在须通过未来不确定事项的发生或不发生予以证实。

在确认或有事项而产生的负债时,一般应当对每一个特定的或有事项分别情况进行分析和确认。但对于经常发生的或有事项,也可以就同类业务所处的情形和以往的经验作出综合分析并加以确认。如售后的担保服务是企业经常发生的或有事项,因此,在确认这类或有事项产生的负债时,就不需要对每一笔售后担保费用进行分析,而可以根据综合的调查分析和经验加以确定。

2. 预计负债的计量

预计负债应当按照履行相关现时义务所需支出的最佳估计数进行初始计量。如果所需支出存在一个连续范围,且该范围内各种结果发生的可能性相同时,最佳估计数应当按照该范围内的中间值确定。在其他情况下,最佳估计数应当分别下列情况处理:即或有事项涉及单个项目时,按最可能发生的金额确定,如某些未决诉讼、未决仲裁以及债务担保等;或有事项涉及多个项目时,按各种可能发生结果及其相关概率计算确定,如对售出商品提供保修服务。

企业在确定最佳估计数时,应当综合考虑与或有事项有关的风险、不确定性、货币时间价值和未来事项等因素。如果货币时间价值影响重大的,应当通过对相关未来现金流出进行折现后确定最佳估计数。如果有足够的客观证据表明,可能影响履行现时义务所需金额的相关未来事项将会发生,则应当在预计负债计量中予以反映。

在确认或有事项有关义务为预计负债的同时,对企业清偿预计负债所需支出全部或部分预期由第三方补偿的,补偿金额只有在基本确定能够收到时才能作为资产单独确认。而不能在确认与或有事项有关义务为负债时,作为扣除项目,减少负债的确认金额。如企业在被指控因侵权行为需作出赔偿的同时,也可能向另一方企业提出诉讼,要求其对该侵权行为承担连带责任,并作出赔偿。在这种情况下,企业不得在确认这一未决诉讼事项而产生的负债时,将可能从第三方得到的补偿金额予以扣除。同时,确认的补偿金额不应当超过预计负债的账面价值。

【例 14-5】 A 公司起诉 B 公司侵犯了其软件的版权,要求 B 公司支付 400 000 元的赔偿金。B 公司在应诉的过程中,发现诉讼所涉及的软件主体部分是有偿委托 M 公司开发的,M 公司应承担连带责任,对 B 公司予以赔偿。B 公司在年末编制财务报表时,根据诉讼的进展情况及律师的意见,认为本公司对 A 公司予以赔偿的可能性在 50% 以上,最可能发生的赔偿金额为 250 000 元;从 M 公司得到的补偿基本可以确定,最有可能获得的赔偿金额为 180 000 元。假定 B 公司需承担的诉讼费为 25 000 元。对此,B 公司在年末应作如下会计处理:

| | | |
|---|---|---|
| 借:管理费用 | | 25 000 |
| 营业外支出 | | 250 000 |
| 贷:预计负债 | | 275 000 |
| 借:其他应收款 | | 180 000 |
| 贷:营业外支出 | | 180 000 |

【例 14-6】 某企业销售产品 5 万件,销售额为 18 000 万元。该公司的产品质量担保条款规定:产品售出后 1 年内,如发生正常质量问题,将提供免费修理。根据以往的经验,如果出现较小的质量问题,发生的修理费用为销售额的 1.5%;而如果出现较大的质量问题,发生的修理费用则为销售额的 3%。根据预测,已售出的产品在下一年度,有 85% 不会发生质量问题,有 10% 将发

生较小质量问题,有 5% 将发生较大质量问题。

根据上述数据,计算年末该企业应确认的负债金额为 54 万元(18 000×1.5%×10%+18 000×3%×5%),并作会计分录为:

借:销售费用　　　　　　　　　　　　　　　　　　　　540 000
　　贷:预计负债　　　　　　　　　　　　　　　　　　　　540 000

假如,下年度实际发生的产品质量担保修理费用为 50 万元,应作会计分录为:

借:预计负债　　　　　　　　　　　　　　　　　　　　500 000
　　贷:银行存款或原材料等　　　　　　　　　　　　　　　500 000

在对产品质量担保确认预计负债时,需要注意的是:

(1)如果发现担保费用的实际发生额与预计数相差较大,应及时对预计比例进行调整;

(2)如果企业针对特定批次产品确认预计负债,则在保修期结束时,应将其"预计负债"余额冲销,不留余额;

(3)已对其确认预计负债的产品,如企业不再生产了,那么应在相应的产品质量担保期满后,将"预计负债"余额冲销,不留余额。

企业应当在资产负债表日对预计负债的账面价值进行复核。有确凿证据表明该账面价值不能真实反映当前最佳估计数的,应当按照当前最佳估计数对该账户价值进行调整。

**三、亏损合同和重组义务**

1. 亏损合同相关义务的确认和计量

企业会计准则规定,待执行合同变成亏损合同的,该亏损合同产生的义务满足规定条件的,应当确认为预计负债。所谓待执行合同,是指合同各方尚未履行任何合同义务,或部分地履行了同等义务的合同,如商品买卖合同、劳务合同、租赁合同等。所谓亏损合同,是指履行合同义务不可避免会发生的成本超过预期经济利益的合同。

企业在履行合同义务过程中发生的成本,可能出现超过预期经济利益的情况时,待执行合同即变成了亏损合同,此时,如果与该合同相关的义务不需支付任何补偿即可撤销,通常不存在现时义务,不应该确认预计负债。如果与该合同相关的义务不可撤销,企业就存在了现时义务,同时满足该义务很可能导致经济利益流出企业和金额能够可靠地计量的,通常应当确认预计负债。例如,某公司 20×6 年 1 月 1 日采用融资租赁方式租入一条生产线生产产品,租赁期3年,生产的产品预期每年均可获利。20×7年12月,由于国家产业结构调整,该公司决定停止生产该产品,但原融资租赁合同为不可撤销合同,租期还有1年,生产线又无法转租给其他单位。此时,该公司执行原融资租赁合同发生的费用很可能超过预期获得的经济利益,该租赁合同变为亏损合同,应当在20×7年12月31日根据未来期间应支付的租赁费确认为预计负债。

待执行合同变为亏损合同时,合同存在标的资产的,应当对标的资产进行减值测试并按规定确认减值损失,通常不确认预计负债。合同不存在标的资产的,亏损合同相关义务满足规定条件时,应当确认预计负债。例如,商品销售合同属于待执行合同。在其售价低于成本时,该合同即变为亏损合同。如果该合同存在标的资产(存货)的,应当确认减值损失和存货跌价准备,不确认预计负债,但如预计亏损超过该减值损失,应将超过部分,确认为预计负债。如果该合同不存在标的资产(存货)的,企业应当在满足确认条件时确认预计负债。

2. 重组义务的确认和计量

根据我国企业会计准则规定,企业承担的重组义务满足规定条件的,应当确认为预计负债。所谓重组,是指企业制定和控制的,将显著改变企业组织形式、经营范围或经营方式的计划实施行为。属于重组的事项主要包括:

(1)出售或终止企业的部分业务。

(2)对企业的组织结构进行较大调整。

(3)关闭企业的部分营业场所,或将营业活动由一个国家或地区迁移到其他国家或地区。

同时存在下列情况时,表明企业承担了重组义务:

一是有详细、正式的重组计划,包括重组涉及的业务、主要地点、需要补偿的职工人数及其岗位性质、预计重组支出、计划实施时间等。

二是该重组计划已对外公告。

例如,某公司董事会决定关闭一个事业部,如果有关决定尚未传达到受影响的各方,也未采取任何措施实施该项决定,表明该公司没有承担重组义务,不应确认预计负债。如果有关决定已经传达到受影响的各方,各方预期公司将关闭该事业部,通常表明公司开始承担重组义务,同时满足预计负债确认条件的,应当确认预计负债。

企业应当按照与重组有关的直接支出确定预计负债金额。其中,直接支出是指企业重组必须承担的,并且与主体继续进行的活动无关的支出,不包括留用职工岗前培训、市场推广、新系统和营销网络投入等支出。因为这些支出与未来经营活动有关,在资产负债表日不是重组义务。另外,在计量重组义务相关的预计负债时,不能考虑处置相关资产(厂房、店面,有时是一个事业部整体)可能形成的利得或损失,即使资产的出售构成重组的一部分也是如此。

【例 14-7】 20×7 年 10 月,甲公司与乙公司签订合同,规定在 20×8 年 2 月销售商品给乙公司,该商品单位成本估计为 1 000 元,合同价格为 1 500 元;如果甲公司 20×8 年 2 月未交货,延迟交货的商品价格将降为 900 元。20×7 年 12 月,甲公司因生产线损坏,估计只能提供 100 件商品,还有 20 件尚未投入生产,估计将推迟 2 个月交货。

(1) 甲公司应在 20×7 年 12 月 31 日,对可能推迟交货的 20 件商品的待执行合同亏损 2 000 元[(1 000－900)×20]确认为预计负债(不存在标的资产),作会计分录为:

    借:营业外支出                                      2 000
      贷:预计负债                                        2 000

(2) 待实际交货后,作会计分录为:

    借:预计负债                                        2 000
      贷:库存商品                                        2 000

【例 14-8】 甲公司于 20×7 年 8 月与乙公司签订合同,规定于 20×8 年 1 月销售商品 100 件给乙公司,合同价格为每件 2 000 元,由于原材料价格上涨,单位成本上升为 2 100 元。20×7 年 12 月 31 日,100 件商品已经验收入库。

(1) 20×7 年 12 月 31 日,由于该亏损合同的标的资产(商品)已存在,甲公司应确认减值损失 10 000 元[(2 100－2 000)×100],作会计分录为:

    借:资产减值损失                                   10 000
      贷:存货跌价准备                                    10 000

(2) 20×8 年 1 月,销售商品结转成本时,作会计分录为:

    借:主营业务成本                                  200 000
      存货跌价准备                                   10 000
      贷:库存商品                                       210 000

**四、或有事项的披露**
企业应当在附注中披露与或有事项有关的下列信息。
1. 预计负债
(1) 预计负债的种类、形成原因以及经济利益流出不确定性的说明。

（2）各类预计负债的期初、期末余额和本期变动情况。

（3）与预计负债有关的预期补偿金额和本期已确认的预期补偿金额。

2. 或有负债（不包括极小可能导致经济利益流出企业的或有负债）

（1）或有负债的种类及其形成原因，包括已贴现商业承兑汇票、未决诉讼、未决仲裁、对外提供担保等形成的或有负债。

（2）经济利益流出不确定性的说明。

（3）或有负债预计产生的财务影响，以及获得补偿的可能性；无法预计的，应当说明原因。

特别需要说明的是，在涉及未决诉讼、仲裁的情况下，如果披露全部或部分信息预期会对企业造成重大不利影响，则企业无须披露这些信息，但应披露该未决诉讼、仲裁的形成原因。

3. 或有资产

企业通常不应当披露或有资产。但或有资产很可能会给企业带来经济利益时，则应在财务报表附注中披露其形成的原因、预计对企业产生的财务影响等。

# 复习思考题

## 一、简答题

1. 何谓会计政策？何谓会计估计？

2. 在什么情况下可以变更会计政策？如何进行会计处理和披露？

3. 企业发生会计估计变更应如何进行会计处理和披露？

4. 企业对发生的前期差错如何进行更正和披露？

5. 何谓资产负债表日后事项？其分类的标志是什么？

6. 试述调整事项的会计处理。

7. 什么叫或有事项？有何特点？

8. 简述或有事项的确认和披露原则？

## 二、解释重要名词和术语

会计政策　会计估计　追溯调整法　未来适用法　前期会计差错　追溯重述法　资产负债表日后事项　调整事项　非调整事项　或有事项　预计负债　亏损合同　重组义务　待执行合同

## 三、单项选择题

1. 采用追溯调整法计算确定的会计政策变更的累积影响数,应通过(　　)账户核算。

　　A. "以前年度损益调整"　　　　　B. "利润分配——未分配利润"

　　C. "盈余公积"　　　　　　　　　D. "本年利润"

2. 下列项目中,不属于会计估计的项目是(　　)。

　　A. 固定资产的耐用年限和净残值　　B. 坏账准备的计提方法

　　C. 长期股权投资的会计处理方法　　D. 无形资产的摊销期限

3. 需要调整财务报表相关项目期初数的会计差错是(　　)。

　　A. 重要的前期差错　　　　　　　B. 不重要的前期差错

　　C. 重要的本期差错　　　　　　　D. 不重要的本期差错

4. 在估计或有事项引起有关义务的金额时,如果存在一个连续范围,且该范围内各种结果发生的可能性相同则合理的估计数应该是(　　)。

　　A. 该范围的最低金额　　　　　　B. 该范围的最高金额

　　C. 该范围内的中间值　　　　　　D. 该范围内的任何一个金额

5. 对资产负债表日存在的情况提供进一步证据的事项,称为(　　)。

　　A. 调整事项　　B. 非调整事项　　C. 备查事项　　D. 补充事项

6. 下列原则或方法中,不属于会计政策的是(　　)。

　　A. 所得税处理方法　　　　　　　B. 收入确认方法

　　C. 存货计价方法　　　　　　　　D. 可比性原则

7. 下列项目中,不应该在会计报表附注中披露的项目是(　　)。

　　A. 未决诉讼　　　　　　　　　　B. 未决仲裁

　　C. 已贴现商业承兑汇票　　　　　D. 已贴现银行承兑汇票

8. 某项管理用固定资产,原估计使用年限为10年,采用直线法计提折旧,两年后因经济环境发生变化,重新估计使用年限为6年,折旧方法改为双倍余额递减法,对此事项应作为(　　)。

　　A. 会计政策变更　　　　　　　　B. 会计估计变更

　　C. 重大会计差错　　　　　　　　D. 非重大会计差错

9. 或有事项是具有(　　)的事项。

　　A. 不可预知性　　　　　　　　　B. 无法估计性

　　C. 不确定性　　　　　　　　　　D. 可预知性

10. 下列支出项目中,(　　)应当计入重组义务确认的预计负债金额中。

A. 剩余职工的再培训支出　　　　B. 新经理招聘成本

C. 将不再使用的厂房租赁撤销费　D. 对新分销网络的投资

## 四、多项选择题

1. 下列事项中,不属于会计政策变更的有(　　　)。

A. 长期股权投资由成本法改为权益法核算

B. 固定资产由临时租赁改为融资租赁

C. 所得税核算由应付税款法改为资产负债表债务法

D. 缩短固定资产折旧年限

E. 存货的计价方法由先进先出法改为加权平均法

2. 由于变更会计政策,追溯计算变更年度期初留存收益的差额包括(　　　)。

A. 盈余公积　　　　　　　　　B. 未分配利润

C. 应分配的股利　　　　　　　D. 本年利润

E. 以前年度损益调整

3. 因会计政策变更而需要调整财务报表相关项目的有(　　　)。

A. 资产负债表年初数　　　　　B. 资产负债表本年数

C. 利润表上年数　　　　　　　D. 利润表本年数

E. 现金流量表本年数

4. 下列项目中,属于或有事项的有(　　　)。

A. 应收账款有可能无法收回　　B. 为其他单位债务提供担保

C. 签订购货协议　　　　　　　D. 待决诉讼

E. 已贴现票据有可能发生追索

5. "以前年度损益调整"账户的贷方登记(　　　)。

A. 调整减少以前年度亏损的事项

B. 调整减少以前年度收益的事项

C. 调整增加以前年度收益的事项

D. 调整增加的所得税

E. 调整减少的所得税

6. 对或有事项需要在会计报表中披露的内容主要有(　　　)。

A. 或有事项的条件

B. 或有事项产生的原因

C. 影响或有事项未来结果的不确定因素

D. 或有损失和或有收益的金额

E. 或有事项可能产生的结果

7. 在会计报表附注中,一般需要披露的内容有(    )。

A. 采用的会计政策

B. 会计政策变更和会计估计变更

C. 资产负债表日后事项中的非调整事项

D. 以前年度重大会计差错

E. 关联方关系及其交易

8. 下列项目中,属于会计估计变更的有(    )。

A. 固定资产折旧方法改变
B. 无形资产摊销年限改变

C. 存货发出计价方法改变
D. 所得税核算方法变更

E. 坏账准备计提比例改变

9. 同时存在下列情况时,表明企业承担了重组义务(    )。

A. 有详细、正式的重组计划
B. 重组计划已对外公布

C. 重组计划正在拟定
D. 重组计划将要实施

E. 重组计划已经实施

10. 下列有关资产负债表日后事项的表述中,正确的有(    )。

A. 资产负债表日后事项包括所有有利和不利的事项

B. 资产负债表日后事项是年度资产负债表日至财务报告批准报出日之间发生的事项

C. 资产负债表日后事项包括调整事项和非调整事项

D. 调整事项和非调整事项的会计处理相同

E. 调整事项和非调整事项的披露要求相同

## 五、判断题

1. 由于确定会计政策变更的累积影响数不切实可行而采用未来适用法时,不需调整当期期初的留存收益,也不需要计算会计政策变更对当期净利润的影响数。                                                    (    )

2. 当很难区别会计政策变更和会计估计变更时,一般应按会计估计变更进行处理。                                                        (    )

3. 本期发现重要的前期差错,如影响损益的应通过"以前年度损益调整"账户进行调整,并对财务报表相关项目的期初数进行调整。        (    )

4. 在不存在一个连续范围的情况下,当或有事项涉及多个项目时,估计

的或有事项有关义务的金额应按最可能发生的金额确定。 （　　）

5. 对于调整事项,除了需要调整账面记录外,还需调整资产负债表日编制的财务报表相关项目的数字。 （　　）

6. 对于或有损失是否需要加以确认和披露,取决于其发生的可能性大小。 （　　）

7. 涉及损益的事项,只需要调整会计报表相关收入、费用项目,不需要调整未分配利润项目。 （　　）

8. 对初次发生的或不重要的交易或事项采用新的会计政策,不属于会计政策变更。 （　　）

9. 如果亏损合同存在标的资产的,应当对标的资产进行减值测试,通常不确认预计负债。 （　　）

10. 有详细、正式的重组计划,并获得股东大会通过,是确认重组义务的前提。 （　　）

## 六、练习题

1. **目的**　　练习会计政策变更的会计处理。

**资料**　　三阳公司原所得税采用应付税款法核算,20×7年1月1日执行新企业会计准则,要求采用资产负债表债务法核算所得税,按规定首次执行日应采用追溯调整法对前期有关所得税事项进行调整,具体内容如下:

(1) 20×2年12月购入的某项固定资产原始价值200万元,采用直线法折旧,折旧年限为10年(与税法一致),20×4年年末由于技术陈旧发生减值,计提减值准备30万元。

(2) 该企业从20×5年起生产销售的某产品提供售后保修服务,20×5年、20×6年年末分别计提100万元、120万元保修费用作为预计负债,20×6年实际发生保修费用为80万元。

**要求**　　对上述事项的所得税影响采用追溯调整法进行调整。

2. **目的**　　练习会计差错更正的会计处理。

**资料**　　腾飞公司于20×7年1月发现20×6年有两笔错账,一笔为20×6年应由工程成本负担的借款费用6 000元误记为财务费用,另一笔为管理用设备多提折旧150 000元(原计提折旧额与税法一致)。前者为非重大差错,后者为重大差错,该公司的所得税率为25%,并按净利润的10%提取法定盈余公积。

**要求**

(1) 对上述会计差错进行必要的会计处理。

(2) 调整 20×7 年度财务报表的相关项目。

3. 目的　　练习资产负债表日后事项的会计处理。

**资料**　20×6 年 11 月 5 日,美盛公司与跃明公司签订了一项供销合同,合同规定美盛公司应在本月内供应给跃明公司一批材料。由于美盛公司未能按期发货,致使跃明公司遭受重大经济损失。跃明公司提出诉讼,要求美盛公司赔偿损失 80 000 元。20×6 年 12 月 31 日该诉讼案件尚未判决,美盛公司记录了 50 000 元应付赔偿款并反映在资产负债表上,跃明公司对应收赔偿款未作记录。20×7 年 2 月 10 日,经法院一审判决,美盛公司应付跃明公司赔偿款 65 000 元。两公司不再上诉,赔偿款已经收付,两公司的所得税率为 25%,并按净利润的 10% 提取法定盈余公积。假定两公司 20×6 年度的所得税汇算清缴均于 20×7 年 4 月完成。

**要求**

(1) 对该项调整事项分别美盛公司和跃明公司作相应的账务处理。

(2) 调整 20×6 年度会计报表的相关项目。

4. 目的　　练习或有事项的会计处理。

**资料**　中创公司于 20×6 年 12 月 15 日因合同违约而涉及一起诉讼案。根据公司的法律顾问判断,最终的判决结果很可能对中创公司不利。截至 20×6 年 12 月 31 日法院尚未判决。但依据以往的判例,估计中创公司赔偿的金额很可能是在 60 万元至 80 万元之间。

**要求**

(1) 回答中创公司在 20×6 年 12 月 31 日是否应确认一项负债,是否需进行披露。

(2) 如应确认和披露,请写出相应的会计处理及简要的披露内容。

5. 目的　　练习或有事项的会计处理。

**资料**　华源公司 20×6 年销售某产品 5 万台,每台售价 2 000 元,并承诺提供为期 1 年的售后保修服务。根据以往的经验,每个客户在 1 年内要求修理的可能性是 30%,其中要求小修的可能性为 25%,每台的修理费约 50 元,要求大修的可能性为 5%,每台的修理费约 120 元。

**要求**　计算应确认预计负债的金额,并作出相应的会计处理。

6. 目的　　练习或有事项的会计处理。

**资料**　甲公司 20×6 年年末在编制财务报表时,有如下或有事项:

(1) 甲公司于 20×6 年 10 月收到乙公司的起诉,乙公司声称甲公司侵犯了其软件的版权,要求甲公司予以赔偿,赔偿金额为 30 万元。在应诉过程中,甲公司发现诉讼所涉及的软件主体部分是有偿委托丙公司开发的。如果该软件确有侵权问题,丙公司应当承担连带责任,对甲公司予以赔偿。甲公司在年末编制财务报表时,根据法律诉讼的进展情况以及律师的意见,认为对乙公司予以赔偿的可能性在 50% 以上,最有可能发生的赔偿金额为 28 万元,从丙公司得到补偿基本可以确定,最有可能获得的补偿金额为 20 万元。假定,甲公司可能承担的诉讼费为 2.8 万元。

(2) 甲公司于 20×6 年 11 月与丁公司签订一份不可撤销合同,规定于 20×7 年 2 月销售商品 200 件给丁公司,合同价为每件 500 元,由于原材料价格上涨,实际单位成本为 600 元。20×6 年 12 月 31 日,甲公司已生产完工该商品 120 件。

**要求** 为上述事项进行必要的会计处理。

# 第十五章　关联方及其交易

## 第一节　关联方及其交易的判断和披露

企业在日常的经营活动中,必然涉及诸多方面,如供应商、代理商等。在不存在关联方关系的情况下,企业之间发生的交易往往是建立在公平基础上的交易,但在存在关联方关系时,关联方之间的交易就可能不是建立在公平交易基础上进行的。有时候,关联方之间可能通过虚假交易来达到粉饰财务报告、欺骗报表使用者的目的。即使关联方交易是在公平交易基础上进行的,重要关联方交易的披露也是有用的。因为它提供了未来可能再发生,而且很可能以不同形式的交易类型的信息。因此,关联方关系及其交易是财务报表附注中需要披露的重要内容。

### 一、关联方的判断和披露

（一）关联方的判断

1. 构成关联方的主要情形

我国《企业会计准则第 36 号——关联方披露》,给出了关联方的判断标准是:一方控制、共同控制另一方或对另一方施加重大影响,以及两方或两方以上同受一方控制、共同控制或重大影响的,构成关联方。

这里所讲的控制,是指投资方拥有对被投资方的权力,通过参与被投资方的相关活动而享有可变回报,并且有能力运用对被投资方的权力影响其回报金额。母公司与子公司就是控制与被控制的关联方,包括母公司与其直接或间接拥有半数以上表决权的子公司;或者母公司与其拥有的表决权,虽然未达到半数,但符合实质控制条件的子公司,以及母公司与其考虑潜在表决权因素能够达到控制的子公司。

共同控制是指按照合同约定,对某项经济活动所共有的控制,仅在与该项经济活动相关的重要财务和经营决策需要分享控制权的投资方一致同意时存在。合营企业就是按合同约定由投资双方或若干方共同控制的企业,其特点是,投资各方均不能单独对被投资企业的财务和经营政策作出决定,而必须由投资各方共同作出决策,并根据合同来约束投资各方的行为。

重大影响是指对一个企业的财务和经营政策有参与决策的权力,但并不能够控制或者与其他一方共同控制这些政策的制定。投资企业对被投资单位具有重大影响的情况有:在董事会或类似机构中派有代表;参与政策的制定过程;互相交换管理人员,或使被投资企业依赖于本企业的技术资料等。在一般情况下,当一方拥有另一方 20% 或以上至 50% 表决权,或者一方虽然只拥有另一方 20% 以下表决权,但实际上具有参与财务和经营决策权力,则被认为对另一方具有重大影响,企业与联营企业之间就属于产生重大影响的关联方。

下列各方构成企业的关联方:

(1) 该企业的母公司。

(2) 该企业的子公司。

(3) 与该企业受同一母公司控制的其他企业。

(4) 对该企业实施共同控制的投资方。

(5) 对该企业施加重大影响的投资方。

(6) 该企业的合营企业。

(7) 该企业的联营企业。

(8) 该企业的主要投资者个人及其关系密切的家庭成员。

这里所说的主要投资者个人,是指能够控制、共同控制一个企业或者对一个企业施加重大影响的个人投资者。关系密切的家庭成员,是指在处理与企业的交易时可能影响个人或受该个人影响的家庭成员,包括父母、配偶、兄弟、姐妹和子女。

(9) 该企业或其母公司的关键管理人员及其关系密切的家庭成员。

关键管理人员是指有权力并负责计划、指挥和控制企业活动的人员,包括董事、总经理、总会计师、财务总监、主管各项事务的副总经理,以及行使类似职能的人员。

(10) 该企业主要投资者个人,关键管理人员或者其关系密切的家庭成员控制、共同控制或施加重大影响的其他企业。

2. 不构成关联方的情形

仅与企业存在下列关系的各方,不构成企业的关联方:

(1) 与该企业发生日常往来的资金提供者、公用事业部门、政府部门和机构。

(2) 与该企业发生大量交易而存在经济依存关系的单个客户、供应商、特许商、经销商或代理商。

（3）与该企业共同控制合营企业的合营者。

（4）仅仅同受国家控制而不存在其他关联方关系的企业，不构成企业的关联方。

特别需要说明的是，关联方关系存在于企业与企业之间、企业与个人之间、企业与部门（或单位）之间，不包括部门（或单位）与部门（或单位）之间的关系。部门（或单位）与部门（或单位）之间的关系，不是企业会计准则所规范的范畴。

另外，在判断是否存在关联方关系时，应当看其关系的实质，即在处理与企业的交易时，是否存在着有碍公平交易的因素，交易结果是否影响投资者和债权人的利益等。

（二）关联方的披露

企业无论是否发生关联方交易，均应当在附注中披露与母公司和子公司有关的下列信息：

（1）母公司和子公司的名称。

如果母公司不是该企业最终控制方的，还应当披露最终控制方的名称。

如果母公司和最终控制方均不对外提供财务报表的，还应当披露母公司之上与其最相近的对外提供财务报表的母公司名称。

（2）母公司和子公司的业务性质、注册地、注册资本（或实收资本、股本）及其变化。

（3）母公司对该企业或者该企业对子公司的持股比例和表决权比例。

**二、关联方交易的判断和披露**

（一）关联方交易的判断

关联方交易是指关联方之间转移资源、劳务或义务的行为，而不论是否收取价款。会计上确认资源或义务的转移通常是以风险和报酬的转移为依据，并以各方同意的价格为计量标准的。关联方在确定价格时可能有一定程度的弹性，而在非关联方之间的交易中则没有这种弹性，非关联方之间的价格是公平价格。判断是否属于关联方交易，应以交易是否发生为依据，而不以是否收取价款为前提。

我国企业会计准则中列举的关联方交易的类型主要有：

（1）购买或销售商品。

（2）购买或销售商品以外的其他资产。

（3）提供或接受劳务。

（4）担保。

（5）提供资金。

（6）租赁。

（7）代理。

（8）研究与开发项目的转移。

（9）许可协议。

（10）代表企业或由企业代表另一方进行债务结算。

（11）关键管理人员报酬等等。

**（二）关联方交易的披露**

在企业与关联方发生交易的情况下，企业应当在财务报表附注中披露该关联方关系的性质、交易类型及交易要素。交易要素至少应当包括：

（1）交易的金额。

（2）未结算项目的金额、条款和条件，以及有关提供取得担保的信息。

（3）未结算应收项目的坏账准备金额。

（4）定价政策。

# 第二节　关联方交易的会计处理

关联方的存在可能会影响交易的公允性，而关联方之间资源、劳务或义务的转移价格是了解关联方交易的关键。如何判断关联方交易价格的公允性，主要应当看与非关联交易之间的交易条款、交易方式、交易价格的确定、付款方式等是否一致，如果存在明显有关公允的，则可认为是显失公允的关联交易。

在我国，对显失公允的关联交易价格作出了相关的会计处理规定，即对上市公司与关联方之间的交易，如果没有确凿证据表明交易价格是公允的，对显失公允的交易价格部分，一律不得确认为当期利润，而作为关联方对上市公司的捐赠，计入资本公积。具体会计处理规定如下。

**一、上市公司出售资产给关联方的会计处理**

1. 正常的商品销售

正常的商品销售是指与企业日常经营业务有关的商品销售或劳务提供，其特点是交易的频率历年无大的波动，即使有较大的波动也完全是由于市场、经济或政治环境变化所造成。如工业制造企业生产并销售产成品、商品流通企业销售商品、房地产开发企业销售其建造的商品房、施工企业承接劳务等等。

上市公司对关联方正常的商品销售,应当分别以下情况进行处理:

(1) 当期对非关联方的销售量占该商品总销售量的比例较大的(通常为20%及以上),应当按照对非关联方销售的加权平均价格作为对关联方之间同类交易的计量基础,并据以确认为收入;实际交易价格超过确认为收入的部分,计入资本公积。

**【例 15-1】** 甲上市公司本年度销售给关联企业电冰箱 3 000 台,单位售价2 500 元(不含增值税,下同)。本年度销售给非关联企业的电冰箱分别为:按每台单位售价 2 100 元价格销售 1 500 台;按每台 2 150 元价格销售 3 000 台;按每台 2 200 元价格销售 3 000 台。上述销售均符合收入的确认条件,销售款项均未收到,甲公司销售电冰箱的增值税税率为 16%,并按实际销售价格计算增值税销项税额。应作如下会计处理:

$$\text{甲公司对非关联企业销售} \atop \text{电冰箱的加权平均价格} = (2\,100 \times 1\,500 + 2\,150 \times 3\,000 + 2\,200 \times 3\,000)$$

$$\div (1\,500 + 3\,000 + 3\,000)$$

$$= 16\,200\,000 \div 7\,500 = 2\,160(\text{元})$$

$$\text{甲公司对关联企业销售} \atop \text{电冰箱应确认的收入} = 2\,160 \times 3\,000 = 6\,480\,000(\text{元})$$

作会计分录为:

| | |
|---|---:|
| 借:应收账款 | 8 775 000 |
| 贷:主营业务收入 | 6 480 000 |
| 应交税费——应交增值税(销项税额) | 1 036 800 |
| 资本公积——其他资本公积 | 1 258 200 |

(2) 当期对非关联方的销售量未达到该商品总销售量的较大比例(通常为 20%以下),或者商品的销售仅限于上市公司与其关联方之间的,应分别以下情况处理:

第一,实际交易价格不超过商品账面价值 120%的,按实际交易价格确认为收入。

**【例 15-2】** 甲上市公司本年度生产的电视机 10 000 台全部销售给关联方,售价总额为 21 000 000 元,账面成本为 18 000 000 元,未计提存货跌价准备。该项销售符合收入确认条件,销售款项已经收到,销售电视机的增值税税率为 17%。

由于该项交易的销售价格未超过其账面价值 120%(21 000 000 元 < 18 000 000元×120%=21 600 000 元),应当按实际交易价格确认收入。作会

计分录为：

| | |
|---|---|
| 借：银行存款 | 24 570 000 |
| 贷：主营业务收入 | 21 000 000 |
| 应交税费——应交增值税（销项税额） | 3 570 000 |

第二，实际交易价格超过商品账面价值 120％的，按商品账面价值的120％确认收入，实际交易价格超过确认收入的部分，计入资本公积。

**【例 15-3】** 假定甲上市公司本年度生产的洗衣机 20 000 台全部销售给关联方，售价总额为36 000 000元，账面成本为25 000 000元，未计提存货跌价准备。该项销售符合确认条件，销售款尚未收到，销售洗衣机的增值税税率为 17％。

由于该项交易的销售价格超过其账面价值 120％（36 000 000 元＞25 000 000元×120％＝30 000 000 元），应当按账面价值 120％部分30 000 000元确认收入，实际交易价格大于确认收入的部分 6 000 000 元，计入资本公积。作会计分录为：

| | |
|---|---|
| 借：应收账款 | 41 760 000 |
| 贷：主营业务收入 | 30 000 000 |
| 应交税费——应交增值税（销项税额） | 5 760 000 |
| 资本公积——其他资本公积 | 6 000 000 |

如果有确凿证据表明公司销售商品的成本利润率高于 20％的，则应当按合理的方法（如销售商品账面价值＋加权平均成本利润率×销售商品账面价值）计算的金额确认为收入，实际交易价格超过确认收入的部分，计入资本公积。

2. 非正常商品销售及其他销售

非正常商品销售及其他销售是指除正常商品销售以外的商品销售、转移应收债权、出售其他资产（如出售固定资产、无形资产、长期股权投资等），其特点是偶然的、非经常发生的，并且销售收入占全部销售收入比重较大的，以及不属于企业经营业务范围内所实现的商品销售收入等。

上市公司因发生非正常商品销售及其他销售时，应按照如下原则进行会计处理：

（1）非正常商品销售。上市公司发生非正常商品销售给关联方时，如果没有确凿证据表明交易价格是公允的，应当按出售商品的账面价值确认为收入，实际交易价格超过出售商品账面价值的部分，计入资本公积。

（2）转移应收债权。上市公司将应收债权转移给关联方时，应当按实际交易价格超过应收债权账面价值的差额，计入资本公积。

【例 15-4】　甲上市公司本年年末应收 M 公司账款的账面余额为 5 000 000 元，已提坏账准备 3 000 000 元。甲公司以 5 000 000 元的价格将该应收债权转移给其子公司，款项已经收到。应作会计分录为：

| | |
|---|---|
| 借：银行存款 | 5 000 000 |
| 　坏账准备 | 3 000 000 |
| 　贷：应收账款 | 5 000 000 |
| 　　资本公积——其他资本公积 | 3 000 000 |

（3）出售其他资产。上市公司将其持有的固定资产、无形资产、长期投资和其他资产出售给关联方，或者将净资产出售给关联方，也应当将实际交易价格超过相关资产、负债账面价值的差额，计入资本公积。

【例 15-5】　甲上市公司将一台设备出售给其子公司，该设备的账面原价为 7 500 000 元，已提折旧为 2 300 000 元，已提固定资产减值准备为 600 000 元，出售价格为 5 200 000 元，款项已收到，不考虑相关税费。应作会计分录为：

| | |
|---|---|
| 借：固定资产清理 | 4 600 000 |
| 　累计折旧 | 2 300 000 |
| 　固定资产减值准备 | 600 000 |
| 　贷：固定资产 | 7 500 000 |
| 借：银行存款 | 5 200 000 |
| 　贷：固定资产清理 | 5 200 000 |
| 借：固定资产清理 | 600 000 |
| 　贷：资本公积——其他资本公积 | 600 000 |

**二、关联方之间承担债务或费用的会计处理**

关联方之间的一方为另一方承担债务或费用的，我国企业会计制度规定，应将其视作为捐赠行为，承担方应按所承担的债务、费用计入营业外支出，被承担方应按承担方实际承担的债务、费用计入资本公积。

【例 15-6】　本年年末，甲上市公司的母公司为甲公司偿还已到期的银行长期借款 2 000 000 元。

甲公司应作会计分录为：

| | |
|---|---|
| 借：长期借款 | 2 000 000 |
| 　贷：资本公积——其他资本公积 | 2 000 000 |

甲公司的母公司应作会计分录为：

借：营业外支出——承担关联方债务　　　　　　　　　　2 000 000
　　贷：银行存款　　　　　　　　　　　　　　　　　　　　　2 000 000

### 三、关联方之间委托及受托经营的会计处理

1. 上市公司受托经营资产或经营企业

上市公司接受关联方委托，受托经营关联方的资产或企业的，首先应当确认上市公司是否提供了经营管理服务。如果上市公司实质上并未对受托经营资产或受托经营企业提供经营管理服务的，取得的受托经营收益不能确认收入，应作为关联方对上市公司的捐赠；如果上市公司实质上对受托经营资产或受托经营企业提供了经营管理服务的，则取得的受托经营收益应分别下列情况作出处理：

（1）受托经营资产。上市公司接受关联方委托，受托经营其资产所取得的受托经营收益，应当按照受托经营资产账面价值总额与1年期银行存款利率110%的乘积计算的金额确认为其他业务收入，超出部分计入资本公积。

【例15-7】　甲上市公司本年初接受关联方——乙公司委托，经营乙公司的资产。受托经营资产的账面价值为1 500万元，托管协议规定，甲公司每年可取得50万元的固定回报。本年年末甲公司已收到受托经营收益。假定1年期银行存款利率为2%。

甲公司应确认的收入＝1 500×2%×110%＝33(万元)

应作会计分录为：

借：银行存款　　　　　　　　　　　　　　　　　　　　500 000
　　贷：其他业务收入　　　　　　　　　　　　　　　　　　330 000
　　　　资本公积——其他资本公积　　　　　　　　　　　　170 000

（2）受托经营企业。上市公司接受关联方委托，受托经营其企业所取得的受托经营收益，应当按照以下三者孰低的金额，确认为其他业务收入，超出部分的金额计入资本公积：

一是受托经营协议确定的收益；

二是受托经营企业实现的净利润；

三是受托经营企业净资产收益率超过10%的，按净资产的10%计算的金额。

【例15-8】　甲上市公司本年初接受关联方——丙公司的委托，受托经营

丙公司的全资子公司——丁公司。托管协议规定,甲公司每年可获得 2 000 万元的固定收益。假定丁公司的账面净资产为 15 000 万元,本年度实现净利润为 1 600 万元。年末,甲公司已收到受托经营收益。

甲公司受托经营协议确定的收益为 2 000 万元;本年度丁公司实现净利润为 1 600 万元;受托经营丁公司净资产收益为 10.67%,超过了 10%,则按净资产的 10% 计算的金额为 1 500 万元,应按三者孰低的金额 1 500 万元确认收入。应作会计分录为:

| | | |
|---|---|---:|
| 借:银行存款 | | 20 000 000 |
| 贷:其他业务收入 | | 15 000 000 |
| 资本公积——其他资本公积 | | 5 000 000 |

需要说明的是,如果托管协议规定,上市公司受托经营企业发生净亏损时需承担部分亏损的,上市公司应将承担的亏损额直接计入当期的管理费用;如果托管协议规定,上年公司受托经营企业发生净亏损仍能获得受托经营收益的,同时也不需要上市公司承担亏损的,则上市公司取得的受托经营收益直接计入资本公积;如果托管协议规定,上市公司受托经营企业发生净亏损需要承担部分亏损,同时仍能获得受托经营收益的,则上市公司应将取得的受托经营收益先冲减应承担的亏损额,其差额部计入资本公积。

2. 上市公司委托关联方经营资产或经营企业

上市公司委托其关联方,将其资产交由关联方经营,或将其拥有的子公司或其他企业交由关联方经营的,上市公司支付的委托经营费用,应直接计入当期的管理费用;而受托经营的关联方取得的受托经营收益应按上述上市公司接受委托经营资产或经营企业的原则进行会计处理。

### 四、上市公司与关联方之间占用资金的会计处理

上市公司的关联方以支付使用费的形式占用上市公司的资金,上市公司取得的资金使用费应按相当于 1 年期银行存款利率计算的部分,冲减当期财务费用,超过部分计入资本公积。

【例 15-9】　甲上市公司的子公司占用甲公司资金 5 000 000 元,本年度甲公司收到资金使用费 180 000 元。假定 1 年期银行存款利率为 2%,则甲公司应作会计分录为:

| | | |
|---|---|---:|
| 借:银行存款 | | 180 000 |
| 贷:财务费用 | | 100 000 |
| 资本公积——其他资本公积 | | 80 000 |

# 复习思考题

## 一、简答题

1. 关联方的判断标准是什么？构成关联方的主要情形有哪些？

2. 如何判断关联方交易？关联方交易的类型有哪些？

3. 关联方及关联方交易在财务报表中如何进行披露？

4. 对关联方之间的交易如何进行会计处理？

## 二、解释重要名词和术语

控制　共同控制　重大影响　合营企业　联营企业　关联方交易　正常商品销售　非正常商品销售

## 三、单项选择题

1. 下列情形中,甲与乙不存在关联方关系的是(　　)。

A. 甲公司董事长的儿子是乙公司的总经理

B. 乙是甲公司副总经理的儿子

C. 乙是甲公司主要投资者李某的父亲

D. 甲、乙、丙三公司共同控制丁公司

2. 甲公司为乙公司的母公司,乙公司为丙公司的母公司,丙公司为丁公司的主要原材料供应商。在不考虑其他因素的情况下,下列公司,不构成关联方关系的是(　　)。

A. 甲公司与乙公司　　　　　　　　B. 甲公司与丙公司

C. 丙公司与丁公司　　　　　　　　D. 乙公司与丙公司

3. 甲公司为上市公司,产品的80％以上专门供应某关联企业,本期销售其产品售价总额为1 500万元,其中对关联方的销售收入为1 275万元,销售给关联方产品的成本为800万元。假定上述销售均符合收入确认条件,甲公司本期销售该产品应确认的收入总额为(　　)万元。

A. 1 500　　　　　B. 1 275　　　　　C. 1 185　　　　　D. 1 530

4. 甲公司为上市公司,下列各项中与甲公司不构成关联方关系的是(　　)。

A. 甲公司董事长

B. 甲公司总经理秘书

    C. 甲公司财务总监

    D. 甲公司副总经理儿子投资 30％的企业

5. 甲对乙具有重大影响,丙是乙、丁、戊投资的联营企业,假定无其他因素,以下不属于关联方交易事项的是(　　)。

    A. 甲向丙出租一套设备

    B. 甲对乙提供借款担保

    C. 丙向乙提供全年设备维修

    D. 乙将库存商品按公平交易价格出售给丙

6. 某上市公司本期将一台设备出售给其母公司,该设备账面原价 600 万元,已提折旧 400 万元,已提减值准备 100 万元,出售价格 250 万元,假定不考虑相关税费,则该公司会计处理时应登记(　　)。

    A. 营业外收入 50 万元　　　　　　B. 资本公积 250 万元

    C. 营业外收入 150 万元　　　　　　D. 资本公积 150 万元

7. 甲、乙公司为母、子公司,以下符合关联方关系披露要求的是(　　)。

    A. 本期无交易,可以不披露子公司的名称

    B. 本期无交易,可以不披露子公司业务性质

    C. 本期无交易,可以不披露对子公司的持股比例

    D. 本期不论有无交易,均要披露上述信息

8. 甲上市公司的母公司为其支付广告费 800 万元,甲公司在会计处理时,应将该业务计入(　　)。

    A. 销售费用和其他业务收入　　　　B. 销售费用和资本公积

    C. 销售费用和营业外收入　　　　　D. 管理费用和资本公积

## 四、多项选择题

1. 甲公司为乙公司及丙公司的母公司,丙公司和丁公司共同出资组建了戊公司,在公司的股权结构中,丙公司占 45％,丁公司占 55％,投资合同约定,丙公司和丁公司共同决定戊公司的财务和经营政策。上述公司之间构成关联方关系的有(　　)。

    A. 甲公司与乙公司　　　　　　　　B. 甲公司与丙公司

    C. 乙公司与丙公司　　　　　　　　D. 丙公司与戊公司

    E. 丁公司与戊公司

2. 下列关系中,构成关联方关系的有(　　)。

    A. 母子公司之间

B. 企业与受同一母公司控制的其他企业之间

C. 对企业实施共同控制的投资方

D. 对企业实施重大影响的投资方

E. 企业的重要投资者个人及其关系密切的家庭成员

3. 下列各项中,属于关联方交易的主要类型有(　　)。

 A. 购买或销售商品     B. 提供或接受劳务

 C. 研究与开发项目的转移  D. 许可协议

 E. 关键管理人员报酬

4. 下列项目中,不构成关联方关系的情形有(　　)。

 A. 与企业发生日常往来的资金提供者

 B. 与企业共同控制合营企业的合营者

 C. 企业的联营企业

 D. 与企业有大量交易的供应商

 E. 对企业施加重大影响的投资方

5. 在关联方交易中,可能作为收入确认的依据有(　　)。

 A. 按照对非关联方销售的加权平均价格

 B. 按实际交易价格

 C. 按销售商品账面价值的120%

 D. 按销售商品的账面价值

 E. 按受托经营资产账面价值的110%

6. 以下不存在投资关系,但应视为关联方关系的有(　　)。

 A. 企业与其受托经营的其他企业

 B. 企业与其承包经营的其他企业

 C. 企业与其租赁经营的其他企业

 D. 同受一方控制的两个企业之间

 E. 同受共同控制的两个企业之间

7. 上市公司接受关联方委托,受托经营其企业,应当按照下列金额的较低者确认收入(　　)。

 A. 受托经营协议确定的收益  B. 受托经营企业实现的净利润

 C. 受托经营企业净资产收益率 D. 受托经营企业净资产的10%

 E. 受托经营企业净资产收益率超过10%的,按净资产的10%计算的金额

8. 在关联方发生交易的情况下,企业应当在报表附注中揭露的内容有(　　)。

A. 关联方关系的性质　　　　B. 关联交易的类型

C. 关联交易的金额　　　　　D. 关联交易的定价政策

E. 关联交易未结算项目的金额

## 五、判断题

1. 如果两方或多方同受一方控制、共同控制，也将其视为关联方。（　　）

2. 只要关联方之间存在转移资源或义务的事项，不论是否收取价款，都属于关联方交易。（　　）

3. 甲公司为乙公司的主要原材料供应商，甲、乙公司之间存在关联方关系。（　　）

4. 子公司为甲上市公司支付借款利息，甲公司应将其计入财务费用和资本公积。（　　）

5. 母公司与子公司之间只要不发生交易，就不需要披露关联方关系。（　　）

6. 母公司为子公司提供担保、抵押，均属于关联方交易。（　　）

7. 上市公司当期对非关联方销售量比例较大时，可以按照对非关联方销售的加权平均价格确认收入。（　　）

8. 上市公司出售固定资产给其关联方的，应当按照固定资产账面价值的120％确认收入。（　　）

9. 作为企业关联方的主要投资者个人，其对企业的投资额需达到半数以上。（　　）

10. 判断是否属于关联方交易，是以交易是否发生为依据，而不论是否收取价款。（　　）

## 六、练习题

1. 目的　　练习关联方关系及关联方交易的判断。

资料　　甲公司20×6年度有关资料如下：

（1）甲公司拥有A公司60％的股份，甲公司将一台设备经营出租给A公司，取得租金收入20万元。

（2）甲公司拥有B公司15％的股份，B公司生产所需的某种配方由A公司提供，B公司90％的产品销售给甲公司。

（3）C公司由甲公司、乙公司、丙公司共同投资组建的企业，甲、乙、丙三公司对C公司的投资比例分别为40％、30％、30％。甲公司产品的20％销售给乙公司。

(4) 甲公司的总经理 D 是 E 公司董事长 F 的父亲,甲公司的原材料30%由 E 公司提供。

**要求**

(1) 判断甲公司与 A、B、C、D、E、F、乙、丙各方哪些构成关联方。

(2) 判断甲公司与 A、B、C、D、E、F、乙、丙各方哪些交易为关联方交易。

2. **目的**    练习关联方交易的会计处理。

**资料**    M 上市公司为增值税一般纳税企业,增值税税率为16%。本年度与关联方发生的交易如下:

(1) 销售给关联企业 A 产品5 000 台,单位售价30 元。销售给非关联企业 A 产品分别为:按单位售价25 元出售3 000 台;按单位售价28 元出售5 000 台。上述收入均符合收入确定条件,款项尚未收到。

(2) 向子公司出售设备一套,该设备账面原值50 万元,已提折旧20 万元,已提固定资产减值准备3 万元,子公司以80 万元购入,款项已结清。

(3) 将其账面余额为150 万元,已提坏账准备60 万元的应收账款转移给其母公司,母公司以140 万元购入了该项应收账款,款项已结清。

(4) 一关联企业代为偿还长期借款1 000 万元。

(5) 一子公司为其支付广告费支出200 万元。

(6) 母公司占用其资金5 000 万元,本年末收到资金使用费240 万元,1 年期银行存款利率为2.5%。

**要求**    为 M 上市公司的上述关联交易作相应的会计分录。

3. **目的**    练习关联方交易的会计处理。

**资料**

(1) 甲上市公司接受关联企业——乙公司委托,经营其子公司——丁公司的部分资产。受托经营资产的账面价值1 000 万元,按托管协议规定,甲公司每年可收取80 万元的固定回报,假定当年的银行利率为3%,甲公司已收到受托经营收益。

(2) 甲上市公司与某一关联企业签订了"委托企业管理协议",关联企业将其下属子公司委托甲公司经营管理,协议规定:经营管理期为3 年,每年托管费为600 万元,如果受托管理公司发生亏损,甲公司不承担责任,但仍然能获得托管费收入。假定受托管理企业发生亏损500 万元,托管费已于年末划入甲公司银行账户。

**要求**    编制甲公司相关的会计分录。

# 部分复习思考题参考答案

## 第一章

**三、单项选择题**

1. B  2. B  3. B  4. C  5. A  6. D  7. D  8. D

**四、多项选择题**

1. A、C、D、E  2. A、B、C  3. A、B、C  4. A、B、C、E  5. B、C、D
6. A、B、C、D  7. D、E  8. A、B、C、E

**五、判断题**

1. ✕  2. ✕  3. ✓  4. ✕  5. ✓  6. ✕  7. ✕  8. ✕  9. ✕
10. ✓

**六、练习题**

1.（1）借：库存现金      20 000

       贷：业主资本      20 000

 （2）借：业主往来      210

       贷：库存商品      210

 （3）借：业主往来      1 000

       贷：库存现金      1 000

 （4）借：业主往来      2 500

       贷：库存现金      2 500

 （5）借：销售费用      4 000

       贷：库存现金      4 000

 （6）借：库存现金      6 000

       贷：业主往来      6 000

 （7）借：固定资产      1 500

       贷：库存现金      1 500

（8）借：营业收入           150 000

   贷：收益汇总          150 000

   借：收益汇总          127 000

     贷：营业成本        115 000

       销售费用        12 000

（9）借：收益汇总           23 000

     贷：应付职工红利       2 000

       业主往来        21 000

   借：业主往来          21 000

     贷：库存现金         5 000

       业主资本        16 000

（答案图表1）

**业 主 资 本**           单位：元

| | | | |
|---|---|---|---|
| | | （1） | 20 000 |
| | | （9） | 16 000 |
| | | 期末余额： | 36 000 |

（答案图表2）

**业 主 往 来**           单位：元

| | | | |
|---|---|---|---|
| （2） | 210 | （6） | 6 000 |
| （3） | 1 000 | （9） | 21 000 |
| （4） | 2 500 | | |
| （9） | 21 000 | | |
| | | 期末余额： | 2 290 |

（答案图表3）

**收 益 汇 总**           单位：元

| | | | |
|---|---|---|---|
| （8） | 127 000 | （8） | 150 000 |
| （9） | 23 000 | | |

2.（1）借：库存现金           50 000

     库存商品          1 500

     固定资产          50 000

   贷：累计折旧          12 000

     应付账款          6 000

     合伙人资本——王某     83 500

（2）借：库存现金 100 000

      销售费用——开办费 5 000

      贷：合伙人资本——李某 105 000

3. （1）A 合伙人期初资本余额＝50 000－1 000＝49 000（元）

     B 合伙人期初资本余额＝20 000＋2 500＝22 500（元）

$$A\ 合伙人应得利润＝80\ 000×\frac{49\ 000}{49\ 000＋22\ 500}＝54\ 825.17（元）$$

$$B\ 合伙人应得利润＝80\ 000×\frac{22\ 500}{49\ 000＋22\ 500}＝25\ 174.83（元）$$

借：收益汇总 80 000.00

    贷：合伙人往来——A 54 825.17

           ——B 25 174.83

（2）A 合伙人期末资本余额＝50 000＋（－1 000×2－3 500×4＋1 500×6）÷12

              ＝49 417（元）

     B 合伙人期末资本余额＝20 000＋（2 500×4－1 500×2＋500×3

              －2 500×3）÷12

              ＝20 083（元）

$$A\ 合伙人应得利润＝80\ 000×\frac{49\ 417}{49\ 417＋20\ 083}＝56\ 883（元）$$

$$B\ 合伙人应得利润＝80\ 000×\frac{20\ 083}{49\ 417＋20\ 083}＝23\ 117（元）$$

借：收益汇总 80 000

    贷：合伙人往来——A 56 883

           ——B 23 117

（3）A 合伙人平均资本余额＝（50 000×12＋10 000×6）÷12＋（－1 000

              ×2－3 500×4＋1 500×6）÷12＝54 417（元）

     B 合伙人平均资本余额＝（20 000×12＋15 000×6）÷12＋（2 500×4

              －1 500×2＋500×3＋2 500×3）÷12

              ＝27 583（元）

$$A\ 合伙人应得利润＝80\ 000×\frac{54\ 417}{54\ 417＋27\ 583}＝53\ 089（元）$$

$$B\ 合伙人应得利润＝80\ 000×\frac{27\ 583}{54\ 417＋27\ 583}＝26\ 911（元）$$

借：收益汇总 80 000

    贷：合伙人往来——A 53 089

           ——B 26 911

4. （1）许林应得资本利息补贴＝50 000×6％＝3 000（元）

黄光应得资本利息补贴 $=60\,000\times 6\%=3\,600(元)$

许林剩余收益分配额 $=68\,400\times\dfrac{4.5}{4.5+5.5}=30\,780(元)$

黄光剩余收益分配额 $=68\,400\times\dfrac{5.5}{4.5+5.5}=37\,620(元)$

（2）（答案图表4）

**林光服装商店损益分配表**　　　　　　　　　　　单位：元

| 项　　　目 | 许　林 | 黄　光 | 合　计 |
|---|---|---|---|
| 可分配净收益 | | | 120 000 |
| 　工资补贴 | 20 000 | 25 000 | 45 000 |
| 　资本利息补贴 | 3 000 | 3 600 | 6 600 |
| 　剩余收益 | 30 780 | 37 620 | 68 400 |
| 　合伙人应得总收益 | 53 780 | 66 220 | 68 400 |

借：收益汇总　　　　　　　　　　　　　　　　120 000

　贷：合伙人往来——许林　　　　　　　　　　　　53 780

　　　　　　　——黄光　　　　　　　　　　　　66 220

5.（1）原合伙企业的商誉价值 $=90\,000\div\dfrac{1}{3}-(150\,000+90\,000)=30\,000(元)$

王林应分配的商誉价值 $=30\,000\times 45\%=13\,500(元)$

杨云应分配的商誉价值 $=30\,000\times 55\%=16\,500(元)$

借：商誉　　　　　　　　　　　　　　　　　30 000

　　库存现金　　　　　　　　　　　　　　　90 000

　贷：合伙人资本——王林　　　　　　　　　　　13 500

　　　　　　　——杨云　　　　　　　　　　　16 500

　　　　　　　——朱华　　　　　　　　　　　90 000

（2）朱华应享有的商誉价值 $=(150\,000+90\,000)-150\,000\div\dfrac{2}{3}=15\,000(元)$

借：商誉　　　　　　　　　　　　　　　　　15 000

　　库存现金　　　　　　　　　　　　　　　60 000

　贷：合伙人资本——朱华　　　　　　　　　　　75 000

（3）原合伙企业的商誉价值 $=90\,000-150\,000\div\dfrac{2}{3}\times\dfrac{1}{3}=15\,000(元)$

王林应分配的商誉价值 $=15\,000\times 45\%=6\,750(元)$

杨云应分配的商誉价值 $=15\,000\times 55\%=8\,250(元)$

借：库存现金　　　　　　　　　　　　　　　90 000

　贷：合伙人资本——王林　　　　　　　　　　　6 750

　　　　　　　——杨云　　　　　　　　　　　8 250

　　　　　　　——朱华　　　　　　　　　　　75 000

（4）朱华应享有的商誉价值＝$(150\,000＋60\,000)\times\dfrac{1}{3}－60\,000＝10\,000$（元）

王林应负担的商誉价值＝$10\,000\times45\%＝4\,500$（元）

杨云应负担的商誉价值＝$10\,000\times55\%＝5\,500$（元）

| | |
|---|---|
| 借：库存现金 | 60 000 |
| 　合伙人资本——王林 | 4 500 |
| 　　　　　　——杨云 | 5 500 |
| 　贷：合伙人资本——朱华 | 70 000 |

6.（1）$5\,000\div40\%＝12\,500$（元）

$12\,500\times25\%＝3\,125$（元）

$12\,500\times40\%＝5\,000$（元）

$12\,500\times35\%＝4\,375$（元）

| | |
|---|---|
| 借：商誉 | 12 500 |
| 　贷：合伙人资本——江德 | 3 125 |
| 　　　　　　——乔敏 | 5 000 |
| 　　　　　　——吴光 | 4 375 |
| 借：合伙人资本——乔敏 | 85 000 |
| 　贷：库存现金 | 85 000 |

（2）$5\,000\times\dfrac{25}{25＋35}＝2\,083$（元）

$5\,000\times\dfrac{35}{25＋35}＝2\,917$（元）

| | |
|---|---|
| 借：合伙人资本——江德 | 2 083 |
| 　　　　　　——乔敏 | 80 000 |
| 　　　　　　——吴光 | 2 917 |
| 　贷：库存现金 | 85 000 |

（3）$2\,000\times\dfrac{25}{25＋35}＝833$（元）

$2\,000\times\dfrac{35}{25＋35}＝1\,167$（元）

| | |
|---|---|
| 借：合伙人资本——乔敏 | 80 000 |
| 　贷：合伙人资本——江德 | 833 |
| 　　　　　　——吴光 | 1 167 |
| 　　　库存现金 | 78 000 |

7. （答案图表 5）

**库 存 现 金**　　　　　　　　　　　　　　单位：元

| 初： | 3 000 | （3） | 8 000 |
|---|---|---|---|
| （1） | 55 000 | （5） | 4 000 |
| （2） | 12 500 | （6） | 10 000 |
| （4） | 5 600 | （8） | 54 100 |

（答案图表 6）

**清 算 损 益**　　　　　　　　　　　　　　单位：元

| （2） | 2 500 | （1） | 2 000 |
|---|---|---|---|
| （4） | 1 400 | （7） | 5 900 |
| （5） | 4 000 | | |

（1）借：库存现金　　　　　　　　　　　　　55 000

　　　累计折旧　　　　　　　　　　　　　12 000

　　　贷：固定资产　　　　　　　　　　　　　　65 000

　　　　　清算损益　　　　　　　　　　　　　　2 000

（2）借：库存现金　　　　　　　　　　　　　12 500

　　　清算损益　　　　　　　　　　　　　　2 500

　　　贷：应收账款　　　　　　　　　　　　　　15 000

（3）借：应付职工薪酬　　　　　　　　　　　8 000

　　　贷：库存现金　　　　　　　　　　　　　　8 000

（4）借：库存现金　　　　　　　　　　　　　5 600

　　　清算损益　　　　　　　　　　　　　　1 400

　　　贷：存货　　　　　　　　　　　　　　　7 000

（5）借：清算损益　　　　　　　　　　　　　4 000

　　　贷：库存现金　　　　　　　　　　　　　　4 000

（6）借：应付账款　　　　　　　　　　　　　10 000

　　　贷：库存现金　　　　　　　　　　　　　　10 000

（7）借：合伙人资本——关雷　　　　　　　2 950.00

　　　　　　　　　　——胡华　　　　　　　983.33

　　　　　　　　　　——杨树　　　　　　1 966.67

　　　贷：清算损益　　　　　　　　　　　　5 900.00

（8）借：合伙人资本——关雷      27 050.00

           ——胡华      9 016.67

           ——杨树      18 033.33

     贷：库存现金      54 100.00

8. （答案图表7）

**库 存 现 金**      单位：元

| 初： | 3 000 | 第一次分配 | 30 600 |
|---|---|---|---|
| (1) | 55 000 | 第二次分配 | 15 500 |
| (2) | 12 500 | (3) | 8 000 |
| (4) | 5 600 | (5) | 4 000 |
| | | (6) | 10 000 |
| | | 第三次分配 | 8 000 |

（答案图表8）

**合 伙 人 资 本**      单位：元

| 日 期 | 摘 要 | 关 雷 | 胡 华 | 杨 树 | 合 计 |
|---|---|---|---|---|---|
| 7月1日 | 期初余额 | 30 000 | 10 000 | 20 000 | 60 000 |
| 7月5日 | 第一次分配 | (15 300) | (5 100) | (10 200) | (30 600) |
| 7月20日 | 第二次分配 | (7 750) | (2 583) | (5 167) | (15 500) |
| 8月30日 | 分配清算损益 | (2 950) | (983) | (1 967) | (5 900) |
| 8月30日 | 第三次分配 | 4 000 | 1 334 | 2 666 | 8 000 |
| | 三次分配合计 | 27 050 | 9 017 | 18 033 | 54 100 |

（1）7月5日   借：库存现金      55 000

           累计折旧      12 000

         贷：固定资产      65 000

            清算损益      2 000

    第一次分配金额＝(3 000＋55 000)－18 000－(15 000＋7 000)×20％－5 000

          ＝30 600(元)

    借：合伙人资本——关雷      15 300

             ——胡华      5 100

             ——杨树      10 200

      贷：库存现金      30 600

(2) 7月20日　借：库存现金　　　　　　　　　　　　　　12 500

　　　　　　　　清算损益　　　　　　　　　　　　　　2 500

　　　　　　　　　贷：应收账款　　　　　　　　　　　　　　　15 000

　　　第二次分配金额＝(58 000－30 600＋12 500)－18 000－7 000×20％－5 000

　　　　　　　　＝15 500(元)

　　　　　　　借：合伙人资本——关雷　　　　　　　　　　　7 750

　　　　　　　　　　　——胡华　　　　　　　　　　　2 583

　　　　　　　　　　　——杨树　　　　　　　　　　　5 167

　　　　　　　　　贷：库存现金　　　　　　　　　　　　　　　15 500

(3) 7月31日　借：应付职工薪酬　　　　　　　　　　　　8 000

　　　　　　　　　贷：库存现金　　　　　　　　　　　　　　　8 000

(4) 8月18日　借：库存现金　　　　　　　　　　　　　　5 600

　　　　　　　　清算损益　　　　　　　　　　　　　　1 400

　　　　　　　　　贷：存货　　　　　　　　　　　　　　　　　7 000

(5) 8月25日　借：清算损益　　　　　　　　　　　　　　4 000

　　　　　　　　　贷：库存现金　　　　　　　　　　　　　　　4 000

(6) 8月30日　借：应付账款　　　　　　　　　　　　　　10 000

　　　　　　　　　贷：库存现金　　　　　　　　　　　　　　　10 000

(7) 分配清算损益　借：合伙人资本——关雷　　　　　　　　2 950

　　　　　　　　　　　　　——胡华　　　　　　　　　983

　　　　　　　　　　　　　——杨树　　　　　　　　　1 967

　　　　　　　　　　贷：清算损益　　　　　　　　　　　　　5 900

　　　第三次分配：借：合伙人资本——关雷　　　　　　　　4 000

　　　　　　　　　　　　——胡华　　　　　　　　　1 333

　　　　　　　　　　　　——杨树　　　　　　　　　2 667

　　　　　　　　　贷：库存现金　　　　　　　　　　　　　　8 000

# 第二章

## 三、单项选择题

1. C　2. A　3. D　4. D　5. A　6. D　7. B　8. A　9. C　10. D

## 四、多项选择题

1. B、C　2. A、B、C、D、E　3. A、B、D、E　4. A、B、D　5. A、B、C

6. B、D、E　7. A、C、D　8. A、C　9. A、B、C、D　10. A、B、C、D

## 五、判断题

1. √ 2. × 3. √ 4. × 5. × 6. √ 7. × 8. √ 9. ×
10. √

## 六、练习题

1. (答案图表9)

股利分配计算表

单位：元

| 期　　限 | 摘　　要 | 累积优先股 | 非累积优先股 |
|---|---|---|---|
| 第1年 | 分配优先股股利<br>分配普通股股利 | 50 000<br>0 | 50 000<br>0 |
| 第2年 | 分配优先股股利<br>分配普通股股利 | 80 000<br>0 | 80 000<br>0 |
| 第3年 | 分配优先股股利<br>分配普通股股利 | 110 000<br>40 000 | 80 000<br>70 000 |
| 3年合计 | 分配优先股股利<br>分配普通股股利 | 240 000<br>40 000 | 210 000<br>70 000 |

2. (答案图表10)

股利分配计算表

单位：元

| 分配顺序 | 摘　　要 | 全部参加优先股 | 普　通　股 | 合　　计 |
|---|---|---|---|---|
| ① | 按8%分配优先股股利 | 80 000<br>(100 000×10×8%) | | 80 000 |
| ② | 按8%分配普通股股利 | | 160 000<br>(2 000 000×1×8%) | 160 000 |
| ③ | 剩余股利等额分配 | 26 667<br>$\left(560\,000×\dfrac{100\,000}{2\,100\,000}\right)$ | 533 333<br>$\left(560\,000×\dfrac{2\,000\,000}{2\,100\,000}\right)$ | 560 000 |
| | 合　　计 | 106 667 | 693 333 | 800 000 |
| ① | 按8%分配优先股股利 | 80 000<br>(100 000×10×8%) | | 80 000 |
| ② | 按8%分配普通股股利 | | 160 000<br>(2 000 000×1×8%) | 160 000 |
| ③ | 按2%(10%－8%)再分配优先股股利 | 20 000<br>(100 000×10×2%) | | 20 000 |
| ④ | 剩余股利全部分配给普通股 | | 540 000<br>(800 000－80 000－160 000<br>－20 000) | 540 000 |
| | 合　　计 | 100 000 | 700 000 | 800 000 |

· 403 ·

（续表）

| 分配顺序 | 摘　要 | 非参加优先股 | 普　通　股 | 合　计 |
|---|---|---|---|---|
| ① | 按8%分配优先股股利 | 80 000<br>（100 000×10×8%） | | 80 000 |
| ② | 其余部分股利全部分配给普通股 | | 720 000<br>（800 000−80 000） | 720 000 |
| | 合　计 | 80 000 | 720 000 | 800 000 |

3.（1）$\dfrac{180\,000}{180\,000+105\,000}×270\,000=170\,526（元）$

$\dfrac{105\,000}{180\,000+105\,000}×270\,000=99\,474（元）$

| | | |
|---|---|---|
| 借：银行存款 | | 270 000 |
| 　　应付债券——债券折价 | | 526 |
| 　　贷：股本——普通股 | | 100 000 |
| 　　　　资本公积——股本溢价 | | 70 526 |
| 　　　　应付债券——债券面值 | | 100 000 |

（2）270 000−180 000=90 000（元）

| | | |
|---|---|---|
| 借：银行存款 | | 270 000 |
| 　　应付债券——债券折价 | | 10 000 |
| 　　贷：股本——普通股 | | 100 000 |
| 　　　　资本公积——股本溢价 | | 80 000 |
| 　　　　应付债券——债券面值 | | 100 000 |

（3）$\dfrac{100\,000}{100\,000+100\,000}×270\,000=135\,000（元）$

$\dfrac{100\,000}{100\,000+100\,000}×270\,000=135\,000（元）$

| | | |
|---|---|---|
| 借：银行存款 | | 270 000 |
| 　　贷：股本——普通股 | | 100 000 |
| 　　　　资本公积——股本溢价 | | 35 000 |
| 　　　　应付债券——债券面值 | | 100 000 |
| 　　　　　　　　——债券溢价 | | 35 000 |

4. 1）（1）借：应收认股款　　　　　　　　　　　　5 000

　　　　　　　贷：已认股本——普通股　　　　　　　　5 000

　　　（2）借：库存现金　　　　　　　　　　　　　3 000

　　　　　　　贷：应收认股款　　　　　　　　　　　　3 000

（3）借：已认股本——普通股      5 000

    贷：应收认股款      2 000

    其他应付款      3 000

（4）借：其他应付款      50

    贷：库存现金      50

（5）借：其他应付款      2 950

    贷：库存现金      2 950

（6）借：库存现金      5 000

    贷：股本——普通股      5 000

2）（1）（2）（3）（4）同上。

（5）借：其他应付款      2 950

    贷：股本——普通股      2 950

（6）借：库存现金      2 050

    贷：股本——普通股      2 050

3）（1）（2）同上。

（3）借：已认股本——普通股      5 000

    贷：应收认股款      2 000

    资本公积      3 000

（4）借：资本公积      50

    贷：库存现金      50

（5）借：库存现金      5 000

    贷：股本——普通股      5 000

5. 1）（1）借：固定资产      17 000

    贷：存货      1 400

    资本公积      15 600

（2）借：实收资本      75 000

    资本公积      27 600

    盈余公积      3 000

    贷：股本——普通股      70 400

    资本公积——股本溢价      35 200

（3）借：银行存款      74 400

    贷：股本——普通股      49 600

    资本公积——股本溢价      24 800

2）（1）同上。

（2）借：应付账款           7 000

    长期借款           10 500

    累计折旧           23 000

    实收资本           75 000

    资本公积           27 600

    盈余公积           3 000

     贷：货币资金         2 500

       应收账款        8 600

       存货         15 000

       固定资产       120 000

（3）借：货币资金           2 500

    应收账款           8 600

    存货            15 000

    固定资产          120 000

     贷：应付账款         7 000

       长期借款        10 500

       累计折旧        23 000

       股本——普通股      70 400

       资本公积——股本溢价    35 200

（4）借：银行存款           74 400

     贷：股本——普通股      49 600

       资本公积——股本溢价    24 800

6.（1）借：银行存款          750 000

     贷：股本——优先股      500 000

       资本公积——股本溢价   250 000

（2）借：银行存款           750 000

     贷：股本——优先股      500 000

       资本公积——股本溢价   240 000

       已发认股权证       10 000

7. $950\,000 \times \dfrac{980\,000}{980\,000 + 8\,000} = 942\,308（元）$

  $950\,000 \times \dfrac{8\,000}{980\,000 + 8\,000} = 7\,692（元）$

借：银行存款 950 000
　　应付债券——债券折价 57 692
　　贷：应付债券——债券面值 1 000 000
　　　　已发认股权证 7 692

8.（1）借：长期待摊费用 50 000
　　　　贷：已发购股权证 50 000
　（2）借：有关费用科目 1 389
　　　　贷：长期待摊费用 1 389
　（3）借：银行存款 150 000
　　　　已发购股权证 50 000
　　　　贷：股本——普通股 100 000
　　　　　　资本公积——股本溢价 100 000

9.（1）借：股本——优先股 100 000
　　　　资本公积——优先股股本溢价 50 000
　　　　贷：股本——普通股 100 000
　　　　　　资本公积——普通股股本溢价 50 000
　（2）借：股本——优先股 100 000
　　　　资本公积——优先股股本溢价 50 000
　　　　贷：股本——普通股 120 000
　　　　　　资本公积——普通股股本溢价 30 000
　（3）借：股本——优先股 100 000
　　　　资本公积——优先股股本溢价 50 000
　　　　盈余公积 6 000
　　　　贷：股本——普通股 156 000

10.（1）借：银行存款 2 400 000
　　　　应付债券——债券折价 100 000
　　　　贷：应付债券——债券面值 2 500 000
　（2）借：应付债券——债券面值 500 000
　　　　贷：股本——普通股 400 000
　　　　　　资本公积——股本溢价 95 000
　　　　　　应付债券——债券折价 5 000

11. 1）（1）按面值法：
　　①借：库存股 10 000
　　　　资本公积——股本溢价 15 000
　　　　盈余公积 3 000
　　　　贷：银行存款 28 000

② 借：银行存款        30 000
       贷：库存股        10 000
          资本公积——股本溢价        20 000

（2）按成本法：

① 借：库存股        28 000
       贷：银行存款        28 000

② 借：银行存款        30 000
       贷：库存股        28 000
          资本公积——股本溢价        2 000

2)（1）按面值法：

借：股本——普通股        10 000
       贷：库存股        10 000

（2）按成本法：

借：股本——普通股        10 000
       资本公积——股本溢价        15 000
       盈余公积        3 000
       贷：库存股        28 000

12.（1）借：利润分配——应付股利        72 500
       贷：应付股利——应付优先股股利        50 000
                ——应付普通股股利        2 500
                ——应付普通股票股利        20 000

（2）借：应付股利——应付普通股票股利        50 000
       贷：股本——普通股        20 000
          资本公积——股本溢价        30 000

（3）借：应付股利——应付优先股股利        2 500
                ——应付普通股股利        20 000
       贷：银行存款        22 500

（答案图表 11）

### 分派股利前后的股东权益

单位：元

| 所有者权益项目 | 分派前金额 | 分派后金额 |
| --- | --- | --- |
| 股本（普通股） | 200 000 | 220 000 |
| （优先股） | 50 000 | 50 000 |
| 资本公积 | 80 000 | 110 000 |
| 盈余公积 | 45 000 | 45 000 |
| 未分配利润 | 100 000 | 27 500 |
| 股东权益合计 | 475 000 | 452 500 |

13. 1）(答案图表 12)

计入费用和资本公积金额计算表

单位：元

| 年　度 | 计　　　　算 | 当期费用 | 累计费用 |
|---|---|---|---|
| 20×7 年 | $200 \times 2\,000 \times (1-20\%) \times 12 \times \dfrac{1}{3}$ | 1 280 000 | 1 280 000 |
| 20×8 年 | $200 \times 2\,000 \times (1-25\%) \times 12 \times \dfrac{2}{3} - 1\,280\,000$ | 1 120 000 | 2 400 000 |
| 20×9 年 | $155 \times 2\,000 \times 12 - 2\,400\,000$ | 1 320 000 | 3 720 000 |

（1）20×7 年 1 月 1 日：

股份期权授予日，不作会计处理。

（2）20×7 年 12 月 31 日：

借：管理费用　　　　　　　　　　　　　　　　　　1 280 000

　贷：资本公积——其他资本公积　　　　　　　　　　　　1 280 000

（3）20×8 年 12 月 31 日：

借：管理费用　　　　　　　　　　　　　　　　　　1 120 000

　　贷：资本公积——其他资本公积　　　　　　　　　　　1 120 000

（4）20×9 年 12 月 31 日：

借：管理费用　　　　　　　　　　　　　　　　　　1 320 000

　贷：资本公积——其他资本公积　　　　　　　　　　　　1 320 000

（5）20×0 年留在公司的管理人员全部行权：

借：银行存款　　　　　　　　　　　　　　　　　　930 000

　资本公积——其他资本公积　　　　　　　　　　3 720 000

　贷：股本　　　　　　　　　　　　　　　　　　　　310 000

　　资本公积——股本溢价　　　　　　　　　　　　4 340 000

2）（1）回购股份时：

借：库存股　　　　　　　　　　　　　　　　　　　4 650 000

　贷：银行存款　　　　　　　　　　　　　　　　　　4 650 000

（2）20×7 年、20×8 年、20×9 年 12 月 31 日的会计处理与要求 1 相同。

（3）管理人员行权时：

借：银行存款　　　　　　　　　　　　　　　　　　930 000

　资本公积——其他资本公积　　　　　　　　　　3 720 000

　贷：库存股　　　　　　　　　　　　　　　　　　　4 650 000

14. (答案图表 13)

**计入费用的应付职工薪酬金额计算表** 单位：元

| 年 度 | 计 算 负 债<br>(1) | 支付库存现金<br>(2) | 当期费用<br>(3)＝(1)<br>－上期(1)<br>＋(2) |
|---|---|---|---|
| 20×7 年 | $200×(1-20\%)×2\,000×12×\dfrac{1}{3}=1\,280\,000$ | | 1 280 000 |
| 20×8 年 | $200×(1-25\%)×2\,000×14×\dfrac{2}{3}=2\,800\,000$ | | 1 520 000 |
| 20×9 年 | $(200-20-15-10-50)×2\,000×17=3\,570\,000$ | $50×2\,000×15$<br>$=1\,500\,000$ | 2 270 000 |
| 20×0 年 | $(155-50-60)×2\,000×18=1\,620\,000$ | $60×2\,000×17$<br>$=2\,040\,000$ | 90 000 |
| 20×1 年 | $1\,620\,000-1\,620\,000=0$ | $45×2\,000×20$<br>$=1\,800\,000$ | 180 000 |
| 合 计 | | 5 340 000 | 5 340 000 |

(1) 20×7 年 1 月 1 日，现金股票增值权授予日，不作会计处理。

(2) 20×7 年 12 月 31 日：

借：管理费用 1 280 000

　　贷：应付职工薪酬——股份支付 1 280 000

(3) 20×8 年 12 月 31 日：

借：管理费用 1 520 000

　　贷：应付职工薪酬——股份支付 1 520 000

(4) 20×9 年 12 月 31 日：

借：管理费用 2 270 000

　　贷：应付职工薪酬——股份支付 2 270 000

借：应付职工薪酬——股份支付 1 500 000

　　贷：银行存款 1 500 000

(5) 20×0 年 12 月 31 日：

借：公允价值变动损益 90 000

　　贷：应付职工薪酬——股份支付 90 000

借：应付职工薪酬——股份支付 2 040 000

　　贷：银行存款 2 040 000

(6) 20×1 年 12 月 31 日：

借：公允价值变动损益                      180 000

    贷：应付职工薪酬——股份支付             180 000

借：应付职工薪酬——股份支付               1 800 000

    贷：银行存款                            1 800 000

# 第三章

## 三、单项选择题

1. C   2. A   3. B   4. C   5. B   6. A   7. C   8. D

## 四、多项选择题

1. A、B、C、E   2. A、B、D   3. A、B、D   4. A、B、C、D   5. A、B
6. A、C、E   7. A、B、D   8. A、B、C、D

## 五、判断题

1. ×   2. ×   3. √   4. √   5. ×   6. √   7. ×   8. √   9. ×
10. √

## 六、练习题

1. 1)（1）总店的账务处理：

   ① 借：分店往来                          100 000

       贷：银行存款                     100 000

   ② 不作处理。

   ③ 借：分店往来                          75 000

       贷：存货                           75 000

   ④ 不作处理。

   ⑤ 不作处理。

   ⑥ 借：库存现金                          20 000

       贷：分店往来                     20 000

   ⑦ 不作处理。

   ⑧ 借：分店往来                          9 000

       贷：利润——分店                   9 000

  （2）分店的账务处理：

   ① 借：银行存款                          100 000

       贷：总店往来                     100 000

②借：存货             50 000

  贷：银行存款          50 000

③借：存货             75 000

  贷：总店往来          75 000

④借：银行存款           80 000

  贷：应收账款          80 000

⑤借：银行存款          120 000

  贷：主营业务收入        120 000

  借：主营业务成本        96 000

   贷：存货          96 000

⑥借：总店往来          20 000

  贷：库存现金          20 000

⑦借：销售费用          15 000

  贷：银行存款          15 000

⑧借：主营业务收入        120 000

  贷：主营业务成本        96 000

   销售费用         15 000

   利润           9 000

 借：利润           9 000

  贷：总店往来          9 000

（答案图表 14）

**分店往来（总店账上）**       单位：元

| ① | 100 000 | ⑥ | 20 000 |
|---|---|---|---|
| ③ | 75 000 | | |
| | 155 000 | | |

（答案图表 15）

**总店往来（分店账上）**       单位：元

| ⑥ | 20 000 | ① | 100 000 |
|---|---|---|---|
| | | ③ | 75 000 |
| | | | 155 000 |

2）（1）总店的账务处理：

①②④⑤⑥⑦相同。

③ 借：分店往来　　　　　　　　　　　　　90 000
　　贷：存货　　　　　　　　　　　　　　　　75 000
　　　　备抵分店存货超过成本数　　　　　　　15 000
⑧ 借：备抵分店存货超过成本数　　　　　　　15 000
　　贷：分店往来　　　　　　　　　　　　　　6 000
　　　　利润——分店　　　　　　　　　　　　9 000
（2）分店的账务处理：
①②④⑥⑦相同。
③ 借：存货　　　　　　　　　　　　　　　90 000
　　贷：总店往来　　　　　　　　　　　　　90 000
⑤ 借：银行存款　　　　　　　　　　　　120 000
　　贷：主营业务收入　　　　　　　　　　120 000
　　借：主营业务成本(90 000＋21 000)　　111 000
　　贷：存货　　　　　　　　　　　　　　111 000
⑧ 借：主营业务收入　　　　　　　　　　120 000
　　　　利润　　　　　　　　　　　　　　6 000
　　贷：主营业务成本　　　　　　　　　　111 000
　　　　销售费用　　　　　　　　　　　　15 000
　　借：总店往来　　　　　　　　　　　　6 000
　　贷：利润　　　　　　　　　　　　　　6 000
3）总店的账务处理：
（1）借：总店往来　　　　　　　　　　　155 000
　　　贷：分店往来　　　　　　　　　　　155 000
（2）① 借：备抵分店存货超过成本数　　　　15 000
　　　　　贷：主营业务成本　　　　　　　　15 000
　　　　② 借：总店往来　　　　　　　　　170 000
　　　　　贷：分店往来　　　　　　　　　170 000
2. 1）总店的账务处理：
（1）借：分店往来　　　　　　　　　　　31 000
　　　贷：应收账款　　　　　　　　　　　31 000
（2）借：应付账款　　　　　　　　　　　5 000
　　　贷：分店往来　　　　　　　　　　　5 000
2）分店的账务处理：
（1）借：应付账款　　　　　　　　　　　50 000
　　　贷：总店往来　　　　　　　　　　　50 000

（2）借：总店往来　　　　　　　　　　　　　　　　15 000

　　　　贷：应收账款　　　　　　　　　　　　　　　　　15 000

（3）借：在途资金　　　　　　　　　　　　　　　　83 000

　　　　贷：总店往来　　　　　　　　　　　　　　　　　83 000

（答案图表 16）

### 霞飞公司总分店相对账户调节表
20×7 年 12 月 31 日　　　　　　　　　　　　　　　　单位：元

| 总店账上的"分店往来"账户 | 金　额 | 分店账上的"总店往来"账户 | 金　额 |
|---|---|---|---|
| 调节前余额 | −101 000 | 调节前余额 | −193 000 |
| 　加：分店代收应收账款 | 31 000 | 　加：总店代付应付账款 | 50 000 |
| 　减：分店代付应付账款 | 5 000 | 　减：总店代收应收账款 | 15 000 |
| | | 　加：总店拨付营运资金 | 83 000 |
| 调节后余额 | −75 000 | 调节后余额 | −75 000 |

3. 总店的账务处理：

1）（1）借：分店往来　　　　　　　　　　　　　　2 250

　　　　　贷：库存现金　　　　　　　　　　　　　　　2 250

（2）借：分店往来　　　　　　　　　　　　　　60 000

　　　　贷：存货　　　　　　　　　　　　　　　　50 000

　　　　　　备抵分店存货超过成本数　　　　　　　10 000

（3）借：分店往来　　　　　　　　　　　　　　6 000

　　　　贷：库存现金　　　　　　　　　　　　　　　6 000

（4）借：库存现金　　　　　　　　　　　　　　30 000

　　　　贷：分店往来　　　　　　　　　　　　　　30 000

2）年终结账会计分录：

借：分店往来　　　　　　　　　　　　　　　3 000

　　备抵分店存货超过成本数　　　　　　　　8 000

　　贷：利润——分店　　　　　　　　　　　　　11 000

分店的账务处理：

1）（1）借：库存现金　　　　　　　　　　　　　　2 250

　　　　　贷：总店往来　　　　　　　　　　　　　　　2 250

（2）借：存货　　　　　　　　　　　　　　　60 000

　　　　贷：总店往来　　　　　　　　　　　　　　60 000

（3）借：销售费用　　　　　　　　　　　　　　　　　6 000

　　　贷：总店往来　　　　　　　　　　　　　　　　　　6 000

（4）借：总店往来　　　　　　　　　　　　　　　　　30 000

　　　贷：库存现金　　　　　　　　　　　　　　　　　　30 000

2）年终结账会计分录：

　　借：主营业务收入　　　　　　　　　　　　　　　　80 000

　　　贷：主营业务成本　　　　　　　　　　　　　　　　59 000

　　　　销售费用　　　　　　　　　　　　　　　　　　18 000

　　　　利润　　　　　　　　　　　　　　　　　　　　3 000

　　借：利润　　　　　　　　　　　　　　　　　　　　3 000

　　　贷：总店往来　　　　　　　　　　　　　　　　　　3 000

3）总店编制联合会计报表的抵销分录：

（1）借：总店往来　　　　　　　　　　　　　　　　　38 250

　　　贷：分店往来　　　　　　　　　　　　　　　　　　38 250

（2）借：备抵分店存货超过成本数　　　　　　　　　　10 000

　　　贷：主营业务成本　　　　　　　　　　　　　　　　8 000

　　　　存货　　　　　　　　　　　　　　　　　　　　2 000

（答案图表 17）

## 威 海 公 司
### 总分店联合会计报表工作底稿

20×7 年度　　　　　　　　　　　　　　　　　　　　　　　单位：元

| 报　表　项　目 | 总　店 | 分　店 | 抵　销　分　录 | | 联合会计报表 |
| --- | --- | --- | --- | --- | --- |
| | | | 借　方 | 贷　方 | |
| 利润表： | | | | | |
| 营业收入 | 376 000 | 80 000 | | | 456 000 |
| 营业成本 | 244 300 | 59 000 | | （2）8 000 | 295 300 |
| 营业毛利 | 131 700 | 21 000 | | | 160 700 |
| 销售费用 | 60 000 | 18 000 | | | 78 000 |
| 利润总额 | 71 700 | 3 000 | | | 82 700 |
| 所得税费用 | 24 510 | | | | 24 510 |
| 净利润 | 47 190 | 3 000 | | | 58 190 |
| 利润分配表： | | | | | |
| 净利润 | 47 190 | 3 000 | | | 58 190 |
| 加：年初未分配利润 | 32 210 | | | | 32 210 |

（续表）

| 报 表 项 目 | 总 店 | 分 店 | 抵销分录 | | 联合会计报表 |
| --- | --- | --- | --- | --- | --- |
| | | | 借 方 | 贷 方 | |
| 可供分配利润 | 79 400 | | | | 90 400 |
| 减：应付利润 | 15 400 | | | | 15 400 |
| 年末未分配利润 | 64 000 | 3 000 | | | 75 000 |
| 资产负债表： | | | | | |
| 货币资金 | 23 750 | 1 500 | | | 25 250 |
| 应收账款 | 28 750 | 13 750 | | | 42 500 |
| 存货 | 91 300 | 34 750 | | （2） 2 000 | 124 050 |
| 分店往来 | 38 250 | | | （1） 38 250 | |
| 固定资产 | 293 750 | | | | 293 750 |
| 累计折旧 | (88 250) | | | | (88 250) |
| 资产总计 | 387 550 | 50 000 | | | 397 300 |
| 应付账款 | 60 150 | 8 750 | | | 68 900 |
| 应交税费 | 3 400 | | | | 3 400 |
| 备抵分店存货超过成本数 | 10 000 | | （2） 10 000 | | |
| 总店往来 | | 38 250 | （1） 38 250 | | |
| 股本 | 250 000 | | | | 250 000 |
| 年末未分配利润 | 64 000 | 3 000 | | | 75 000 |
| 负债和所有者权益总计 | 387 550 | 50 000 | 48 250 | 48 250 | 397 300 |

4. 1）单独反映经营成果的账务处理：

（1）借：其他应收款——华宁　　　　　　　　　　　5 000

　　　　贷：银行存款　　　　　　　　　　　　　　　　5 000

（2）借：固定资产——华宁　　　　　　　　　　　80 000

　　　　贷：银行存款　　　　　　　　　　　　　　　　80 000

（3）借：存货——华宁样品　　　　　　　　　　　8 000

　　　　贷：存货　　　　　　　　　　　　　　　　　　8 000

（4）借：应收账款　　　　　　　　　　　　　　　100 000

　　　　贷：主营业务收入——华宁　　　　　　　　　　100 000

　　　借：主营业务成本——华宁　　　　　　　　　80 000

　　　　贷：存货　　　　　　　　　　　　　　　　　　80 000

（5）借：销售费用——华宁　　　　　　　　　　　1 500

　　　　贷：库存现金　　　　　　　　　　　　　　　　1 500

　　　借：销售费用——华宁　　　　　　　　　　　3 000

　　　　贷：库存现金　　　　　　　　　　　　　　　　3 000

（6）借：主营业务收入——华宁      100 000

    贷：主营业务成本——华宁      80 000

      销售费用——华宁      4 500

      利润——华宁      15 500

    借：利润——华宁      15 500

    贷：利润      15 500

2）不单独反映经营成果的账务处理：

（1）（2）（3）相同。

（4）借：应收账款      100 000

    贷：主营业务收入      100 000

    借：主营业务成本      80 000

    贷：存货      80 000

（5）借：销售费用      1 500

    贷：库存现金      1 500

    借：销售费用      3 000

    贷：库存现金      3 000

# 第四章

**三、单项选择题**

1. B   2. B   3. C   4. D   5. A   6. A   7. D   8. D   9. B   10. C

**四、多项选择题**

1. A、B、C、E   2. A、B、D   3. A、C、D、E   4. A、B、C   5. A、B、C、D、E
6. A、C、D、E   7. A、E   8. A、B、C、D   9. C、E   10. D、E

**五、判断题**

1. ✕   2. ✕   3. ✕   4. ✓   5. ✕   6. ✕   7. ✕   8. ✕   9. ✓
10. ✓

**六、练习题**

1. 1）明光公司：

（1）借：存货      5 000

      固定资产      25 000

    贷：应收账款      3 500

      资本公积      26 500

（2）借：短期借款      10 000

| | | |
|---|---|---|
| 应付票据 | | 21 775 |
| 应付账款 | | 35 000 |
| 长期借款 | | 15 000 |
| 坏账准备 | | 225 |
| 累计折旧 | | 75 000 |
| 股本 | | 200 000 |
| 资本公积 | | 41 500 |
| 盈余公积 | | 50 000 |
| 利润分配——未分配利润 | | 5 000 |
| 贷：银行存款 | | 5 000 |
| 应收账款 | | 41 500 |
| 存货 | | 82 000 |
| 固定资产 | | 325 000 |

2）北华公司：

| | | |
|---|---|---|
| 借：银行存款 | | 5 000 |
| 应收账款 | | 41 275 |
| 存货 | | 82 000 |
| 固定资产 | | 250 000 |
| 管理费用 | | 3 000 |
| 商誉 | | 13 500 |
| 贷：短期借款 | | 10 000 |
| 应付票据 | | 21 775 |
| 应付账款 | | 35 000 |
| 长期借款 | | 15 000 |
| 银行存款 | | 313 000 |

3）（1）明光公司：

| | | |
|---|---|---|
| 借：短期借款 | | 10 000 |
| 应付票据 | | 21 775 |
| 应付账款 | | 35 000 |
| 长期借款 | | 15 000 |
| 坏账准备 | | 225 |
| 累计折旧 | | 75 000 |
| 股本 | | 200 000 |
| 资本公积 | | 41 500 |
| 盈余公积 | | 50 000 |

| | | |
|---|---|---:|
| | 利润分配 | 5 000 |
| | 贷：银行存款 | 5 000 |
| | 应收账款 | 41 500 |
| | 存货 | 82 000 |
| | 固定资产 | 325 000 |

（2）北华公司：

| | | |
|---|---|---:|
| | 借：银行存款 | 5 000 |
| | 应收账款 | 41 275 |
| | 存货 | 82 000 |
| | 固定资产 | 250 000 |
| | 管理费用 | 3 000 |
| | 贷：短期借款 | 10 000 |
| | 应付票据 | 21 775 |
| | 应付账款 | 35 000 |
| | 长期借款 | 15 000 |
| | 银行存款 | 278 000 |
| | 营业外收入 | 21 500 |

2. 明光公司：

| | | |
|---|---|---:|
| | 借：短期借款 | 10 000 |
| | 应付票据 | 21 775 |
| | 应付账款 | 35 000 |
| | 长期借款 | 15 000 |
| | 股本 | 200 000 |
| | 资本公积 | 15 000 |
| | 盈余公积 | 50 000 |
| | 利润分配——未分配利润 | 5 000 |
| | 坏账准备 | 225 |
| | 累计折旧 | 75 000 |
| | 贷：银行存款 | 5 000 |
| | 应收账款 | 45 000 |
| | 存货 | 77 000 |
| | 固定资产 | 300 000 |

北华公司：

| | | |
|---|---|---:|
| | 借：银行存款 | 5 000 |
| | 应收账款 | 44 775 |

| | |
|---|---|
| 　　存货 | 77 000 |
| 　　固定资产 | 225 000 |
| 　　管理费用 | 3 000 |
| 　贷：短期借款 | 10 000 |
| 　　　应付票据 | 21 775 |
| 　　　应付账款 | 35 000 |
| 　　　长期借款 | 15 000 |
| 　　　股本 | 150 000 |
| 　　　资本公积 | 120 000 |
| 　　　银行存款 | 3 000 |
| 　借：资本公积 | 55 000 |
| 　　贷：盈余公积 | 50 000 |
| 　　　　利润分配——未分配利润 | 5 000 |

# 第五章

### 三、单项选择题

1. D　2. D　3. A　4. A　5. B　6. A　7. B　8. C　9. B　10. A

### 四、多项选择题

1. A、B、C、D、E　2. A、C、D、E　3. B、D　4. A、B　5. A、B、C、D、E
6. A、B、C　7. A、B、C　8. A、B、D　9. A、C、D、E　10. A、D、E

### 五、判断题

1. ×　2. ×　3. √　4. √　5. √　6. ×　7. ×　8. ×　9. √
10. ×

### 六、练习题

| | |
|---|---|
| 1. 1）借：其他应付款——应付股利 | 30 000 |
| 　　　贷：其他应收款——应收股利 | 30 000 |
| 　2）（1）借：应收票据及应收账款——坏账准备 | 250 |
| 　　　　　贷：未分配利润——年初 | 250 |
| 　　（2）借：应付票据及应付账款 | 60 000 |
| 　　　　　贷：应收票据及应收账款 | 60 000 |
| 　　（3）借：应收票据及应收账款——坏账准备 | 50 |
| 　　　　　贷：资产减值损失 | 50 |
| 　3）借：应付票据及应付账款 | 100 000 |
| 　　　贷：应收票据及应收账款 | 100 000 |
| 　4）（1）借：应付债券(100 000＋10 000－5 900) | 104 100 |

　　　　　　　贷：债权投资　　　　　　　　　　　　　　104 100

　　　　（2）借：投资收益　　　　　　　　　　　　　　10 000

　　　　　　　贷：财务费用　　　　　　　　　　　　　　10 000

2. 1）（1）借：未分配利润——年初　　　　　　　　　60 000

　　　　　　　贷：营业成本——A　　　　　　　　　　　60 000

　　　　（2）借：营业收入——A　　　　　　　　　1 000 000

　　　　　　　贷：营业成本——A　　　　　　　　　1 000 000

　　2）（1）借：未分配利润——年初　　　　　　　　　72 000

　　　　　　　贷：营业成本——B　　　　　　　　　　　72 000

　　　　（2）借：未分配利润——年初　　　　　　　　　18 000

　　　　　　　贷：存货——B　　　　　　　　　　　　　18 000

　　　　（3）借：营业收入——B　　　　　　　　　1 200 000

　　　　　　　贷：营业成本——B　　　　　　　　　1 200 000

　　　　（4）借：营业收入——B　　　　　　　　　　800 000

　　　　　　　贷：营业成本——B　　　　　　　　　　640 000

　　　　　　　　　存货——B　　　　　　　　　　　160 000

3. 1）（1）当年：

　　　　借：营业收入　　　　　　　　　　　　　　　　80 000

　　　　　　贷：营业成本　　　　　　　　　　　　　　64 000

　　　　　　　　固定资产——原价　　　　　　　　　　16 000

　　　　（2）第1年：

　　　　①借：未分配利润——年初　　　　　　　　　16 000

　　　　　　贷：固定资产——原价　　　　　　　　　16 000

　　　　②借：固定资产——累计折旧　　　　　　　　3 200

　　　　　　贷：管理费用（营业成本）　　　　　　　3 200

　　　　（3）第2年：

　　　　①借：未分配利润——年初　　　　　　　　　16 000

　　　　　　贷：固定资产——原价　　　　　　　　　16 000

　　　　②借：固定资产——累计折旧　　　　　　　　3 200

　　　　　　贷：管理费用（营业成本）　　　　　　　3 200

　　　　③借：固定资产——累计折旧　　　　　　　　3 200

　　　　　　贷：未分配利润——年初　　　　　　　　3 200

　　　　（4）第3年：

　　　　①借：未分配利润——年初　　　　　　　　　16 000

| | | |
|---|---|---|
| 贷：固定资产——原价 | | 16 000 |
| ②借：固定资产——累计折旧 | 3 200 | |
| 贷：管理费用(营业成本) | | 3 200 |
| ③借：固定资产——累计折旧 | 6 400 | |
| 贷：未分配利润——年初 | | 6 400 |

(5) 第 4 年：

| | | |
|---|---|---|
| ①借：未分配利润——年初 | 16 000 | |
| 贷：固定资产——原价 | | 16 000 |
| ②借：固定资产——累计折旧 | 3 200 | |
| 贷：管理费用(营业成本) | | 3 200 |
| ③借：固定资产——累计折旧 | 9 600 | |
| 贷：未分配利润——年初 | | 9 600 |

(6) 第 5 年期满报废：

| | | |
|---|---|---|
| 借：未分配利润——年初 | 3 200 | |
| 贷：管理费用(营业成本) | | 3 200 |

2) 当年、第 1、第 2、第 3、第 4 年相同。

(1) 第 5 年：

| | | |
|---|---|---|
| ①借：未分配利润——年初 | 16 000 | |
| 贷：固定资产——原价 | | 16 000 |
| ②借：固定资产——累计折旧 | 3 200 | |
| 贷：管理费用(营业成本) | | 3 200 |
| ③借：固定资产——累计折旧 | 12 800 | |
| 贷：未分配利润——年初 | | 12 800 |

(2) 第 6 年：

| | | |
|---|---|---|
| ①借：未分配利润——年初 | 16 000 | |
| 贷：固定资产——原价 | | 16 000 |
| ②借：固定资产——累计折旧 | 16 000 | |
| 贷：未分配利润——年初 | | 16 000 |

(3) 第 7 年报废，不作抵销分录。

3) 当年、第 1、第 2、第 3 年相同。

第 4 年：

| | | |
|---|---|---|
| ①借：未分配利润——年初 | 16 000 | |
| 贷：营业外收入(支出) | | 16 000 |
| ②借：营业外收入(支出) | 3 200 | |

   贷：管理费用（营业成本）         3 200

  ③ 借：营业外收入（支出）         9 600

   贷：未分配利润——年初         9 600

4. 1)（1）借：应收票据及应收账款——坏账准备    75

    贷：未分配利润——年初        75

  （2）借：应付票据及应付账款       12 000

    贷：应收票据及应收账款      12 000

  （3）借：资产减值损失          15

    贷：应收票据及应收账款——坏账准备   15

  2)（1）借：未分配利润——年初        105

    贷：营业成本           105

  （2）借：营业收入（乙销售给甲）     50 000

    贷：营业成本          49 700

     存货            300

  （3）借：营业收入（丙销售给甲）     25 000

    贷：营业成本          24 900

     存货            100

  3)（1）借：营业收入         100 000

    贷：营业成本         85 000

     固定资产——原价       15 000

  （2）借：固定资产——累计折旧     3 000

    贷：管理费用（营业成本）      3 000

  4)（1）借：应付债券         60 000

    贷：债权投资         60 000

  （2）借：投资收益         4 800

    贷：财务费用         4 800

5. 1)（1）① 第 1 年年末：

  借：应付票据及应付账款       8 000

   贷：应收票据及应收账款      8 000

  借：应收票据及应收账款——坏账准备   40

   贷：资产减值损失        40

  ② 第 2 年年末：

  借：应付票据及应付账款       5 000

   贷：应收票据及应收账款      5 000

  借：应收票据及应收账款——坏账准备   40

　　　　贷：未分配利润——年初　　　　　　　　　　　　　　　　40

　　　借：资产减值损失　　　　　　　　　　　　　　　　　　　15

　　　　贷：应收票据及应收账款——坏账准备　　　　　　　　　15

③ 第 3 年年末：

　　　借：应收票据及应收账款——坏账准备　　　　　　　　　25

　　　　贷：未分配利润——年初　　　　　　　　　　　　　　　25

　　　借：资产减值损失　　　　　　　　　　　　　　　　　　　25

　　　　贷：应收票据及应收账款——坏账准备　　　　　　　　　25

（2）① 第 1 年年末：

　　　借：应付债券　　　　　　　　　　　　　　　　　10 354 335

　　　　贷：债权投资　　　　　　　　　　　　　　　　10 354 335

　　　借：投资收益　　　　　　　　　　　　　　　　　　521 635

　　　　贷：财务费用　　　　　　　　　　　　　　　　　　521 635

② 第 2 年年末：

　　　借：应付债券　　　　　　　　　　　　　　　10 272 051.75

　　　　贷：债权投资　　　　　　　　　　　　　　10 272 051.75

　　　借：投资收益　　　　　　　　　　　　　　　　517 716.75

　　　　贷：财务费用　　　　　　　　　　　　　　　　517 716.75

③ 第 3 年年末：

　　　借：应付债券　　　　　　　　　　　　　　　10 185 654.34

　　　　贷：债权投资　　　　　　　　　　　　　　10 185 654.34

　　　借：投资收益　　　　　　　　　　　　　　　　513 602.59

　　　　贷：财务费用　　　　　　　　　　　　　　　　513 602.59

（3）① 借：营业收入　　　　　　　　　　　　　　　　48 000

　　　　　贷：营业成本　　　　　　　　　　　　　　　　48 000

　　　② 借：营业收入　　　　　　　　　　　　　　　　32 000

　　　　　贷：营业成本　　　　　　　　　　　　　　　　24 000

　　　　　　　存货　　　　　　　　　　　　　　　　　　8 000

（4）① 借：未分配利润——年初　　　　　　　　　　　8 000

　　　　　贷：营业成本　　　　　　　　　　　　　　　　8 000

　　　② 借：营业收入　　　　　　　　　　　　　　　　40 000

　　　　　贷：营业成本　　　　　　　　　　　　　　　　32 000

　　　　　　　存货　　　　　　　　　　　　　　　　　　8 000

（5）① 借：未分配利润——年初　　　　　　　　　　　8 000

　　　　　贷：营业成本　　　　　　　　　　　　　　　　4 000

|  |  |
|---|---|
| 存货 | 4 000 |
| ② 借：营业收入 | 40 000 |
| 　贷：营业成本 | 32 000 |
| 　　存货 | 8 000 |

(6) ① 第 1 年年末：

|  |  |
|---|---|
| 借：资产处置损益 | 12 000 |
| 　贷：固定资产——原价 | 12 000 |
| 借：固定资产——累计折旧 | 2 000 |
| 　贷：管理费用 | 2 000 |

② 第 2 年年末：

|  |  |
|---|---|
| 借：未分配利润——年初 | 12 000 |
| 　贷：固定资产——原价 | 12 000 |
| 借：固定资产——累计折旧 | 2 000 |
| 　贷：管理费用 | 2 000 |
| 借：固定资产——累计折旧 | 2 000 |
| 　贷：未分配利润——年初 | 2 000 |

③ 第 3 年年末：

|  |  |
|---|---|
| 借：未分配利润——年初 | 12 000 |
| 　贷：固定资产——原价 | 12 000 |
| 借：固定资产——累计折旧 | 2 000 |
| 　贷：管理费用 | 2 000 |
| 借：固定资产——累计折旧 | 4 000 |
| 　贷：未分配利润——年初 | 4 000 |

④ 第 4 年年末：

|  |  |
|---|---|
| 借：未分配利润——年初 | 12 000 |
| 　贷：固定资产——原价 | 12 000 |
| 借：固定资产——累计折旧 | 2 000 |
| 　贷：管理费用 | 2 000 |
| 借：固定资产——累计折旧 | 6 000 |
| 　贷：未分配利润——年初 | 6 000 |

⑤ 第 5 年年末：

|  |  |
|---|---|
| 借：未分配利润——年初 | 12 000 |
| 　贷：固定资产——原价 | 12 000 |
| 借：固定资产——累计折旧 | 2 000 |
| 　贷：管理费用 | 2 000 |

借：固定资产——累计折旧 8 000

　　贷：未分配利润——年初 8 000

⑥ 第 6 年年末：

借：未分配利润——年初 2 000

　　贷：管理费用 2 000

（7）① 借：长期股权投资 50 000

　　　　贷：投资收益 50 000

　　　借：投资收益 30 000

　　　　贷：长期股权投资 30 000

　　② 借：实收资本 500 000

　　　　盈余公积 32 500

　　　　未分配利润——年末 22 500

　　　　贷：长期股权投资 555 000

　　③ 借：投资收益 50 000

　　　　未分配利润——年初 10 000

　　　　贷：提取盈余公积 7 500

　　　　　对所有者的分配 30 000

　　　　　未分配利润——年末 22 500

（8）① 借：长期股权投资 12 000

　　　　贷：投资收益 8 000

　　　　　其他综合收益 4 000

　　② 借：实收资本 100 000

　　　　其他综合收益 5 000

　　　　盈余公积 1 000

　　　　未分配利润——年末 9 000

　　　　商誉 12 000

　　　　贷：长期股权投资 104 000

　　　　　少数股东权益 23 000

　　③ 借：投资收益 8 000

　　　　少数股东损益 2 000

　　　　贷：利润分配——提取盈余公积 1 000

　　　　　未分配利润——年末 9 000

2）（1）借：投资支付的现金 10 432 700

        贷：吸收投资收到的现金                                   10 432 700

         借：分配股利、利润或偿还利息支付的现金             600 000

           贷：取得投资收益收到的现金                        600 000

   （2）借：购买商品、接受劳务支付的库存现金           93 600

           贷：销售商品、提供劳务收到的库存现金        93 600

   （3）借：分配股利、利润或偿还利息支付的现金         30 000

           贷：取得投资收益收到的现金                    30 000

# 第六章

**三、单项选择题**

1. C  2. A  3. B  4. A  5. A  6. B  7. A  8. C

**四、多项选择题**

1. C、D  2. A、B、C、D  3. A、B、E  4. A、D  5. B、C、E  6. B、C、D
7. A、B、C  8. C、D

**五、判断题**

1. ×  2. ×  3. √  4. ×  5. √  6. ×  7. √  8. ×  9. ×
10. √

**六、练习题**

1.（1）借：应收账款——美元户（US$10 000×7.31）       73 100

          贷：主营业务收入                          73 100

   （2）借：在途物资（US$8 000×7.35）          58 800

          贷：应付账款——美元户                   58 800

   （3）借：银行存款——美元偿债基金户         22 020

          贷：应收账款——美元户（US$3 000×7.34）      22 020

   （4）借：管理费用（US$2 500×7.33）        18 325

          贷：应付职工薪酬——美元户              18 325

         借：应付职工薪酬（US$2 500×7.33）      18 325

          贷：银行存款——美元户                   18 325

   （5）借：应付账款——美元户（US$4 000×7.35）     29 400

          贷：银行存款——美元户                   29 400

   （6）借：银行存款——人民币户（US$5 000×7.33）    36 650

            财务费用——汇兑差额                        50

          贷：银行存款——美元户（US$5 000×7.34）     36 700

（7）借：银行存款——港元户（HK $50 000×0.99）　　　　　49 500

　　　　贷：短期借款——港元户　　　　　　　　　　　　　　　49 500

（8）借：固定资产(US $5 000×7.34)　　　　　　　　　　　36 700

　　　　贷：实收资本(US $5 000×7.34)　　　　　　　　　　　36 700

（9）借：银行存款——美元户（US $2 602.74×7.32）　　　　19 052

　　　　贷：银行存款——港元户（HK $20 000×0.92）　　　　　18 400

　　　　　　财务费用——汇兑差额　　　　　　　　　　　　　　652

（10）借：银行存款——美元户　　　　　　　　　　　　　　　516

　　　　　短期借款——港元户　　　　　　　　　　　　　　　2 000

　　　　　应收账款——美元户　　　　　　　　　　　　　　　320

　　　　贷：应付账款——美元户　　　　　　　　　　　　　　　40

　　　　　　银行存款——港元户　　　　　　　　　　　　　　2 600

　　　　　　财务费用——汇兑差额　　　　　　　　　　　　　　196

（答案图表 18）

### 银行存款——美元户

| 日期 | | 业务号数 | 摘　要 | 借　方 | | | 贷　方 | | | 余　额 | | |
|---|---|---|---|---|---|---|---|---|---|---|---|---|
| 月 | 日 | | | 美元 | 汇率 | 人民币元 | 美元 | 汇率 | 人民币元 | 美元 | 汇率 | 人民币元 |
| 12 | 1 | | 月初余额 | | | | | | | 12 000 | 7.30 | 87 600 |
| | 12 | (4) | 支付外方人员工资 | | | | 2 500 | 7.33 | 18 325 | 9 500 | | 69 275 |
| | 17 | (5) | 支付购货欠款 | | | | 4 000 | 7.35 | 29 400 | 5 500 | | 39 875 |
| | 22 | (6) | 兑换人民币 | | | | 5 000 | 7.34 | 36 700 | 500 | | 3 175 |
| | 28 | (9) | 港元兑换美元 | 2 602.74 | 7.32 | 19 052 | | | | 3 102.74 | | 22 227 |
| | 31 | | 月末调整 | | | 516 | | | | 3 102.74 | 7.33 | 22 743 |

（答案图表 19）

### 银行存款——港元户

| 日期 | | 业务号数 | 摘　要 | 借　方 | | | 贷　方 | | | 余　额 | | |
|---|---|---|---|---|---|---|---|---|---|---|---|---|
| 月 | 日 | | | 港元 | 汇率 | 人民币元 | 港元 | 汇率 | 人民币元 | 港元 | 汇率 | 人民币元 |
| 12 | 1 | | 月初余额 | | | | | | | 5 000 | 0.95 | 4 750 |
| | 25 | (7) | 借入短期借款 | 50 000 | 0.99 | 49 500 | | | | 55 000 | | 54 250 |
| | 28 | (9) | 港元兑换美元 | | | | 20 000 | 0.92 | 18 400 | 35 000 | | 35 850 |
| | 31 | | 月末调整 | | | | | | 2 600 | 35 000 | 0.95 | 33 250 |

（答案图表 20）

**银行存款——美元偿债基金户**

| 日期 | | 业务号数 | 摘　要 | 借　方 | | | 贷　方 | | | 余　额 | | |
|---|---|---|---|---|---|---|---|---|---|---|---|---|
| 月 | 日 | | | 美元 | 汇率 | 人民币元 | 美元 | 汇率 | 人民币元 | 美元 | 汇率 | 人民币元 |
| 12 | 1 | | 月初余额 | | | | | | | 1 000 | 7.30 | 7 300 |
| | 10 | (3) | 出口收汇 | 3 000 | 7.34 | 22 020 | | | | 4 000 | | 29 320 |
| | 31 | | 月末调整 | | | | | | | 4 000 | 7.33 | 29 320 |

（答案图表 21）

**应收账款——美元户(甲企业)**

| 日期 | | 业务号数 | 摘　要 | 借　方 | | | 贷　方 | | | 余　额 | | |
|---|---|---|---|---|---|---|---|---|---|---|---|---|
| 月 | 日 | | | 美元 | 汇率 | 人民币元 | 美元 | 汇率 | 人民币元 | 美元 | 汇率 | 人民币元 |
| 12 | 1 | | 月初余额 | | | | | | | 3 000 | 7.30 | 21 900 |
| | 1 | (1) | 销售产品 | 10 000 | 7.31 | 73 100 | | | | 13 000 | | 95 000 |
| | 10 | (3) | 收到销货欠款 | | | | 3 000 | 7.34 | 22 020 | 10 000 | | 72 980 |
| | 31 | | 月末调整 | | | 320 | | | | 10 000 | 7.33 | 73 300 |

（答案图表 22）

**应付账款——美元户(乙企业)**

| 日期 | | 业务号数 | 摘　要 | 借　方 | | | 贷　方 | | | 余　额 | | |
|---|---|---|---|---|---|---|---|---|---|---|---|---|
| 月 | 日 | | | 美元 | 汇率 | 人民币元 | 美元 | 汇率 | 人民币元 | 美元 | 汇率 | 人民币元 |
| 12 | 1 | | 月初余额 | | | | | | | 4 000 | 7.30 | 29 200 |
| | 5 | (2) | 进口材料 | | | | 8 000 | 7.35 | 58 800 | 12 000 | | 88 000 |
| | 17 | (5) | 支付购货欠款 | 4 000 | 7.35 | 29 400 | | | | 8 000 | | 58 600 |
| | 31 | | 月末调整 | | | | | | 40 | 8 000 | 7.33 | 58 640 |

（答案图表 23）

**短期借款——港元户**

| 日期 | | 业务号数 | 摘　要 | 借　方 | | | 贷　方 | | | 余　额 | | |
|---|---|---|---|---|---|---|---|---|---|---|---|---|
| 月 | 日 | | | 港元 | 汇率 | 人民币元 | 港元 | 汇率 | 人民币元 | 港元 | 汇率 | 人民币元 |
| 12 | 25 | (7) | 借入港币 | | | | 50 000 | 0.99 | 49 500 | 50 000 | | 49 500 |
| | 31 | | 月末调整 | | | 2 000 | | | | 50 000 | 0.95 | 47 500 |

（答案图表 24）

| 汇 兑 损 益 | | | 单位：元 |
|---|---|---|---|
| (6) | 50 | (9) | 652 |
| | | (10) | 196 |
| 本期发生额 | 50 | 本期发生额 | 848 |
| | | 本期净额 | 798 |

2.（1）借：应收账款——美元户（US$10 000×7.31）　73 100

　　　贷：主营业务收入　73 100

（2）借：在途物资（US$8 000×7.31）　58 480

　　　贷：应付账款——美元户　58 480

（3）借：银行存款——美元偿债基金户　21 930

　　　贷：应收账款——美元户（US$3 000×7.31）　21 930

（4）借：管理费用（US$2 500×7.31）　18 275

　　　贷：应付职工薪酬——美元户　18 275

　　借：应付职工薪酬——美元户（US$2 500×7.31）　18 275

　　　贷：银行存款——美元户　18 275

（5）借：应付账款——美元户（US$4 000×7.31）　29 240

　　　贷：银行存款——美元户　29 240

（6）借：银行存款——人民币户（US$5 000×7.33）　36 650

　　　贷：银行存款——美元户（US$5 000×7.31）　36 550

　　　　　财务费用——汇兑差额　100

（7）借：银行存款——港元户（HK$50 000×0.96）　48 000

　　　贷：短期借款——港元户　48 000

（8）借：固定资产（US$5 000×7.34）　36 700

　　　贷：实收资本（US$5 000×7.34）　36 700

（9）借：银行存款——美元户（US$2 602.74×7.31）　19 026

　　　　财务费用——汇兑差额　174

　　　贷：银行存款——港元户（HK$20 000×0.96）　19 200

（10）借：银行存款——美元户　182

　　　　　　　美元偿债基金户　90

　　　　　应收账款——美元户　230

　　　　　短期借款——港元户　500

　　　　贷：应付账款——美元户　200

| 银行存款——港元户 | 300 |
| 财务费用——汇兑差额 | 502 |

（答案图表25）

### 银行存款——美元户

| 日期 | | 业务号数 | 摘 要 | 借 方 | | | 贷 方 | | | 余 额 | | |
|---|---|---|---|---|---|---|---|---|---|---|---|---|
| 月 | 日 | | | 美元 | 汇率 | 人民币元 | 美元 | 汇率 | 人民币元 | 美元 | 汇率 | 人民币元 |
| 12 | 1 | | 月初余额 | | | | | | | 12 000 | 7.30 | 87 600 |
| | 12 | (4) | 支付外方人员工资 | | | | 2 500 | 7.31 | 18 275 | 9 500 | | 69 325 |
| | 17 | (5) | 支付购货欠款 | | | | 4 000 | 7.31 | 29 240 | 5 500 | | 40 085 |
| | 22 | (6) | 兑换人民币 | | | | 5 000 | 7.31 | 36 550 | 500 | | 3 535 |
| | 28 | (9) | 港元兑换美元 | 2 602.74 | 7.31 | 19 026 | | | | 3 102.74 | | 22 561 |
| | 31 | | 月末调整 | | | 182 | | | | 3 102.74 | 7.33 | 22 743 |

（答案图表26）

### 银行存款——港元户

| 日期 | | 业务号数 | 摘 要 | 借 方 | | | 贷 方 | | | 余 额 | | |
|---|---|---|---|---|---|---|---|---|---|---|---|---|
| 月 | 日 | | | 港元 | 汇率 | 人民币元 | 港元 | 汇率 | 人民币元 | 港元 | 汇率 | 人民币元 |
| 12 | 1 | | 月初余额 | | | | | | | 5 000 | 0.95 | 4 750 |
| | 25 | (7) | 借入短期借款 | 50 000 | 0.96 | 48 000 | | | | 55 000 | | 52 750 |
| | 28 | (9) | 港元兑换美元 | | | | 20 000 | 0.96 | 19 200 | 35 000 | | 33 550 |
| | 31 | | 月末调整 | | | | | | 300 | 35 000 | 0.95 | 33 250 |

（答案图表27）

### 银行存款——美元偿债基金户

| 日期 | | 业务号数 | 摘 要 | 借 方 | | | 贷 方 | | | 余 额 | | |
|---|---|---|---|---|---|---|---|---|---|---|---|---|
| 月 | 日 | | | 美元 | 汇率 | 人民币元 | 美元 | 汇率 | 人民币元 | 美元 | 汇率 | 人民币元 |
| 12 | 1 | | 月初余额 | | | | | | | 1 000 | 7.30 | 7 300 |
| | 10 | (3) | 出口收汇 | 3 000 | 7.31 | 21 930 | | | | 4 000 | | 29 230 |
| | 31 | | 月末调整 | | | 90 | | | | 4 000 | 7.33 | 29 320 |

（答案图表28）

### 应收账款——美元户(甲企业)

| 日期 | | 业务号数 | 摘　要 | 借　　方 | | | 贷　　方 | | | 余　　额 | | |
|---|---|---|---|---|---|---|---|---|---|---|---|---|
| 月 | 日 | | | 美元 | 汇率 | 人民币元 | 美元 | 汇率 | 人民币元 | 美元 | 汇率 | 人民币元 |
| 12 | 1 | | 月初余额 | | | | | | | 3 000 | 7.30 | 21 900 |
| | 1 | (1) | 销售产品 | 10 000 | 7.31 | 73 100 | | | | 13 000 | | 95 000 |
| | 10 | (3) | 收到销货欠款 | | | | 3 000 | 7.31 | 21 930 | 10 000 | | 73 070 |
| | 31 | | 月末调整 | | | 230 | | | | 10 000 | 7.33 | 73 300 |

（答案图表29）

### 应付账款——美元户(乙企业)

| 日期 | | 业务号数 | 摘　要 | 借　　方 | | | 贷　　方 | | | 余　　额 | | |
|---|---|---|---|---|---|---|---|---|---|---|---|---|
| 月 | 日 | | | 美元 | 汇率 | 人民币元 | 美元 | 汇率 | 人民币元 | 美元 | 汇率 | 人民币元 |
| 12 | 1 | | 月初余额 | | | | | | | 4 000 | 7.30 | 29 200 |
| | 5 | (2) | 进口材料 | | | | 8 000 | 7.31 | 58 480 | 12 000 | | 87 680 |
| | 17 | (5) | 支付购货欠款 | 4 000 | 7.31 | 29 240 | | | | 8 000 | | 58 440 |
| | 31 | | 月末调整 | | | | | | 200 | 8 000 | 7.33 | 58 640 |

（答案图表30）

### 短期借款——港元户

| 日期 | | 业务号数 | 摘　要 | 借　　方 | | | 贷　　方 | | | 余　　额 | | |
|---|---|---|---|---|---|---|---|---|---|---|---|---|
| 月 | 日 | | | 港元 | 汇率 | 人民币元 | 港元 | 汇率 | 人民币元 | 港元 | 汇率 | 人民币元 |
| 12 | 25 | (7) | 借入港币 | | | | 50 000 | 0.96 | 48 000 | 50 000 | | 48 000 |
| | 31 | | 月末调整 | | | 500 | | | 1 000 | 50 000 | 0.95 | 47 500 |

（答案图表31）

### 汇　兑　损　益

单位：元

| (9) | 174 | (6) | 100 |
|---|---|---|---|
| | | (10) | 502 |
| 本期发生额 | 174 | 本期发生额 | 602 |
| | | 本期净额 | 428 |

3.（1）借：应收账款 　　　　　　　　　　　　　　　　　US $10 000

　　　　贷：主营业务收入 　　　　　　　　　　　　　　US $10 000

　（2）借：在途物资 　　　　　　　　　　　　　　　　　US $8 000

　　　　贷：应付账款 　　　　　　　　　　　　　　　　US $8 000

（3）借：银行存款　　　　　　　　　　　　　　　　　US $3 000
　　　贷：应收账款　　　　　　　　　　　　　　　　　US $3 000
（4）借：管理费用　　　　　　　　　　　　　　　　　US $2 500
　　　贷：应付职工薪酬　　　　　　　　　　　　　　　US $2 500
　　　借：应付职工薪酬　　　　　　　　　　　　　　　US $2 500
　　　贷：银行存款　　　　　　　　　　　　　　　　　US $2 500
（5）借：应付账款　　　　　　　　　　　　　　　　　US $4 000
　　　贷：银行存款　　　　　　　　　　　　　　　　　US $4 000
（6）借：银行存款　　　　　　　　　　　　　　　　　￥36 650
　　　贷：货币兑换　　　　　　　　　　　　　　　　　￥36 650
　　　借：货币兑换　　　　　　　　　　　　　　　　　US $5 000
　　　贷：银行存款　　　　　　　　　　　　　　　　　US $5 000
（7）借：银行存款　　　　　　　　　　　　　　　　　HK $50 000
　　　贷：短期借款　　　　　　　　　　　　　　　　　HK $50 000
（8）借：固定资产　　　　　　　　　　　　　　　　　US $5 000
　　　贷：实收资本　　　　　　　　　　　　　　　　　US $5 000
（9）借：银行存款　　　　　　　　　　　　　　　　　US $2 602.74
　　　贷：货币兑换　　　　　　　　　　　　　　　　　US $2 602.74
　　　借：货币兑换　　　　　　　　　　　　　　　　　HK $20 000
　　　贷：银行存款　　　　　　　　　　　　　　　　　HK $20 000
（10）借：银行存款——美元户（US $2 602.74×7.31）　　　19 026
　　　　　　　　——美元偿债基金户（US $3 000×7.31）　21 930
　　　　　在途物资（US $8 000×7.31）　　　　　　　　　58 480
　　　　　应收账款——美元户（US $10 000×7.31）　　　　73 100
　　　　　管理费用（US $2 500×7.31）　　　　　　　　　18 275
　　　　　应付账款——美元户（US $4 000×7.31）　　　　29 240
　　　　　货币兑换（US $2 397.26×7.31）　　　　　　　17 524
　　　　　固定资产（US $5 000×7.34）　　　　　　　　　36 700
　　　　贷：银行存款——美元户（US $11 500×7.31）　　84 065
　　　　　应收账款——美元户（US $3 000×7.31）　　　　21 930
　　　　　应付账款——美元户（US $8 000×7.31）　　　　58 480
　　　　　主营业务收入（US $10 000×7.31）　　　　　　73 100
　　　　　实收资本（US $5 000×7.34）　　　　　　　　　36 700
　　　　借：银行存款——港元户（HK $50 000×0.96）　　48 000
　　　　　货币兑换（HK $20 000×0.96）　　　　　　　　19 200

贷：银行存款——港元户（HK $20 000×0.96）　　　　　　　　19 200

短期借款——港元户（HK $50 000×0.96）　　　　　　　　48 000

（答案图表32）

### 银行存款——美元户

| 日期 | | 业务号数 | 摘　要 | 借　方 | | | 贷　方 | | | 余　额 | | |
|---|---|---|---|---|---|---|---|---|---|---|---|---|
| 月 | 日 | | | 美元 | 汇率 | 人民币元 | 美元 | 汇率 | 人民币元 | 美元 | 汇率 | 人民币元 |
| 12 | 1 | | 月初余额 | | | | | | | 12 000 | 7.30 | 87 600 |
| | 31 | (10) | 本期发生额 | 2 602.74 | 7.31 | 19 026 | 11 500 | 7.31 | 84 065 | 3 102.74 | | 22 561 |
| | 31 | | 月末调整 | | | 182 | | | | 3 102.74 | 7.33 | 22 743 |

（答案图表33）

### 银行存款——港元户

| 日期 | | 业务号数 | 摘　要 | 借　方 | | | 贷　方 | | | 余　额 | | |
|---|---|---|---|---|---|---|---|---|---|---|---|---|
| 月 | 日 | | | 港元 | 汇率 | 人民币元 | 港元 | 汇率 | 人民币元 | 港元 | 汇率 | 人民币元 |
| 12 | 1 | | 月初余额 | | | | | | | 5 000 | 0.95 | 4 750 |
| | 31 | (10) | 本期发生额 | 50 000 | 0.96 | 48 000 | 20 000 | 0.96 | 19 200 | 35 000 | | 33 550 |
| | 31 | | 月末调整 | | | | | | 300 | 35 000 | 0.95 | 33 250 |

（答案图表34）

### 银行存款——美元偿债基金户

| 日期 | | 业务号数 | 摘　要 | 借　方 | | | 贷　方 | | | 余　额 | | |
|---|---|---|---|---|---|---|---|---|---|---|---|---|
| 月 | 日 | | | 美元 | 汇率 | 人民币元 | 美元 | 汇率 | 人民币元 | 美元 | 汇率 | 人民币元 |
| 12 | 1 | | 月初余额 | | | | | | | 1 000 | 7.30 | 7 300 |
| | 31 | (10) | 本期发生额 | 3 000 | 7.31 | 21 930 | | | | 4 000 | | 29 230 |
| | 31 | | 月末调整 | | | 90 | | | | 4 000 | 7.33 | 29 320 |

（答案图表35）

### 应收账款——美元户（甲企业）

| 日期 | | 业务号数 | 摘　要 | 借　方 | | | 贷　方 | | | 余　额 | | |
|---|---|---|---|---|---|---|---|---|---|---|---|---|
| 月 | 日 | | | 美元 | 汇率 | 人民币元 | 美元 | 汇率 | 人民币元 | 美元 | 汇率 | 人民币元 |
| 12 | 1 | | 月初余额 | | | | | | | 3 000 | 7.30 | 21 900 |
| | 31 | (10) | 本期发生额 | 10 000 | 7.31 | 73 100 | 3 000 | 7.31 | 21 930 | 10 000 | | 73 070 |
| | 31 | | 月末调整 | | | 230 | | | | 10 000 | 7.33 | 73 300 |

（答案图表36）

### 应付账款——美元户(乙企业)

| 日期 | | 业务号数 | 摘要 | 借　方 | | | 贷　方 | | | 余　额 | | |
|---|---|---|---|---|---|---|---|---|---|---|---|---|
| 月 | 日 | | | 美元 | 汇率 | 人民币元 | 美元 | 汇率 | 人民币元 | 美元 | 汇率 | 人民币元 |
| 12 | 1 | | 月初余额 | | | | | | | 4 000 | 7.30 | 29 200 |
| | 31 | (10) | 本期发生额 | 4 000 | 7.31 | 29 240 | 8 000 | 7.31 | 58 480 | 8 000 | | 58 440 |
| | 31 | | 月末调整 | | | | | | 200 | 8 000 | 7.33 | 58 640 |

（答案图表37）

### 短期借款——港元户

| 日期 | | 业务号数 | 摘要 | 借　方 | | | 贷　方 | | | 余　额 | | |
|---|---|---|---|---|---|---|---|---|---|---|---|---|
| 月 | 日 | | | 港元 | 汇率 | 人民币元 | 港元 | 汇率 | 人民币元 | 港元 | 汇率 | 人民币元 |
| 12 | 31 | (10) | 本期发生额 | | | | 50 000 | 0.96 | 48 000 | 50 000 | | 48 000 |
| | 31 | | 月末调整 | | | 500 | | | | 50 000 | 0.95 | 47 500 |

（答案图表38）

### 货 币 兑 换

单位：元

| 日期 | | 业务号数 | 摘　要 | 借　方 | 贷　方 | 借或贷 | 余　额 |
|---|---|---|---|---|---|---|---|
| 月 | 日 | | | | | | |
| 12 | | (6) | 美元兑换人民币 | | 36 650 | 贷 | 36 650 |
| | 31 | (10) | 本期发生额 | 17 524 | | 贷 | 19 126 |
| | 31 | (10) | 本期发生额 | 19 200 | | 借 | 74 |
| | 31 | | 月末调整 | | 74 | — | — |

（11）借：银行存款——美元户　　　　　　　　　　182

　　　　　　——美元偿债基金户　　　　　　90

　　应收账款——美元户　　　　　　　　　　230

　　短期借款——港元户　　　　　　　　　　500

　贷：应付账款——美元户　　　　　　　　　　200

　　　银行存款——港元户　　　　　　　　　　300

　　　货币兑换　　　　　　　　　　　　　　74

　　　财务费用——汇兑差额　　　　　　　　428

4.（1）借：长期借款——美元户(US$5 000×7.35)　　　　　　　　36 750

　　　　贷：银行存款——人民币户(US$5 000×7.30)　　　　　　　　36 500

　　　　　　财务费用——汇兑差额　　　　　　　　　　　　　　　　250

　（2）借：银行存款——人民币户(US$10 000×7.35)　　　　　　　73 500

　　　　　　财务费用——汇兑差额　　　　　　　　　　　　　　　　500

　　　　贷：应收账款——美元户(US$10 000×7.40)　　　　　　　74 000

# 第七章

**三、单项选择题**

1. A　2. C　3. C　4. A　5. A　6. A　7. B　8. A

**四、多项选择题**

1. A、B、C、D、E　2. B、C、D　3. B、C　4. A、B、D　5. A、B、D　6. A、B
7. A、B　8. B、D

**五、判断题**

1. √　2. ×　3. ×　4. √　5. ×　6. ×　7. ×　8. √　9. √　10. √

**六、练习题**

1.（1）流动与非流动法：

(答案图表39)

**子公司利润表**(简化)

20×7年度　　　　　　　　　　　　　　　　　　　　　　　　　单位：元

| 项　　　目 | 美元金额 | 折算汇率 | 人民币金额 |
|---|---|---|---|
| 一、营业收入 | 10 000 | 7.45 | 74 500 |
| 　减：营业成本 | 8 000 | | 59 550 |
| 　　其中：固定资产折旧成本 | 1 000 | 7.40 | 7 400 |
| 　　　　存货成本 | 3 500 | 7.45 | 26 075 |
| 　　　　其他营业成本 | 3 500 | 7.45 | 26 075 |
| 　减：期间费用 | 500 | | 3 720 |
| 　　其中：固定资产折旧费用 | 100 | 7.40 | 740 |
| 　　　　存货费用 | 200 | 7.45 | 1 490 |
| 　　　　其他期间费用 | 200 | 7.45 | 1 490 |
| 二、营业利润 | 1 500 | | 11 230 |
| 　加：营业外收入 | 100 | 7.45 | 745 |
| 三、利润总额 | 1 600 | | 11 975 |
| 　减：所得税费用 | 500 | 7.45 | 3 725 |
| 四、净利润 | 1 100 | | 8 250 |
| 五、其他综合收益的税后净额 | | | |
| 其中：外币财务报表折算差额 | | | 145 |
| 六、综合收益总额 | 1 100 | | 8 395 |

（答案图表 40）

### 子公司所有者权益变动表（简化）
20×7 年度　　　　　　　　　　　　　　　　　　　　　单位：元

| 项　目 | 实　收　资　本 | | | 其他综合收益 | 未分配利润 | | | 所有者权益合计 |
|---|---|---|---|---|---|---|---|---|
| | 美元 | 折算汇率 | 人民币 | | 美元 | 折算汇率 | 人民币 | 人民币 |
| 一、本年年初余额 | 300 | 7.4 | 22 200 | | | | | 22 200 |
| 二、本年增减变动金额 | | | | | | | | |
| （一）综合收益总额 | | | | 145 | 1 100 | | 8 250 | 8 395 |
| （二）所有者投入和减少资本 | | | | | | | | |
| （三）利润分配 | | | | | | | | |
| 2. 对所有者的分配 | | | | | −900 | 7.45 | −6 705 | −6 705 |
| 三、本年年末余额 | 3 000 | | 22 200 | 145 | 200 | | 1 545 | 23 890 |

（答案图表 41）

### 子公司资产负债表（简化）
20×7 年 12 月 31 日　　　　　　　　　　　　　　　　　单位：元

| 资　　产 | 美元金额 | 折算汇率 | 人民币金额 | 负债和所有者权益 | 美元金额 | 折算汇率 | 人民币金额 |
|---|---|---|---|---|---|---|---|
| 货币资金 | 300 | 7.55 | 2 265 | 应付票据及应付账款 | 400 | 7.55 | 3 020 |
| 应收票据及应收账款 | 500 | 7.55 | 3 775 | 长期借款 | 1 200 | 7.40 | 8 880 |
| 存货 | 1 000 | 7.55 | 7 550 | 股本 | 3 000 | 7.40 | 22 200 |
| | | | | 其他综合收益 | | | 145 |
| 固定资产 | 3 000 | 7.40 | 22 200 | 未分配利润 | 200 | | 1 545 |
| 合　计 | 4 800 | | 35 790 | 合　计 | 4 800 | | 35 790 |

（2）货币与非货币法：

(答案图表 42)

## 子公司利润表(简化)

20×7 年度　　　　　　　　　　　　　　　　　　　单位：元

| 项　　　目 | 美元金额 | 折算汇率 | 人民币金额 |
|---|---|---|---|
| 一、营业收入 | 10 000 | 7.45 | 74 500 |
| 减：营业成本 | 8 000 | | 59 375 |
| 其中：固定资产折旧成本 | 1 000 | 7.40 | 7 400 |
| 存货成本 | 3 500 | 7.40 | 25 900 |
| 其他成本 | 3 500 | 7.45 | 26 075 |
| 减：期间费用 | 500 | | 3 710 |
| 其中：固定资产折旧费用 | 100 | 7.40 | 740 |
| 存货费用 | 200 | 7.40 | 1 480 |
| 其他期间费用 | 200 | 7.45 | 1 490 |
| 二、营业利润 | 1 500 | | 11 415 |
| 加：营业外收入 | 100 | 7.45 | 745 |
| 三、利润总额 | 1 600 | | 12 160 |
| 减：所得税费用 | 500 | 7.45 | 3 725 |
| 外币报表折算差额 | | | (370) |
| 四、净利润 | 1 100 | | 8 065 |
| 五、其他综合收益的税后净额 | | | |
| 六、综合收益总额 | 1 100 | | 8 065 |

(答案图表 43)

## 子公司所有者权益变动表(简化)

20×7 年度　　　　　　　　　　　　　　　　　　　单位：元

| | 实 收 资 本 | | | 盈 余 公 积 | | | 所 有 者权益合计 |
|---|---|---|---|---|---|---|---|
| | 美元 | 折算汇率 | 人民币 | 美元 | 折算汇率 | 人民币 | 人民币 |
| 一、本年年初余额 | 3 000 | 7.40 | 22 200 | | | | 22 200 |
| 二、本年增减变动金额 | | | | | | | |
| (一)综合收益总额 | | | | 1 100 | | 8 065 | 8 065 |
| (二)所有者投入和减少资本 | | | | | | −370 | −370 |
| (三)利润分配 | | | | | | | |
| 2. 对所有者的分配 | | | | −900 | 7.45 | −6 705 | −6 705 |
| 三、本年年末余额 | 3 000 | | 22 200 | 200 | | 1 360 | 23 560 |

（答案图表 44）

## 子公司资产负债表（简化）

20×7 年 12 月 31 日 单位：元

| 资　　产 | 美元金额 | 折算汇率 | 人民币金额 | 负债和所有者权益 | 美元金额 | 折算汇率 | 人民币金额 |
|---|---|---|---|---|---|---|---|
| 货币资金 | 300 | 7.55 | 2 265 | 应付票据及应付账款 | 400 | 7.55 | 3 020 |
| 应收票据及应收账款 | 500 | 7.55 | 3 775 | 长期借款 | 1 200 | 7.55 | 9 060 |
| 存货 | 1 000 | 7.40 | 7 400 | 股本 | 3 000 | 7.40 | 22 200 |
|  |  |  |  | 未分配利润 | 200 |  | 1 360 |
| 固定资产 | 3 000 | 7.40 | 22 200 |  |  |  |  |
| 合　　计 | 4 800 |  | 35 640 | 合　　计 | 4 800 |  | 35 640 |

## （3）时间量度法：

（答案图表 45）

## 子公司利润表（简化）

20×7 年度 单位：元

| 项　　　目 | 美元金额 | 折算汇率 | 人民币金额 |
|---|---|---|---|
| 一、营业收入 | 10 000 | 7.45 | 74 500 |
| 　　减：营业成本 | 8 000 | 7.45 | 59 600 |
| 　　减：期间费用 | 500 | 7.45 | 3 725 |
| 二、营业利润 | 1 500 |  | 11 175 |
| 　　加：营业外收入 | 100 | 7.45 | 745 |
| 三、利润总额 | 1 600 |  | 11 920 |
| 　　减：所得税费用 | 500 | 7.45 | 3 725 |
| 外币报表折算差额 |  |  | 20 |
| 四、净利润 | 1 100 |  | 8 215 |
| 五、其他综合收益的税后净额 |  |  |  |
| 六、综合收益总额 | 1 100 |  | 8 215 |

（答案图表 46）

## 子公司所有者权益变动表（简化）

20×7 年度 单位：元

| | 实　收　资　本 | | | 未　分　配　利　润 | | | 所　有　者权益合计 |
|---|---|---|---|---|---|---|---|
| | 美元 | 折算汇率 | 人民币 | 美元 | 折算汇率 | 人民币 | 人民币 |
| 一、本年年初余额 | 3 000 | 7.40 | 22 200 |  |  |  | 22 200 |
| 二、本年增减变动金额 |  |  |  |  |  |  |  |
| （一）综合收益总额 |  |  |  | 1 100 |  | 8 215 | 8 215 |
| （二）所有者投入和减少资本 |  |  |  |  |  |  |  |
| （三）利润分配 |  |  |  |  |  |  |  |
| 2. 对所有者的分配 |  |  |  | −900 | 7.45 | −6 705 | −6 705 |
| 三、本年年末余额 | 3 000 |  | 22 200 | 200 |  | 1 510 | 23 710 |

（答案图表47）

## 子公司资产负债表（简化）

20×7年12月31日　　　　　　　　　　　　单位：元

| 资　产 | 美元金额 | 折算汇率 | 人民币金额 | 负债和所有者权益 | 美元金额 | 折算汇率 | 人民币金额 |
|---|---|---|---|---|---|---|---|
| 货币资金 | 300 | 7.55 | 2 265 | 应付票据及应付账款 | 400 | 7.55 | 3 020 |
| 应收票据及应收账款 | 500 | 7.55 | 3 775 | 长期借款 | 1 200 | 7.55 | 9 060 |
| 存货 | 1 000 | 7.55 | 7 550 | 股本 | 3 000 | 7.40 | 22 200 |
| | | | | 未分配利润 | 200 | | 1 510 |
| 固定资产 | 3 000 | 7.40 | 22 200 | | | | |
| 合　计 | 4 800 | | 35 790 | 合　计 | 4 800 | | 35 790 |

## （4）现行汇率法：

（答案图表48）

### 子公司利润表（简化）

20×7年度　　　　　　　　　　　　单位：元

| 项　目 | 美元金额 | 折算汇率 | 人民币金额 |
|---|---|---|---|
| 一、营业收入 | 10 000 | 7.55 | 75 500 |
| 　减：营业成本 | 8 000 | 7.55 | 60 400 |
| 　减：期间费用 | 500 | 7.55 | 3 775 |
| 二、营业利润 | 1 500 | | 11 325 |
| 　加：营业外收入 | 100 | 7.55 | 755 |
| 三、利润总额 | 1 600 | | 12 080 |
| 　减：所得税费用 | 500 | 7.55 | 3 775 |
| 四、净利润 | 1 100 | | 8 305 |
| 五、其他综合收益的税后净额 | | | |
| 其中:外币财务报表折算差额 | | | 450 |
| 六、综合收益总额 | 1 100 | | 8 755 |

（答案图表49）

### 子公司所有者权益变动表（简化）

20×7年度　　　　　　　　　　　　单位：元

| | 实　收　资　本 | | | 其他综合收益 | 未分配利润 | | | 所有者权益合计 |
|---|---|---|---|---|---|---|---|---|
| | 美元 | 折算汇率 | 人民币 | | 美元 | 折算汇率 | 人民币 | 人民币 |
| 一、本年年初余额 | 3 000 | 7.40 | 22 200 | | | | | 22 200 |
| 二、本年增减变动金额 | | | | | | | | |
| （一）综合收益总额 | | | | 450 | 1 100 | | 8 305 | 8 755 |

（续表）

| | 实 收 资 本 | | | 其他综合收益 | 未分配利润 | | | 所 有 者权益合计 |
|---|---|---|---|---|---|---|---|---|
| | 美元 | 折算汇率 | 人民币 | | 美元 | 折算汇率 | 人民币 | 人民币 |
| （二）所有者投入和减少资本 | | | | | | | | |
| （三）利润分配 | | | | | | | | |
| 2. 对所有者的分配 | | | | | −900 | | −6 795 | −6 795 |
| 三、本年年末余额 | 3 000 | | 22 200 | 450 | 200 | | 1 510 | 24 160 |

（答案图表 50）

### 子公司资产负债表（简化）
20×7 年 12 月 31 日　　　　　　　　　　　　单位：元

| 资　产 | 美元金额 | 折算汇率 | 人民币金额 | 负债和所有者权益 | 美元金额 | 折算汇率 | 人民币金额 |
|---|---|---|---|---|---|---|---|
| 货币资金 | 300 | 7.55 | 2 265 | 应付票据及应付账款 | 400 | 7.55 | 3 020 |
| 应收票据及应收账款 | 500 | 7.55 | 3 775 | 长期借款 | 1 200 | 7.55 | 9 060 |
| 存货 | 1 000 | 7.55 | 7 550 | 股本 | 3 000 | 7.40 | 22 200 |
| | | | | 其他综合收益 | | | 450 |
| 固定资产 | 3 000 | 7.55 | 22 650 | 未分配利润 | 200 | | 1 510 |
| 合　计 | 4 800 | | 36 240 | 合　计 | 4 800 | | 36 240 |

2. （答案图表 51）

### 子公司利润表（简化）
20×7 年度　　　　　　　　　　　　单位：元

| 项　目 | 美元金额 | 折算汇率 | 人民币金额 |
|---|---|---|---|
| 一、营业收入 | 10 000 | 7.45 | 74 500 |
| 　减：营业成本 | 8 000 | 7.45 | 59 600 |
| 　减：期间费用 | 500 | 7.45 | 3 725 |
| 二、营业利润 | 1 500 | | 11 175 |
| 　加：营业外收入 | 100 | 7.45 | 745 |
| 三、利润总额 | 1 600 | | 11 920 |
| 　减：所得税费用 | 500 | 7.45 | 3 725 |
| 四、净利润 | 1 100 | | 8 195 |
| 五、其他综合收益的税后净额 | | | |
| 其中：外币财务报表折算差额 | | | 425 |
| 六、综合收益总额 | 1 100 | | 8 620 |

(答案图表 52)

## 子公司所有者权益变动表(简化)

20×7 年度 单位：元

| | 实 收 资 本 | | | 其他综合收益 | 盈 余 公 积 | | | 未分配利润 | | | 所有者权益合计 |
|---|---|---|---|---|---|---|---|---|---|---|---|
| | 美元 | 折算汇率 | 人民币 | 美元 | 美元 | 折算汇率 | 人民币 | 美元 | 折算汇率 | 人民币 | 人民币 |
| 一、本年年初余额 | 3 000 | 7.4 | 22 200 | | | | | | | | 22 200 |
| 二、本年增减变动金额 | | | | | | | | | | | |
| (一) 综合收益总额 | | | | 425 | | | | 1 100 | | 8 195 | 8 620 |
| (二) 所有者投入和减少资本 | | | | | | | | | | | |
| (三) 利润分配 | | | | | | | | | | | |
| 1. 提取盈余公积 | | | | | 110 | 7.40 | 814 | −110 | | −814 | |
| 2. 对所有者的分配 | | | | | | | | −900 | 7.40 | −6 660 | −6 660 |
| 四、本年年末余额 | 3 000 | | 22 200 | 425 | 110 | | 814 | 90 | | 721 | 24 160 |

(答案图表 53)

## 子公司资产负债表(简化)

20×7 年 12 月 31 日 单位：元

| 资 产 | 美元金额 | 折算汇率 | 人民币金额 | 负债和所有者权益 | 美元金额 | 折算汇率 | 人民币金额 |
|---|---|---|---|---|---|---|---|
| 货币资金 | 300 | 7.55 | 2 265 | 应付票据 | 400 | 7.55 | 3 020 |
| 应收账款 | 500 | 7.55 | 3 775 | 长期借款 | 1 200 | 7.55 | 9 060 |
| 存货 | 1 000 | 7.55 | 7 550 | 股本 | 3 000 | 7.40 | 22 200 |
| | | | | 其他综合收益 | | | 425 |
| 固定资产 | 3 000 | 7.55 | 22 650 | 盈余公积 | 110 | 7.40 | 814 |
| | | | | 未分配利润 | 90 | | 721 |
| 合 计 | 4 800 | | 36 240 | 合 计 | 4 800 | | 36 240 |

# 第八章

### 三、单项选择题

1. B  2. C  3. B  4. C  5. D  6. B  7. B  8. A

### 四、多项选择题

1. A、B、E  2. A、B、D、E  3. A、B、C、E  4. A、C、E  5. A、B  6. A、C

7. A、C  8. B、D

### 五、判断题

1. ×  2. √  3. √  4. ×  5. √  6. ×  7. √  8. ×  9. √

10. √

### 六、练习题

1. (答案图表 54)

**按一般物价指数调整固定资产账面价值表**

| 购置年度 | 调整前历史成本(元) | 物价指数 | 调整系数 | 调整后金额(元) |
|---|---|---|---|---|
| 20×5 | 500 000 | 105 | 150/105 | 714 285.71 |
| 20×6 | 200 000 | 120 | 150/120 | 250 000 |
| 20×7 | 100 000 | 150 | 150/150 | 100 000 |
| 合　计 | 800 000 | | | 1 064 285.71 |

2. (答案图表 55)

**货币性项目购买力变动净损益计算表**

| 项　　目 | 调整前金额(元) | 调整系数 | 调整后金额(元) | 货币购买力变动净收益(损失)(元) |
|---|---|---|---|---|
| 货币性资产项目: | | | | |
| 年初余额 | 450 000 | 150/120 | 562 500 | |
| 本年增加 | 30 000 | 150/135 | 33 333 | |
| 本年减少 | —— | — | | |
| 年末余额 | 480 000 | | 595 833 | (115 833) |
| 货币性负债项目: | | | | |
| 年初余额 | 700 000 | 150/120 | 875 000 | |
| 本年增加 | — | — | —— | |
| 本年减少 | 65 000 | 150/135 | 72 222 | |
| 年末余额 | 635 000 | | 947 222 | 312 222 |
| 货币购买力变动净收益(损失) | | | | 196 389 |

3. （答案图表 56）

**延 吉 公 司**
**重编比较资产负债表工作底稿**

| 项　　　目 | 20×6 年 12 月 31 日 | | | 20×7 年 12 月 31 日 | | |
|---|---|---|---|---|---|---|
| | 调整前金额（元） | 调整系数 | 调整后金额（元） | 调整前金额（元） | 调整系数 | 调整后金额（元） |
| 货币资金 | 120 000 | 145/115 | 151 304.35 | 135 000 | 145/145 | 135 000 |
| 应收账款 | 45 000 | 145/115 | 56 739.13 | 42 000 | 145/145 | 42 000 |
| 存货 | 100 000 | 145/105 | 138 095.24 | 105 000 | 145/125 | 121 800 |
| 固定资产 | 520 000 | 145/110 | 685 454.55 | 520 000 | 145/110 | 685 454.55 |
| 减：累计折旧 | 85 000 | 145/110 | 112 045.45 | 105 800 | 145/110 | 139 463.64 |
| 　资产合计 | 700 000 | | 919 547.82 | 696 200 | | 844 790.91 |
| 应付账款 | 40 000 | 145/115 | 50 434.78 | 45 000 | 145/145 | 45 000 |
| 长期借款 | 150 000 | 145/115 | 189 130.43 | 141 000 | 145/145 | 141 000 |
| 普通股 | 500 000 | 145/108 | 671 296.30 | 500 000 | 145/108 | 671 296.30 |
| 留存收益 | 10 000 | | 8 686.31 | 10 200 | | (12 505.39) |
| 　权益合计 | 700 000 | | 919 547.82 | 696 200 | | 844 790.91 |

（答案图表 57）

**延 吉 公 司**
**重编利润表及利润分配表工作底稿**
20×7 年度

| 项　　　目 | 调整前金额（元） | 调整系数 | 调整后金额（元） |
|---|---|---|---|
| 营业收入 | 500 000 | 145/130 | 557 692.31 |
| 减：营业成本 | 345 000 | | 406 679.86 |
| 销售费用（除折旧费外） | 44 000 | 145/130 | 49 076.93 |
| 折旧费 | 20 800 | 145/110 | 27 418.18 |
| 所得税费用 | 40 000 | 145/130 | 44 615.38 |
| 净利润 | 50 200 | | 29 901.96 |
| 货币性项目购买力变动净损益 | | | (1 093.66) |
| 历史成本不变币值净利润 | | | 28 808.30 |
| 加：期初留存收益 | 10 000 | | 8 686.31 |
| 减：现金股利 | 50 000 | 145/145 | 50 000 |
| 期末留存收益 | 10 200 | | (12 505.39) |
| 上述营业成本计算： | | | |
| 期初存货 | 100 000 | 145/105 | 138 095.24 |
| 本期购货 | 350 000 | 145/130 | 390 384.62 |
| 可供销售存货 | 450 000 | | 528 479.86 |
| 期末存货 | 105 000 | 145/125 | 121 800 |
| 本期营业成本 | 345 000 | | 406 679.86 |

（答案图表 58）

### 延 吉 公 司
#### 货币性项目购买力变动净损益计算表
20×7 年度

| 项　　目 | 调整前金额（元） | 调整系数 | 调整后金额（元） |
|---|---|---|---|
| 年初货币性项目： | | | |
| 　货币资金 | 120 000 | 145/115 | 151 304.35 |
| 　应收账款 | 45 000 | 145/115 | 56 739.13 |
| 　应付账款 | (40 000) | 145/115 | (50 434.78) |
| 　长期借款 | (150 000) | 145/115 | (189 130.43) |
| 　　小　计 | (25 000) | | (31 521.73) |
| 加：本年货币性项目增加 | | | |
| 营业收入 | 500 000 | 145/130 | 557 692.31 |
| 减：本年货币性项目减少 | | | |
| 购货 | 350 000 | 145/130 | 390 384.62 |
| 销售费用 | 44 000 | 145/130 | 49 076.92 |
| 所得税费用 | 40 000 | 145/130 | 44 615.38 |
| 现金股利 | 50 000 | 145/145 | 50 000 |
| 　　小　计 | 484 000 | | 534 076.92 |
| 年末货币性项目： | | | |
| 　货币资金 | 135 000 | 145/145 | 135 000 |
| 　应收账款 | 42 000 | 145/145 | 42 000 |
| 　应付账款 | (45 000) | 145/145 | (45 000) |
| 　长期借款 | (141 000) | 145/145 | (141 000) |
| 　　小　计 | (9 000) | | (9 000) |
| 货币性项目购买力变动净损益 | | | (1 093.66) |

4．（答案图表 59）

### 延 吉 公 司
#### 重编比较资产负债表　　　　　　　　　　单位：元

| | 20×7 年 12 月 31 日 | 20×8 年 12 月 31 日 |
|---|---|---|
| 货币资金 | 120 000 | 135 000 |
| 应收账款 | 45 000 | 42 000 |
| 存货 | 108 000 | 112 000 |
| 固定资产 | 600 000 | 650 000 |
| 减：累计折旧 | 98 000 | 123 000 |
| 　资产合计 | 775 000 | 816 000 |
| 应付账款 | 40 000 | 45 000 |
| 长期借款 | 150 000 | 141 000 |
| 普通股 | 500 000 | 500 000 |
| 留存收益 | 85 000 | 130 000 |
| 　权益合计 | 775 000 | 816 000 |

(答案图表 60)

延 吉 公 司
重编利润表及利润分配表

| 20×8 年度 | | 单位：元 |
|---|---|---|
| 营业收入 | 500 000 | 500 000 |
| 减：营业成本 | 390 000 | |
| 销售费用（除折旧费外） | 44 000 | |
| 折旧费 | 25 000 | |
| 所得税费用 | 40 000 | 499 000 |
| 现行成本下的经营利润 | | 1 000 |
| 加：已实现持有利得 | | 49 200 |
| 未实现持有利得 | | 44 800 |
| 现行成本下的净利润 | | 95 000 |
| 加：期初留存收益 | | 85 000 |
| 减：现金股利 | | 50 000 |
| 期末留存收益 | | 130 000 |

(答案图表 61)

延 吉 公 司
资产持有利得计算表

| 20×8 年度 | | | 单位：元 |
|---|---|---|---|
| 项　　目 | 现行成本 | 历史成本 | 资产持有利得 |
| 存货　20×7 年 12 月 31 日 | 108 000 | 100 000 | 8 000 |
| 20×8 年 12 月 31 日 | 112 000 | 105 000 | 7 000 |
| 营业成本 | 390 000 | 345 000 | 45 000 |
| 固定资产（净值）　20×4 年 12 月 31 日 | 502 000 | 435 000 | 67 000 |
| 20×8 年 12 月 31 日 | 527 000 | 414 200 | 112 800 |
| 折旧费 | 25 000 | 20 800 | 4 200 |
| 未实现资产持有利得 | 存　货 | 固定资产 | 合　计 |
| 20×7 年 12 月 31 日 | 7 000 | 112 800 | 119 800 |
| 20×8 年 12 月 31 日 | 8 000 | 67 000 | 75 000 |
| 未实现资产持有利得增加（减少） | （1 000） | 45 800 | 44 800 |
| 已实现资产持有利得 | 45 000 | 4 200 | 49 200 |
| 本年度持有资产的现行成本增加（减少） | 44 000 | 50 000 | 94 000 |

· 446 ·

5.（答案图表 62）

## 延 吉 公 司
### 重编比较资产负债表工作底稿

| 项 目 | 20×7 年 12 月 31 日 | | | 20×8 年 12 月 |
| --- | --- | --- | --- | --- |
| | 调整前金额(元) | 调整系数 | 调整后金额(元) | 31 日(元) |
| 货币资金 | 120 000 | 145/115 | 151 304.35 | 135 000 |
| 应收账款 | 45 000 | 145/115 | 56 739.13 | 42 000 |
| 存货 | 108 000 | 145/105 | 149 142.86 | 112 000 |
| 固定资产 | 600 000 | 145/110 | 790 909.09 | 650 000 |
| 减：累计折旧 | 98 000 | 145/110 | 129 181.82 | 123 000 |
| 资产合计 | 775 000 | | 1 018 913.61 | 816 000 |
| 应付账款 | 40 000 | 145/115 | 50 434.78 | 45 000 |
| 长期借款 | 150 000 | 145/115 | 189 130.43 | 141 000 |
| 普通股 | 500 000 | 145/108 | 671 296.30 | 671 296.30 |
| 留存收益 | 85 000 | | 108 052.10 | (41 296.30) |
| 权益合计 | 775 000 | | 1 018 913.61 | 816 000 |

（答案图表 63）

## 延 吉 公 司
### 重编利润表及利润分配表工作底稿
20×8 年度

| | 现行成本<br>现行币值(元) | 调整<br>系数 | 现行成本<br>不变币值(元) |
| --- | --- | --- | --- |
| 营业收入 | 500 000 | 145/130 | 557 692.31 |
| 减：营业成本 | 390 000 | 145/130 | 435 000 |
| 销售费用(除折旧费外) | 44 000 | 145/130 | 49 076.93 |
| 折旧费 | 25 000 | 145/110 | 32 954.55 |
| 所得税费用 | 40 000 | 145/130 | 44 615.38 |
| 现行成本不变币值下的经营利润 | | | (3 954.55) |
| 货币性项目购买力净损益 | | | (1 093.66) |
| 非货币性资产现行成本物价变动总额 | 94 000 | | |
| 减：通货膨胀变动因素 | 188 300.20 | | |
| 非货币性资产扣除通货膨胀后的变动因素 | | | (94 300.20) |
| 现行成本不变币值下的净利润 | | | (99 348.41) |
| 加：期初留存收益 | | | 108 052.10 |
| 减：现金股利 | 50 000 | 145/145 | (50 000) |
| 期末留存收益 | | | 41 296.30 |

(答案图表 64)

## 延 吉 公 司
### 非货币性资产现行成本物价变动影响计算表
20×8 年度

| | 现行成本(元) | 调整系数 | 年末不变币值(元) | 年末现行成本(元) |
|---|---|---|---|---|
| | (1) | (2) | (3) | (4) |
| **存货：** | | | | |
| 期初存货 | 108 000 | 145/105 | 149 142.86 | |
| 本期购货 | 350 000 | 145/130 | 390 384.62 | |
| 本期销货 | (390 000) | 145/130 | (435 000) | |
| 期末存货 | 68 000 | | 104 527.48 | 112 000 |
| **固定资产：** | | | | |
| 期初净值 | 502 000 | 145/110 | 661 727.27 | |
| 本期购入 | — | | — | |
| 本期折旧 | (25 000) | 145/110 | (32 954.55) | |
| 期末净值 | 477 000 | | 628 772.72 | 527 000 |

| 非货币性资产现行<br>成本物价变动影响 | 物价变动总额 | 通货膨胀变动因素 | 扣除通货膨胀后的变动因素 |
|---|---|---|---|
| | (4)—(1) | (3)—(1) | (4)—(3) |
| 存货 | 44 000 | 36 527.48 | 7 472.52 |
| 固定资产 | 50 000 | 151 772.72 | (101 772.72) |
| 合计 | 94 000 | 188 300.20 | (94 300.20) |

## 6.（1）采用先调整后折算法：

(答案图表 65)

### 子公司重编资产负债表工作底稿
20×6 年 12 月 31 日

| 项 目 | 调整前(美元) | 调整系数 | 调整后(美元) | 折算汇率 | 人民币金额(元) |
|---|---|---|---|---|---|
| 货币资金 | 100 | 150/110 | 136 | 7.40 | 1 006 |
| 应收账款 | 600 | 150/110 | 818 | 7.40 | 6 053 |
| 存货 | 900 | 150/105 | 1 286 | 7.40 | 9 516 |
| 固定资产 | 1 200 | 150/100 | 1 800 | 7.40 | 13 320 |
| 减：累计折旧 | 240 | 150/100 | 360 | 7.40 | 2 664 |
| 资产合计 | 2 560 | | 3 680 | | 27 231 |
| 应付账款 | 400 | 150/110 | 546 | 7.40 | 4 040 |
| 普通股 | 2 000 | 150/100 | 3 000 | 7.45 | 22 350 |
| 留存收益 | 160 | | 134 | | 978 |
| 报表折算差额 | — | | — | | (137) |
| 权益合计 | 2 560 | | 3 680 | | 27 231 |

(答案图表 66)

### 子公司重编资产负债表工作底稿
#### 20×7 年 12 月 31 日

| 项 目 | 调整前（美元） | 调整系数 | 调整后（美元） | 折算汇率 | 人民币金额（元） |
|---|---|---|---|---|---|
| 货币资金 | 120 | 150/150 | 120 | 7.30 | 876 |
| 应收账款 | 700 | 150/150 | 700 | 7.30 | 5 110 |
| 存货 | 1 000 | 150/140 | 1 071 | 7.30 | 7 818 |
| 固定资产 | 1 200 | 150/100 | 1 800 | 7.30 | 13 140 |
| 减：累计折旧 | 300 | 150/100 | 450 | 7.30 | 3 285 |
| 资产合计 | 2 720 | | 3 241 | | 23 659 |
| 应付账款 | 450 | 150/150 | 450 | 7.30 | 3 285 |
| 普通股 | 2 000 | 150/100 | 3 000 | 7.45 | 22 350 |
| 留存收益 | 270 | | (209) | | (1 526) |
| 报表折算差额 | —— | | —— | | (450) |
| 权益合计 | 2 720 | | 3 241 | | 23 659 |

(答案图表 67)

### 子公司重编利润表及利润分配表工作底稿
#### 20×7 年度

| 项 目 | 调整前（美元） | 调整系数 | 调整后（美元） | 折算汇率 | 人民币金额（元） |
|---|---|---|---|---|---|
| 营业收入 | 4 500 | 150/135 | 5 000 | 7.30 | 36 500 |
| 减：营业成本 | 3 200 | | 3 882 | 7.30 | 28 339 |
| 销售费用 | 180 | 150/135 | 200 | 7.30 | 1 460 |
| 折旧费 | 60 | 150/100 | 90 | 7.30 | 657 |
| 所得税费用 | 300 | 150/135 | 333 | 7.30 | 2 431 |
| 净利润 | 760 | | 495 | | 3 613 |
| 货币性项目购买力变动净损益 | | | (188) | 7.30 | (1 372) |
| 历史成本不变币值净利润 | | | 307 | | 2 241 |
| 加：期初留存收益 | 160 | | 134 | 7.30 | 978 |
| 减：现金股利 | 650 | 150/150 | 650 | 7.30 | 4 745 |
| 期末留存收益 | 270 | | (209) | | 1 526 |
| 营业成本计算 | | | | | |
| 期初存货 | 900 | 150/105 | 1 286 | | |
| 本期购货 | 3 300 | 150/135 | 3 667 | | |
| 可供销售存货 | 4 200 | | 4 953 | | |
| 期末存货 | 1 000 | 150/140 | 1 071 | | |
| 营业成本 | 3 200 | | 3 882 | | |

(答案图表 68)

### 子公司货币性项目购买力变动净损益计算表
#### 20×7 年度

| 项　　　目 | 调整前（美元） | 调整系数 | 调整后（美元） |
|---|---|---|---|
| 年初货币性项目 | | | |
| 　货币资金 | 100 | 150/110 | 136 |
| 　应收账款 | 600 | 150/110 | 818 |
| 　应付账款 | (400) | 150/110 | (546) |
| 　　小　计 | 300 | | 408 |
| 加：本年货币性项目增加 | | | |
| 营业收入 | 4 500 | 150/135 | 5 000 |
| 减：本年货币性项目减少 | | | |
| 购货 | 3 300 | 150/135 | 3 667 |
| 销售费用 | 180 | 150/135 | 200 |
| 所得税费用 | 300 | 150/135 | 333 |
| 现金股利 | 650 | 150/150 | 650 |
| 　　小　计 | 4 430 | | 4 850 |
| 年末货币性项目 | | | |
| 　货币资金 | 120 | 150/150 | 120 |
| 　应收账款 | 700 | 150/150 | 700 |
| 　应付账款 | (450) | 150/150 | (450) |
| 　　小　计 | 370 | | 370 |
| 货币性项目购买力变动净损益 | | | (188) |

## （2）采用先折算后调整法：

(答案图表 69)

### 子公司重编资产负债表工作底稿
#### 20×6 年 12 月 31 日

| 项　　　目 | 美元金额 | 折算汇率 | 调整前（人民币金额） | 调整系数 | 调整后（人民币金额） |
|---|---|---|---|---|---|
| 货币资金 | 100 | 7.40 | 740 | 120/100 | 888 |
| 应收账款 | 600 | 7.40 | 4 440 | 120/100 | 5 328 |
| 存货 | 900 | 7.40 | 6 660 | 120/100 | 7 992 |
| 固定资产 | 1 200 | 7.40 | 8 880 | 120/100 | 10 656 |
| 减：累计折旧 | 240 | 7.40 | 1 776 | 120/100 | 2 131.2 |
| 　资产合计 | 2 560 | | 18 944 | | 27 732.8 |
| 应付账款 | 400 | 7.40 | 2 960 | 120/100 | 3 552 |
| 普通股 | 2 000 | 7.45 | 14 900 | 120/100 | 17 880 |
| 留存收益 | 160 | | 1 168 | | 1 402 |
| 报表折算差额 | | | (184) | | (101) |
| 　权益合计 | 2 560 | | 18 944 | | 22 732.8 |

(答案图表 70)

### 子公司重编资产负债表工作底稿
20×7 年 12 月 31 日

| 项　目 | 美元金额 | 折算汇率 | 调整前（人民币金额） | 调整系数 | 调整后（人民币金额） |
|---|---|---|---|---|---|
| 货币资金 | 120 | 7.30 | 876 | 120/120 | 876 |
| 应收账款 | 700 | 7.30 | 5 110 | 120/120 | 5 110 |
| 存货 | 1 000 | 7.30 | 7 300 | 120/120 | 7 300 |
| 固定资产 | 1 200 | 7.30 | 8 760 | 120/100 | 10 512 |
| 减：累计折旧 | 300 | 7.30 | 2 190 | 120/100 | 2 628 |
| 资产合计 | 2 720 | | 19 856 | | 21 170 |
| 应付账款 | 450 | 7.30 | 3 285 | 120/120 | 3 785 |
| 普通股 | 2 000 | 7.45 | 14 900 | 120/100 | 17 880 |
| 留存收益 | 270 | | 1 881 | | 221 |
| 报表折算差额 | | | (210) | | (216) |
| 权益合计 | 2 720 | | 19 856 | | 21 170 |

(答案图表 71)

### 子公司重编利润表及利润分配表工作底稿
20×7 年度

| 项　目 | 美元金额 | 折算汇率 | 调整前（人民币金额） | 调整系数 | 调整后（人民币金额） |
|---|---|---|---|---|---|
| 营业收入 | 4 500 | 7.30 | 32 850 | 120/110 | 35 836 |
| 减：营业成本 | 3 200 | | 23 450 | | 26 972 |
| 销售费用 | 180 | 7.30 | 1 314 | 120/110 | 1 433 |
| 折旧费 | 60 | 7.30 | 438 | 120/100 | 526 |
| 所得税费用 | 300 | 7.30 | 2 190 | 120/110 | 2 389 |
| 净利润 | 760 | | 5 458 | | 4 516 |
| 货币性项目购买力变动净损益 | | | | | (952) |
| 历史成本不变币值净利润 | | | | | 3 564 |
| 加：期初留存收益 | 160 | 7.30 | 1 168 | 120/100 | 1 402 |
| 减：现金股利 | 650 | 7.30 | 4 745 | 120/120 | 4 745 |
| 期末留存收益 | 270 | | 1 881 | | 221 |
| 销货成本计算 | | | | | |
| 期初存货 | | | 6 660 | 120/100 | 7 992 |
| 本期购货 | | | 24 090 | 120/110 | 26 280 |
| 可供销售存货 | | | 30 750 | | 34 272 |
| 期末存货 | | | 7 300 | 120/120 | 7 300 |
| 销货成本 | | | 23 450 | | 26 972 |

（答案图表 72）

### 子公司货币性项目购买力变动净损益计算表

#### 20×7 年度

| 项　　　目 | 调整前<br>（人民币金额） | 调整系数 | 调整后<br>（人民币金额） |
|---|---|---|---|
| 年初货币性项目 | | | |
| 　货币资金 | 740 | 120/100 | 888 |
| 　应收账款 | 4 040 | 120/100 | 5 328 |
| 　应付账款 | (2 960) | 120/100 | (3 552) |
| 　小　　计 | 2 220 | | 2 664 |
| 加：本年货币性项目增加 | | | |
| 　营业收入 | 32 850 | 120/110 | 35 836 |
| 减：本年货币性项目减少 | | | |
| 　购货 | 24 090 | 120/110 | 26 280 |
| 　销售费用 | 1 314 | 120/110 | 1 433 |
| 　所得税费用 | 2 190 | 120/110 | 2 389 |
| 　现金股利 | 4 745 | 120/120 | 4 745 |
| 　小　　计 | 32 339 | | 34 847 |
| 年末货币性项目 | | | |
| 　货币资金 | 876 | 120/120 | 876 |
| 　应收账款 | 5 110 | 100/100 | 5 110 |
| 　应付账款 | (3 285) | 100/100 | (3 285) |
| 　小　　计 | 2 071 | | 2 071 |
| 货币性项目购买力变动净损益 | | | (952) |

# 第九章

## 三、单项选择题

1. C　2. A　3. C　4. D　5. D　6. B

**四、多项选择题**

1. B、C、D、E　2. A、B、D、E　3. A、C　4. A、B、C　5. D、E　6. A、B、C

**五、判断题**

1. √　2. ×　3. ×　4. ×　5. ×　6. √　7. ×　8. ×

**六、练习题**

1. 1) 出租人：

（1）借：银行存款　　　　　　　　　　　　　　　　　16 200

　　　　贷：其他应收款——应收租赁费　　　　　　　　　16 200

（2）借：银行存款　　　　　　　　　　　　　　　　　1 800

　　　　其他应收款——应收租赁费　　　　　　　　　1 800

　　　　贷：其他业务收入　　　　　　　　　　　　　　3 600

（3）借：其他业务成本　　　　　　　　　　　　　　　246.67

　　　　贷：累计折旧　　　　　　　　　　　　　　　　166.67

　　　　　　其他应付款——应付保险费　　　　　　　　80.00

2) 承租人：

（1）借：待摊费用　　　　　　　　　　　　　　　　　16 200

　　　　贷：银行存款　　　　　　　　　　　　　　　　16 200

（2）借：制造费用　　　　　　　　　　　　　　　　　3 600

　　　　贷：待摊费用　　　　　　　　　　　　　　　　1 800

　　　　　　银行存款　　　　　　　　　　　　　　　　1 800

2. A公司（承租人）的会计处理：

（1）租赁期开始日确定资产、负债的入账价值：

最低租赁付款额＝180 000×6＋120＝1 080 120（元）

最低租赁付款额的现值＝180 000×PA(6,7％)＋120PV(6,7％)

　　　　　　　　　　＝180 000×4.767＋120×0.666

　　　　　　　　　　＝858 060＋79.92

　　　　　　　　　　＝858 139.92（元）≈858 140＜860 000

未确认融资费用＝1 080 120－858 140＝221 980（元）

借：固定资产——融资租入固定资产　　　　　　　　858 140

　　未确认融资费用　　　　　　　　　　　　　　　221 980

　　贷：长期应付款——应付融资租赁款　　　　　　　1 080 120

（2）每半年末支付租金并分摊未确认融资费用：

(答案图表 73)

### 未确认融资费用分摊表(实际利率法)

20×6 年 1 月 1 日

单位：元

| 日　期 | 租　金 | 确认的融资费用 | 应付本金减少额 | 应付本金余额 |
|---|---|---|---|---|
| ① | ② | ③＝期初⑤×7％ | ④＝②－③ | 期末⑤＝期初⑤－④ |
| 20×6.1.1 | | | | 858 140 |
| 20×6.6.30 | 180 000 | 858 140×7％＝60 070 | 119 930 | 738 210 |
| 20×6.12.31 | 180 000 | 738 210×7％＝51 675 | 128 325 | 609 885 |
| 20×7.6.30 | 180 000 | 609 885×7％＝42 692 | 137 308 | 472 577 |
| 20×7.12.31 | 180 000 | 472 577×7％＝33 080 | 146 920 | 325 657 |
| 20×8.6.30 | 180 000 | 325 657×7％＝22 796 | 157 204 | 168 453 |
| 20×8.12.31 | 180 120 | 221 980－60 070－51 675－42 692<br>－33 080－22 796＝11 667 | 168 453 | 0 |
| 合　计 | 1 080 120 | 221 980 | 858 140 | 0 |

① 20×6 年 6 月 30 日：

借：长期应付款——应付融资租赁款　　　　　　　　　　180 000

　　贷：银行存款　　　　　　　　　　　　　　　　　　　　180 000

借：财务费用　　　　　　　　　　　　　　　　　　　60 070

　　贷：未确认融资费用　　　　　　　　　　　　　　　　　60 070

② 20×6 年 12 月 31 日：

借：长期应付款——应付融资租赁款　　　　　　　　　　180 000

　　贷：银行存款　　　　　　　　　　　　　　　　　　　　180 000

借：财务费用　　　　　　　　　　　　　　　　　　　51 675

　　贷：未确认融资费用　　　　　　　　　　　　　　　　　51 675

③ 20×7 年 6 月 30 日：

借：长期应付款——应付融资租赁款　　　　　　　　　　180 000

　　贷：银行存款　　　　　　　　　　　　　　　　　　　　180 000

借：财务费用　　　　　　　　　　　　　　　　　　　42 692

　　贷：未确认融资费用　　　　　　　　　　　　　　　　　42 692

④ 20×7 年 12 月 31 日：

借：长期应付款——应付融资租赁款　　　　　　　　　　180 000

　　贷：银行存款　　　　　　　　　　　　　　　　　　　　180 000

借：财务费用　　　　　　　　　　　　　　　　　　　33 080

　　贷：未确认融资费用　　　　　　　　　　　　　　　　　33 080

⑤ 20×8 年 6 月 30 日：

| | |
|---|---|
| 借：长期应付款——应付融资租赁款 | 180 000 |
| 　贷：银行存款 | 180 000 |
| 借：财务费用 | 22 796 |
| 　贷：未确认融资费用 | 22 796 |

⑥ 20×8 年 12 月 31 日：

| | |
|---|---|
| 借：长期应付款——应付融资租赁款 | 180 000 |
| 　贷：银行存款 | 180 000 |
| 借：财务费用 | 11 667 |
| 　贷：未确认融资费用 | 11 667 |

（3）每年末计提折旧：

| | |
|---|---|
| 借：制造费用 | 171 628 |
| 　贷：累计折旧 | 171 628 |

（4）每年支付机械的保险、维护费：

| | |
|---|---|
| 借：管理费用 | 12 000 |
| 　贷：银行存款 | 12 000 |

（5）支付给 B 公司经营分享收入：

20×7 年 12 月 31 日，

| | |
|---|---|
| 借：销售费用 | 6 000 |
| 　贷：银行存款 | 6 000 |

20×8 年 12 月 31 日，

| | |
|---|---|
| 借：销售费用 | 9 000 |
| 　贷：银行存款 | 9 000 |

（6）租赁期满支付 B 公司购买资产价款并结转固定资产明细科目：

| | |
|---|---|
| 借：长期应付款——应付融资租赁款 | 120 |
| 　贷：银行存款 | 120 |
| 借：固定资产——生产经营用固定资产 | 858 140 |
| 　贷：固定资产——融资租入固定资产 | 858 140 |

B 公司（出租人）的会计处理：

（1）计算租赁内含利率：

$$180\,000 \times PA(6, R) + 120 \times PV(6, R) = 860\,000$$

经查表，可知 R≈6.95%

（2）20×6 年 1 月 1 日确定租赁债权的入账价值：

最低租赁收款额＝180 000×6＋120＝1 080 120（元）

$$最低租赁收款额现值＝租赁期开始日租赁资产公允价值$$
$$＝860\,000（元）$$

$$未实现融资收益＝1\,080\,120－860\,000＝220\,120（元）$$

| | | |
|---|---|---:|
| 借：长期应收款——应收融资租赁款 | | 1 080 120 |
| 　　贷：融资租赁资产 | | 860 000 |
| 　　　　递延收益——未实现融资收益 | | 220 120 |

（3）每半年末收到租金并确认融资收入：

（答案图表 74）

### 未实现融资收益分配表(实际利率法)

20×6 年 1 月 1 日　　　　　　　　　　　　　　　　　　　　单位：元

| 日　　期 | 租　　金 | 确认的融资收益 | 租赁投资减 少 额 | 租赁投资余额 |
|---|---|---|---|---|
| ① | ② | ③＝期初⑤×6.95％ | ④＝②－③ | ⑤期初⑤－④ |
| 20×6.1.1 | | | | 860 000 |
| 20×6.6.30 | 180 000 | 860 000×6.95％＝59 770 | 120 230 | 739 770 |
| 20×6.12.31 | 180 000 | 739 770×6.95％＝51 414 | 128 586 | 611 184 |
| 20×7.6.30 | 180 000 | 611 184×6.95％＝42 477 | 137 523 | 473 661 |
| 20×7.12.31 | 180 000 | 473 661×6.95％＝32 919 | 147 081 | 326 580 |
| 20×8.6.30 | 180 000 | 326 580×6.95％＝22 697 | 157 303 | 169 277 |
| 20×8.12.31 | 180 120 | 220 120－59 770－51 414－42 477 －32 919－22 697＝10 843 | 169 277 | 0 |
| 合　　计 | 1 080 120 | 220 120 | 860 000 | 0 |

① 20×6 年 6 月 30 日：

| | | |
|---|---|---:|
| 借：银行存款 | | 180 000 |
| 　　贷：长期应收款——应收融资租赁款 | | 180 000 |
| 借：递延收益——未实现融资收益 | | 59 770 |
| 　　贷：租赁收入 | | 59 770 |

② 20×6 年 12 月 31 日：

| | | |
|---|---|---:|
| 借：银行存款 | | 180 000 |
| 　　贷：长期应收款——应收融资租赁款 | | 180 000 |
| 借：递延收益——未实现融资收益 | | 51 414 |
| 　　贷：租赁收入 | | 51 414 |

③ 20×7 年 6 月 30 日：

| | |
|---|---|
| 借：银行存款 | 180 000 |
|   贷：长期应收款——应收融资租赁款 | 180 000 |
| 借：递延收益——未实现融资收益 | 42 477 |
|   贷：租赁收入 | 42 477 |

④ 20×7 年 12 月 31 日：

| | |
|---|---|
| 借：银行存款 | 180 000 |
|   贷：长期应收款——应收融资租赁款 | 180 000 |
| 借：递延收益——未实现融资收益 | 32 919 |
|   贷：租赁收入 | 32 919 |

⑤ 20×8 年 6 月 30 日：

| | |
|---|---|
| 借：银行存款 | 180 000 |
|   贷：长期应收款——应收融资租赁款 | 180 000 |
| 借：递延收益——未实现融资收益 | 22 697 |
|   贷：租赁收入 | 22 697 |

⑥ 20×8 年 12 月 31 日：

| | |
|---|---|
| 借：银行存款 | 180 000 |
|   贷：长期应收款——应收融资租赁款 | 180 000 |
| 借：递延收益——未实现融资收益 | 10 843 |
|   贷：租赁收入 | 10 843 |

（4）收到 A 公司经营分享收入：

20×7 年 12 月 31 日：

| | |
|---|---|
| 借：银行存款 | 6 000 |
|   贷：租赁收入 | 6 000 |

20×8 年 12 月 31 日：

| | |
|---|---|
| 借：银行存款 | 9 000 |
|   贷：租赁收入 | 9 000 |

（5）租赁期满收到 A 公司支付的购买资产价款：

| | |
|---|---|
| 借：银行存款 | 120 |
|   贷：长期应收款——应收融资租赁款 | 120 |

3.（1）结转出售纺织机械成本：

| | |
|---|---|
| 借：固定资产清理 | 740 000 |
|   累计折旧 | 460 000 |
|   贷：固定资产 | 1 200 000 |

（2）出售大型纺织机械时：

| | |
|---|---|
| 借：银行存款 | 860 000 |

　　　　贷：固定资产清理　　　　　　　　　　　　　　　　　740 000
　　　　　　递延收益——未实现售后租回损益(融资租赁)　　120 000
　　(3)租赁期内,每年末按折旧进度分摊未实现售后租回损益：
　　　　借：递延收益——未实现售后租回损益(融资租赁)　　24 000
　　　　　　贷：制造费用　　　　　　　　　　　　　　　　　24 000
　　其他有关会计分录略。

# 第十章

**三、单项选择题**

　　1. A　2. C　3. D　4. A　5. D　6. B　7. A　8. B　9. D　10. C

**四、多项选择题**

　　1. B、D　2. B、C、D　3. A、B、C、D、E　4. A、B　5. A、D　6. A、B、C、D、E　7. A、B　8. C、D、E　9. A、B、C、E　10. B、C、E

**五、判断题**

　　1. ×　2. √　3. ×　4. ×　5. √　6. √　7. ×　8. √　9. ×　10. ×

**六、练习题**

　　1. (1) 20×8～20×0 年,每年应作会计分录：

(答案图表 75)

**所得税计算表**　　　　　　　　　　　　　　　　　　　　单位：元

| 项　目＼年　度 | 20×8 年 | 20×9 年 | 20×0 年 | 20×1 年 | 20×2 年 | 20×3 年 |
|---|---|---|---|---|---|---|
| 资产的计税基础 | 5 000 000 | 4 000 000 | 3 000 000 | 2 000 000 | 1 000 000 | 0 |
| 资产的账面价值 | 4 000 000 | 2 000 000 | 0 | 0 | 0 | 0 |
| 暂时性差异 | 1 000 000 | 2 000 000 | 3 000 000 | 2 000 000 | 1 000 000 | 0 |
| 所得税税率 | 25% | 25% | 25% | 25% | 25% | 25% |
| 递延所得税资产年末余额 | 250 000 | 500 000 | 750 000 | 500 000 | 250 000 | 0 |
| 递延所得税资产年初余额 | 0 | 250 000 | 500 000 | 750 000 | 500 000 | 250 000 |
| 递延所得税资产本期发生额 | 250 000 | 250 000 | 250 000 | (250 000) | (250 000) | (250 000) |
| 应交所得税 | (2 250 000)① | (2 250 000) | (2 250 000) | (1 750 000)② | (1 750 000) | (1 750 000) |
| 所得税费用 | 2 000 000 | 2 000 000 | 2 000 000 | 2 000 000 | 2 000 000 | 2 000 000 |

① 2 250 000＝(8 000 000＋1 000 000)×25％。

② 1 750 000＝(8 000 000－1 000 000)×25％。

借：所得税费用 2 000 000

　　递延所得税资产 250 000

　　贷：应交税费——应交所得税 2 250 000

（2）20×1～20×3年,每年应作会计分录：

借：所得税费用 2 000 000

　　贷：递延所得税资产 250 000

　　　应交税费——应交所得税 2 250 000

2.（1）20×7年,作会计分录：

借：所得税费用 5 045 000

　　贷：递延所得税负债 20 000

　　　应交税费——应交所得税 5 025 000

（2）20×8～20×1年,每年作会计分录：

借：所得税费用 4 040 000

　　贷：递延所得税负债 20 000

　　　应交税费——应交所得税 4 020 000

（3）20×2年,作会计分录：

借：所得税费用 4 040 000

　　递延所得税负债 100 000

　　贷：应交税费——应交所得税 4 140 000

(答案图表76)

**所得税计算表**

单位：元

| 项　目 ＼ 年　度 | 20×7年 | 20×8年 | 20×9年 | 20×0年 | 20×1年 | 20×2年 |
|---|---|---|---|---|---|---|
| 资产的计税基础 | 2 400 000 | 1 800 000 | 1 200 000 | 600 000 | 0 | 0 |
| 资产的账面价值 | 2 500 000 | 2 000 000 | 1 500 000 | 1 000 000 | 500 000 | 0 |
| 暂时性差异 | (100 000) | (200 000) | (300 000) | (400 000) | (500 000) | 0 |
| 所得税税率 | 25％ | 20％ | 20％ | 20％ | 20％ | 20％ |
| 递延所得税负债年末余额 | (20 000) | (40 000) | (60 000) | (80 000) | (100 000) | 0 |
| 递延所得税负债年初余额 | 0 | (20 000) | (40 000) | (60 000) | (80 000) | (100 000) |
| 递延所得税负债本期发生额 | (20 000) | (20 000) | (20 000) | (20 000) | (20 000) | 100 000 |
| 应交所得税 | (5 025 000)① | (4 020 000)② | (4 020 000) | (4 020 000) | (4 020 000) | (4 140 000)③ |
| 所得税费用 | 5 045 000 | 4 040 000 | 4 040 000 | 4 040 000 | 4 040 000 | 4 040 000 |

① 5 025 000＝[20 000 000＋(800 000－600 000)－100 000]×25％
② 4 020 000＝[20 000 000＋(800 000－600 000)－100 000]×20％
③ 4 140 000＝[20 000 000＋(800 000－600 000)＋500 000]×20％

3. (答案图表 77)

**20×8 年暂时性差异计算表**　　　　　单位：元

| 项　　目 | 账面价值 | 计税基础 | 暂 时 性 差 异 | |
|---|---|---|---|---|
| | | | 应纳税暂时性差异 | 可抵扣暂时性差异 |
| 交易性金融资产 | 2 100 000 | 1 800 000 | 300 000 | |
| 长期股权投资 | 6 900 000 | 7 200 000 | | 300 000 |
| 存货 | 4 500 000 | 4 800 000 | | 300 000 |
| 固定资产 | 52 000 000 | 50 000 000 | 2 000 000 | |
| 无形资产 | 1 250 000 | 1 500 000 | | 250 000 |
| 预计负债 | 2 000 000 | 0 | | 2 000 000 |
| 合　　计 | | | 2 300 000 | 2 850 000 |

(1) 20×8 年递延所得税资产＝2 850 000×25％－52 000＝660 500 (元)

(2) 20×8 年递延所得税负债＝2 300 000×25％－35 000＝540 000 (元)

(3) 20×8 年应交所得税＝25 000 000×25％＝6 250 000(元)

(4) 20×8 年所得税费用＝6 250 000－660 500＋540 000＝6 129 500 (元)

(5) 作 20×8 年会计分录：

借：所得税费用　　　　　　　　　　　　6 129 500
　　递延所得税资产　　　　　　　　　　　660 500
　贷：递延所得税负债　　　　　　　　　　　540 000
　　　应交税费——应交所得税　　　　　　6 250 000

# 第十一章

## 三、单项选择题

1. B　2. C　3. B　4. C　5. D　6. B

## 四、多项选择题

1. A、B、C、D、E　2. A、B、D　3. A、B　4. B、D、E　5. A、B　6. A、B、C、D

## 五、判断题

1. ×　2. √　3. ×　4. ×　5. ×　6. √　7. ×　8. ×　9. ×　10. ×

## 六、练习题

1. 1) 申益公司(债务人)：

(1) 借：固定资产清理　　　　　　　　　　　380 000

　　　累计折旧　　　　　　　　　　　　　100 000

　　　　贷：固定资产　　　　　　　　　　　　　480 000

(2) 借：应付账款　　　　　　　　　　　　　500 000

　　　　贷：固定资产清理　　　　　　　　　　　430 000

　　　　　　营业外收入——债务重组利得　　　　70 000

(3) 借：固定资产清理　　　　　　　　　　　50 000

　　　　贷：资产处置损益　　　　　　　　　　　50 000

2) 华光公司(债权人)：

借：固定资产　　　　　　　　　　　　　430 000

　　坏账准备　　　　　　　　　　　　　5 000

　　营业外支出——债务重组损失　　　　65 000

　　　贷：应收账款　　　　　　　　　　　　　500 000

2. (1) 威海公司(债务人)：

借：应付票据　　　　　　　　　　　　105 000

　　　贷：股本　　　　　　　　　　　　　　　10 000

　　　　　资本公积——股本溢价　　　　　　70 000

　　　　　营业外收入——债务重组利得　　　25 000

(2) 长江公司(债权人)：

借：长期股权投资　　　　　　　　　　80 000

　　营业外支出——债务重组损失　　　25 000

　　　贷：应收票据　　　　　　　　　　　　　105 000

3. 1）（1）昌盛公司（债务人）：

　① 20×6 年 12 月 31 日：

　　借：应付票据 1 000 000

　　　应付利息 60 000

　　　贷：应付账款——债务重组 800 000

　　　　银行存款 30 000

　　　　营业外收入——债务重组利得 230 000

　② 20×7 年 12 月 31 日：

　　借：财务费用 80 000

　　　贷：银行存款 80 000

　③ 20×8 年 12 月 31 日：

　　借：应付账款——债务重组 800 000

　　　财务费用 80 000

　　　贷：银行存款 880 000

（2）北华公司（债权人）：

　① 20×6 年 12 月 31 日：

　　借：应收账款——债务重组 800 000

　　　银行存款 30 000

　　　营业外支出——债务重组损失 230 000

　　　贷：应收票据 1 000 000

　　　　应收利息 60 000

　② 20×7 年 12 月 31 日：

　　借：银行存款 80 000

　　　贷：财务费用 80 000

　③ 20×8 年 12 月 31 日：

　　借：银行存款 880 000

　　　贷：应收账款——债务重组 800 000

　　　　财务费用 80 000

2）（1）昌盛公司（债务人）：

　① 20×6 年 12 月 31 日：

　　借：应付票据 1 000 000

　　　应付利息 60 000

|  |  |
|---|---|
| 贷：应付账款——债务重组 | 1 000 000 |
| 　　预计负债 | 20 000 |
| 　　营业外收入——债务重组利得 | 40 000 |

② 20×7 年 12 月 31 日：

|  |  |
|---|---|
| 借：财务费用 | 100 000 |
| 　　贷：银行存款 | 100 000 |

③ 20×8 年 12 月 31 日：

a. 如果盈利：

|  |  |
|---|---|
| 借：应付账款——债务重组 | 1 000 000 |
| 　　财务费用 | 100 000 |
| 　　预计负债 | 20 000 |
| 　　贷：银行存款 | 1 120 000 |

b. 如果亏损：

|  |  |
|---|---|
| 借：应付账款——债务重组 | 1 000 000 |
| 　　财务费用 | 100 000 |
| 　　贷：银行存款 | 1 100 000 |
| 借：预计负债 | 20 000 |
| 　　贷：营业外收入——债务重组利得 | 20 000 |

(2) 北华公司（债权人）：

① 20×6 年 12 月 31 日：

|  |  |
|---|---|
| 借：应收账款——债务重组 | 1 000 000 |
| 　　营业外支出——债务重组损失 | 60 000 |
| 　　贷：应收票据 | 1 000 000 |
| 　　应收利息 | 60 000 |

② 20×7 年 12 月 31 日：

|  |  |
|---|---|
| 借：银行存款 | 100 000 |
| 　　贷：财务费用 | 100 000 |

③ 20×8 年 12 月 31 日：

a. 如果盈利：

|  |  |
|---|---|
| 借：银行存款 | 1 120 000 |
| 　　贷：应收账款——债务重组 | 1 000 000 |
| 　　财务费用 | 120 000 |

b. 如果亏损：

借：银行存款 1 100 000

　　贷：应收账款——债务重组 1 000 000

　　　　财务费用 100 000

4. 1)（1）借：留存利润 2 000

　　　　贷：坏账准备 2 000

（2）借：留存利润 30 000

　　　贷：存货 30 000

（3）借：留存利润 70 000

　　　累计折旧 10 000

　　　贷：固定资产 80 000

（4）借：资本公积 130 000

　　　贷：留存利润 130 000

（5）借：实收资本 182 000

　　　贷：留存利润 182 000

2)

（答案图表 78）

**大明公司资产负债表**(简化)

20×7 年 1 月 1 日

单位：元

| 资　　产 | 金　额 | 负债和所有者权益 | 金　额 |
|---|---|---|---|
| 货币资金 | 80 000 | 应付票据及应付账款 | 215 000 |
| 应收票据及应收账款 | 147 000 | 长期借款 | 279 000 |
| 存货 | 170 000 | 实收资本 | 218 000 |
| 固定资产 | 240 000 | 资本公积 | |
| 其他资产 | 75 000 | 留存利润 | |
| 资产合计 | 712 000 | 负债和所有者权益合计 | 712 000 |

5. 1)（1）借：留存利润 60 000

　　　　贷：存货 60 000

（2）借：固定资产清理 34 000

　　　累计折旧 8 000

　　　贷：固定资产 42 000

借：应付账款 50 000

　　贷：固定资产清理 34 000

　　　　资产处置损益 11 000

　　　　营业外收入 5 000

（3）借：留存利润 30 000

    贷：无形资产 30 000

（4）借：长期借款 200 000

    贷：长期借款 120 000

        营业外收入 80 000

（5）借：资本公积 800 000

    贷：留存利润 800 000

（6）借：资产处置损益 11 000

        营业外收入 85 000

    贷：留存利润 96 000

    借：股本 994 000

    贷：留存利润 994 000

2）

（答案图表 79）

**资产负债表**（简化）　　　　　　　　　　　　　　　单位：元

| 资　　　产 | 金　　额 | 负债和所有者权益 | 金　　额 |
|---|---|---|---|
| 货币资金 | 40 000 | 应付票据及应付账款 | 310 000 |
| 应收票据及应收账款 | 120 000 | 长期借款 | 339 200 |
| 存货 | 300 000 | 普通股 | 1 986 800 |
| 固定资产 | 1 966 000 | | |
| 无形资产 | 150 000 | | |
| 其他资产 | 60 000 | | |
| 资产合计 | 2 636 000 | 负债和所有者权益合计 | 2 636 000 |

6. 1)（1）借：应付账款 30 000

    贷：应付公益债务 30 000

（2）借：股本 1 000

        资本公积 200

    贷：清算净值 1 100

        未分配利润 100

（3）借：固定资产 4 000 000

    贷：清算净值 3 940 000

        应付破产费用 60 000

（4）借：银行存款 2 500 000

        资产处置净损益 500 000

    贷：应收票据 3 000 000

（5）借：银行存款 848 000

  贷：固定资产 600 000

    应交税费——应交增值税 48 000

    资产处置净损益 200 000

（6）借：应交税费 520 000

  贷：银行存款 500 000

    债务清偿净损益 20 000

（7）借：固定资产 500 000

  贷：其他收益 500 000

（8）借：其他费用 700 000

  贷：应付账款——乙公司 700 000

2）借：债务清偿净损益 20 000

  其他收益 500 000

  清算净损益 480 000

  贷：资产处置净损益 300 000

    其他费用 700 000

 借：清算净值 480 000

  贷：清算净损益 480 000

# 第十二章

## 三、单项选择题

1. C   2. D   3. D   4. A   5. D   6. A   7. D

## 四、多项选择题

1. A、B、C、D   2. A、E   3. C、D、E   4. A、E   5. A、B、D、E

## 五、判断题

1. √   2. ×   3. ×   4. ×   5. ×   6. ×   7. ×

## 六、练习题

1. 1）以公允价值为计价基础

（1）甲公司：

换入中巴士客车的成本＝240 000（元）

应确认的损益＝240 000－（400 000－180 000）＝20 000（元）

 借：固定资产清理 220 000

  累计折旧 180 000

  贷：固定资产——大巴 400 000

 借：固定资产——中巴 240 000

| | |
|---|---|
| 贷：固定资产清理 | 220 000 |
| 资产处置损益 | 20 000 |

（2）乙公司：

换入大巴士客车的成本＝240 000（元）

应确认的损益＝240 000－（320 000－60 000）＝－20 000（元）

| | |
|---|---|
| 借：固定资产清理 | 260 000 |
| 累计折旧 | 60 000 |
| 贷：固定资产——中巴 | 320 000 |
| 借：固定资产——大巴 | 240 000 |
| 资产处置损益 | 20 000 |
| 贷：固定资产清理 | 260 000 |

2）以账面价值为计价基础

（1）甲公司：

换入中巴士客车的成本＝400 000－180 000＝220 000（元）

| | |
|---|---|
| 借：固定资产清理 | 220 000 |
| 累计折旧 | 180 000 |
| 贷：固定资产——大巴 | 400 000 |
| 借：固定资产——中巴 | 220 000 |
| 贷：固定资产清理 | 220 000 |

（2）乙公司：

换入大巴士客车的成本＝320 000－60 000＝260 000（元）

| | |
|---|---|
| 借：固定资产清理 | 260 000 |
| 累计折旧 | 60 000 |
| 贷：固定资产——中巴 | 320 000 |
| 借：固定资产——大巴 | 260 000 |
| 贷：固定资产清理 | 260 000 |

2. 1）以公允价值为计价基础

（1）丙公司：

换入羽绒衫的成本＝300 000＋48 000－11 600－46 400＝290 000（元）

应确认的损益＝300 000－250 000＝50 000（元）

| | |
|---|---|
| 借：库存商品——羽绒衫 | 290 000 |
| 应交税费——应交增值税（进项税额） | 46 400 |
| 银行存款 | 11 600 |
| 贷：主营业务收入 | 300 000 |
| 应交税费——应交增值税（销项税额） | 48 000 |

借：主营业务成本          250 000

  贷：库存商品——羊毛衫        250 000

（2）丁公司：

换入羊毛衫的成本＝290 000＋46 400＋11 600－48 000＝300 000（元）

应确认的损益＝290 000－300 000＝－10 000（元）

借：库存商品——羊毛衫        300 000

  应交税费——应交增值税（进项税额）  48 000

  贷：主营业务收入         290 000

    应交税费——应交增值税（销项税额） 46 400

    银行存款          11 600

借：主营业务成本          300 000

  贷：库存商品——羽绒衫        300 000

2）以账面价值为计价基础

（1）丙公司：

换入羽绒衫的成本＝250 000＋48 000－11 600－46 400＝240 000（元）

借：库存商品——羽绒衫        240 000

  应交税费——应交增值税（进项税额）  46 400

  银行存款           11 600

  贷：库存商品——羊毛衫        250 000

    应交税费——应交增值税（销项税额） 48 000

（2）丁公司：

换入羊毛衫的成本＝300 000＋46 400＋11 600－48 000＝310 000（元）

借：库存商品——羊毛衫        310 000

  应交税费——应交增值税（进项税额）  48 000

  贷：库存商品——羽绒衫        300 000

    应交税费——应交增值税（销项税额） 46 400

    银行存款          11 600

3. 1）以公允价值为计价基础

（1）M公司：

换入设备的成本＝350 000－10 000＝340 000（元）

应确认的损益＝350 000－400 000＝－50 000（元）

借：固定资产           340 000

  银行存款           10 000

  贷：主营业务收入         350 000

借：主营业务成本          400 000

$\qquad\qquad\qquad$ 贷：库存商品 $\qquad\qquad\qquad\qquad\qquad\qquad\qquad\qquad$ 400 000

（2）N公司：

换入设备的成本＝340 000＋10 000＝350 000（元）

应确认的损益＝340 000－（600 000－300 000）＝40 000（元）

$\qquad$ 借：固定资产清理 $\qquad\qquad\qquad\qquad\qquad\qquad\qquad$ 300 000

$\qquad\qquad$ 累计折旧 $\qquad\qquad\qquad\qquad\qquad\qquad\qquad\qquad$ 300 000

$\qquad\qquad$ 贷：固定资产 $\qquad\qquad\qquad\qquad\qquad\qquad\qquad$ 600 000

$\qquad$ 借：库存商品 $\qquad\qquad\qquad\qquad\qquad\qquad\qquad\qquad$ 350 000

$\qquad\qquad$ 贷：固定资产清理 $\qquad\qquad\qquad\qquad\qquad\qquad$ 300 000

$\qquad\qquad\qquad$ 银行存款 $\qquad\qquad\qquad\qquad\qquad\qquad\qquad$ 10 000

$\qquad\qquad\qquad$ 资产处置损益 $\qquad\qquad\qquad\qquad\qquad\qquad$ 40 000

2）以账面价值为计价基础

（1）M公司：

换入设备的成本＝400 000－10 000＝390 000（元）

$\qquad$ 借：固定资产 $\qquad\qquad\qquad\qquad\qquad\qquad\qquad\qquad$ 390 000

$\qquad\qquad$ 银行存款 $\qquad\qquad\qquad\qquad\qquad\qquad\qquad\qquad$ 10 000

$\qquad\qquad$ 贷：库存商品 $\qquad\qquad\qquad\qquad\qquad\qquad\qquad$ 400 000

（2）N公司：

换入设备的成本＝600 000－300 000＋10 000＝310 000（元）

$\qquad$ 借：固定资产清理 $\qquad\qquad\qquad\qquad\qquad\qquad\qquad$ 300 000

$\qquad\qquad$ 累计折旧 $\qquad\qquad\qquad\qquad\qquad\qquad\qquad\qquad$ 300 000

$\qquad\qquad$ 贷：固定资产 $\qquad\qquad\qquad\qquad\qquad\qquad\qquad$ 600 000

$\qquad$ 借：库存商品 $\qquad\qquad\qquad\qquad\qquad\qquad\qquad\qquad$ 310 000

$\qquad\qquad$ 贷：固定资产清理 $\qquad\qquad\qquad\qquad\qquad\qquad$ 300 000

$\qquad\qquad\qquad$ 银行存款 $\qquad\qquad\qquad\qquad\qquad\qquad\qquad$ 10 000

4. 1）以公允价值为计价基础

（1）M公司：

换入资产的成本总额＝120 000＋180 000＝300 000（元）

换入办公用房的成本＝$300\,000 \times \dfrac{270\,000}{270\,000+30\,000}$＝270 000（元）

换入电脑的成本＝$300\,000 \times \dfrac{30\,000}{270\,000+30\,000}$＝30 000（元）

应确认的损益＝300 000－（200 000－88 000）－（300 000－132 000）

$\qquad\qquad\qquad$ ＝20 000（元）

$\qquad$ 借：固定资产清理 $\qquad\qquad\qquad\qquad\qquad\qquad\qquad$ 280 000

$\qquad\qquad$ 累计折旧 $\qquad\qquad\qquad\qquad\qquad\qquad\qquad\qquad$ 220 000

  贷：固定资产——货车          200 000

       ——客车          300 000

 借：固定资产——办公用房        270 000

       ——电脑         30 000

  贷：固定资产清理          280 000

    资产处置损益         20 000

（2）N 公司：

换入资产的成本总额＝270 000＋30 000＝300 000（元）

$$换入货车的成本＝300\,000\times\frac{112\,000}{112\,000+180\,000}=120\,000（元）$$

$$换入客车的成本＝300\,000\times\frac{180\,000}{120\,000+180\,000}=180\,000（元）$$

应确认的损益＝300 000－（400 000－150 000）－（80 000－20 000）

       ＝－10 000（元）

 借：固定资产清理          310 000

  累计折旧           170 000

  贷：固定资产——办公用房      400 000

       ——电脑         80 000

 借：固定资产——货车         120 000

       ——客车         180 000

  资产处置损益          10 000

  贷：固定资产清理         310 000

2）以账面价值为计价基础

（1）M 公司：

换入资产的成本总额＝（200 000－88 000）＋（300 000－132 000）

        ＝280 000（元）

$$换入办公用房的成本＝280\,000\times\frac{250\,000}{250\,000+60\,000}=225\,806（元）$$

$$换入电脑的成本＝280\,000\times\frac{60\,000}{250\,000+60\,000}=54\,194（元）$$

 借：固定资产清理          280 000

  累计折旧           220 000

  贷：固定资产——货车       200 000

       ——客车         300 000

 借：固定资产——办公用房       225 806

| | | |
|---|---|---|
| ——电脑 | | 54 194 |
| 贷：固定资产清理 | | 280 000 |

（2）N公司：

换入资产的成本总额＝（400 000－150 000）＋（80 000－20 000）
＝310 000（元）

$$换入货车的成本＝310\,000×\frac{112\,000}{112\,000＋168\,000}＝124\,000（元）$$

$$换入客车的成本＝310\,000×\frac{168\,000}{112\,000＋168\,000}＝186\,000（元）$$

| | | |
|---|---|---|
| 借：固定资产清理 | | 310 000 |
| 累计折旧 | | 170 000 |
| 贷：固定资产——办公用房 | | 400 000 |
| ——电脑 | | 80 000 |
| 借：固定资产——货车 | | 124 000 |
| ——客车 | | 186 000 |
| 贷：固定资产清理 | | 310 000 |

# 第十三章

**三、单项选择题**

1. D  2. B  3. C  4. A  5. B  6. D  7. D  8. C  9. B  10. A

**四、多项选择题**

1. A、B、D、E  2. A、D、E  3. A、B、E  4. B、D  5. A、B、D  6. A、B、E  7. B、C、D  8. A、B  9. A、C  10. C、E

**五、判断题**

1. ×  2. ×  3. √  4. √  5. ×  6. ×  7. ×  8. ×  9. √  10. √

**六、练习题**

1. 利息资本化金额＝$1\,000×6\%＋800×8\%×\frac{3}{12}－3＝73$（万元）

| | | |
|---|---|---|
| 借：在建工程 | | 730 000 |
| 银行存款 | | 30 000 |
| 贷：应付利息 | | 760 000 |

2. 20×7年6月30日：

利息资本化金额＝$5\,000×6\%×\frac{2}{12}－10＝40$（万元）

实际利息支出$=5\,000\times6\%\times\dfrac{6}{12}=150(万元)$

借：在建工程             400 000

  银行存款            100 000

  财务费用           1 000 000

  贷：应付利息          1 500 000

20×7 年 12 月 31 日：

实际利息支出$=5\,000\times6\%\times\dfrac{6}{12}+2\,500\times8\%\times\dfrac{5}{12}$

$$=150+83.33=233.33(万元)$$

利息资本化金额$=233.33-8=225.33(万元)$

借：在建工程           2 253 300

  银行存款            80 000

  贷：应付利息          2 333 300

20×8 年 6 月 30 日：

实际利息支出$=5\,000\times6\%\times\dfrac{6}{12}+2\,500\times8\%\times\dfrac{6}{12}=150+100=250(万元)$

利息资本化金额$=(5\,000-2\,000)\times6\%\times\dfrac{6}{12}+2\,500\times8\%\times\dfrac{6}{12}-0.5$

$$=90+100-0.5=189.5(万元)$$

借：在建工程           1 895 000

  银行存款             5 000

  财务费用            600 000

  贷：应付利息          2 500 000

3. （1）1 月 1 日借入美元借款，发生美元支出：

  借：银行存款——美元户（US$3 600 000×7.20）  25 920 000

    贷：长期借款——美元户       25 920 000

  借：在建工程（US$1 800 000×7.20）    12 960 000

    贷：银行存款——美元户       12 960 000

（2）5 月 1 日发生美元支出：

  借：在建工程（US$1 200 000×7.25）     8 700 000

    贷：银行存款——美元户        8 700 000

（3）9 月 1 日发生美元支出：

  借：在建工程（US$600 000×7.29）      4 374 000

    贷：银行存款——美元户        4 374 000

（4）12 月 31 日计算借款费用资本化金额：

① 外币借款利息资本化金额$=$US$3 600 000×8%×7.30

$$=US\$288\,000\times7.30=2\,102\,400(元)$$

② 外币借款本金及利息：

汇兑差额资本化金额＝US $3 600 000×(7.30－7.20)＋US $288 000×(7.30－

7.30)＝360 000＋0＝360 000(元)

③ 作会计分录：

| | | |
|---|---|---|
| 借：在建工程 | | 2 462 400 |
| 贷：长期借款——美元户 | | 360 000 |
| 应付利息——美元户 | | 2 102 400 |
| 借：应付利息——美元户 | | 2 102 400 |
| 贷：银行存款——美元户 | | 2 102 400 |

(5) 计算固定资产入账价值＝12 960 000＋8 700 000＋4 374 000＋2 462 400

＝28 496 400(元)

| | |
|---|---|
| 借：固定资产 | 28 496 400 |
| 贷：在建工程 | 28 496 400 |

4. 1) 20×7 年：

(1) 计算专门借款利息资本化金额＝2 000×8％－500×0.5‰×6＝145(万元)

(2) 计算一般借款利息资本化金额：

一般借款资产支出加权平均数＝$2 000×\dfrac{180}{360}=1 000$(万元)

一般借款资本化率＝$\dfrac{2 000×6％+10 000×8％}{2 000+10 000}×100％=7.67％$

一般借款利息资本化金额＝1 000×7.67％＝76.7(万元)

(3) 作会计分录：

| | |
|---|---|
| 借：在建工程(145＋76.7) | 221.7 |
| 财务费用(920－76.7) | 843.3 |
| 银行存款(500×0.5‰×6) | 15.0 |
| 贷：应付利息(160＋920) | 1 080.0 |

2) 20×8 年：

(1) 计算专门借款利息资本化金额＝$2 000×8％×\dfrac{6}{12}=80$(万元)

(2) 计算一般借款利息资本化金额：

一般借款资产支出加权平均数＝$(2 000+1 500)×\dfrac{180}{360}=1 750$(万元)

一般借款资本化率＝7.67％

一般借款利息资本化金额＝1 750×7.67％＝134.05(万元)

(3) 作会计分录：

| | |
|---|---|
| 借：在建工程(80＋134.05) | 214.05 |
| 财务费用(1 080－214.05) | 865.95 |
| 贷：应付利息(160＋920) | 1 080.00 |

# 第十四章

### 三、单项选择题

1. B  2. C  3. A  4. C  5. A  6. D  7. D  8. B  9. C  10. C

### 四、多项选择题

1. B、D  2. A、B  3. A、C  4. B、D、E  5. A、C、E  6. B、C  7. A、B、C、D、E  8. A、B、E  9. A、B  10. A、B、C

### 五、判断题

1. ✕  2. ✓  3. ✓  4. ✕  5. ✓  6. ✕  7. ✕  8. ✓  9. ✓  10. ✕

### 六、练习题

1. 1)

(答案图表 80)

**暂时性差异累积数计算表**    单位：元

| 项　　目 | 账　面　价　值 | | 计　税　基　础 | |
|---|---|---|---|---|
| | 20×5 年末 | 20×6 年末 | 20×5 年末 | 20×6 年末 |
| 固定资产 | 1 137 500① | 975 000③ | 1 400 000② | 1 200 000④ |
| 预计负债 | 1 000 000 | 1 400 000⑤ | 0 | 0 |

| 项　　目 | 暂　时　性　差　异 | | | |
|---|---|---|---|---|
| | 应纳税暂时性差异 | | 可抵扣暂时性差异 | |
| | 20×5 年年末 | 20×6 年年末 | 20×5 年年末 | 20×6 年年末 |
| 固定资产 | | | 262 500 | 225 000 |
| 预计负债 | | | 1 000 000 | 1 400 000 |
| 合　　计 | | | 1 262 500 | 1 625 000 |

① 1 137 500＝2 000 000－200 000×2－300 000－（2 000 000－400 000－300 000）÷8。

② 1 400 000＝2 000 000－200 000×3。

③ 975 000＝2 000 000－200 000×2－300 000－（2 000 000－400 000－300 000）÷8×2。

④ 1 200 000＝2 000 000－200 000×4。

⑤ 1 400 000＝1 000 000＋1 200 000－800 000。

2)

借：递延所得税资产（1 625 000×25%）　　　　　　　　406 250

　　贷：利润分配——未分配利润——20×5 年（1 262 500

　　　　　　　　　　　　　　　　　　　×25%）　　　315 625

　　　　　　　　　　　　　——20×6 年（406 250

　　　　　　　　　　　　　　　　　　　－315 625）　 90 625

借：利润分配——未分配利润　　　　　　　　　　　　40 625.0

贷：盈余公积——20×5年　　　　　　　　　　　　31 562.5

　　　　　　——20×6年　　　　　　　　　　　　9 062.5

3)

(答案图表81)

**资产负债表**(部分)

20×7年12月31日　　　　　　　　　　　　单位：元

| 资　产 | 年　初　数 | | | 负债和所有者权益 | 年　初　数 | | |
|---|---|---|---|---|---|---|---|
| | 调整前 | 调增(减) | 调整后 | | 调整前 | 调增(减) | 调整后 |
| 递延所得税资产 …… | 0 | 406 250 | 406 250 | 盈余公积 未分配利润 | 50 000 100 000 | 40 625 365 625 | 90 625 465 625 |

(答案图表82)

**利　润　表**(部分)

20×7年度　　　　　　　　　　　　单位：元

| 项　　目 | 上　年　数 | | |
|---|---|---|---|
| | 调整前 | 调增(减) | 调整后 |
| 三、利润总额 | 1 800 000 | 0 | 1 800 000 |
| 　减：所得税费用 | 680 000 | (90 625) | 588 375 |
| 四、净利润 | 1 120 000 | 90 625 | 1 210 625 |

(答案图表83)

**所有者权益变动表**(部分)

20×7年度　　　　　　　　　　　　单位：元

| 项　　目 | 本年金额(调整数) | | | 上年金额(调整数) | | |
|---|---|---|---|---|---|---|
| | 盈余公积 | 未分配利润 | 所有者权益合计 | 盈余公积 | 未分配利润 | 所有者权益合计 |
| 一、上年年末余额 | — | — | — | | | |
| 　1. 会计政策变更 | 50 725 | 456 525 | 507 250 | 41 662.5 | 374 962.5 | 416 625 |
| 　2. 前期差错更正 | | | | | | |
| 二、本年年初余额 | 50 725 | 456 525 | 507 250 | 41 662.5 | 374 962.5 | 416 625 |
| 三、本年增减变动 | | | | 9 062.5 | 81 562.5 | 90 625 |
| (一) 本年净利润 | | | | | 90 625 | 90 625 |
| …… | | | | | | |
| (四) 本年利润分配 | | | | | | |
| 　1. 对所有者的分配 | | | | | | |
| 　2. 提取盈余公积 | | | | 9 062.5 | (9 062.5) | — |
| 四、本年年末余额 | | | | 50 725 | 456 525 | 507 250 |

2. 1)（1）借：在建工程      6 000

        贷：财务费用      6 000

  （2）① 借：累计折旧      150 000

          贷：以前年度损益调整      150 000

    ② 借：以前年度损益调整      37 500

         贷：递延所得税负债      37 500

    ③ 借：以前年度损益调整      112 500

         贷：利润分配——未分配利润      112 500

    ④ 借：利润分配——未分配利润      11 250

         贷：盈余公积      11 250

   2）

（答案图表 84）

**资 产 负 债 表**（部分）

编制单位：腾飞公司      20×7 年 1 月 31 日      单位：元

| 资　产 | 年　初　数 | | | 负债和所有者权益 | 年　初　数 | | |
|---|---|---|---|---|---|---|---|
| | 调整前 | 调增（减） | 调整后 | | 调整前 | 调增（减） | 调整后 |
| 固定资产 | | 150 000 | | 递延所税负债 | | 37 500 | |
| | | | | 盈余公积 | | 11 250 | |
| | | | | 未分配利润 | | 101 250 | |

（答案图表 85）

**利 润 表**（部分）

编制单位：腾飞公司      20×7 年度      单位：元

| 项　　目 | 上　年　数 | | |
|---|---|---|---|
| | 调整前 | 调增（减） | 调整后 |
| 减：管理费用 | | −150 000 | |
| 　　财务费用 | | — | |
| 二、营业利润 | | 150 000 | |
| …… | | | |
| 三、利润总额 | | 150 000 | |
| 减：所得税费用 | | 37 500 | |
| 四、净利润 | | 112 500 | |

(答案图表86)

### 所有者权益变动表(部分)

20×7年度 单位:元

| 项 目 | 本年金额(调整数) | | | 上年金额(调整数) | | |
|---|---|---|---|---|---|---|
| | 盈余公积 | 未分配利润 | 所有者权益合计 | 盈余公积 | 未分配利润 | 所有者权益合计 |
| 一、上年年末余额 | — | — | — | | | |
| 　1. 会计政策变更 | — | — | — | | | |
| 　2. 前期差错更正 | 11 250 | 101 250 | 112 500 | | | |
| 二、本年年初余额 | 11 250 | 101 250 | 112 500 | | | |
| 三、本年增减变动金额 | | | | 11 250 | 101 250 | 112 500 |
| (一)本年净利润 | | | | — | 112 500 | 112 500 |
| 　　…… | | | | | | |
| (四)本年利润分配 | | | | 11 250 | (11 250) | — |
| 　1. 对所有者的分配 | | | | | | |
| 　2. 提取盈余公积 | | | | 11 250 | (11 250) | — |
| 　　…… | | | | | | |
| 四、本年年末余额 | 11 250 | 101 250 | 112 500 | 11 250 | 101 250 | 112 500 |

## 3. 1) 账务处理如下:

### (1) 美盛公司:

① 借:以前年度损益调整　　　　　　　　　　15 000
　　　预计负债　　　　　　　　　　　　　　50 000
　　　　贷:其他应付款　　　　　　　　　　　　　　　65 000

② 借:其他应付款　　　　　　　　　　　　　65 000
　　　　贷:银行存款　　　　　　　　　　　　　　　　65 000

③ 借:以前年度损益调整　　　　　　　　　　12 500
　　　　贷:递延所得税资产　　　　　　　　　　　　　12 500

④ 借:应交税费——应交所得税　　　　　　　16 250
　　　　贷:以前年度损益调整　　　　　　　　　　　　16 250

⑤ 借:利润分配——未分配利润　　　　　　　11 250
　　　　贷:以前年度损益调整　　　　　　　　　　　　11 250

⑥ 借:盈余公积　　　　　　　　　　　　　　1 125
　　　　贷:利润分配——未分配利润　　　　　　　　　1 125

### (2) 跃明公司:

① 借:其他应收款　　　　　　　　　　　　　65 000
　　　　贷:以前年度损益调整　　　　　　　　　　　　65 000

② 借：银行存款　　　　　　　　　　　　　　　　65 000
　　　贷：其他应收款　　　　　　　　　　　　　　　　65 000
③ 借：以前年度损益调整　　　　　　　　　　　　　16 250
　　　贷：应交税费——应交所得税　　　　　　　　　　16 250
④ 借：以前年度损益调整　　　　　　　　　　　　　48 750
　　　贷：利润分配——未分配利润　　　　　　　　　　48 750
⑤ 借：利润分配——未分配利润　　　　　　　　　　4 875
　　　贷：盈余公积　　　　　　　　　　　　　　　　4 875

2）调整 2006 年度会计报表相关项目：

（1）美盛公司：

① 资产负债表：

调减递延所得税资产　　　　　　　　　　　　　12 500
调减预计负债　　　　　　　　　　　　　　　　50 000
调增其他应付款　　　　　　　　　　　　　　　65 000
调减应交税费　　　　　　　　　　　　　　　　16 250
调减盈余公积　　　　　　　　　　　　　　　　1 125
调减未分配利润　　　　　　　　　　　　　　　10 125

② 利润表及所有者权益变动表：

调增营业外支出　　　　　　　　　　　　　　　15 000
调减所得税费用　　　　　　　　　　　　　　　3 750
调减净利润　　　　　　　　　　　　　　　　　11 250
调减提取盈余公积　　　　　　　　　　　　　　1 125
调减未分配利润　　　　　　　　　　　　　　　10 125

（2）跃明公司：

① 资产负债表：

调增其他应收款　　　　　　　　　　　　　　　65 000
调增应交税费　　　　　　　　　　　　　　　　16 250
调增盈余公积　　　　　　　　　　　　　　　　4 875
调增未分配利润　　　　　　　　　　　　　　　43 875

② 利润表所有者权益变动表：

调增营业外收入　　　　　　　　　　　　　　　65 000
调增所得税费用　　　　　　　　　　　　　　　16 250
调增净利润　　　　　　　　　　　　　　　　　48 750

|  |  |
|---|---|
| 调增提取盈余公积 | 4 875 |
| 调增未分配利润 | 43 875 |

4. 1) 应确认一项负债,并需在会计报表中予以披露。

   2)（1）借：营业外支出——赔偿支出      700 000

       贷：预计负债——未决诉讼        700 000

（2）披露内容：

     本公司因合同违约被××公司提起诉讼,要求本公司赔偿,目前此案正在审理中。本公司已在年度资产负债表中确认预计负债700 000元,并将该项赔偿支出计入营业外支出。

5.（1）预计负债＝50 000×25％×50＋50 000×5％×120＝925 000（元）

  （2）借：销售费用——产品质量保证      925 000

      贷：预计负债——产品质量保证      925 000

6.（1）借：营业外支出      280 000

     管理费用      28 000

      贷：预计负债      308 000

     借：其他应收款      200 000

      贷：营业外支出      200 000

  （2）借：资产减值损失      12 000

      贷：存货跌价准备      12 000

     借：营业外支出      8 000

      贷：预计负债      8 000

# 第十五章

### 三、单项选择题

1. D　2. C　3. C　4. B　5. A　6. D　7. D　8. B

### 四、多项选择题

1. A,B,C,D,E　2. A,B,C,D,E　3. A,B,C,D,E　4. A,B,D　5. A,B,C,D　6. A,B,D,E　7. A,B,E　8. A,B,C,D,E

### 五、判断题

1. √　2. √　3. ×　4. √　5. ×　6. ×　7. √　8. ×　9. ×　10. √

### 六、练习题

1.（1）甲公司与 A、B、C、D、E、F 构成关联方

  （2）甲公司一台设备经营出租给 A 公司

    B 公司 90％的产品销售给甲公司

    甲公司的原材料 30％由 E 公司提供

    上述交易为关联方交易。

2.（1）借：应收账款               174 000

    贷：主营业务收入          134 375

      应交税费——应交增值税（销项税额）  24 000

      资本公积——其他资本公积     15 625

  （2）借：固定资产清理          270 000

      累计折旧           200 000

      固定资产减值准备        30 000

    贷：固定资产           500 000

    借：银行存款           800 000

    贷：固定资产清理         800 000

    借：固定资产清理         530 000

    贷：资本公积——其他资本公积     530 000

  （3）借：银行存款          1 400 000

      坏账准备           600 000

    贷：应收账款          1 500 000

      资本公积——其他资本公积     500 000

  （4）借：长期借款          10 000 000

    贷：资本公积——其他资本公积    10 000 000

  （5）借：销售费用          2 000 000

    贷：资本公积——其他资本公积    2 000 000

  （6）借：银行存款          2400 000

    贷：财务费用          1 250 000

      资本公积——其他资本公积    1 150 000

3.（1）借：银行存款           800 000

    贷：其他业务收入         330 000

      资本公积——其他资本公积     470 000

  （2）借：银行存款          6 000 000

    贷：资本公积——其他资本公积    6 000 000